欧美经典历险小说精选

AN ANTHOLOGY OF EUROPEAN AND AMERICAN CLASSICAL ADVENTUROUS STORIES

[英] 约瑟夫·康拉德
[美] 杰克·伦敦 等著
刘文荣 选编

文匯出版社

图书在版编目(CIP)数据

欧美经典历险小说精选 / 刘文荣选编. —上海：文汇出版社, 2012.1
ISBN 978-7-5496-0336-7

Ⅰ.①欧… Ⅱ.①刘… Ⅲ.①小说集—欧洲②小说集—美国 Ⅳ.①I14

中国版本图书馆CIP数据核字(2011)第229482号

欧美经典历险小说精选

选　　编 / 刘文荣

策　　划 / 陈今夫
责任编辑 / 陈今夫
封面装帧 / 张　懿

出版发行 / 文汇出版社
　　　　　上海市威海路755号
　　　　　（邮政编码 200041）
经　　销 / 全国新华书店
照　　排 / 南京展望文化发展有限公司
印刷装订 / 江苏启东市人民印刷有限公司
版　　次 / 2012年1月第1版
印　　次 / 2012年1月第1次印刷
开　　本 / 890×1240　1/32
字　　数 / 275千
印　　张 / 12
印　　数 / 1—3 500

ISBN 978-7-5496-0336-7
定　　价 / 29.00元

前　言

一

　　首先需要说明，这里所说的"历险小说"，是本义上的历险小说，即讲述主人公不寻常的遇险经历的小说，而不是狭义的，仅指19世纪盛行于欧美的"寻宝小说"[①]。后者大多是通俗小说，由于读者众多而广为人知，所以一提到历险小说，人们首先想到的往往就是这种小说。其实，"寻宝小说"只是历险小说中的一种。

　　不过，欧美现代历险小说大多是"寻宝小说"的"变种"，即把原本的"寻宝"变成了"寻求"其他东西，譬如，"寻求"到达某地、"寻求"找到某人、"寻求"试试运气、"寻求"逃离某地，等等。尽管"寻求"什么、"寻求"的结果如何并非不重要，但就这类小说而言，最重要的仍是"寻求"过程，也就是主人公所经历的

[①] "寻宝小说"有时也称"异域寻宝小说"，这类小说大多虚构一个历史迷案，通常是一批宝藏据说被人神秘地藏匿在某个神秘的地方，谁也不知真相；不过，通常会有一张同样神秘的"寻宝图"（或某种线索）据说是当时留下来的；于是，就引来了众多的寻宝者——小说主人公就是其中之一。由于主人公通常不是唯一的寻宝者，其寻宝经历通常也就更加曲折，更加紧张：他不仅要经历"自然之险"——或海上漂泊，或丛林惊魂，或荒野求生——还要经历"人为之险"，即：其他寻宝者的争夺与陷害。所以，主人公往往九死一生；最终呢，或真的找到了宝藏，或没有找到宝藏却另有惊人发现，或死里逃生后再也不想什么宝藏了，如此等等。虽然"寻宝小说"从总体上说是一种通俗读物，但其中也有精品，如亨利·哈格德（英国作家，1856—1925）的长篇小说《所罗门的宝藏》等；甚至还有公认的经典作品，如史蒂文生（英国作家，1850—1894）的长篇小说《金银岛》等。

某种险情。换句话说,这类小说着重表现的是主人公的"历险"——否则,就不是"历险小说"了。

二

应该说,历险小说是欧洲最早产生的一种小说。一般认为,欧洲小说产生于18世纪(此前有"传奇",没有"小说"),第一位小说家是英国的笛福(1660—1731),他的《鲁滨孙漂流记》是欧洲的第一部小说。《鲁滨孙漂流记》讲述的是主人公鲁滨孙的历险——他独自一人在一座荒岛上生活了十八年——显然是一部历险小说。其实,小说的英文原名 The Adventures of Robinson Crusoe,直译就是"鲁滨孙·克洛索历险记"。

为什么最初出现的是历险小说?回答是:因为讲述历险故事本是欧洲文学的古老传统。这一传统,一直可追溯到公元前8世纪的古希腊:当时产生的两部"荷马史诗"即《伊利昂纪》和《奥德修纪》,后者讲述的就是"英雄"奥德修斯的历险故事——他在海上的"十年漂泊"。继古希腊之后的古罗马,其文学中同样充满了历险故事,别的不说,就说古罗马史诗《埃涅阿斯纪》,其中一大半讲述的是"特洛亚英雄"、罗马始祖埃涅阿斯的海上历险,和奥德修斯的历险很相似。后来,到了中世纪,欧洲各国相继出现了用本民族语言书写的民族文学(此前均是用拉丁文即古罗马文字书写的"拉丁文学"),而民族文学的雏形,就是各国的民族史诗。在这些民族史诗中,早期的,如北欧的"日耳曼史诗"《希尔特布兰特之歌》和英国的"盎格鲁-撒克逊史诗"《贝奥武甫》等,讲述的几乎都是英雄历险故事,只是到了后期史诗中,历险故事才让位给战争故事。

不过,历险传统并没有中断,当时盛行于欧洲各国的传奇文学继承了这一传统。中世纪传奇大多被称为"骑士传奇",也就是关于骑士的故事。虽然中世纪的骑士制度非常复杂,有各种各样的骑士,各个时期的骑士也不一样,但出现在传奇中的骑士却比较简单:早先是国王的骑士,如"亚瑟王传奇"中的"圆桌骑士";后来则是"游侠骑士",即骑士中的"孤胆英雄",而且,不论是国王的骑士,还是"游侠骑士",其伟业无一不是"历险"——或为"忠君",或为"护教",或为"救美"。可以说,骑士传奇就是"骑士历险记"。

骑士传奇到16世纪演变成田园传奇,但其"历险本性"依然没变,只是骠悍勇武的骑士变成了温文尔雅的贵族少年,比武格斗变成了谈情说爱,城堡和怪物变成了花园和美女——换句话说,"骑士历险记"变成了"情侣历险记"。

田园传奇后来又几经变化,但不管怎么变化,传奇总归是传奇,总归是"历险记",只是主人公不同、"历"什么"险"不同罢了。既然如此,当传奇在18世纪演变成小说时,一开始出现的是历险小说,也就不足为奇了。

三

历险小说不仅是欧洲最早出现的小说,后来还一直是欧美最热门的小说种类之一,其作品之多,读者之众,大概只有情爱小说能与之相比。不过,必须承认,历险小说,包括18世纪的"哥特式小说"[①]和19世纪的"寻宝小说",用今天的话来说,大多是"通俗小说",即以陌生环境和惊险情节吸引读者,通常只是为了满足

---

① "哥特式小说"是当时拥有读者最多的一种历险小说,也是现代"惊险小说"的前身。

读者的好奇心。这样的历险小说固然有其娱乐价值,但不是本书所要选取的,因为本书名为《欧美经典历险小说精选》——也就是说,本书所选的是出自欧美经典作家之手的历险小说。

经典历险小说当然也为数不少,而且各国都有。譬如,在英国,笛福不用说了,他的小说绝大多数是"历险记",还有菲尔丁(1707—1754)的名作《汤姆·琼斯》和斯摩莱特(1721—1771)的名作《蓝登传》,也是历险小说。还有,如德国作家格里美尔斯豪森(1622—1676)的《痴儿西木传》和法国作家勒萨日(1688—1747)的《吉尔·布拉斯》,也许是两国文学史上最有名的两部所谓"流浪汉小说",其实就是历险小说。至于在美国,谁都知道马克·吐温(1835—1910)的两部经典"历险记"——《汤姆·索耶历险记》和《哈克贝利·费恩历险记》;还有麦尔维尔(1819—1891)的海上历险小说《白鲸》,也是脍炙人口的经典作品。当然,这些都是长篇小说。至于出自经典作家之手的中短篇历险小说,其数量就更多了。

那么,经典历险小说有何特点?总的说来,经典历险小说尽管也是写主人公历险,但不是为历险而历险,不仅仅为了满足读者的好奇心,而是旨在表述某种严肃的、或社会的、或心理的、或历史的、或哲学的"主题"——也就是说,经典历险小说是一种特殊的、具有深刻内涵的历险小说[①]。

四

若以题材分类,历险小说可分为四大类,即:丛林历险小说、

[①] 也许正因为如此,有些经典历险小说往往不被认为是历险小说,而被认为是社会小说、心理小说或哲理小说,等等。这当然也可以,因为小说分类的标准本来就不止一个。

荒野历险小说、海上历险小说和城市历险小说；若以小说的风格分类，则有三种，即：写实的、象征的和写实兼象征的——所谓"写实的"，就是直白的，即小说中的故事和人物具有真实感，其所指就在其自身，并无"言外之意"；所谓"象征的"，就是暗示的，即小说中的故事和人物并不具有真实感，其所指也不在其自身，而在于其"言外之意"；所谓"写实兼象征的"，就是小说中的故事和人物既是直白的，又是暗示的，既有真实感，又有"言外之意"，因而具有双重含义。

本书所选作品，涵盖了上述四类题材和三种风格，可使读者大体领略经典历险小说的全貌，依次概述如下：

沙米索的中篇小说《彼得·史勒密尔的奇异故事》写的是城市历险，风格是象征的。主人公彼得·史勒密尔为了财富，出卖了自己的影子——这里，影子是"自我"的象征，出卖影子，即丧失"自我"的象征，因而他的"奇异故事"不仅是一个历险故事，更是一个悔过自新的寓言故事：一个丧失"自我"的人，就是一个没有灵魂的人，而一个没有灵魂的人，就是有了财富，活着又有何意义？要知道，财富是为人所用的，而不是人为财富而活的；没有财富，人也能活得快乐而有意义，但没有了灵魂，人就成了"活死人"，再多的财富又有何用？

康拉德的中篇小说《黑暗的心》讲述一次丛林历险，风格是写实兼象征的。从写实角度讲，故事讲述者马洛真实地回忆了他的一段经历：他深入非洲腹地，去寻找一个名叫"库尔兹"的英国人；而从象征角度讲，这是一次探寻"人心底蕴"的历险——"库尔兹"既是才干与成功的象征，又是贪婪与冷酷的象征。

吉卜林的中篇小说《国王迷》讲述的是一个几近荒诞的荒野历险故事：两个英国人冒险到阿富汗边远山区里去，在那里竟然用计谋当上了土著人的"国王",还被土著人奉为"天神";然而,他们却是人,不是"天神";所以,一旦土著人看出他们的真面目,他们就倒霉了……小说的风格既是写实的,又是象征的。故事虽然离奇,但讲述得真实可信——为此,作者做了许多铺垫。同时,这个故事又具有这样的象征意义:英国凭其先进技术成了海外殖民地的"宗主国"(凭计谋在异域称王),即便一时成功,大概也不会长久(迟早会倒霉),因为殖民地的人一旦了解英国(原来你不是"天神"!),就不会对英国顶礼膜拜了。

显克维奇的中篇小说《穿越大草原》是一篇写实风格的荒野历险小说,讲述早期波兰移民在北美荒野上的一次迁徙,艰苦绝伦,危险重重,他们尽管坚毅勇敢,百折不挠,但最后还是被无情的大草原吞噬了——所有的人都死于瘟疫、酷热、干渴和饥饿,只有小说主人公劳尔夫一人幸存下来,为世人讲述这个悲惨的故事。

杰克·伦敦的短篇小说《热爱生命》也是一篇写实风格的荒野历险小说,人物只有一个——主人公"他"。这个人在淘金返回途中独自一人穿越阿拉斯加荒无人烟、冰天雪地的旷野,孤单无助,几无生路,而更可怕的是,还有一只又病又饿的老狼尾随着他,想用他的血来维持生命——最后,这个人和那只狼殊死一搏,在奄奄一息之际咬住狼的咽喉,用一口狼血维持了生命而最终得救。小说的主题,其实在小说的篇首题诗中就已点明——"结果总是这样——/吃尽苦头空忙一场:/总算人还活着,/钱财也就不必再想。"

海明威的中篇小说《老人与海》则是一篇不同凡响的海上历险小说。严格说来,小说中的人物只有一个——老人桑提亚哥,他的海上历险,也不像一般海上历险小说那样,不是遇上风暴,就是碰到海盗,而是出海捕鱼。渔民出海捕鱼,不是很平常的事吗?怎么成了"历险"？然而，在海明威笔下，桑提亚哥的这次出海捕鱼确实是一次历险：先是他的小船被一条大鱼拖了一天一夜，随时可能被拖进海底，但为了捕获那条大鱼，他必须冒这个险；其后，他虽然捕获了那条大鱼，但在返航途中遇到了一群鲨鱼；为了保住他绑在船边的大鱼（那条鱼比他的小船还长），他拼死和鲨鱼群搏斗，随时可能船翻人亡，而结果呢，似乎命中注定他是个"背运的老头"——那条大鱼被鲨鱼群吃得只剩下一副骨架……但是，尽管他一无所获，他依然感到很自豪，因为不管怎样，他保住了最宝贵的东西——生命和勇气，而只要生命还在，勇气还在，他就会再次出海！小说的风格既是写实的，又是象征的。从写实的角度讲，这是一个既真实又生动的海上历险故事，不仅每个细节都很真实，还有真实的人物内心独白；但同时，这个真实的故事又显然具有象征意义：大海是人生的象征，人生中有机遇（大鱼的象征），也有厄运（鲨鱼的象征）；一个人也许会遭遇厄运而失去一切，但只要不失勇气，顽强地活下去，谁能说他是"失败者"？

刘文荣
2011年6月于上海

目 录

前言........ 1
彼得·史勒密尔的奇异故事........[德]阿德贝特·冯·沙米索 1
黑暗的心........[英]约瑟夫·康拉德 56
国王迷........[英]鲁迪亚德·吉卜林 158
穿越大草原........[波兰]亨利克·显克维奇 207
热爱生命........[美]杰克·伦敦 269
老人与海........[美]欧内斯特·海明威 293

彼得·史勒密尔的奇异故事

[德] 阿德贝特·冯·沙米索

阿德贝特·冯·沙米索（Adelbert von Chamisso 1781—1838），德国浪漫派作家、博物学家，曾参加探险队进行环球航行，著有《环球旅行》和《一次探险旅行中的观感》等游记，另写有组诗《女人的爱情和女人的生活》等诗歌作品。本篇是沙米索的成名作。小说主人公"我"（即彼得·史勒密尔，其实就是沙米索自己）讲述他的奇异经历（一个具有象征意义的历险故事）：他外出谋生，到了一个陌生地方，原本只是想在那里混口饭吃，没想到，遇到了一件怪事：有个神秘兮兮的人（也许是魔鬼的化身），要用一大袋金子换他的影子，而他一时贪财，竟然答应了这笔交易。于是，他出卖了自己的影子，换来了一大袋金子。一个虽有金子但没影子的人，会是怎样的人？会有怎样的遭遇？他接着讲述了一连串更加奇异的经历……当然，这些经历也更加发人深省。

一

经过平安的、但对我是很艰苦的海上航行以后，我们终于到达了港口。船一靠岸,我就背上我的一点行李,挤出熙熙攘攘的人群,走进附近一家挂着招牌的简陋旅馆。我要了一个房间,仆役打量了我一番,便带我到阁楼上去。我请他给我一点干净的水,并且详细告诉我怎样去找托马斯·约翰先生。

"北门外,右边第一幢别墅,红白大理石新造的大房子,有许多柱子。"

好。现在还早。我立刻解开了行李,拿出一件旧翻新的黑色上衣,整齐地穿上我最好的衣服,把介绍信放进衣袋,就去找那个可以帮助我实现我的平凡希望的人。

我走完漫长的北大街,到了城门口,就看见一些柱子透过绿叶闪闪发光。"就在这儿啦。"我想,便用手绢掸去脚上的灰尘,整了整领带,提心吊胆地拉了拉门铃。门突然开了。在门口,看门的盘问了我一番,但终于代我去通报,于是我荣幸地被唤到园子里去。约翰先生和几个客人正在那儿散步。我立刻认出那个满面光彩、洋洋得意的胖子是约翰先生。他待我很好,就像富翁待穷鬼一样。他甚至向我转过身来,但并没有离开其余的同伴,接着就从我手里拿去我呈上去的信。"喔,是我兄弟写的,我好久没有听见他的消息了:他身体好吗?在那边……"他不等我回答,就对他的同伴们说,同时用信指着一个小丘,"在那边,我将造一幢新房子。"他一面拆信,一面继续谈下去。他们现在开始谈财富的问题。

"连起码的一百万块钱都没有的人,"他打了个岔说,"便是一个——请原谅我的话——无赖!"

"啊,说得真对呀!"我非常感动地叫着说。

他显然高兴了,朝我笑了笑说:"你留在这儿吧,好朋友。我将来也许有工夫告诉你关于这事的意见。"他指了指信,然后把它放进衣袋里,又转向客人们。他用胳膊挽住一个年轻的夫人,别的绅士去请别的美人。每个人都找到了伴侣,便向那个开满玫瑰花的山丘悠闲地走去。

我慢慢地跟在他们后面,不敢打扰任何人,因为再也没有人理睬我了。客人们兴致很高,嬉戏着,开着玩笑,有时庄重地谈着轻薄的事,有时轻薄地谈着庄重的事。他们特别喜欢幽默地谈论关于不在场的朋友的事情。我太陌生了,大半的话都听不懂,而且心里很难受,所以不愿意去猜他们的谜语。

我们到了玫瑰花丛旁边。美丽的方妮——她显然是那一天最得宠的人——固执地要亲自折一根开满花的枝条。她刺伤了手,紫红的血好像从深红的玫瑰花里流到她娇嫩的手上。这使大伙忙乱起来。人们开始寻找英国制的橡皮膏。一位跟我一起来的、但我以前没有注意到的沉默、消瘦、细长、上了年纪的人,立刻把手伸到他旧式的灰色绸上衣的贴身口袋里,拿出一个小皮筐子,打开后,恭敬地行着礼,把橡皮膏递给那位小姐。她接了过来,但并不注意给她东西的人,也不谢一声。小姐的伤处包扎好了,于是大家又继续爬山。他们想要爬到山顶上去,了望那路径迷离曲折的绿林和绿林后面无边无际的海洋。

那景色真是宏伟美丽。在暗色的海水和蔚蓝的天空之间出现了一个亮点。"拿个望远镜来!"约翰叫着。应声跑来的仆人们还来不及去执行命令,那穿灰色衣服的人就恭敬地鞠了个躬,把手伸到上衣口袋里,拿出一副美丽的多伦达牌望远镜来,交给约翰先生。约翰先生拿起望远镜一看,就告诉在场的人说,那是昨天开出去的船,因为碰上逆风留在港口前的海上。望远镜从一个人的手里转到另一个人的手里,但不再回到原主的手里。我惊异地望着这个人,不知道这样大的望远镜怎么会从那小小的衣袋里拿出来。可是，好像没有人留意这一点。他们不注意那穿灰色衣服的人，就像不注意我一样。

仆人们拿来了点心，各地稀有的果子放在非常贵重的盘子上。约翰先生彬彬有礼地招待客人们。这时，他第二次对我说话："你尽管吃吧，在海上你吃不到这样的东西。"我鞠了个躬，但他没看见，他已经在和别人讲话了。

大家都想要坐在山坡的草地上，观赏面前的风景，但他们嫌地上太潮湿。"如果我们有土耳其地毡铺在这儿，"一个客人说，"那太好了。"他的愿望还没有说完，那个穿灰色衣服的人已经把手插在衣袋里，显出恭敬的、甚至谦卑的神情，费力地从衣袋里扯出一块华丽的、用金丝织的土耳其地毡。仆人们十分自然地把地毡接过来，铺在适当的地方。客人们便干脆坐在地毡上。我又惊讶地看了看那个人，看了看他的衣袋和约有二十步长十步宽的地毡。我揉了揉眼睛，搞不清这是怎么一回事，特别是因为没有一个人觉得奇怪。

我很想知道关于这人的底细，打算问一下他是谁，但我不知道应该问什么人，因为我怕那些侍候人的绅士，简直比那些被人侍候的绅士还要怕。我终于鼓起勇气，走到一个年轻人跟前去。我觉得他的地位好像比别人的低些，并且看见他经常独自站着。我小声地请求他告诉我，那个和顺的、穿灰色衣服的人是谁。

"那个像从裁缝的针眼里滑出来的线头似的人吗？"

"是的，就是那个独自站在一旁的人。"

"我不认得那个人。"他回答说，便转过身去，和别人谈一些不相干的事，仿佛要避免和我长谈似的。

现在，阳光越来越强烈了。这使得太太和小姐们感到不舒服。美丽的方妮懒洋洋地、漫不经心地问那穿灰色衣服的人有没有天幕。据我所知道，还没有人跟他说过话。他没有回答，只深深地鞠了个躬，好像他得到了不应该得到的荣誉似的，同时已经把手伸到衣袋里去了。我看见他拿出篷布、柱子、绳子、铁器。一句话，他拿出了一切附属于一个最华丽的天幕的东西。年青的绅士们都帮着撑搭，于是天幕就遮住了整个的地毡——但没有一个人觉得这事有点奇怪。

我早就感到害怕，甚至恐怖了。接着，人们又表示了什么愿望，于是我看见他从衣袋里掏出三匹马来——告诉你，三匹备有鞍子和辔具的、美丽的大黑马：这时，我完全吓呆了。你想想看，天哪！从一个衣袋里，他竟掏出三匹带鞍的马来，而从这个衣袋里，他曾拿出一个皮筐子、一副望远镜、一块二十步长十步宽的刺绣地毡、一个同样大小的天幕和附属的柱子、铁器等！——如果我不向你保证这是我亲眼看见的，你一定不会相信……

虽然那个人非常胆怯和谦逊，而且别人丝毫不理睬他，但我的眼睛怎么也离不开他那苍白的容貌。它使我感到非常恐惧，我简直忍受不住了。

我决定偷偷地离开这一伙人。因为我的地位不重要，我想逃避一定很容易。我打算回到城里去，明天早上再到约翰先生这儿来碰碰运气，要是有勇气的话，还问他这穿灰色衣服的怪人的底细——假使我当时能够逃脱，该多么好啊！

我顺利地穿过玫瑰花丛，爬下小山，走到一片空旷的草地上。这时，我因为害怕别人看见我越过草坪，而不打路上走，便回头探望了一下——我愣住了：我看见那个穿灰色衣服的人跟在我后面，并且凑近我！他在我面前立刻脱下了帽子，深深地对我鞠了个躬——从来没有人像这样对我鞠过躬。毫无疑问，他想要跟我说话。如果我避开他，那我太没有礼貌了。于是我也摘下了帽子，还了一个礼,光着头一动也不动地站在阳光下。 我充满恐惧地凝视着他,就像个被蛇吓呆的鸟儿一样。 他好像很窘迫,他没有抬起眼睛,接二连三地鞠躬,走近了些,用求乞的声调,战战兢兢地对我小声说:

"我和先生素不相识,竟敢冒昧地来找先生,请原谅我这样唐突。 我对先生有个请求。 请惠允……"

"天哪,先生!" 我恐惧地叫起来,"我怎么能够帮助一个……" 我们两个人都愣住了,而且好像都脸红了。

在片刻的沉默以后,他又说道:"我刚才能够荣幸地接近您,先生,于是就在这很短的时间里——请允许我告诉您——带着真是说不出的羡慕心情,端详了几番您那非常美丽的影子。 您却带着一种高贵的轻蔑神情,毫不注意地把那美丽的影子在阳光下投到您的脚旁。 请原谅我这样大胆,竟敢提出这样的奢望:您也许会答应把您的影子卖给我?"

他静默了,而我觉得仿佛脑壳里有磨坊的轮子在旋转似的。 我应该怎样解释这个要买我影子的奇怪建议呢? 他一定发疯了,我想,于是就改变了声调,使它和他那谦卑的声调更相称,便这样回答:

"哎哟,好朋友,你有了自己的影子难道还不够吗? 这样的交易太奇特了。"

他立刻又说:"我的衣袋里有各种各样的东西,这些东西对先生可能不是完全没有价值的,我愿意付出任何代价来买这影子。"

当他提起衣袋的时候,我打了个寒颤。 我不明白刚才为什么叫他"好朋友"。 我又说话了,而且说得非常客气,以便纠正先前的错误:

"可是,先生,请原谅您最卑微的仆人。 我大概没有听清楚您的话，我怎么能够把我的影子……"

他打断了我的话："我只请阁下允许我拿起这宝贵的影子，把它放进衣袋，至于我怎样拿，那是我自己的事。为了表示感谢先生，我愿意让您在我衣袋里的所有宝贝当中任选一个。我袋里有：真正的仙草根、曼陀罗花草、产子钱、劫钱的银圆、罗兰侍从的餐巾、廉价的小妖精；但你大概不会喜欢这些东西。还是福图拿托①新补好的隐身帽，和跟他从前那一只完全一样的幸运袋比较好。"

"福图拿托的幸运袋！"我打断了他的话。虽然我非常害怕，但他已经用这一句话迷住了我整个的心灵。我感到头晕，仿佛看见眼前有许多大银圆闪闪发光似的。

"请阁下看看，并且试试这只口袋。"他说着把手插进衣袋，抓住两根结实的皮带子，扯出一只不大不小的、用坚硬的西班牙皮革缝成的口袋，把它交给我。我把手伸进袋子，拿出十枚金币，接着又拿了十枚，又拿了十枚，又拿了十枚，我连忙把手伸给他，说："好！这笔交易讲定了，你拿这口袋调换我的影子吧。"

他跟我握手表示同意，接着立刻跪在我面前。我看见他非常敏捷地把我的影子从头到脚从草地上轻轻地扯开，拿起来，卷好，折拢，最后放进衣袋。他站了起来，又向我鞠了个躬，然后回到玫瑰丛里去了。我仿佛听见他在那里暗自低声窃笑。我紧紧地抓住口袋的带子，四周的地被阳光照得明晃晃的，但我心里还是迷迷糊糊。

二

我终于清醒过来了，于是就急忙离开了这个地方，因为我不希

---

① 福图拿托是德国童话中的人物，他有一个永远装满钱的口袋和别的奇怪东西。

望在这儿做什么事了。 我先在几只衣袋里装满了金子,然后把口袋的带子套在脖子上,把口袋藏在怀里。我悄悄地走出了花园,到了大路上,便向城里走去。 当我沉思地走近城门的时候,我忽然听见背后有人叫:

"年轻的先生! 喂! 年轻的先生! 听我说呀!"

我回过头,看见一个老婆婆在我后面叫:

"先生,留神啊,你丢了你的影子!"

"谢谢你,老妈妈!"我丢给她一块金币,报答她善意的劝告,便走到树阴里去。

在城门旁,我又听见守卫的兵士说:"先生,你把你的影子丢在什么地方了?"接着有几个女人叫道:"天哪! 那个可怜的人没有影子!"我开始觉得不耐烦了,便很小心地避免走到阳光下去。可是,我不能随时随地都这样,比如,在穿过大街时,就不能避开阳光。 真倒霉,恰恰在这个时候,孩子们从学校里出来了。 一个可恶的驼背的顽童——他现在还留在我眼面前——立刻发现我没有影子。 他大声嚷着,把这事告诉郊区所有顽皮的学童,于是他们立刻开始用泥块扔我,还评头论足地喊:"规矩的人老是带着自己的影子在阳光下走路!"为了摆脱他们,我把金币一把一把地向他们中间扔去,然后跳进了好心肠的人给我唤来的出租马车。

当我发现我独自坐在开动的马车里时,我立刻就痛哭起来了。我已经开始预感到: 在世界上,金钱虽然比功绩和道德更有价值,但影子的价值甚至比金钱还高,在过去,我为了对得起自己的良心,牺牲了财富,但现在我竟为了金钱,出卖了我的影子,我将在这个世界上变成怎样的一个人呢?

当马车在我下榻的客栈前停下来的时候,我心里还是很乱。 我一想到要回到阁楼上那间破败的屋里去,便怔住了,于是就叫人把我的东西取下来。我无精打采地接过那简陋的行李,付了几枚金币,便吩咐马车夫带我到最华贵的旅馆去。那幢房子是朝北的,所以我不用害怕太阳。我给了马车夫一些金币,把他打发走了,在那里租下了前面几间最好的房间,立刻就把房门锁上。

你猜猜我接着干什么啦?啊,我亲爱的沙米索①,即使向你招认这回事,也会使我脸红。我从怀里拿出那不吉利的口袋,仿佛心里有一片越燃越炽热的火海一样,发狂似地掏出金子、金子、金子、更多的金子,把它撒在地板上,在它上面走来走去,使它丁当作响,用金子的光彩和声音娱悦我那颗可怜的心,把更多的金子扔在金子堆上,一直到我疲惫不堪地倒在这华丽的床上。我在金子堆上放肆地乱掘,在它上面打滚。就这样,白天和晚上过去了。我一直没有把门打开。夜里,我躺在金子上,终于睡着了。

这时,我梦见了你。我好像站在你的小房子的玻璃门后面,从那儿看见你坐在一具骸骨和一束晒干的植物中间的书桌旁。在你面前摊着哈勒、洪堡和林内②的作品。在你的沙发上,放着一本歌德的书和《仙环》③。我花了很多时间去观察你和你屋里的每件东西,然后又看了看你,但是你不动,也不呼吸——你已经死了。

我醒了。好像还很早。我的表停了。我感到浑身酸痛,还觉得饥渴,因为我从昨天早晨起没有吃过东西。我十分讨厌地推开了金子;在不久以前,我曾用它满足我愚蠢的心,现在我讨厌它了,不知应该拿它怎么办好。它不可以这样堆在地上。我试了试那个口袋能不能把金子吞回去⋯⋯它不能!我的窗户都不朝向海洋。

---

① 沙米索即作者本人,以此表示此文是主人公对作者说的一席话,同时暗示此文是作者的自我坦白,主人公就是作者本人。下同。
② 哈勒(1708—1777)和林内(1707—1778)是瑞典科学家。洪堡(1769—1859)是德国科学家。
③ 《仙环》是德国浪漫派作家佛科(1777—1843)的一部小说。

于是我不得不流着一身臭汗,把金子辛辛苦苦地搬到书房的一个大橱里去,把它藏在那儿。我只留下几把金币。做完了这件工作以后,我筋疲力尽地躺在沙发椅上,等待旅馆里的人们起来。然后我立刻叫他们开饭,并且把老板叫来。

我和老板商量了一下怎样安排我的房间。他推荐一个叫彭德尔的人做我的贴身仆人。这人忠厚聪明的面孔立刻使我喜欢他了。从此,他忠心地侍候我,伴我度过痛苦的生活,帮助我忍受悲惨的命运。我整天呆在我的房间里,和一些没事干的仆人、鞋匠、裁缝、商人厮混。我开始添置家产,特别是买了许多贵重的东西和宝石,以便花掉积聚的许多金币,但那堆金子好像怎么也减少不了似的。

同时,我忧郁地思量着我的处境。我不敢出门。晚上,我在离开黑屋子以前,叫人在大厅里点起四十支蜡烛。我恐惧地回想着和学生们相遇时可怕的一幕。我终于决定,不管需要鼓起多大的勇气,再出去一次听听大家说些什么。那几夜都有月亮。一天晚上,我披上了宽大的外衣,深深地戴上了帽子,偷偷地走出屋子,像个犯罪的人那样发抖。到了一个荒僻的广场,我才离开房子的暗影,走到月光下去,打算从过路人的嘴里听到我的命运。

请允许我,亲爱的朋友,不再痛苦地重述我所忍受的一切。女人们常露出深切地怜悯我的神情,但年青人的讥笑,男人们——特别是那些投下宽大影子的大胖子——傲慢的轻蔑,并不比这种怜悯更刺痛我的心。一个美丽可爱的姑娘,好像在陪着她的父母散步。他们只沉思地向自己的脚前看,她却偶然把一双明亮的眼睛转向我这边来,她发现我没有影子,显然害怕了,用面纱遮住了她美丽的脸,低下了头,轻轻地走过去了。

我不能再忍受了。眼泪从我的眼睛里涌了出来。我跟跄地回到黑暗中,心好像被割裂似的。 我不得不靠在房子上,避免跌倒。我缓慢地走着,很晚才回到我的住所。

我一夜没有睡,第二天,我立刻吩咐人到处寻找那个穿灰色衣服的人。 也许我会找到他……假使他和我一样懊悔不该做这愚蠢的交易,那我该多么幸福啊!

我把彭德尔叫来了。 他看起来又聪明又能干。 我详细地描述了那个人,并且告诉他,那人有件宝贝,如果我得不到那件宝贝,我的一生将非常痛苦。 我还把看见那个人的时间和地点告诉了他,把所有在场的人都描述一番,又特别关照他去详细地打听一副多伦达牌望远镜、一块织金的土耳其地毯、一个华丽的天幕和几匹乌黑的坐骑的下落。 这些东西不知怎么和那个神秘的人有着密切的关系。 当时,别人都不觉得他重要,但他的出现却破坏了我一生的安宁和幸福。

说完以后,我拿出了我几乎搬不动的那么多金子,还加了比这堆金子更值钱的珍宝。 "彭德尔,"我说,"这东西可以打开许多道路,使很多不可能的事变为可能;你像我一样不要吝啬。 你去给主人带来一些消息,使他快乐,他的最后一线希望寄托在你的好消息上。"

他走了。 很晚的时候,他快快地回来了。 他和约翰先生所有的仆人和宾客说过话,但他们一点也不记得那个穿灰色衣服的人了。 那副新的望远镜还在那儿,但没有人知道它是从哪儿来的。地毯还铺在小山上,天幕也还撑在那儿。 仆人们都颂扬主人多么富裕,但谁都不知道他从哪儿弄来了这些新的宝物。 主人也喜欢这些东西,他并不在意自己不知道它们是从哪儿来的。 骑过那些马的年轻绅士,把马牵到自己的马厩里去了。 他们都赞扬约翰先生多么慷慨,因为那一天他把马送给他们了。 这就是彭德尔的详细报告中一些重要的事实。 他虽然没有成功,但因为他这样卖力,而且事情也办得很周到,我还是称赞了他一番。 然后,我忧郁地做了个手势,叫他离去,让我独自留在房间里。

"我已经把最重要的事情报告给主人了,"他又往下说,"现在还需要传达一些话。 今天早上,当我出去办这件不幸没有办成的事情时,我在门口遇见了一个人。 他对我说了这些话:'请你告诉彼得·史勒密尔先生,他不可能再在这儿碰见我,因为我要出洋旅行了。 现在刮着顺风,所以我必须到码头上去。 可是,整整过一年,我会来拜访他,跟他接洽另一笔他那时可能会接受的买卖。 请代我向他致敬,并且转达我的谢意。'我问他是谁,但他说您会知道的。"

"那人是什么样子?"我惶恐地叫道。 彭德尔详详细细地把那个穿灰色衣服的人的样子描述给我听,就像他在刚才的报告中描述他所找的那个人一样忠实。

"不幸的人!"我扭着手叫了起来,"这就是他呀!"他恍然大悟了。 "是呀,这就是他,真的是他呀!"他惊慌地叫着说,"我这个瞎子,这个傻瓜,竟没有认出他来,竟辜负了主人!"

他痛哭起来,狠狠地责骂自己。 他那么伤心,以至我可怜他了。 我安慰了他一番,再三地向他保证我并不怀疑他不忠心。 然后,我立刻叫他到码头上去,尽可能找到那个怪人的踪迹。 但那天早上,有很多因逆风而停泊在港内的船只开出去,驶向不同的方向和不同的海岸。 穿灰色衣服的人像个影子一样不见了,没有留下任何踪迹。

三

如果一个人被铁链紧紧地锁住了,那翅膀对他有什么用处呢? 他只会感到更可怕的绝望。 我痛苦地躺在我的金子旁边,得不到任何人的安慰，就像躺在宝藏旁边的法弗纳尔①一样。 我不爱我的金子了，我诅咒它，因为它使我和生活隔离了。 我隐藏着我的可怕的命运，害怕我的最卑下的仆人，但同时又妒忌他，因为他有个影子，可以在阳光下见人。 我悲伤地在我的屋里度过许多白天和夜晚，心里感到非常痛苦。

在我的眼前还有一个人因为痛苦而变得憔悴，忠心的彭德尔因为没有认出我派他去找的那个人，仍旧暗自责备自己辜负了善良的主人，他一定猜想到我的悲惨命运和那人有着密切关系。 但我不能责怪他，我在这桩事情里面看出那个陌生人多么神秘。

我想尽了一切办法，有一次派彭德尔带着珍贵的宝石戒指去找城里最闻名的画家，请他到我家里来。 他来了，我吩咐仆人们离去，锁上了门，坐到这人旁边，把他的技术称赞了一番，然后带着沉重的心情谈到本题。 我事先请他答应严守秘密。

"先生，"我接着说，"有一个人不幸失去了自己的影子。 你能够给他画一个假影子吗？"

"你指的是身体的影子吗？"

"是的，我指的正是这个。"

"可是，"他又问我，"这人怎么这样愚蠢、这样疏忽，竟失去了自己的影子呢？"

"他是怎样失去的，并不怎么重要，但我可以告诉你，"我无耻地撒起谎来，"去年冬天他在俄国旅行，有一天天气非常冷，他的影子就牢牢地冻结在地上了，怎么都扯不起来。"

"我可以画一个假的影子，"教授回答说，"可是只要他稍微

---

① 法弗纳尔是北欧神话中的人物。 他害死了父亲，夺去了宝藏，变做一条龙，守在宝藏旁边，但后来被英雄希古尔德杀死。

动一下，就会失去那个影子，特别是因为他天生的影子本来就不牢固——这一点是可以从你的叙述中推测到的。谁没有影子，最好不要到阳光下去，这是最聪明和最妥当的办法。"他站起来走了，同时用尖锐的目光瞥了我一眼，这目光使我的眼睛招架不了。我倒在沙发椅上，用两只手蒙住脸。

当彭德尔进来时，我还是这样坐在那儿。他看见主人痛苦的样子，便打算轻轻地、恭敬地退出去。我抬起头看了看；我受不了痛苦的重压，不得不把一切倾吐出来：

"彭德尔！"我对他叫道，"彭德尔，只有你一个人看见和关心我的痛苦。你并没有好奇地打听我痛苦的原因，只默默地、忠诚地和我分担痛苦。过来，彭德尔，做我的知心人吧。我并没有对你锁闭我的金库，也不打算对你隐瞒我痛苦的原因。彭德尔，别遗弃我。彭德尔，你看见我富有、慷慨、善良，你认为全世界应该颂扬我，但你同时看见我避开这个世界，和它隔绝。彭德尔，世界已经判决了我，把我摒弃了。如果你知道了我可怕的秘密，你大概也会遗弃我。彭德尔，我是富有的、慷慨的、善良的，可是……天哪！……我没有影子！"

"没有影子？"善良的青年恐惧地叫起来，亮晶晶的泪珠从他的眼睛里涌了出来。"我真不幸啊，竟命该侍候一个没有影子的主人[①]！"他沉默了，而我用手蒙住了脸。

"彭德尔，"我过了很久颤抖地说，"现在你知道我的秘密了，你可以出卖我。走吧，去告发我。"

他的心里好像进行着激烈的斗争，最后他在我面前扑了下来，抓住我的手。他的眼泪把我的手弄湿了。"不，"他叫道，"不管

[①] 根据德国的古老迷信，有些鬼怪是没有影子的。

世人说什么，我决不能为一个影子，遗弃我善良的主人。我宁可做得对，不愿意做得聪明。我要留在这儿，把我的影子借给你。只要我能够，我就要帮助你，如果我不能帮助你，我就要跟你一块儿哭。"这种不常见的忠心，使我很感动，我抱住了他的脖子，因为我相信他不是为了金子才这样做。

从这个时候起，我的命运和生活方式有点改变了。我真是形容不出彭德尔多么当心地掩饰我的缺陷。他老是走在我前面，老是和我在一起，事先考虑到一切，安排一切。如果有意外的危险发生，他就很快用他的影子遮住我，因为他比我高大和魁伟。我又敢和人们交际了，并且开始在世界上扮演一个角色。我当然不得不假装我有许多特性和怪癖。可是，这种癖性和一个富翁是很相称的，所以在秘密被揭露以前，人们因为我有金子，一直非常尊敬我。我安静地等待着过一年要来看我的神秘陌生人。

我明白我不应该长久留在一个地方，因为这儿有人看见过我没有影子，并且很可能揭穿我的秘密；也许我只不过想起拜访约翰先生时的情形，而这种回忆使我感到羞耻。所以我只想在这儿尝试一下，以便在别处更自然地和更有信心地露面。可是，在一个时期内有桩事紧紧地抓住了我的虚荣心不放：人的虚荣心是最稳当的抛锚的地方。

我在别处又碰到了美丽的方妮。她并不记得曾遇见过我。因为我现在变得幽默和聪明，她对我相当殷勤——当我讲话的时候，别人都倾听着。我自己都不知道怎么学会轻易地左右和操纵谈话的艺术——我觉得给了这美人儿一个好印象，就像她所希望的那样成了个痴汉，从此千方百计地追求她，在树阴下和黄昏中，在凡是我可以去的地方，跟随着她。我只企求她倾心于我，但怎么也不能把我对她的爱慕从自己的头脑移植到心里去。

可是，我何必把这平凡的故事详尽地讲给你听呢？——你自己常对我讲过类似的关于绅士们的故事——在这出大家都熟悉的老戏里,我好心好意地担任了一名庸俗的角色。这出戏的悲惨结局却是很独特的,也是我、她和大家都没有料想到的。

　　一个美丽的晚上,我照例请了一伙客人到花园里来。我和我所爱慕的人,胳膊挽着胳膊,在离开客人们稍微远一点的地方散步,甜言蜜语地谈天。她羞答答地朝下看,轻轻地按住我的手。这时,在我们后面,月亮突然从云背后显露出来,而她只看见自己的影子投射在地上。她怔住了,惊愕地瞥了我一眼,然后又朝地上看了看,她的眼睛在找寻我的影子;她心里的感觉在脸上奇妙地刻画出来了。如果我的背上这时不打寒颤,我一定会大笑起来。

　　我让她从我的胳膊上昏倒下去,然后飞快地穿过一群惊慌的客人,跑到门口,跳上停在那儿的第一辆马车,驶回城里去了。这一次,我不幸把谨慎的彭德尔留在城里了。他看见了我,便吓了一跳。一句话就使他明白了一切。他立刻雇了驿马。我只带了一个仆人。这是个名叫拉斯卡尔的滑头家伙。他非常机警,所以我很需要他,而且他不可能知道今天所发生的事。我在这一夜赶了一百多里路。彭德尔留了下来清理家务,付清欠账,然后把我最需要的东西带来。第二天,当他追上我的时候,我扑在他的怀里,向他发誓,再也不干任何蠢事了,而且将来一定要加倍小心。我们毫不间断地继续我们的旅程,越过了国界和丛山。到了丛山的另一边,我才同意在附近一个偏僻的温泉浴场休息一下,消除疲劳,因为这儿有高山把我和那倒霉的地方隔开了。

四

　　在我的叙述中,有一段我只打算简单地讲讲。假使我能生动地回忆这一段时期,我真愿意详细地描述它! 可是,在我的心灵里,那灿烂的色彩已经黯淡了,然而只有那灿烂的色彩才能使它显得有生气,使它复活。 当我在心灵里寻找这段时间给我带来的莫大痛苦、幸福和天真的幻想时,我仿佛徒然地敲打一块没有泉水的岩石似的,那时神灵就会离开我。 这段已经逝去的时间现在用完全不同的眼光看我了!

在温泉浴场,我被注定扮演一个英雄角色,可是,我在舞台上是个生手,对于这个角色事先也没有研究过,结果因为给一双蓝眼睛迷住,把戏演坏了。 被这戏迷惑的父母,尽量设法快些促成一笔交易,最后这出滑稽戏却嘲弄了大家。 没有了,完了!

曾经在我的心灵里激起了那么宝贵和高尚的感觉的,现在竟被我当作一出戏,这实在太愚蠢、太荒谬、也太可怕了! 米娜,当我失去你时,我哭了,现在我又同样地哭了,因为我甚至在我的心里失去了你。 难道我上了年纪吗? ——唉,悲惨的理智啊! 只要我的脉搏能像当时那样跳一下,只要我能在片刻内有那种幻想……但这是不可能的! 我仿佛孤独地在汹涌的、漫无边际的海上漂流,而最后一个杯子里的香槟酒的白沫早已经消散了。

我派彭德尔带几袋金子先去,在小镇上为我布置适当的住所。他在那儿分送了很多钱,并且含糊地告诉人们,他在服侍一个高贵的外国人,因为我不愿意他把我的名字告诉别人。 这使得那些善良的人想入非非。 我的房子准备好了以后,彭德尔立刻回来接我。我们动身了。

在离城大约有一个钟头的路程的地方,一群穿着节日盛装的人,站在阳光照亮的空地上,挡住了我们的路。 马车停了。 音乐、钟声、炮声响了起来,人们大声喊"万岁"。 一队穿白衣服的少女,齐声唱着歌,走到马车门前来。 她们都非常美丽,但其中一个却使众人黯然失色，就像太阳使星星隐没一样。 她从姑娘们当中走出来，羞答答地红着脸，端庄地跪在我面前，献上一个用月桂、橄榄树枝和玫瑰编成的放在绸垫子上的花冠。 她同时说了"陛下"、"敬畏"和"热爱"等几个词儿。 我听不懂她说什么，但她迷人的、清脆的声音陶醉了我的耳朵和心。 我觉得好像从前看见过这个天仙般的美人儿似的。 合唱队开始歌颂仁慈的国王和他的臣民的幸福。

而这一幕，亲爱的朋友，是在阳光下发生的。 她还是跪在我面前，离我只有两步远，但我这个没有影子的人，不能跳过那深渊，跪在这仙女面前。 啊，为了得到一个影子，我当时愿意付出任何代价！ 我不得不把我的羞耻、恐惧和绝望深深地藏在我的车子里。 彭德尔终于替我动脑筋了。 他从马车的另一边跳下去，但我把他叫回来，从我身边的盒子里拿出一顶珍贵的宝石冠冕交给他，这冠冕本来该戴在美丽的方妮头上的。 他走到前面去，代表主人答谢。 他说：他的主人不能够、也不愿意接受这种荣誉，因为大家一定弄错了，可是他非常感谢镇上居民的好意。 彭德尔同时从绸垫子上拿下了花冠，把宝石冠冕放上去。 接着他恭敬地扶起美丽的少女，用手势表示叫牧师们、官员们和其他的代表走开，再也不许任何人走过来。 他吩咐人群分开给马车让路，然后跳上了马车。 我们又继续急驶，通过了花卉装饰的城门，驰进城去。 礼炮不停地响。 马车在我的房子前面停了下来，我分开了人群，飞快地跑到门口去，这些人是因为想要瞻仰我而特地赶来的。 群众在我的窗口下喊"万岁"，于是我吩咐从窗口撒下金币。 晚上，全城自动挂灯结彩了。

我一直还不知道这到底是什么意思，他们把我当作什么人，便派了拉斯卡尔去打听消息。 人们讲给他听：他们得到了可靠的消息，普鲁士的国王正乔装成一位伯爵出游，路过这儿，他们认出了我的副官,所以断定我就是国王;他们确实知道我已经到了这个地方,便感到非常快乐。 因为我显然不愿意暴露身份,他们明白了刚才决不应该冒昧地暴露我的秘密,我虽然生气了,但表现得宽宏大量,我一定会体谅他们的一片好心的。

我那个小厮觉得这事非常滑稽。 他把他们训斥了一顿,同时想尽办法加强这些善良的人们的信念。 他向我做了个很滑稽的报告,因为看见我给他逗欢喜了,便尽量在我面前吹牛拍马——我应该承认这点吗? 虽然这只是个误会,但我因为被当作受人尊敬的国王,确实感到很得意。

第二天晚上,我在房子前面的树阴下举行了一个盛大的宴会,请全城的人参加。 我的口袋的魔力、彭德尔的努力和拉斯卡尔的机智,甚至把时间战胜了。 在几个钟头内,一切变得那么华贵和美丽,使大家感到很惊奇。 出现的富丽堂皇的场面和灯光的巧妙布置,给了我一种非常安全的感觉。 我不得不称赞我的仆人们,因为一切都安排得恰到好处。

天渐渐黑了。 客人们到了,并且被介绍给我。 他们都不敢称我陛下,只是非常恭敬谦逊地称我伯爵先生。 我该怎么办呢? 我只好让他们叫我伯爵,从此我也做了"彼得伯爵"。 在宴会的喧嚷中,我的心灵只渴望见到一个人。 她来得很晚。 她戴着冠冕,并且像个真正的皇后。 她羞答答地跟着她的父母走来,好像并不知道她是这儿最美丽的姑娘。 人们把森林管理员夫妇和他们的女儿介绍给我了。 我对那对老夫妇说了许多恭维和客套的话,可是我在他们的女儿面前,像个挨了骂的小孩一样,呆呆地站着,一句话也说不出来。 我终于结结巴巴地请求她,执行皇后的权利,为宴会增光。 她用动人的眼光羞怯地求我宽恕她;但我比她更羞怯地对她恭恭敬敬地表示,我要当她的第一个臣民,对她尽忠。 伯爵的这种举动,成了所有客人的准则,每个人都愉快地、争先恐后地仿效他。于是这位庄严、纯洁、娴静和美丽的姑娘,就成了热闹的宴会的女主人。米娜的得意的父母以为我为了尊敬他们,才捧他们的孩子。我却沉醉在说不出的快乐中。我吩咐把从前为了摆脱笨重的金子而买来的所有首饰和珠宝,装在两个有盖的碗里,在进餐时用皇后的名义分送给侍候她的女伴和贵夫人。同时,我叫人把金子从四周的篱笆上不停地扔给欢呼的群众。

第二天早上,彭德尔秘密地告诉我,他对拉斯卡尔的诚实早就表示怀疑,现在这种怀疑得到了证实。昨天拉斯卡尔偷去了好几袋金子。"我们就让这家伙偷一点吧,"我回答说,"我乐意把钱分送给大家,为什么不送他呢?昨天,你雇来的所有仆人和他曾忠心地为我服务,使我能够愉快地度过一个热闹的节日。"

我们从此不再提起这回事了。拉斯卡尔仍旧是我最宠爱的仆人,彭德尔却是我的朋友和知己。彭德尔已经习惯把我的财产当作耗不尽的了,他并不探问它的来源,他渐渐摸到了我的脾气,于是想出许多办法来帮助我花掉金子。关于那鬼鬼祟祟的、穿灰衣服的陌生人,彭德尔仅知道:只有他才能解除压迫我的诅咒,我害怕他,因为我唯一的希望寄托在他身上。此外,我相信不管我在哪儿,他都能找到我,但我是无法找到他的,所以我放弃了找寻他的任何企图,只等待着约好的日子到来。

我的盛大的宴会和我在宴会上的举动,起初还使得镇上信仰坚强的居民保持了他们原来的想法。不过,报上很快就登出关于普鲁士国王奇特的旅行的谣传是毫无根据的。但不管怎样,我已经被当作一个国王了,于是也只好充扮一个国王,而且还得充扮一个最有钱的和最高贵的国王。人们只不知道我是哪一国的国王罢了。在这个世界上,我们没有理由抱怨国王太少,特别是在今日。这些从来没有亲眼见过一个国王的善良人民，一会儿猜我是这国的国王，一会儿又猜我是那国的国王——但我老是被称为"彼得伯爵"。

有一次，在温泉浴场的游客中出现了一个商人。这人为了要发财，曾宣告破产。大家都很尊敬他。他投下的影子虽然宽大，但色彩比较浅。他想在这儿炫耀他所聚敛的财产，甚至还要和我比赛。我充分利用了我的口袋，于是那个可怜的家伙为了顾全他的面子，又不得不宣告破产，并且逃到丛山的另一边去。我就这样摆脱了他。在这个地方，我使很多人成了没出息的人和懒鬼！

虽然我像个国王一样奢侈和阔绰，而且大家都奉承我，但我在家里仍旧过着简朴孤寂的生活。我照例非常当心，除了彭德尔以外，任何人都不得在任何借口下进入我的住屋。出太阳的时候，我老是把彭德尔和自己锁在屋里。这时，人们都说，伯爵在他的书房里工作。据他们说，我为一些琐屑的事所派出和接待的许多专差，也与这个工作有关系。我只在晚上在树下或者在大厅里见客，这大厅里巧妙和灿烂的灯光是彭德尔设计的。当我出去的时候，彭德尔老是跟着我，并且用敏锐的眼睛保护我。我通常只到森林管理员的花园里去，到那儿去也只是为了她，因为爱情已经在我心里的最深处生根了。

我的好沙米索呀，我希望你还没有忘记什么是爱情！在这方面的许多事情，我让你自己来补充吧。米娜的确是个可爱的、善良的、纯洁的姑娘。我使得她的整个幻想围绕着我了；她非常谦逊，所以不知道自己有什么值得我去爱的。她用爱情来报答爱情，用一颗纯洁的心的全部青春活力来爱我。她像个女人那样爱着，把自己完全献出来，她忘我地、专心地爱着那个成了她的生命的人，不管她会不会因此牺牲自己，那就是说，她真诚地爱着。

可是我呢——啊，那些时刻多么可怕呀！但它们还是值得回忆的——我从第一次使我昏迷的陶醉中清醒过来以后，时常靠在彭德尔的胸膛上痛哭。我用锐利的眼光把自己打量了一番，我这个没有影子的人，怎么竟敢这样自私，用卑鄙的方式来残害一个仙女，欺骗她的纯洁的心灵！我一会儿决定把我的秘密告诉她，一会儿对自己发誓要离开她，躲避她，一会儿又哭起来，并且和彭德尔商量晚上怎样到森林管理员的花园里去看她。

另一些时候，我哄骗自己说，我还有很大的希望，因为那个穿灰衣服的陌生人不久将来看我，可是我却没法使自己相信这一点，于是又哭起来。我算好了哪一天可以看见那个可怕的人，因为他说要整整一年以后来，而我是相信他的话的。

她的父母是两个善良的、可敬的老人。他们非常宠爱他们的独养女儿。我们的关系，使他们非常惊奇，他们简直不知道应该做什么好。他们从前没有梦想到彼得伯爵会注意他们的孩子，而现在他竟爱上了她，并且也得到了她的爱——她的母亲被虚荣心所驱使，希望并且设法使我们结合在一起，可是脑子清醒的父亲并没有这种妄想。他们俩都相信我的爱情是纯洁的；除了为他们的孩子祈祷以外，他们不能做什么事了。

我手里正拿着米娜那时写给我的信——是的，她的性格就是这样的！我把它抄给你：

　　我是个懦弱愚蠢的姑娘，竟妄想我的情人不会使我这可怜的姑娘伤心，因为我诚心地、诚心地爱他。咳，你那样好，那样说不出的好，可是不要误会我的话。你不必、也不要想为我牺牲什么，上帝啊，假使你这样做，我会恨我自己。不！你使我感到无限的幸福，你教会了我怎样爱你。你还是走吧！我知道我的命运，彼得伯爵不属于我，而是属于世界的。我会感到骄傲，当我听见人们说：这是他，这也是他，这是他干的；这儿人们敬重他，那儿人们崇拜他。你瞧，当我想到你为了一个愚蠢的女孩，忘记了你的崇高的使命时，我就会生你的气。你走吧，要不，这种思想会使我痛苦，而你曾使我感到那么幸福，那么快乐！我不是把一根橄榄树枝和一朵玫瑰花编到你的生命里去了，就像我曾把它们编到献给你的花冠里一样吗？我亲爱的，你在我的心里，你别害怕离开我——啊，你会使我那么快乐地、那么说不出底快乐地死去。

你可以想得到她的话多么刺痛了我的心。我解释给她听，我并不是人们所想象的那个人，我只不过是个有钱的人，同时也是个非常不幸的人。我被诅咒了，但我要在她面前保守这唯一的秘密，因为我还有希望解脱那个诅咒。我害怕会把她一起拖到深渊里去，而这种恐惧天天折磨我。因为她在我的生命中是唯一的光明、唯一的幸福、唯一的寄托。她见到我难过，于是又哭起来了。咳，她那样可爱，那样善良！为了使我少流一滴眼泪，她情愿——那么快乐地情愿——完全牺牲自己。

那时她还不可能明白我的话的意思，她只猜想我是个被放逐的君主，或是一个地位很高的、流亡的领袖。她的想象忙着把情人描绘成了不起的英雄。

有一次我对她说："米娜，下个月的最后一天可能改变和决定我的命运。如果不是这样，我就必须死，因为我不愿意使你不幸。"

她把头藏在我的怀里，哭着说："要是你的命运改变了，你只让我知道你是幸福的。我对你没有任何要求。要是你遭遇到不幸，你就把我和你的不幸结合在一起，好让我分担你的痛苦。"

"姑娘，姑娘，把你无意中说出的愚蠢的话收回去吧。你知道我的不幸和灾难吗？你知道你的情人是谁……他干了什么……你没有发现我痉挛地发抖，并且对你保守秘密吗？"她呜咽地扑在我的脚前发着誓，重复她的请求。

我对走进来的森林管理员说，我打算在下月的第一天向他的女儿求婚，我选定了这个日子，因为在那天以前可能发生一些影响我的命运的事。不过我对他女儿的爱情是永远不会改变的。

这个好人听见彼得伯爵嘴里说出这样的话，便吃了一惊。他拥抱了我，但立刻又感到惭愧，因为他这样冒失。接着他开始怀疑、思量和探问，他谈起妆奁、保障和他的亲爱的女儿的将来。我感谢他提醒我，并且告诉他，我打算在这个地方住下来，过无忧无虑的生活，因为在这儿我好像是被人所敬爱的。我请求他用女儿的名义，在这一带买一些最好的田产，把账记在我的名上。我说，做父亲的这样可以很好地为女儿的爱人效劳——这事使他很忙，因为到处都有一个陌生人抢在他前面买田；结果他只买了大约一百万块钱的田产。

我使得他忙于置田产的事，其实是个不怀恶意的诡计，为的是要摆脱他。过去，我曾使用过类似的诡计；我不得不承认，他有点不识相。那个好母亲却有些重听，她并不像她丈夫那样抢着要跟伯爵谈天。

她的母亲也来了。这些幸福的人，坚持要我那天晚上在他们家里多留一会儿，但我一分钟也不能留在他们那儿了。我看见上升的月亮在地平线上发出微光。我的期限满了。

第二天晚上，我又到森林管理员的花园里去了。我把大衣披在肩上，把帽子深深地按下去，走向米娜那儿去。她抬起头来，看了看我，不由地怔住了。这时，我在心灵里又清楚地看见了那可怕的夜晚的情景，在那一夜，人们在月光下看见我没有影子。这确是米娜。她刚才把我识破了吗？她静默和沉思；我的胸口上非常沉闷。我从座位上站了起来。她默默地哭着，扑在我的怀里。我走了。

从此，我常常看见她哭。我的心灵里越来越黑暗，只有她的父母快乐极了。那个决定性的日子，就像一团阴沉的乌云一样，渐渐接近了。前夕到了，我简直不能呼吸。我预先装满了几箱金子，守着夜，等待十二点钟到来。钟敲了十二下。

于是我就坐在那儿，眼睛盯着钟的指针，一秒一分地数着，好像它们用刀子刺我似的。只要有点声响，我就跳起来；天渐渐亮了。沉重的钟头一个跟着一个过去，到了中午、黄昏、夜晚，时针在移动着，希望越来越渺茫，敲了十一下，但谁都没有来；最后几分钟过去了，仍旧没有人来，敲了十二点钟的第一下，最后一下，我绝望地倒在床上，不停地哭着。明天，我这个永远没有影子的人，将向我的情人求婚，天快亮的时候，我闭上了眼睛，苦恼地睡着了。

五

清早，我被前室里激烈的争吵惊醒了。我注意地听了听，彭德尔不允许拉斯卡尔进我的门；拉斯卡尔却在狠狠咒骂，说他决不听从同事的吩咐，并且坚持要闯进屋来。善良的彭德尔警告他，不要说这种话，因为万一给我听见了，他可能失去待遇优厚的工作。拉斯卡尔威胁着说，如果彭德尔再不让他进去，他就要打彭德尔。

我还没有穿好衣服，就愤怒地打开了门，叱喝拉斯卡尔说："你要什么，无赖？"他向后退了两步，冷冷地回答："我恳求你，伯爵先生，让我看看你的影子，太阳正明晃晃地照在院子里。"

我好像给雷劈了似的。过了很久，我才费力地说：

"一个仆人怎么可以反对他的主人……"

他非常冷静地打断了我的话："一个仆人可能是个很正直的人，并且不愿意侍候一个没有影子的人。我要求辞职。"

我不得不改变语调说："可是，拉斯卡尔，亲爱的拉斯卡尔，谁使你有了这种不吉利的想法？你怎么会相信……"

他还是用原来那种口吻说："有些人说你没有影子，一句话，你要么把影子给我看看，要么就把我辞掉。"

彭德尔脸色苍白，打着战栗，但他比我清醒些。他对我做了个手势，于是我只好求助于万能的金子——但金子也失去了它的威力。拉斯卡尔把金子扔到我的脚前说："我不要没有影子的人的任何东西。"他把背转向我，戴上帽子，哼着小调，慢吞吞地离开屋子。我和彭德尔好像变成了石头一样站在那儿，发呆地、一动也不动地望着他的背影。

我心里非常痛苦，沉重地叹着气，终于决定要履行我的诺言，便像个去见审判官的罪人一样到森林管理员的花园里去了。我进了一个用我的名字命名的阴暗的亭子，她这次也答应在这儿等我。她的母亲无忧无虑地、快乐地走来迎接我。米娜坐在那儿，她苍白美丽，就像第一次下的雪一样，秋天有时会下这种雪，它和最后的花朵接吻，然后立刻融化为水。森林管理员手里拿着一张写着字的纸条，紧张地踱来踱去。他好像有许多心事，而这些心事使得他通常没有表情的脸，一会儿通红，一会儿苍白。我进去时，他立刻走了过来，吞吞吐吐地要求和我单独谈话。他邀我陪着他走段路，经过园里的一块有阳光的空地。我却默默地坐了下去。接着，大家沉默了很久，甚至善良的母亲也不敢打破这种沉默。

森林管理员仍旧迈着不均匀的步子，在亭子里踱来踱去。忽然他在我面前站住，看了看手里的字条，一面观察着我，一面问："伯爵先生，你真的不认识一个叫彼得·史勒密尔的人吗？"

我沉默着。

"这人的品质优秀，还有着特殊的才能。"他等待着回答。

"假使这人就是我呢？"

"这个人，"他激动地补充道，"失去了他的影子！"

"啊，我预料到了，预料到了，"米娜叫起来，"是的，我早就知道他没有影子！"她扑到母亲的怀里去。她的母亲吓了一跳，痉挛地抱着她，责备她不该保守这种危险的秘密。可是她像阿烈图莎①一样变成了一个泪泉，听见我的声音时，泉水流得更急，当我走近的时候，它汹涌起来。

"你竟敢这样无耻，"森林管理员愤怒地说，"竟敢毫不迟疑地来欺骗她和我？你还说你爱她，那你为什么要使她这样痛苦呢？你瞧，她在哭，在扭自己的手。唉，太可怕啦！太可怕啦！"

我完全糊涂了，竟开始发疯似地乱说：一个影子毕竟只是个影子，没有影子也可以过得下去，并不值得为这事大吵大闹。可是，我自己觉得我的话没有道理，所以不等他回答就沉默了。最后我补充道，失去的东西，说不定还可能找到哩。

他生气地叱喝我："向我坦白吧，先生，向我坦白吧，你的影子到底是怎样失去的？"我又不得不撒谎："有一次，一个粗野的人鲁莽地踩在我的影子上，撕了一个大洞。我把影子交去修补了，因为金子是万能的。昨天我本来就该收回它了。"

"好，先生，很好！"森林管理员回答说，"你在追求我的女

---

① 阿烈图莎是希腊神话中的小水仙，她后来变成了一道泉水。

儿,但别人也在追求她。作为她的父亲,我必须照料她。我给你三天期限,好让你去找你的影子,如果你在三天内带一个适合的影子来见我,我一定欢迎你,可是到了第四天,告诉你,我的女儿将是别人的妻子了。"

我还想对米娜说一句话,但她哭得更厉害,紧紧地偎依在母亲的身旁。她的母亲默默地向我做了个手势,叫我走开。我踉跄地走了,觉得仿佛我被赶出了世界似的。

我逃避了彭德尔慈爱的保护,糊里糊涂地跑过森林和草地。冷汗从我的额头上淌下去,沉重的呻吟从胸膛里发出来,我简直发狂了。

我不知道自己跑了好久。在一块被太阳照亮的荒地上,突然有人扯了扯我的袖子。我站住了,回头看了看。穿灰衣服的人站在我后面;他好像气喘吁吁地追过我似的。他立刻对我说:

"我曾通知你今天来,但你没有耐心地等我。不过,一切还很好。只要你同意,你就可以把影子换回去,随意支配它,并且立刻回去。在森林管理员的园子里,大家一定会热烈地欢迎你,而过去的一切会被当作笑话罢了。拉斯卡尔,那个出卖了你、并且追求你的未婚妻的家伙,由我来对付,这小子已经是恶贯满盈了。"

我像在做梦似地站在那儿。"通知我今天来?……"我又把日子算了算——他说得对,我老是算错了一天。接着我就用右手找怀里的口袋;他猜到了我的意图,退后了两步。

"不,伯爵先生,它在你那儿很安全,你留着用吧。"我瞪着眼睛,含着惊奇疑问的神情看他,他继续说:

"我只求你给我一件小东西做纪念:劳你驾,请你在这张纸条上签个字。"在羊皮纸上写下这些字:

"立据人愿于死后将本人之灵魂让给持据人,特立此据为凭。"

我吃了一惊,一会儿望望字据,一会儿望望穿灰衣服的陌生人。 他用新削好的羽毛笔,接住我手上刚被荆棘刺破的伤口里流出的一滴血,然后把笔交给我。

"你到底是谁呀?"我终于问他。

"这有什么关系呢?"他回答说,"难道你看不出我是谁吗? 我是个可怜的鬼,也可以说是个学者和术士。 我的巧妙的技能,并没有赢得朋友们的感谢。 在世界上,我除了做点试验以外,没有别的乐趣——可是,请你签字吧。下面靠右边:彼得·史勒密尔。"

我摇了摇头说:"对不起,先生,我不签字。"

"不?"他重复着说,"为什么不呢?"

"我觉得用灵魂来调换影子不大合算……"

"喔,喔!"他重复着,"不合算!"他对着我大笑起来。"请问你,你的灵魂是什么东西? 你见过它吗? 死了以后,你打算用它做什么呢? 你应该高兴,找到了一个买主,愿意在你还活着的时候付出实际的代价,把那个 X,那个所谓'电流的力量'或者'两极的感应力'——不管人们把这愚蠢的东西当作什么——的遗物买来,那就是说,把你的身体的影子换回来。 得到了影子以后,你就能够娶你的爱人了,并且满足你所有的希望。 你难道忍心把那可怜的少女让给那卑鄙的无赖拉斯卡尔吗? 不,你应该亲自去看看,来吧,我把隐身帽借给你。"他从口袋里拿出了什么东西。"我们隐着身子到森林管理员的花园里去吧。"

我必须承认,我被这人讥笑了一顿,感到非常惭愧。 我痛恨他;我相信,我拒绝照他的要求签字,换取我极需要的影子,主要是因为我憎恨他,而不是由于什么信条和成见的缘故。 我也决不肯照他所建议的那样跟他一块去。我不愿意看见这丑恶的骗子,这嘲笑人的鬼怪,讥讽地走到我和我的爱人之间去,走到两颗流血的、破碎的心之间去,我的怒火从心底冒出来了。我把所发生的事当作命中注定的,把我的痛苦当作不可改变的,于是转向那个人,对他说:

"先生,我把我的影子卖了,得到了这个奇妙的口袋,但我很后悔。天哪,这买卖可以取消吗?"他摇了摇头,脸上露出阴险的神情。我继续说:"那么我也不愿意再把我的任何东西卖给你了。即使用我的影子做代价,我也不愿意卖,所以我决不签字。从这一点也可以得出结论:你请我戴隐身帽的那桩事,将对你比对我有兴趣多了,请你原谅我,既然没有别的办法,我们就分开吧!"

"史勒密尔先生,你固执地拒绝了我好心好意地提出的一笔交易,使我感到很遗憾。可是,下次我说不定会成功。早点再见吧!附带地提一下,请允许我给你看看,我决不会让我买来的东西发霉,相反地,我很珍视它们,并且细心地保护它们。"

接着,他把我的影子从口袋里掏出来,熟练地把我的影子抛在草地上,把它铺在自己的脚旁朝太阳的地方。他在伴随着他的两个影子之间,也就是在我的和他的影子之间,走来走去,而我的影子也只好听命于他,并且适应他的一切动作。

我过了这么久,又看见我的可怜的影子,发现它被迫干这样卑贱的差事,而我因为失去了它,受到这样可怕的痛苦,这时我的心碎了,我开始痛哭。那个可恨的人却带着他所骗取的影子神气活现地走来走去,不要脸地重新向我提出他的建议:

"你还可以得到它,只要你大笔一挥,你就会从那个流氓的爪子下救出可怜的、不幸的米娜,使她回到受尊敬的伯爵先生的怀抱里——就像我所说的那样,你只需要用笔画一下。"我的眼泪重新涌了出来,但我把身子转开,同时向他做了个手势,叫他离去。

在这一刹那间,充满忧虑的彭德尔跟着我的踪迹找来了。这个忠心善良的人发现我在哭,并且看见我的影子——这个影子是很容易识别的——被那个穿灰衣服的古怪的陌生人任意摆布,便立刻决定不惜使用武力,夺回属于我的东西。因为他自己不会对付那轻飘的东西,他立刻声色俱厉地叱喝陌生人,吩咐他把我的东西马上还给我。那家伙并不回答,把背转向无辜的青年,就走去了。彭德尔举起了一根有刺的木棒,跑去追那个人,他一面重复地命令陌生人交出影子,一面使出全力狠狠地打他。那个人仿佛习惯于这种遭遇似的,弯下了头,耸起了肩膀,默默地、安静地经过荒地,继续走去。就这样,他同时骗去了我的影子和我的忠心的仆人。过了很久,我还听见那深沉的声音在田野上咚咚地响,但它终于在远处消失了。我就像先前一样,孤独地和我的不幸留在一起了。

六

我一个人留在荒野上,尽情地痛哭,以便减轻我可怜的心上形容不出的痛苦的重压。但我看不见这莫大的痛苦的止境,看不见任何出路和任何目标。我吮吸着那位陌生人灌进我的伤口的新毒素,仿佛我非常渴似的。我在心灵里看见她的娇美可爱的身材和满是泪痕的苍白面孔,就像我在最后一次受到侮辱时看见她一样。这时,拉斯卡尔的幻影傲慢地、嘲笑地走到她和我之间来。我蒙住了脸,逃到旷野,但那丑恶的幻影不离开我,他跟着我跑,一直到我喘吁吁地扑在地上,重新用泪水把土地弄湿了为止。

这都是为了一个影子!而只要我用笔画一下,就可以得到这个影子。 我把那意外的建议和我的拒绝重新考虑了一下，可是我心乱如麻，我失去了判断和理解的能力。

　　白天过去了，我用野果充饥，用溪水止渴；夜来临了，我躺在一棵树底下。 潮湿的早晨把我从昏沉的睡眠中弄醒了。 在梦中，我曾听见自己呼呼地喘气，仿佛我要死似的。 彭德尔大概失去了我的踪迹，我一想到这点，就觉得高兴。 我不愿意再回到人间去。 我像山里的胆怯的野兽一样，避开了人们。 我这样过了三个痛苦的日子。

　　第四天早上，我到了一块多沙的平原上，平原被太阳照亮了。 我坐在一块岩石上晒太阳，因为我现在很喜欢观赏好久没有看见的太阳。 我默默地想着，心里充满了绝望。 这时，一个轻微的声音使我吃了一惊，我向四面看了看，准备逃跑。 我没有看见什么人，但被太阳照亮的沙子上有个人影在我旁边溜过去。 这影子有点像我的影子。 它独自飘过去，好像失去了它的主人似的。

　　我感到非常激动。 "影子呀，"我暗自想，"你在找你的主人吗？ 我就当你的主人吧。"我扑了过去，打算占有它。 我以为只要我能踩在影子上，使它靠近我的脚，它就会粘在我的脚上，并且渐渐习惯于我。

　　我扑了过去以后，那影子就离开我逃跑了，于是我只好拼命追赶那轻飘的逃跑者。 我一想到这影子可以把我从可怕的处境中拯救出来，便有了足够的力量去追赶它。 它朝一个还相当远的树林里跑去。 只要它跑到树林里，我就不可能找到它了。 我一想到这点，便吓了一跳，更加冲动了，跑得也更快。 我显然跑得比影子快，渐渐接近了它，我一定会赶上它。 忽然，它停住了，转向我这边来。 我像只扑向食饵的狮子一样，又快又猛地跳了过去，准备捉住影子，但意外地猛撞在一个物体上。 有什么看不见的东西凶猛地捶打我的肋骨，恐怕没有人挨过比这更凶猛的捶打吧。

我吃了一惊，结果痉挛地合拢了两臂，紧紧地抱住我前面那个看不见的东西。我的迅速的动作使我扑倒在地上，但我的身子下面还仰卧着一个人。我抱住他，现在才看见了他。

现在我才明白了这是怎么回事。这人刚才一定拿着那隐身的鸟巢，现在却把它丢开了。这种鸟巢能够隐去拿着它的人，但不能隐去他的影子。我向四周探望了一下，很快就看到看不见的鸟巢的影子，于是就跳了过去，抓住了那珍贵的战利品。我一拿起鸟巢，别人就看不见我了，而且我没有影子。

那个人很快地站了起来，立刻开始向四面探望，找寻把他打倒的人，可是在明亮的旷野上，他既看不见我，又看不见我的影子。他非常恐惧地倾听了片刻，他先前没有空去注意，也不可能猜到我完全没有影子。当他确实相信我的一切踪迹都消失了的时候，他非常绝望地打起自己来了，还拔掉了自己的头发。劫获的宝贝使我又可能、并且愿意回到人们当中去。在我自己面前，我并不缺少借口来掩饰这种卑鄙的掠夺，或者更准确地说，我不需要任何借口。为了避免这种思想，我跑开了，并不回头看一下那个不幸的人。我听见他在我后面可怕地叫了很久。至少我那时觉得经过的情形是这样的。

我急于想到森林管理员的园子里去亲自看看那可恨的人说得对不对。但我不知道我在哪儿，所以就爬上最近的小山，看看我在什么地方。从山顶上，我看见附近的小镇，森林管理员的园子就在我的脚下。我的心跳得很厉害，和先前性质不同的眼泪涌进我的眼睛：我又可以看见她了。痛苦的想念使我加快了步子，顺着最近的小径，走下山去。我在几个从城里来的农夫旁边走过去，但他们没有看见我。他们在谈论关于我、拉斯卡尔和森林管理员的事，我不愿意听他们谈什么，急忙地跑过去了。

我走进园子，心里充满了恐惧和期望。我仿佛听见对面有人在笑，我打了个战栗，很快地向四下里望了望，但看不见什么人。我继续走去，仿佛听见我旁边有脚步声，可是我什么都看不见，我以为我的耳朵没有听清楚。这时还很早，彼得伯爵的亭子里没有人，花园里也是空的。我走过那些熟悉的小路，一直走到住屋旁边去。同样的声音更清晰地跟随着我。我坐到一张长凳上去，心里充满了恐惧；这长凳放在房门对面的一块被太阳照亮的空地上。我好像听见隐身的鬼怪讥笑地坐到我旁边来。有人转动了门上的钥匙，门开了，森林管理员走了出来，手里拿着文件。我觉得仿佛有雾在我的头上飘过去似的。我四下里看了看——糟糕！那穿灰衣服的人坐在我旁边，露出狰狞的微笑望着我。他把隐身帽戴在他和我的头上，他的和我的影子在他的脚前友好地躺在一起，他手里拿着我熟悉的那张羊皮纸，漫不经心地玩弄着它。当森林管理员忙着看文件，在亭子的阴影中踱来踱去的时候，穿灰衣服的人亲密地附着我的耳朵小声说：

"你毕竟接受了我的邀请，现在我们坐在这儿，两个人戴着一个帽子。很好！很好！现在你把鸟巢还给我吧，你不需要它了；你是个诚实的人，不会拒绝把它还给我。可是，你不必感谢我，我向你保证，我是很乐意借给你的。"他干脆把鸟巢从我的手里拿去，把它放在衣袋里，然后他又开始讥笑我，笑声是那么响亮，以至森林管理员回头向发出笑声的地方看了看。我呆若木鸡地坐在那儿。

"你必须对我承认，"他继续说，"这样一顶帽子比较方便。它不仅能遮住戴帽子的人，还能遮住他的影子和他愿意隐藏的一切人。你瞧，今天我又带来了两个。"他又笑了起来。"你可要注意啊,史勒密尔,你开始不肯自觉自愿去做的事,最后会给逼着去做的。我看你还是把那东西买去吧,把你的未婚妻夺回来(现在还来得及),然后我们把拉斯卡尔送去吊死,只要不缺少绳子,那是很容易办到的——听着,我额外地把我的帽子给你。"

母亲走了出来,谈话开始了。

"米娜做什么?"

"她在哭。"

"傻孩子!这事不可能改变了。"

"当然喽,但这样快就把她嫁给另一个人……丈夫呀,你对自己的孩子太残酷了。"

"不,老婆,你完全看错了。在她稚气的眼泪还没有哭干以前,只要她看见自己嫁了一个很有钱的、受人尊敬的人,她便会得到安慰,从痛苦中醒悟过来,就像从梦里醒来一样。那时,她会感谢上帝和我们,你瞧着吧!"

"但愿如此!"

"虽然她现在有很多田产,但自从她和那个骗子间所发生的不幸的事传出去以后,你想她可能很快就找到像拉斯卡尔先生那样合适的对象吗?他在这儿一带买了六百万块钱的地产,分文不欠,全都用现款付清了。我亲手拿到了这些契约!他就是那个到处抢在我前面买去了最好的田产的人,此外他的皮筐里还有托马斯·约翰先生的三百五十万元期票。"

"他一定偷了很多钱。"

"这是什么话呀!他在别人挥霍的时候,聪明地节省了一些钱。"

"他当过仆人呀!"

"胡说!他有个很好的影子啊。"

35

"你说得对，可是……"

穿灰衣服的人笑了起来，瞥了我一眼。这时门开了，米娜走了出来。她靠在一个女佣的胳膊上，默默地哭着，眼泪流到她的美丽的苍白的面颊上。她坐到为她安置在菩提树下的安乐椅上，她的父亲坐在她旁边的一把椅子上。他温柔地握住她的手，对着又开始痛哭的米娜亲切地说：

"你是我亲爱的好孩子，你一定会理智一点，不愿意使你的老父亲伤心，因为他只为你的幸福打算，我完全明白，我的心肝，这事使你受到很大的刺激，你总算侥幸地逃避了一场大祸。在我们揭穿那无耻的骗局以前，你曾经很爱那个无赖！你瞧，米娜，我知道这一点，但我不责备你。我自己，亲爱的孩子，也爱过他，因为我曾把他当作一位高贵的绅士。现在你自己明白一切都不是那样了。不管哪里，连一条狗都有影子，而竟要我亲爱的独养女嫁给这样的人……不，你不会再想念他了。听着，米娜，有一个人向你求婚。他不害怕太阳，他是个受到尊敬的人。虽然他不是伯爵，但他有一千万元的财产，比你多十倍。这个人会使我亲爱的孩子得到幸福。你别答辩，别抗拒，做我的听话的乖女儿吧，让你的慈爱的父亲照顾你，揩干你的眼泪。答应我，你愿意嫁给拉斯卡尔先生——说呀，你肯答应我吗？"

她用微弱的声音回答："在这个世界上，我再也没有任何志向和任何愿望了。父亲要怎样，就怎样安排我吧。"

这时，仆人报告拉斯卡尔先生来了。他傲慢地走了过来。米娜昏倒了。我的可恨的同伴愤怒地看了看我，很快地对我小声说："你竟能容忍这种事？！你的血管里流的恐怕不是血吧？"他很快把我的手轻轻地刺破，流出了血。他继续说道："啊呀，鲜红的血！那么你就签个字吧！"我把羊皮纸和笔接了过来。

七

  我希望你批评我，亲爱的沙米索，我不愿意掩饰什么。 我严厉地审判过自己很久，因为我的心里养了一条折磨我的虫。 这是我一生中非常严重的一刹那，它时常在我的心灵里泛起来，而我老是带着谦卑和忏悔的心情，用疑惑的眼光注视着它。 亲爱的朋友，要是一个人糊里糊涂地离开了正路，他会不知不觉地给人带到邪路上去，越来越堕落，那时，他将徒然看见指路的星星在天上闪耀，他只得不停地朝深渊里走下去，把自己献给纳美斯神①。 我轻率地走错了一步，便遭遇到了灾难；接着，由于爱情的缘故，又冒失地闯进别人的命运。 我既然闯了大祸，而现在正需要我迅速地拯救米娜，那末我除了不顾一切地救她以外，还有什么别的办法呢？ 现在已经到了最后关头。 你别看不起我，我的阿德尔贝特②，别以为我把他索取的代价看得太高了，别以为我对自己的任何东西比对金子更吝啬。 不，阿德贝特，可是我的心里对那神秘的鬼怪充满了克制不住的仇恨。 我不愿意冤枉他，但一想到要跟他发生任何关系，就感到非常愤怒。 这一次，就像我一生中常遇到的那样，也像世界史上常发生的那样，一件意外的事代替了行动。 事后，我跟自己和解了。 我认识到应该尊重"必然性"，而一件意外的事往往就是"必然性"的产物，它有时比完成的行动还重要！ 我学会尊重"必然性"，因为它是一种贤明的规律，这种规律支配着整个的庞大机器，而我们只不过是这部机器的小齿轮，这些小齿轮被推动，并且

---

  ① 纳美斯是希腊神话中的报应和复仇女神。
  ② "阿德贝特"是作者的名字，沙米索是他的姓。

在一块儿起推动的作用。将来应该发生的事，一定会发生，过去应该发生的事，已经发生了。最后，我学会在我的命运和跟我有关系的人的命运中，尊重这种规律。

我不知道，到底是因为我非常冲动，心里太紧张了，或者是因为我最后几天没有吃东西而筋疲力尽了，还是因为穿灰衣服的鬼怪在我的近旁，使我异常激动，一句话，正在我要签字的时候，我昏倒了，昏迷地躺了很久，好像死了一样。

恢复知觉时，我最先听到践踏和咒骂的声音；我睁开了眼睛，看见天黑了，我的可恨的同伴在照料我，同时在咒骂。"这简直像老太婆的举动！你应该振作起来，照你所决定的那样去做，或者你已经改变了主意，情愿哭泣呢？"我从地上费力地爬了起来，默默地向四面看了看。已经是晚黄昏了。森林管理员那所房子还照得通亮，传出欢腾的音乐。三两成群的人们在花园的小径上散步。有几个人一面聊着天，一面走来坐到我先前坐的板凳上去。他们谈着早上举行的婚礼，富翁拉斯卡尔先生和主人的女儿结婚了——那么，事情已经发生了。

我从头上摘下了隐身帽，立刻看不见那个陌生人了。然后，我隐藏在黝黑的树阴下，经过彼得伯爵的亭子，急忙地走向花园的出口。可是，折磨我的鬼怪隐着身子追赶我，同时还在责骂："我费了整整一天工夫，照料你这位神经衰弱的绅士。你就这样报答我的苦心吗？你还要嘲弄我。好吧，顽固的先生，你尽管逃避我，我们反正是分不开的。你有我的金子，我有你的影子，这使得我们俩都不安心。谁曾听见过影子会离开自己的主子？你的影子逼迫我跟着你，一直到你大发慈悲收回它，而我终于摆脱了它为止。如果你耽误了你乐意做的事情，你最后还是不得不厌烦地去做它；一个人不能逃避他的命运。"他用同样的口吻不停地说下去，我怎样逃避都没有用,他不肯罢休。 他老是在我的身旁,讥笑地谈着金子和影子。 我简直没有主意了。

我经过没有人的街道,跑回我的家去。 当我在房子前面停住的时候,我简直认不出它了。 窗户被打坏了,屋里没有点灯。 门都关着,里面没有仆人走动。 我的同伴在我的旁边大声笑起来:"是呀,是呀,事情总是这样的! 可是,你会在家里找到你的彭德尔,他在不久以前给人打发回来了;他疲惫不堪,所以大概一直守在家里吧。"他又笑了。 "他一定会告诉你许多事情! 好吧! 祝你晚安,早点再见吧!"

我不停地摇铃,灯亮了起来,彭德尔在屋里问谁摇铃。 那个好人认出我的声音,快乐得简直控制不住自己;门飞也似的开了,我们哭着拥抱了。 我发现他变得很厉害,显得衰弱和憔悴,而我的头发都灰白了。

他带我经过空屋子,到里面一间没有被破坏的屋里去,摆出了酒菜。 我们坐了下去,他又开始哭了。 他讲给我听,他跟着抢了我的影子的、穿灰色衣服的瘦子走了很远,打了他很久,以至失去了我的踪迹,终于疲倦地倒了下去,后来,他因为找不到我,就回到家里。 接着,有一群受到拉斯卡尔怂恿的人跑了过来,打坏了窗子,尽情地破坏了一切。 他们就这样对待他们的施主。 我的仆人都逃散了。 当地的警察把我当作嫌疑犯,限我二十四小时内出城,离开他们的管辖区。 他对我已经知道关于拉斯卡尔发财和结婚的事,还作了许多补充。 这儿发生的对我不利的事,都是这坏蛋一手干出来的;他大概一开始就知道我的秘密。 他受了金子的引诱,想办法接近我,早就弄到了金橱的钥匙,就这样积聚了一笔财产。 现在他用不着再增加他的财富了。

这一切事,是彭德尔流着许多眼泪讲给我听的。 然后他又快乐地哭了起来。 他这样快乐，是因为又看见了我，又和我在一块儿了，也是因为他一直害怕这场灾祸会摧残我，现在却看见我镇静地忍受一切。 绝望的确使我镇静些了。 我看见眼前是巨大的、不可改变的痛苦，我的眼泪哭干了，它再也不能逼迫我呻吟，我光着头，冷淡地、不在乎地迎接着它。

"彭德尔，"我说道，"你知道我的命运。 因为我先前犯了错误，我受到严厉的惩罚。 你这个无辜的人，不应该再把你的命运和我的命运结合在一起。 我不愿意这样。 今夜我就要离去，你把鞍子套在马上，我独自去；我要你留下来。 这儿还有几箱金子，你把它们拿去吧。 我打算一个人在世界上流浪。 只要我有片刻的快乐，只要我的运气转好些，我就会想念你，因为我曾在你的忠实的胸膛旁痛哭，度过沉痛悲惨的时刻。"

这个忠心的人，吃了一惊，他的心碎了，但他不得不听从主人最后的吩咐。 我装着听不见他的请求和建议，看不见他的眼泪。 他把马给我牵了出来。 我再拥抱了一下那个哭着的人，跨上马鞍，在黑夜的隐蔽下，离开了我生命的坟墓。 我不管马把我带到哪儿去，因为我在世界上再也没有任何目标、愿望和希望了。

八

过了不久，一个步行的人走了过来，在我的马旁边走了一会儿，然后请我允许他把他的大衣放在马背上，因为我们是同路的；我默默地允许他这样做。 他有礼貌地感谢我给了他方便，把我的马称赞了一番，然后利用这机会称赞富有的人多么幸福和有权势。 不知怎样，他竟开始自说自话，而我居然成了他的听者。

他谈到对生命和世界的看法，很快地谈起企图用一个字来解答一切谜语的形而上学。他非常清楚地分析问题，并且设法回答问题。

我的朋友，你知道我在学习一些哲学家的学说以后，清楚地认识到我没有钻研哲学的天才，所以决定完全放弃这门学问，从那时起，我丢开许多事不管，不想去认识和理解它们。我听从了你的劝告，只信赖自己的理智和良心，尽量设法走自己选择的道路。现在，我觉得仿佛这位雄辩家天才地建造了一幢坚固的建筑物；这幢建筑物建立在自己固有的基础上，矗立在那儿，好像什么内在的规律使它存在似的。不过，我发现它缺少我所寻求的东西，所以我觉得它只不过是件艺术品，而它的十全十美的样子只不过是给我们欣赏欣赏罢了。可是，我倒很愿意听那个雄辩者的话，因为他使我的注意力从我的痛苦上转移到他的身上。假使他能够像说服我的理性一样，说服我的心灵，那我会信服他的。

就这样，过了不少时间，天不知不觉地蒙蒙亮了。我抬起头来看了看，吓了一跳，东方出现了五光十色的朝霞，太阳就要出来了，那时将出现又长又宽的影子，而在这空旷的地区我不可能找到藏身的地方！此外我不是独自一个人！我向我的旅伴瞥了一眼，又吓了一跳。原来他不是别人，就是那个穿灰衣服的人！

他看见我吃了一惊，便微笑了，不让我插嘴，继续说："我们就像世人所习惯的那样，让共同的利益暂时把我们结合在一起吧，分手的机会将来还多着呢。虽然你还没有考虑到这一点，但这条沿山的路，是你可以选择的唯一的路，我正好也要打这条路走；你不能到下面的平原去，你更不会翻过山脉回到你来的地方去。我看见你因为太阳就要出来，脸色变得苍白了。我们在一起的时候，我愿意暂时把你的影子借给你，而你必须让我陪伴你，彭德尔已经不在你身旁了，我要很好地为你服务。你不喜欢我，这使我感到遗憾。

虽然这样,你还是可以利用我。魔鬼并不像人们所想象的那样坏。昨天你惹我生气了,那是真的,但今天我不记你的仇了。你必须承认,我使你觉得这段路短些了。你把影子拿去试用一下吧。"

太阳升了起来,路上有些人朝我们这边走来,我虽然心里不愿意,但还是接受了他的提议。他笑了笑,让我的影子飘到地上去。它立刻在马的影子旁占据了它的位置,高高兴兴地跟着我。我心里的感觉非常奇特。我在一群乡下人旁边骑过去,而他们看见我这个阔气的人,便脱了帽子让路。我继续骑下去,从马上用贪婪的眼光斜看我的影子,心怦怦跳。我现在竟需要向一个陌生人——是的,一个敌人——借我自己的影子。

那家伙却漠不关心地在旁边走,哼着小调子。他步行着,而我骑马,我的头晕了,这诱惑实在太大了,我突然扯了扯马鞍,蹬着马刺,飞快地奔向一条岔路。可是,我没有把影子带走。当我转弯的时候,影子从马上溜了下去,在大路上等待着合法的主人。我只得惭愧地转了回去,穿灰衣服的人不慌不忙地哼完调子,然后嘲笑了我一番,把影子又装好了,并且教训我说,只有当影子成了我的合法财产时,它才会紧跟着我。"我抓住了你的影子,"他继续说,"所以连你也逃不了。像你这样一个有钱的人,需要一个影子,这是不能改变的,你没有早些认识到这一点,那是你自己的错。"

我在这条路上继续了我的旅程,我重新感到生活非常舒适,甚至美丽,我有了一个影子,所以能自由轻快地行动,虽然这影子只是借来的;因为我有钱,我到处受到人们的尊敬,可是我的心里沉闷极了。我的奇怪的伴侣,自称是世界上最有钱人的卑贱仆人,他非常殷勤,非常能干和伶俐,真是一个有钱人的最理想的侍从,但他怎么也不离开我,老是对我唠叨个不停,坚信我哪一天终于会买回我的影子，即使仅仅为的是摆脱他。我讨厌他，痛恨他，又非常怕他。但我不得不依赖他。自从他把我带回我所逃避的繁华世界以后，他便操纵了我。我只得听他滔滔不绝地说话，同时觉得他说得相当有道理。在世界上，一个有钱人必须有影子，如果我想要保持影子给我带来的地位，那我只有一条出路。但我下了决心：在牺牲了我的爱情，同时对生命失去兴趣以后，我决不把我的灵魂卖给这家伙，即使他把世界上的影子都给我。我不知道结局将怎么样。

有一次，我们坐在一个山洞前面。经过山区的外地旅客常到这里来游玩。这儿可以听见深渊里传来的地下泉水的突突声。如果把一块石头扔下去，它就会发出声响地落下去，似乎永远碰不到底。就像平时一样，他凭借丰富的想象力和诱人的魔力，用鲜艳的彩色精细地画出一些图画，描述当我重新占有我的影子的时候，我利用钱袋的威力在世界上可以干些什么事。我把胳膊肘靠在膝盖上，用手蒙住脸，倾听着这刁滑的家伙的话。我的心一半给迷住，但另一半受到坚强意志的控制。我再也忍受不了这种内心的斗争，于是发动了最后的决战：

"先生，你好像忘记了，虽然我允许你在某一些条件下陪伴我，但我还是完全自由的。"

"只要你吩咐，我就收拾行李离开。"这种威胁的话，他说惯了。我静默了；他立刻开始把我的影子卷起来。我的脸色变得苍白，但我还是默默地允许他这样做。接着是长久的沉默。他先开始说话：

"先生，我知道你讨厌我，痛恨我，但你为什么痛恨我呢？这难道是因为你在光天化日之下袭击我，并且用强力夺去了我的鸟巢吗？还是因为你想要偷窃属于我的影子呢？（你大概以为我相信你是个诚实人，所以才把影子交托给你。)我并不因此恨你，你利用了你的一切有利条件、诡计和能力，我认为这是很自然的；至于你有非常严格的道德原则，而且想要做个很诚实的人，那是一种嗜好，我并不反对。 我的想法事实上没有你的那么严格；不过我的行动却符合你的想法。 为了得到你的宝贵的灵魂——我是很喜欢它的——我难道曾设法扼死你吗？ 为了取回我卖掉的钱袋，我难道曾吩咐一个仆人去打你吗？ 我曾设法骗去口袋逃跑吗？"我回答不出什么。他继续说："好吧，先生，好吧，你讨厌我，我也谅解这点，所以并不责怪你。 我们必须分开，这是明显的，你也使我感到很厌倦了。 我再劝你一次，为了摆脱我这个使你丢脸的人，把这个东西买去吧。"

我把钱袋拿给他说："用这个做代价。"

"不！"

我深深地叹了口气，又说："好吧。 我坚持要跟你分开，你别来打扰我了，这个世界对我们是够大的。"

他笑了笑，回答说："我就走，先生，但你将来可能会需要你的最卑下的仆人，所以我先要教你怎样摇铃。 你只需要摇你的钱袋，使那取不尽的金钱丁当作响，这声音立刻会把我吸引过来。 在这世界上，每个人都为自己的利益打算。 但你也看得出，我同时还想到了你的利益，因为我显然使你有了新的权力。 啊，这钱袋呀！即使蛀虫把你的影子吃掉了，这钱袋还会把我们俩紧密地结合在一起。 得啦，你用我的金子捉牢我了，你从远处使唤你的仆人吧。你知道，我能够很好地为我的朋友们服务，而且富翁的关系跟我特别好，这一点你亲自看见了。 至于你的影子，先生——请允许我告诉你——你只有在唯一的条件下才能够收回来。"

我在想象中看见从前见过的一些人物。 我很快地问他："你有约翰先生的签字吗?"

他微笑了。"像这样好的朋友,根本用不着签字。"

"他在哪儿? 天哪,我要知道!"

他犹豫不决地把手插到口袋里去,拉着头发从里面扯出托马斯·约翰苍白丑陋的形象,那对发青的、僵硬的嘴唇动了动,说出这些沉痛的话来:"Justo judicio. Dei judicatus sum; Justo judicio. Dei condemnatus sum."[①]我吓了一跳,很快地把那丁当响的钱袋扔到深渊里去,最后一次对他说:"我以上帝的名义驱逐你,恶魔!离开我,再也不要让我看见你!"他阴沉沉地站了起来,在这块荒野地方周围的岩石堆后面不见了。

九

我坐在那儿,既没有影子又没有钱,可是心头上的重压已经消失了,我感到高兴。假使我没有失去爱情,或者至少在失去它以后没有什么可以责备自己的地方,我相信我会感到幸福的。我不知道我应该做什么好。我把衣袋搜查了一番,找到几块金币,把它们数了数,然后笑了起来。我把马留在下面的客栈里了,但我不好意思回去,我至少需要等太阳落坡再说,但太阳还高高地挂在天空。我躺到附近的树阴下,安静地睡着了。

美丽的幻影,愉快地飘舞着,织成一场快乐的梦。米娜头上戴着花冠,在我旁边轻飘飘地走过去,同时向我亲切地微笑着。忠诚的彭德尔也戴着花环急忙地走过去,同时友好地向我打招呼。我还看见了很多人,在远处的人群当中,我好像也看见了你,沙米索。

---

① 拉丁文,意思是:"神的公正法庭审判了我;神的公正法庭判决了我。"

亮光在照耀着，但大家都没有影子，而更奇怪的是，他们都很快乐——树林里和花丛旁，人们在唱歌、谈情和欢乐……我不能使这些容易消失的、活泼可爱的形象留下来，也不明白它们是什么，但我知道我很喜欢做这样的梦，所以我留心自己不要醒过来。这时我事实上已经醒了，只不过还闭着眼睛，以便在心灵里多看一会儿那些正在消失的幻影。

我终于睁开了眼睛，太阳还在天上，可是在东方，我一觉睡到天明。我认为这是一个暗示，叫我不要回到客栈里去。我一点也不在乎地丢掉了寄存在客栈的东西，决定打通过山脚下树林的一条岔路走，听凭命运替我安排一切。我再也不往后面看了，也不想回去找彭德尔，彭德尔在得到我的钱以后，已经是个富人了，而我是可以去找他的。我打算在世界上扮一个新的角色。我身上的衣服很朴素。我穿着一件旧的黑外套，从前在柏林时，我就穿过这外套了，这次出来旅行，不知怎么又穿上了它。我的头上戴着一顶旅行帽，脚上穿着一双旧靴子。我站了起来，在这儿砍下来一根多节的手杖，作为纪念，接着就踏上了旅途。

在树林里，我碰见一个老农夫。他和善地向我打招呼，开始跟我攀谈起来。我像个好奇的旅客一样，先向他问路，然后问他这儿的风土人情、山区里出产什么东西和一些类似的事情。他有条有理地、滔滔不绝地回答我的问题。我们到了一条山涧的河床旁，山涧使得树林里一块宽阔的地方变得荒凉了。我看见被太阳照亮的空地，打了个战栗，便叫农夫走在我前头。可是，他到了那块危险的地方的正中央，就回过头来，讲给我听，这块地方怎样变得荒凉了。他很快发现我缺少什么，便中断了他的叙述说："这是怎么回事啊？先生，你没有影子呀！"

"不幸得很！不幸得很！"我叹了口气回答说，"我害了一场长期的大病，结果头发、指甲和影子都脱落了。你瞧，老伯，像我这样年纪新生出来的头发都白了，指甲非常短，影子根本还没有长出来。"

"啊哟！啊哟！"老头子摇着头说，"没有影子，那太糟糕了！先生害的病一定很严重！"但他没有继续他的叙述。到了最近的一条岔路，他就一句话也不说地离开了我。痛苦的眼泪又在我的面颊上震颤起来，愉快的心情消逝了。

我继续了我的旅程，心里非常难受，再也不找旅伴了。我一直在树林里最黑暗的地方走，为了穿过一块被太阳照亮的空地，我有时不得不等上好几个钟头，免得什么人看见我走过去。晚上，我在村子里投宿。我打算到山里的矿井去，准备在地底下找工作做，因为我现在的处境逼迫我去谋生。此外我也认识到，只有辛苦的劳动才能够制止我去胡思乱想。

下了几天雨，这使得我的旅行方便了些，但我的靴子可遭殃了，因为靴底是做给彼得伯爵的，而不是做给一个步行者穿的。我很快就赤着脚走路了，所以不得不买一双新靴子。第二天早上，我很认真地到一个小镇上去买靴子，那儿正在赶集，一个小铺子里陈列着一些新旧的皮靴。我选了很久，讲了半天价钱。我买不起一双我很喜欢的新靴；它们的价钱高得使我吓了一跳。我只好买了一双旧皮靴，这双靴子还挺结实，样子也好。我付了现钱以后，店里的小伙计，一个长黄头发的美丽男孩，友好地笑了笑，把靴子交给我，祝我路上平安。我立刻穿上了，打北门出了城。

我沉思着，几乎看不见我往哪里走；我想起矿井，并且希望今天晚上到那儿，但不知道应该怎样去申请工作。走了不到两百步，我就发现走错了路。我四下里望了望，看见我正在一个荒野的原始桑树林里；这儿的树好像从来没有被人砍过似的。我再往前走了几步，便发现我四周都是光秃的山峰，山上只长着青苔，还布满了怪石；山峰间是积雪和冰原。 空气冰冷，我回头看了一下，但后面的树林已经不见了。 我又走了几步，我的四周变得死沉沉的，到处延伸着无边无际的冰原。 我站在冰原上，冰上罩着沉重的浓雾，血红的太阳挂在地平线上。 冷得难受。 我不知道发生了什么事，严寒逼迫着我加快步伐，我只听见远处有海涛声，迈了一步，就到了海洋的冰岸上。 一群群数不尽的海豹避开我，扑通扑通地跳到海里去。 我沿着海岸走去，又看见光秃秃的岩石、土地、白桦树林和桑树林。 我笔直地向前跑了几分钟，便热得透不过气来，回头望了一下，看见我站在桑树下，四周是耕得整整齐齐的稻田。 我坐在树阴下，看了看表，我是不到一刻钟前才离开市集的。 我以为在做梦，所以咬了咬舌头，想弄醒自己，但我实在是醒着的。 我闭上了眼睛，集中思想。 这时，我听见前面有从鼻子里发出的奇特声音；我抬起头看了看：两个中国人用他们的语言、照他们的风俗习惯向我打招呼，我看见他们的脸形，就断定他们是亚洲人，即使我还不敢根据他们的服装作出这种判断。 我站了起来，向后退了两步。 我看不见他们了，四周的景致又变了：树丛和森林代替了稻田。 我观察了一下长在四周的树木和花草，我认得的几种都是东南亚的产物。 我想到一棵树下去，迈了一步，一切又变了。 于是我就像个操练的新兵一样，迈着均匀的步子，缓慢地前进。 奇妙地变化的国家、田野、草地、山脉、草原、沙漠，在我诧异的眼睛前展开了。 毫无疑问，我脚上穿了千里鞋。

十

我跪了下去，默默地祈祷，哭出感激的眼泪，因为我的未来忽然清楚地在我的心灵前面出现了。 我先前犯了过错,所以被社会摒弃。 现在,我被送到我一直喜爱的大自然中去,作为一种补偿;大地成了我的茂盛的花园。 我准备把一生的精力放在学习上,我的目标是科学。 这决定并不是我自己作出的。 从此,我只不过孜孜不倦地设法把心灵里的那幅清晰完美的图画,忠实地描绘出来,而只要我所完成的符合那幅图画,我就感到满足。

我急忙站了起来,毫不犹豫地四下里看了看,这儿是我将来工作的地方。 我站在西藏高原上。 几个钟头前升起来的太阳,在这里已经快要落坡了。 我从亚洲东部走到西部去,赶上了太阳,进入非洲。 我好奇地在非洲游览,走遍了东南西北。 当我在埃及赞赏古老的金字塔和庙宇的时候,我在有一百个城门的底比斯附近,看见沙漠里基督徒从前居住的窑洞。 我忽然恍然大悟:这就是我的家。 我选了一个最隐蔽的窑洞作为我的未来的住宅,这窑洞宽敞舒适,豺狼进不来。 然后我拿起手杖,又踏上旅途。

我经过直布罗陀到了欧洲,游览了南北各地,然后从北亚经过北冰洋到格陵兰和美洲去。 我游遍了北美洲和南美洲,在南方已经来到的冬天很快就把我从好望角赶回北方去。

我等东亚天亮了,便在片刻的休息以后,继续游历。 我顺着南美北美的山脉走去,这是地球上最崎岖的地方。 我从一个山峰又缓慢又当心地跨到另一个山峰上去,有时经过冒火的火山,有时经过积雪的山顶,时常透不过气来。 我到了伊来阿斯山,跳过了白令海峡,到了亚洲,顺着亚洲弯曲的东海岸走去,特别注意哪些岛屿是我可以去的。 我的靴子把我从马来半岛带到苏门答腊、爪哇、巴里和琅波克。 我甚至冒着险,设法经过海上密布的小岛和岩石,到西北的婆罗洲和群岛中的别的岛上去,但一直没有成功,只好放弃这种企图。 我终于坐到琅波克海边的山峰上,把脸朝向东南方,哭了起来。我觉得好像我在监狱里关紧的铁窗前似的,因为我这样快地遇到了阻碍。我不能到澳洲和南洋的那些奇异的、产植虫的岛屿上去,而这些地区对于研究地球和太阳在它上面织成的外衣,也就是动植物界,是非常重要的。就这样,我所要收集和建立起来的,将永远只是片面的东西。我的阿德贝特呀,人类的努力能起什么作用呢!

在南半球的严冬,我屡次设法从合恩角经过南极的冰山向西方走;从合恩角到塔斯马尼亚岛和澳洲,我需要走两百步。我不管能不能回来,也不管那可怕的地方会不会像棺材盖子一样盖在我身上,我大胆地冒着险,绝望地跨过流动的冰块,同严寒和海洋搏斗。但没有用,我怎么也到不了澳洲。我每次都回到琅波克,坐在海边的山峰上,把脸朝向东南方,哭了起来,仿佛我在监狱里紧闭的铁窗旁似的。

我终于离开了这地方,带着悲伤的心情,回到亚洲中部。我游遍了中亚以后,跟着黎明到西方去,夜里到了我昨天下午在底比斯选定的住所。

我休息了片刻,在欧洲天亮以后,首先设法采办我所需要的一切东西。我最需要一双普通的鞋子,因为我发现,当我想要缩短脚步,仔细观察近旁的什么东西时,我必须脱下靴子,而这是很不方便的。可是,只要我把拖鞋套在脚上,就可以完全达到这个目的了。后来,我身边常带了两双拖鞋,因为在采集植物标本时,如果我被狮子、人或者鬣狗惊动,我常把拖鞋抛开,来不及拾起它们。我一只很好的表,在我的短促的旅程中,成了个准确的测时计。我还需要一个六分仪、几件物理仪器和一些书。

为了购买这些东西,我提心吊胆地到伦敦和巴黎去了几趟,路上幸亏有大雾隐蔽了我。我把魔术袋的金子花光以后,就用非洲的象牙来付账。这象牙很容易找，但因为我气力有限，只好拣最小的。我的装备很快就齐全了，于是我就开始过一个隐居的科学家的新生活了。

我游遍了地球，有时测量它的山峰的高度，有时测量它的泉水和空气的温度；一会儿观察兽类，一会儿研究植物；我从赤道奔向北极，从一洲跑到另一洲，比较我的经验。我通常吃非洲驼鸟和北方海鸥的蛋和果实，特别是热带的椰子和香蕉。我有烟叶来代替失去的富贵，一条忠心的狮子狗的情义来代替人们的友谊。这条狗守卫着我在底比斯的窑洞，当我满载着新的宝物回来的时候，它快乐地扑到我身上来，使我深深地感觉到我在世界上并不孤单。一次冒险却使我回到人间来。

十一

有一次，我站在北欧的海岸上，采集苔鲜和海藻，靴子上套着拖鞋。突然一只白熊从岩石的拐角后面向我扑来。我想扔开拖鞋，到对面的一个岛上去。在我站的地方和那个岛之间，海浪中耸立着一块光秃秃的岩石，可以做我的踏脚石。我把脚踏在岩石上，在另一边跌进海里去了，因为我没有发现一只拖鞋还留在我脚上。

我感到非常冷，费了莫大的力气，才把自己从危险中拯救出来。我一爬上了岸，就拼命跑到利比亚的沙漠上去晒太阳。可是，我晒了一会儿太阳，头就被晒得那么热，以至我带着重病踉踉跄跄地回到北方去。我想用剧烈的运动来减轻我的痛苦，于是迈着不稳的步子，很快地从西方跑到东方，从东方跑到西方去。我一会儿过白天，一会儿过夜晚，一会儿过夏天，一会儿过严冬。

我不知道在大地上乱跑了多久。我的血管发起烧来了，我恐惧地感觉到我渐渐失去了知觉。我在胡乱地奔跑时,不幸踩在什么人的脚上。我大概把他踩痛了,他使劲地打了我一记,我倒了下去……

恢复知觉时,我舒适地躺在一张很好的床上。这床放在一间宽大美丽的屋里,四周还放着许多床。有人坐在我的床头旁边,还有一些人经过大厅,从一张床走到另一张床旁去。他们走到我的床旁来,谈论我。他们把我叫作"十二号",但在我对面的墙上,一块黑的大理石板上,用大的金字写着我的名字:

彼得·史勒密尔

毫无疑问,这并不是什么幻影,我可以清楚地读出那些字。在我的名字下面,石板上还写着两行字,但因为我的身体很弱,我认不出它们。我又闭上了眼睛。

我听见人们恭敬地大声念什么,并且提到彼得·史勒密尔,但我听不明白他们读些什么。我看见一个和善的男人和一个穿黑衣服的、非常美丽的女人,走到我的床前来。他们的样子对我并不陌生,可是我认不出他们是谁。

过了些时候,我恢复了精力。我还是被称为十二号,而且因为胡子很长,被当作犹太人,但他们并不因此就不细心地照料我。人们似乎没有发现我缺少影子。他们向我保证:我的靴子和我来时身上所有的东西,都被好好地、安全地收藏起来;在我病好了以后,他们会把这些东西还我。我卧病的地方叫做史勒密尔医院,人们每天朗读的关于彼得·史勒密尔的话,就是提醒大家要为这个医院的创办人和恩人祈祷。我在床前看见的那个和善的人就是彭德尔,那个美丽的女人是米娜。

在史勒密尔医院，我渐渐恢复了健康，但没有人认出我来。我打听到更多的事：我所在的地方是彭德尔的故乡，他用我留给他的被诅咒的金子，借我的名义在这儿创办了医院。这医院由他亲自主持，而那些不幸的人天天在这里祝福我。米娜做了寡妇，拉斯卡尔先生因为犯了刑事案，丧失了性命，而米娜也因此失去了她的大部分财产。她的父母死了。她在这儿过着虔诚的寡妇生活，做了一些慈善事业。

有一次，她和彭德尔先生在十二号床旁谈话。

"高贵的夫人，你为什么在这个空气很坏的地方逗留？难道命运对你那么残酷，使得你想要死吗？"

"不，彭德尔先生，自从我做完了那场很长的梦，心灵里清醒了以后，我感觉到很好，从那时起，我再也不想要死，也不害怕死了。我从此愉快地想着过去和未来。现在你能这样虔诚地为你的主人和朋友服务，还不是使你心里感到幸福吗？"

"感谢上帝，是的，高贵的夫人。我们的遭遇很奇妙，我们糊里糊涂地喝了一满杯快乐和痛苦。现在杯子空了；现在看起来这一切不过是个考验罢了，以至我们用理智和智慧把自己武装起来，等待着真正的新生活。这种新生活和从前的生活完全不同，我们不希望再过从前那种幻梦似的生活，但总的说来，我们还是高兴自己曾经历过那种生活。我也相信我们的老朋友现在过得一定比从前好些。"

"我也相信。"美丽的寡妇回答说。接着，他们离开了我。

这个谈话给了我很深刻的印象，可是我心里不能决定到底应该让他们知道我是谁，还是不暴露身份就离开这儿。我终于决定了。我请人给我纸和笔，写了这些字：

"你们的老朋友现在也过得比从前好些了，即使他还在赎罪，他的罪就要赎完了。"

接着，我表示要穿衣服，因为我感到强壮些了。 有人拿来了我床旁小柜子的钥匙。 在柜子里，我找到了我所有的东西。 我穿上了我的衣服，把放植物标本的口袋套在黑外衣上。 我很高兴，因为我发现那些北方的植物还在口袋里。 然后，我穿上了靴子，把写好的纸条放在床上。 门一开了，我就远远地走在通向底比斯的路上了。

当我沿着叙利亚的海岸走去的时候——我上次离家时也是走这条路的——我看见了我的可怜的菲加洛跑来了。 这条了不起的狮子狗，大概在家里等了主人很久，便跟着踪迹去找他了。 我站住了叫它。 它吠着向我扑来，用千百种感动人的动作来表示它天真的快乐。 因为它跟不上我，我把它抱了起来，带回家去。

我发现家里一切照常。 恢复了体力以后，我渐渐开始干从前干的工作，并且过先前的那种生活。 我只不过在整整一年中，避开了北极的严寒，因为我怎么都忍受不了它。

我亲爱的沙米索，现在我还是过这种生活。 我的靴子是穿不坏的，虽然著名的梯克尤斯的科学著作 *De rebus gestis Pollicilli*① 开始曾使我害怕会穿坏它们。 它们的魔力是不会磨灭的，但我的精力渐渐衰退了。 不过，我得到了一种安慰，因为我有恒心地追随着一个目标，我的精力不是白费的。 凡是我的靴子可以到的地方，我都到了，我比任何人更深刻地认识了地球，认识了它的形状、山脉、气温、变化的大气、磁力的现象和地球上的生物，特别是植物界。 在

---

① *De rebus gestis Pollicilli*（《关于拇指儿的英雄事迹》）（拉丁文）。 这儿作者幽默地指德国浪漫派作家梯克尤斯所著的一篇短篇小说。 在这个短篇里，主人公是个被人称为"拇指儿"的矮子。 "拇指儿"得到了一双千里鞋，但很快把它们穿坏了。 鞋子每次修理好以后，所走的距离就大大地缩短。

好几部著作里，我尽量详细地、有条有理地报道了一些事实，还把自己的结论和见解简单地写在几篇论文里。我确定了非洲中部、北极地区、亚洲中部和亚洲东海岸的地势。我的《各国植物史》对世界上部分的植物作了研究，并且是我的自然系统中的一环。我相信这本书不仅使已知的植物种类的总数增加了三分之一，而且对植物的自然分类和植物地理也有一些贡献。现在，我正在努力地研究动物界。我将设法在我去世以前把我的手稿送到柏林大学。

亲爱的沙米索，我把你选做我的奇怪历史的保管人。这样，在我去世以后，世人也许会从我的经历中汲取一些教训。至于你呢，我的朋友，如果你要在人们当中生活，你必须学会首先珍爱影子，然后再珍爱金子。要是你只打算为你自己和你的较善良的"我"而活着——啊，那你就不需要任何劝告了。

刘德中　译

黑暗的心

[英] 约瑟夫·康拉德

约瑟夫·康拉德（Joseph Conrad 1857—1924），英国小说家，出生于波兰，后入英国国籍，曾做过水手、大副、船长，其航海生涯达二十余年，重要作品除本篇外，还有长篇小说《台风》《阴影线》《吉姆爷》和《诺斯特罗莫》等。本篇是康拉德最重要的中篇小说，讲述了一个惊惧骇人的丛林历险故事。小说题目《黑暗的心》具有双关含义：既指形似心脏的黑非洲大陆，同时又指人的深邃幽暗的内心世界，特别是指人的潜意识和无意识。所以，小说所描写的不仅是进入黑非洲腹地的航程，同时也是探索自我、探索人心黑暗的历程，即具有现实的和象征的双重含义。就现实含义而言，小说显然揭示了欧洲殖民主义的种种遗害，其中包括欧洲人自己所受到的毒害。就其象征含义而言，小说表现了人对自我本质的探寻，其基本原型源于中世纪的地狱游历（如但丁在《神曲》中所表现的）。不过，历代以"寻觅"为基本原型的作品，大多以"圣物"或者上帝作为悬念，或者说，作为寻觅的对象，但在这部作品中，悬念却是一个叫"库尔兹"的人——他象征性地代表了人心的黑暗，所以小说叙述者马洛对库尔兹的"寻觅"，也就象征性地代表了现代人对自我本质和现代文明本质的探寻。

在艺术技巧方面，《黑暗的心》是康拉德小说中最具代表性的。首先，小说出色地运用了象征主义技巧，借助迂回曲折的手法，把关于库尔兹这个人物的片断印象组合起来，逐步深入到他黑暗的内心世界，而这内心世界的阴森恐怖，则以他所在的非洲丛林为象征。其次，小说的叙事结构是典型的康拉德式的：叙述角度既非第三人称客观叙述，也非第一人称主观叙述，而由小说中的一个人物即马洛（他并不是小说主人公）用第一人称"试图"客观叙述他人的故事。由于叙述者本人也是故事中的人，对事件和其他人既非全知，也非全然不知，所以时而会感到困惑，有时又会加以猜测，这样便使他讲出来的故事更显得扑朔迷离。这种扑朔迷离的神秘色彩，和作为小说背景的非洲丛林，以及作为小说悬念的神秘人物库尔兹，正好协调一致，从而使整部小说获得了一种既令人神往、又令人惊恐的艺术效果。

"耐利号"巡航艇稍微晃了晃，连船帆也没有抖动一下，便抛下铁锚停稳了。潮水已经涨满，风也几乎平息。既然决定要开往河的下游，唯一可做的就是停在那里等待退潮。

泰晤士河的入海口已展现在我们眼前，就像是漫漫水路的开端。远处海天相连，融为一体。波光粼粼的海面上，一簇簇尖尖的红帆衬托着随潮漂来的大驳船上的褐色风帆，刚油漆过的斜杠闪着亮光。低低的海岸上笼罩着一层烟雾，海岸平坦地伸向大海，消失在海水中。格雷夫森特上空一片昏暗。再往远处，似乎浓缩成一层悲怆的朦胧，一动不动地覆盖着那座世界上最大、最了不起的城市①。

公司经理是我们的船长,也是我们的老板。他站在船头,面朝大海。我们四人深情地望着他的背影,此情此景比这条河上的任何东西都更充满大海的情调。他看上去像个导航员,而对水手们来说,导航员就是安全可靠的化身。但他的工作竟然不在波光闪闪的海湾,而在他背后那层黑压压的朦胧中,这使我们很难理解。

正如我已经说过的,是大海把我们几个人联结在了一起。大海不仅使我们在长期的离家途中心连心,还使我们能容忍彼此的信口开河,甚至是自以为是。"律师"是我们当中最好的老伙计,由于他年长德高,享受着甲板上唯一的一个靠垫,躺在仅有的地毯上。"会计"已经拿出了一副骨牌,很有技巧地玩着。马洛盘腿坐在船尾,背靠着后桅杆。他脸颊深陷,脸色发黄,背脊挺直,活像一个苦行僧;两臂下垂,手心向外,又像个菩萨。船已停稳,船长很满意,朝船尾走来,坐在我们中间。我们懒洋洋地聊了几句,此后艇上便一片沉静。不知为什么我们并没玩牌,而是若有所思,什么都不想干,只是静静地瞪眼看着。夜幕即将降临,周围是那么静谧,那么美丽。水面平静地泛着波光,天空一片洁净,安详而又辽阔。伊塞克斯沼泽地上的那层雾就像透明闪光的薄纱,从丛林高地上垂下,把低低的海岸藏在了自己透明的皱褶里。只有西边笼罩着上游的那层朦胧此刻变得更为沉重,好像是落日的临近激怒它似的。

终于,沿着一条曲线,太阳在不知不觉中沉得很低,从泛着光的白色转为无光无热的暗红色,似乎要被笼罩着芸芸众生的那层朦胧吞噬,马上就要消失似的。顷刻间,海面上出现了变化,宁静中减少了光辉,而变得更为深沉。这条宽阔古老的河流在白日将尽时

---

① 指伦敦。

平静地流淌着，它世世代代为两岸生灵做了不少好事，现在这条通向天涯海角的水上通道，庄严地展现在我们面前。 我们观赏这条古老的河流不是凭着短暂的白日所射出的鲜艳光辉，因为它出现后就一去不复返，而是靠一种永久的记忆所发出的庄严之光。 的确，对一个崇敬、热爱大海并以海为生的人来说，最容易引起的就是关于泰晤士河下游的思古之情。 河水永无休止地流淌着，满载着对人和船的记忆。 正是这条古老的河流，它或是把人和船载回家里去休息，或是送到海上战场。 这个国家引以为豪的人，从弗朗西斯德莱克爵士到约翰·富兰克林爵士，它都认识而且为他们服务过。 他们都是骑士，不管有无骑士的封号，他们都是海上伟大的游侠。 它曾运载过有着夜明珠般名字的船只，从满载着金银珠宝归来受到女皇陛下接见、由此而结束光辉历史的"金鹿号"到出发征讨而一去不复返的"爱瑞巴士"和"恐惧号"，它认识所有这些船以及船上的勇士。 他们从德普特夫德、从格林威治和埃瑞斯出发，去探险、去定居。 它运载过皇帝和生意人的船，它认识船长、将军、专做东方生意的私贩、东印度舰队现役的"将军"们。 那些想猎取黄金追逐名利的人都是从这条河上出去的；他们手持利剑，还常常举着火炬，他们既是内陆强权的使者，又是圣火火花的高举者。 怎样伟大的人和事不曾随着这条河，流向不为人知的神秘世界呢！ ……人们的梦想、共和国的种子、帝国的萌芽等等。

太阳落山，夜幕降临到河上。 沿岸开始出现灯光，三脚竖立在烂泥平台上的查普曼灯塔射出强烈的光芒。 船上灯光星星点点地在河道上来来往往。 再往西到河的上游。 那硕大的城市依然不祥地显示在天际，夕阳中一片低沉的朦胧，星星下一片苍白的亮光。

突然，马洛说："这也是地球上最黑暗的地方。"

他是我们当中唯一仍然以海为生的人，关于他所能说的最坏的一句话，就是他不代表他那一类。他是个水手，但也是个漂泊者；而大多数水手，如果可以这么说的话，过的是一成不变的生活。他们的心绪就像是呆在家里那样稳定：他们的家——船，总在他们身边；他们的祖国——大海，也总在身边。船只之间非常相似，而大海也总是同一个模样。在他们不变的环境中，异国的海岸、异国的面孔、千变万化的生活从他们身边悄然而过，不是笼罩着神秘的面纱，而是有点目空一切的无知。因为对于水手们来说，大海是他们生活的主宰，像命运一样不可捉摸。所以除了大海本身，没什么东西是神秘的。至于其他，偶尔上岸溜达一次，或狂欢一番就足以揭开整个大陆的奥秘。他们通常会认为这个秘密不值得去了解。水手们的信口开河都是直来直去的，全部的意义就像一只敲开的核桃，明摆在它的壳子里。而马洛不一样（如果撇开他信口开河的嗜好不谈的话），对于他来说，事情的意义不像核桃仁藏在它的壳里，而在于它的外表把整个故事包裹起来，突出它的含义，就像一道灼热的光散发出一层雾气；这情景也像月晕光环，有时在光怪陆离的月光辉映下才让人看清楚。

　　他的话似乎并不出人意料，马洛正是这种人。大家默默地接受了，连嘟哝一声也没有。接着他又慢慢地说：

　　"我在想着非常古老的年代，罗马人初到这里，也就是一千九百年前……就像是不久前的某一天……自从你们说，光明从这条河里出来。是的，但是这光明就像平原上一束流动的火焰，像云里的一道闪电。我们只生活在这道闪光之中，但愿它天长地久，永不停息。但是昨天这里一片黑暗。你们想想，地中海一艘漂亮战船上的一名指挥官在突然接到开往北方的命令时，会是怎样一种心情。他匆匆忙忙跨越高卢，去负责一条小船，如果可以相信这书里说的话，那么这种船就是由许多军团战士造的，他们都是一些能工巧匠，一两个月能造上百艘；你们想想，他来到这里——世界的尽头，铅灰色的海，烟灰色的天空。死板得像六角手风琴一样的船——载着备用品，或是有待于交付的订货，或者随便什么东西，沿着这条河向上游驶去。沙岸、沼泽地、森林、野蛮人——几乎没什么可让文明人吃的东西，除了泰晤士河的水，其他什么也没有。这儿没有法拉里美酒，也无法上岸。在一片荒芜中偶尔可见一处军营就像一堆干草中的一枚针——有的只是寒冷、迷雾、暴雨、疾病、流放和死亡——死亡暗藏在空气中、水中、丛林中。在这儿，他们一定会像苍蝇一样死去。是的，但他去了，而且毫无疑问干得很好，之后也没多想，也许只是谈起时吹嘘过。他算得上是男子汉，敢于面对黑暗。也许他眼睛盯着不久能提升到拉文纳舰队的机会而大受鼓舞，不过他在罗马得有朋友，而且还要能从这恶劣环境中生存下来。你们想想，一个穿着罗马长袍的体面的年轻公民，或许由于赌博输得太多，乘火车跟随某个收税员或生意人来这儿寻求发财的机会，在一片沼泽地上登陆，穿过森林，来到内陆的某个驿站，顿时感觉四周一片原始的荒凉……无边无际的荒凉从四周包围过来，而在那森林中、丛林中、野蛮人的心中，骚动着野性，自有其神秘的生活。

"他无法深入到这种神秘生活中去，不得不在这无法理解同时也是令人厌恶的世界中生活下去。但这世界也有一种能对他发挥作用的诱惑力，由极度憎恶而引起的诱惑力——你知道，设想一下那与日俱增的后悔、逃跑的愿望、无能为力的厌恶、投降、仇恨……"

他停顿了一下——

"听着，"他又开始说了，抬起胳膊，掌心朝外，双腿盘在面前——那姿势就像穿西装讲经的菩萨，只是少一座莲台而已——"听着，我们谁也不会有和这相同的感受了。拯救我们的是效率，是对效率的热衷。 不过，这些家伙没什么了不起的，真的，他们不是移民，我觉得他们的管理机构不过是一群乌合之众，没什么别的；他们是征服者，而征服只需要暴力，就是有了，也没什么好吹嘘的，因为这种力量只是在偶然情况下从别人的软弱中产生的。 为了获得想要得到的东西，他们能抢就抢，那就是暴力掠夺、大屠杀，而人们也是盲目跟从。 这种行为对于那些和黑暗打交道的人来说是非常合适的。 征服一片土地，也就是说从不同肤色或者鼻子比我们稍塌一点的人那儿夺走它。 如果我们仔细去观察一下，就会发现这种征服并不是什么漂亮的事，唯一能补救这种遗憾的就是观念，隐藏在征服背后的观念——不是情感上的借口，而是一种观念，以及对这种观念的盲目信仰……一种你可以树立、并为之顶礼膜拜、为之牺牲的东西……"

他突然停了下来，点点火光从河面滑过。 小小的红光、绿光、白光，互相追逐、超越、合并、穿插，然后又慢慢地或匆匆地分开。 这座大城市的交通，深夜里仍在这条不眠之河上继续着。 我们观望着，耐心地等待着，在潮水结束前没有其他事可做。 长时间的沉默后，他才吞吞吐吐地说："我想你们几位还记得我有一阵子确实干过内河航运的差使。"我们知道，在退潮之前，我们无法逃避，肯定得听听马洛讲一段有头无尾的经历了。

"我不想用个人经历来打扰你们，"他开始说了起来，但听得出来他像许多讲故事的人一样有个弱点，似乎拿不准听众最想听什么——"但是要想理解这件事对我的影响，你们还得了解一下我是怎么到那儿去的，看到些什么，我又是如何沿着那条河到达我初次见到那个可怜家伙的地方。 那是航海所能达到的最远的地方，也是我人生经历的最高点。 从某种程度上说，它似乎能照亮有关我的每一件事，甚至照进我的思想。 那地方也是非常黑暗，而且还很可怜，没一点特殊、也不十分清楚。 不，不十分清楚。 然而它似乎能投射出一束亮光。

"你们记得我那时是定期跑东方的，印度洋、太平洋、中国海，一去就是六年左右。 当时我刚回到伦敦，闲着无事可做，上你们那儿去打扰你们，闯进你们家里去闲聊，好像我接受了什么神圣的使命，要开导你们似的。 这种日子在一段时间里还不错，但过了不久，我就不愿再无所事事了，然后就开始找船——我觉得这是世上最难的事。 但是那些船还不要我，我也厌烦了这件事。

"我从小就非常喜欢地图，往往盯着南美、非洲或澳大利亚，一看就是几个小时，沉浸在探险的荣光中。 那时候，地图上有许多空白，每当我发现地图上有一处特别诱人的地方（不过所有的地方都那么诱人），我会指着说：'长大了我要去那儿。' 我记得北极就是其中之一。 我没去过那儿，现在也不想尝试，那魅力已经不存在了。 另一些地方分布在赤道周围以及两个半球的每一个纬度上，我去过其中一些，而且……算了，我们不谈这个了。 但是仍然有一个地方，可以说是最大的空白，我非常想去。

"诚然，到这个时候，它已不再是空白。 自从我孩提时代以来，它已布满了河流、湖泊，并有了各种名字。 它不再是一块令人兴奋、具有神秘色彩的空白——一块让男孩子梦想光荣探险的空白，它已成了一块黑暗之地。 那块土地上有一条特别大的河，大得可以在地图上看得到，就像一条伸展开的巨蛇，头在海中，身体曲蹐在远处一个辽阔的荒野上，尾巴消失在内陆地带。 当我在一家商店的橱窗里看着它的地图时，我被它深深地迷住了，就像一条蛇迷住了小鸟……一只愚蠢的小鸟，于是我想起了那条河上有家大商行，一家贸易公司。 见鬼去吧，我心里想，他们要做生意不能不用水上的工具——汽船！ 我干吗不去搞一条来管管呢？ 我沿着舰队街走着，无法摆脱这一念头。那条蛇把我迷住了。

"你们也知道那是一家大陆上的商行，我在那儿有许多亲戚。他们说那儿省钱，而且也不像看上去那样讨厌。

"很抱歉，我承认我开始打扰他们了。对我来说这是一个新的开端，我不习惯那样做，这点你们是知道的。我一向走自己的路，靠自己的努力，这我自己都不相信。但不知怎的我觉得自己必须不择手段地去那儿，所以我就去求他们帮忙。那些男人们口上叫我'亲爱的朋友'，却什么也不帮我；然后，你们相信吗，我就去找那些女人。我，查理·马洛，竟然利用女人为自己找工作。天哪！你们瞧，这个念头就这样驱使着我。我有个姑妈，一个非常热心的女人，她写信说：'很乐意帮你，我愿为你做一切的一切。你的主意非常妙。我认识管理机构里一位大人物的夫人，还认识一位颇有影响的人。'等等。如果我喜欢的话，她决心要帮我一把，让我当上汽船的船长。

"当然，我如愿以偿，而且很快实现了。好像是那家公司得知消息，说他们的一个船长在和当地人的一场混战中阵亡。这正是我的机会，我更想去了。过了好几个月我才想办法找回他的尸体，还听说那场混战最初是关于母鸡的误会而引起的。是的，就是两只黑母鸡。弗瑞斯赖文（那家伙的名字，丹麦人）认为自己在交易中上当吃了亏，所以就上岸拿棍子揍那个村长。听到这些我一点也不觉得奇怪，同时还有人告诉我弗瑞斯赖文是世界上最温和最文静的人。毫无疑问他是这样的人，但他在那儿从事这一崇高事业已经有好几年了，也许他觉得最后有必要维护自己的尊严，所以他就毫不留情地抽打那个老黑人；同时一大群人，都是那个老黑人的同胞，围着看，吓得目瞪口呆。后来有一个人——据说是村长的儿子——听到老父的叫声，逼急了，拿了一根长矛犹豫地刺了一下，当然轻而易举戳进了两个肩脾骨中间。 然后所有的村民都逃到树林中去了,因为他们担心各种各样的灾难要发生;与此同时,弗瑞斯赖文的汽船在轮机手的驾驶下也惊慌地逃离而去。 此后,在我出来接替他的位置前,似乎没人关心过他的尸体问题。 不过,我不能不管。 当我终于有机会见到我的前任时,他肋骨间长出的青草已经高得足以覆盖他的遗骸了。 全副骨架都在,自他倒下后,这具超自然的遗体就没人动过。 村庄已经空无一人,木屋都黑洞洞地敞开着,歪歪斜斜,正在腐烂,周围的篱笆已经倒掉。 毫无疑问这儿肯定发生了灾难。 村民们都不见了,极度的恐慌把男女老少都驱散到树林里去,他们再也没有回来。 我也不知道那两只母鸡后来怎么样了,但不管怎样,肯定是献身于这场进步的事业了。 不过,通过这次伟大的事件,我谋到了一份差使,说实在的,当时我还不敢有什么奢望。

"我像发疯似的东奔西跑,做准备工作。 还不到四十八小时,我已经在穿越海峡,去见我的雇主了。 签好合同后,短短几个小时,我就到了一座总让我联想起白色坟墓的城市——当然,这是偏见。 我没费劲就找到了公司的办公室,这是城里最大的建筑,我遇到的每个人心里装的都是它。 他们打算管理一家海外帝国,通过贸易赚取数不清的钱。

"阴暗处一条狭窄而荒凉的街道,高高的房屋,无数个挂着软百叶窗的窗户,死一般的寂寞,石头缝间长出的青草;左右都是神气十足能走四轮马车的拱道,巨大的双扇门沉重地开着一条缝。 我从其中的一条缝中溜进去,走上一条打扫干净但未加修饰、显得死气沉沉的楼梯,推开我看到的第一扇门。 两个女人,一胖一瘦,坐在有草垫的椅子上打着黑毛线。 瘦的那个起身朝我走来,仍低头打着毛线,只是当我开始给她让路时(就像你给一个梦游病患者让路一样),她才停下抬起头来。 她的衣服朴素得就像一块雨伞布。 她一言不发转过身去，把我带进了接待室，我报上自己的名字；环顾四周，只见中间放着一张松木桌子，沿墙摆着一些旧椅子，一边墙上挂着一张光彩夺目的大地图，上面标有各种各样的颜色。红色特别多，因为这种颜色无论什么时候看了都让人赏心悦目，而且看到红色人们就知道那儿已经取得业绩。蓝色也多。绿色有一小块，还有一些斑斑点点的桔红色；东岸是一块紫色，表明一些杰出的开拓先锋正在那儿畅饮陈啤酒。但是这儿没有一个地方是我想去的。我要去的是用黄颜色标着的地方，正好在地图中间。那条河就在那儿，像条蛇——既令人销魂又能致人死命。吱呀一声，门开了，探出一个白头发的脑袋，像是个秘书，脸上带着同情，用那个皮包骨头的中指示意我进入'圣地'。灯光阴暗，一张笨重的写字台立在屋子中间；写字台后面露出一个穿着灰暗礼服的大个子的身影，正是那个大人物。据我估计，他身高五英尺六英寸，手中不知掌握着多少个百万。他和我握了握手，好像还嘟哝了一句，对我的法语表示满意，用法语说了一句——祝你一路顺风。

"大约四十五分钟后，我发现自己又和那个富有同情心的秘书一起呆在候客室里，他颇为悲伤又满怀同情地让我在一个文件上签了字。我相信我承担了许多责任，其中包括不泄露贸易机密。我不会泄露的。

"我开始感到有点不安。你们知道我不习惯这些礼节，而且气氛中有某种不祥的东西，就像是被人牵进了什么阴谋里去——我也不知道——反正不大对头；我很高兴能逃出来。外面房间里，两个女人仍在一个劲儿地打着黑毛线。不断有人到来，那个年轻的来回走着给他们引路；年长的那个坐在椅子上，她的平底布鞋踩在一个脚炉上，怀里躺着一只猫，头上戴着一个白玩意儿，一边脸颊上有一颗痣，鼻尖上架着一副银边眼镜。她透过眼镜瞥了我一眼，那冷漠的无动于衷的一瞥,让我感到不安。 她带着两个看上去愚蠢但神情快活的年轻人,从我身边走过,投到他们身上的眼光也是那样漠不关心。 她似乎知道关于他们和我的一切事情。 一种不安的感觉流遍我全身。 她似乎神秘莫测,主宰着别人的命运。 就是到了那个遥远的地方,我还是经常想起这两个女人:她们守着黑暗之门,织着似乎用来做温暖的遮尸布的黑毛线。 一个带路,不断把人们引向那未知的世界;另一个则用漠不关心而且世故的眼光,审视着一张张神情快活而又愚蠢的脸。 噢! 打黑毛线的老女人! 我们这些将要死去的人,向你们致敬! 在她见过的人中,没有多少能再度见到她——不到一半,远远不到一半。

"还要去见见医生。 '只是一个简单的手续而已。'秘书安慰我说,那样子似乎对我的悲哀深表同情。 于是一个帽子歪在左边眉毛上的小伙子从什么地方的楼梯上下来,带着我前往。 我猜那小伙子是个职员,虽然这房子沉静得像阴曹地府一样,但公司里肯定有职员。 他衣服破旧,不修边幅,夹克的袖子上还有墨水渍,领带又大又皱,打在他像旧靴子尖似的下巴下面。 见医生还太早,所以我建议喝点什么,他马上表现出很高兴的样子。 我们坐在那儿喝着苦艾酒时,他对公司的生意大吹特吹,后来我表示奇怪,顺便问他为什么不去那儿。 他立刻变得非常冷静,回过神来,庄重地说:'柏拉图曾对他的学生说: 我并不像我看上去的那么傻。'说完,他举起酒杯一饮而尽。 我们起身离开。

"老医生按着我的脉搏,但看得出来心里显然想着别的事。 '好的,好去的。'他咕哝着说,然后带着几分迫切问我是否愿意让他测一下我的脑袋。 我相当惊奇,但还是说可以。 于是他拿出一个像卡尺的东西,前后左右周围四边都量了尺寸,并仔细地作了笔记。 他身材矮小,满脸胡子,穿着一件像工作服似的旧外套,脚上拖着一双拖鞋，我当他是个不会伤人的傻瓜。他说：'为了科学，凡是去那儿的人，我总是请他们允许我量一量他们的脑壳。''他们回来的时候也量吗？'我问。'噢，我从来没见他们回来，'他说，'再说他们脑子内部也发生了变化，不是吗？'他微微一笑，好像开了个悄然的玩笑。'这么说你要去那边喽，会出名的，也挺有意思。'他目光锐利地看了我一眼，又作了记录，'家族里有人发过神经病吗？'他干巴巴地问道。我感到非常恼火，反问说：'这问题也是为了科学吗？'他并不在意我生气了，说：'观察人们的思维变化对科学来说是挺有意思的，当场观察，但是……'我打断了他的话，问：'你是个精神病医生吗？''每个医生多少都应该懂一点，'这个古怪的家伙不动声色地回答说，'我有个小小的理论，你们去那儿的先生们一定要帮我证实一下。我的国家占有那片如此宏伟的土地，会有许多好处，而我只沾这么一点点光，让别人去发财吧。请原谅我的这些问题，不过你是第一位接受我检查的英国人。'我急忙向他保证，我根本不是典型的英国人：'如果我是，我就不会这样和你谈话了。'他笑着说：'你的话很深奥，但也可能有错。避免在日光下暴晒，更要避免激动。再见，你们英国人怎么说的？Goodbye！对了，Goodbye！在热带地区最重要的是要保持平静，'他举起食指警告说，'冷静，冷静！再见！'

"还有一件事要做——去和我那了不起的姑姑告别。我发现她得意洋洋。我喝了一杯茶——要有好多日子喝不上这样体面的茶了。在一间非常贵夫人式的柔和的房间里，我们坐在火炉边静静地长谈了一次。在这次倾心交谈中，我才得知她把我推荐给了那位大人物的夫人，天晓得还有多少其他的人。她说我是个奇才，招了我是公司运气好，这样的人不是每天都能得到的。天哪，让我去主管的竟是一条不值几文钱的装着玩具般汽笛的内河汽船！我好像还只是'员工'之一。你知道是大写的'员工'（大写的'员工'不是指一般的员工，而是指负有开发非洲、传播文明的责任）。像是一个光明使者之类，或是像一个低级圣徒之类。那时，报刊上和社会言谈中这种陈词滥调很多，正好生活在骗人鬼话鼎盛期的这位出类拔萃的女性，被搞得晕头转向。她大谈'使那千百万愚昧无知的人摆脱他们可怕的生活习惯'，一直谈着，我敢说，谈得我非常不舒服，只好斗胆暗示，公司是为赚钱的。

"'亲爱的查理，你忘了，干活赚钱是理所当然的事。'她兴致勃勃地说。真怪，女人们竟这样不切实际。她们生活在自己的小天地里，而世界上从来没有过这样的天地，也不可能存在。那天地太美妙了，如果她们建立起这样的天地，那么在日落西山前，肯定会土崩瓦解。我们男人自从创世以来一直心满意足接受的某种该死的事实会突然冒出来，把女人们那块天地砸个粉碎。

"谈完话后她拥抱了我，叮嘱我要穿法兰绒衣服，一定要经常写信，等等。然后我就走了。不知为什么，走在街上时，我产生了一种奇特的感觉，好像自己是个骗子。说来也怪，我一向是接到通知后二十四小时内便可以去天涯海角的，而且比大多数人过马路时考虑得还要少，而这次面对这种平常事，竟然会……不说犹豫吧，但却是惊恐地停顿下来。我能给你们作的最好解释是，在那一两秒钟内，我觉得自己不是动身去一个大陆的中心，而是去地球的中心。

"我是乘一艘法国汽船走的，他们在那边的每一个混账港口都要停。就我所知，唯一的目的是把士兵和海关职员送上岸。我望着海岸，看着海岸从船边掠过，就像猜谜一样。它呈现在你面前，有时微微地笑着，有时愁容满面，有时招手引人，有时气势宏伟，有时丑陋无比，有时平淡无味，有时荒凉粗犷，而各处的海岸全都沉默不语，带着一副窃窃私语的神情。 来吧，来探索吧。 这片海岸几乎没什么特色，似乎仍处于形成阶段，面目单调沉闷；那片莽莽丛林的边沿，看上去如此浓绿，几乎是一片漆黑；它镶着一条白色浪花的花边，像一条用尺子划好的线，笔直笔直，沿着碧绿的大海，远远地伸展开来。 大海蒙上了一层缓缓移动的迷雾，海水的闪光变得模糊不清了。 阳光照得很猛，这片土地似乎在闪光，上空布满了水汽。 白色浪花那一边随处可见，一簇簇灰白色的斑点，上面也许还飘扬着一面旗帜。 那些定居点已有几个世纪了，但和人迹罕至、一望无际的背景相比，却好像只有大头针般大小。 汽船隆隆地前进、停靠、送士兵上岸，然后又继续前进，把海关职员送上岸。在这片像是被上帝抛弃了的荒野上，只见一间锡皮小屋和一根旗杆隐没其中，而这些海关职员却是受命来这儿征税的；再送些士兵上岸，可能是去保护这些海关职员的吧。 我听说有些在海浪里淹死了。 但他们是否真的淹死了，似乎没人关心。 只需把他们往那儿一扔，我们就继续前进了。 海岸日复一日，天天一个模样，好像我们没有前进过似的；但是我们经过了各种各样的地方……许多贸易点，名叫'大巴沙'、'小波波'之类的，这些名字似乎只有在丑恶的布景前演出的下流滑稽剧中才会出现。 乘客所过的懒散日子、在这群和我毫无瓜葛的人中所感到的那份孤独、油腻腻懒洋洋的大海、海岸一成不变的阴沉气氛——这一切都似乎使我远离真理，而处在令人沮丧、毫无意义的幻想中。 时时传入耳中的海浪声，像兄弟的言语，的确给我带来了快乐，它是一种来自自然的有缘由有意义的东西。 岸边时不时划来一只船，暂时让人接触到现实。 船是由一群黑人划的，从远处便可以看见他们的眼白在闪光。 他们在那儿喊着、唱着，汗流浃背；这些家伙的脸就像奇形怪状的面具，但他们有骨骼、有肌肉，充满了野性的生气，有着强烈的运动活力——这一切都像海边的浪花一样自然而真实。他们出现在那儿不必找任何借口，而看到他们是一个很大的安慰。我暂时又觉得自己仍然属于实实在在由事实构成的世界，但是这种感觉持续不了多久，总会出现某种东西把它吓跑。记得有一次我们碰到一艘在岸边抛锚的军舰，那儿连一个小木棚都没有，而它却对着丛林开火，好像法国人正在那一带进行一场战争。舰上的军旗像破布一样有气无力地垂挂着，长长的六英寸大炮的炮口架遍了低低的船身；油腻粘滑的浪涛把军舰懒洋洋地荡起又扔下，使细细的桅杆左右摇晃。在这片由大地、蓝天和海水组成的空旷无垠中，它在那儿莫名其妙地对着陆地开炮。砰，一尊六英寸的大炮响了，一股小小的火焰升起又隐没，一小串白烟消散了，一粒小小的子弹发出一声微弱的尖叫——什么事也没发生，什么事也不会发生。在这过程中有一种神经病的成分；这一景象中，有一种故作悲哀的开玩笑的感觉。船上有人一本正经地向我保证说，那边营地里住着土著人（他称他们为敌人），隐藏在某个看不到的地方。尽管如此，我还是摆脱不了这种感觉。

"我们把属于那条船的信件给了他们（我听说那条寂寞的船上正在发热病，一天要死三个），继续前进。之后又在一些名字滑稽的地方停靠上岸，那儿就像一座温度过高的墓穴，在宁静而世俗的气氛中，人们正在举行着死亡和贸易的欢乐舞蹈。我们一路沿着没有一定形状的海岸前进，危险的浪涛冲击着海岸，好像大自然本身也在试图抵挡入侵者。小河流进流出，这是生活中死亡的溪流，它们的河岸烂成了一滩淤泥，河水变成稠稠的泥浆，侵蚀着水中歪歪斜斜的红树丛。那些红树丛仿佛处于极度的绝望中，朝我们蠕动着。我们在那些地方逗留都不够长久，不足以得到某个特别的印象，但总的来说，我越来越感觉到模糊和压抑，就像在噩梦四伏的环境中进行着令人厌倦的行程。

"过了三十多天，我们才看到那条河的入口处。我们在政府机构所在地的岸边抛锚。但我要再前行二百里左右才开始工作。因此，我一有可能就出发到上游三十英里的一个地方去。

"我乘上一条航海小汽船。船长是一个瑞典人，知道我是个水手，就邀请我上了驾驶台。他是个瘦瘦的年轻人，挺漂亮，但神情忧郁，头发又长又直，走路拖着脚步。当我们离开那个可怜的小码头时，他对着海岸轻蔑地仰起了头，问：'你住在那儿吗？'我说：'是的。'他接着说：'这政府机构里的人倒不少，是吗？'英语说得非常准确，但也很费劲，'有些人为了一个月几法郎的钱干着什么工作呀，真有意思。不知道到了上游荒野地带这种事又会是什么样子。'我说我不久就会看到了。'是吗？'他大声说，拖着脚后退一步。同时一只眼睛警觉地盯着前方，继续说：'别太肯定了，前几天我载过一个人，半路上吊死了。他也是个瑞典人。'我惊叫一声：'吊死了？天哪！为什么？'他仍警觉地注视前方，回答说：'谁知道？也许是阳光过热，他受不了，也许是受不了这儿的荒野。'

"我们终于驶进一片开阔的水域。出现了一段陡峭的悬崖，岸上是一堆堆翻起的泥土，小山上有房子；还有一些是铁皮顶的，它们有些搭在一片低穴中，有些斜挂在山坡上。在这片有人居住的荒野地带上空回荡着急流不断发出的喧闹声。许多人，大多数是黑人而且没穿衣服，在那儿像蚂蚁似地移动着。河里冒出一座桥。刺眼的太阳时不时会射出一道强光，淹没你眼前这一切。'那就是你们公司的贸易站，'瑞典人指着石头山坡上三间像军营的木头房说，'我会把你的东西送上去的。你是说四个箱子？好，再见！'

"我碰到一只翻倒在草地上的锅炉,然后找到一条通往山上的小路。这条小路遇上大石块就绕弯;一节小火车的车厢底朝天躺在那儿,小路也绕了个弯。车厢上一只轮子脱落了,这东西看上去像是一具动物尸体,一动不动地躺在那里。我还看到其他一些正在腐烂的机器零件,还有一堆生锈的铁轨。一丛树木在路的左边投下了一块阴凉,似乎有什么黑黑的东西在那儿微微蠕动着。我眨了眨眼睛,看见前面路很陡。路的右边响起了号角声,接着我看见一群黑人在奔跑。一声沉闷的巨响震动了大地,从悬崖上冒出一股烟,仅此而已,悬崖表面没发生什么变化。他们在修铁路,悬崖并没有挡道,但这声毫无目的的巨响,就是他们所进行的全部工作。

"身后传来了当啷一声,我回头一看,发现六个黑人排成一行吃力地沿着小路往上走。他们挺直身子,慢慢地走着,以使顶在头上的装满泥土的小篮子保持平衡,那当啷声正好和他们的脚步合拍。他们的腰间缠着黑色的破布,短短的布片在身后像尾巴似的摇来晃去。我看得见他们的每一根肋骨;他们身上的每一个关节都像绳子打的结,每个人的脖子上都套着一只铁项圈,一根链条把他们拴在一起,链条的环节在中间摇荡,发出有节奏的丁当声。悬崖上又传来一声爆炸声。这使我想起途中看到的那艘朝陆地开火的军舰,这声音和那种声音一样不吉利。但这些人无论你怎么想象,都不可能成为敌人。他们被称为罪犯,那被触犯了的法律,就像开了花的炮弹,落到了他们头上,这是从大海那边传来的无法解开的奥秘。他们干瘪的胸脯一起喘着气,撑得很大的鼻孔颤抖着,眼睛木然地望着山上。他们在离我不到六英尺远的地方从我身边走过,看都没看我一眼,带着不幸的野蛮人所特有的那种十足的死一般的冷漠。在这群黑人的后面,一个改造过的犯人有气无力地溜达着;他穿着一件掉了一颗扣子的制服外套,拿着一支枪,手握在枪的中间，他是正在发挥作用的新势力的产物。当他看见路上走来一个白人时，动作迅速地把武器扛在肩上，这纯粹是出于谨慎，因为从远处看，白人都很像，他搞不清我是谁。但他很快就放心了，咧开大嘴，露出白牙，流里流气地笑了；同时看了一眼他的囚犯，仿佛对我非常信任，把我当成他的合作伙伴，毕竟我也是这崇高而又伟大事业的一部分。

"我没有往上走，而是转身从左边下来，我是想等看不见那群用链条串起来的人后再上山。你们知道我不是特别软弱，迫于环境，我曾攻击过、防守过，有时候也得抵抗、也得进攻……那也是以攻为守，不必计较得失，只看我所碰上的生活有什么样的要求。我曾见过暴力的魔鬼、贪婪的魔鬼以及欲望的魔鬼；但是苍天在上！这些都是强大、贪婪、红眼睛的魔鬼，他们摆弄人、驱使人……是人啊，我告诉你们。但当我站在山坡上，站在这片土地刺眼的阳光下，我预见我将要结识的是一些软弱无力、装腔作势、目光短浅、贪得无厌而又残酷无情的魔鬼。至于他们阴险狡猾到什么程度，我在几个月后一千里路以外才知道。有那么一会儿，我站在那儿惊呆了，仿佛谁给我提出了警告。最后我绕来绕去地下了山，朝我刚才看到的树丛走去。

"我避开山坡上一个很大的、正在挖着的人工洞穴，至于他们为什么挖它，我觉得无法推测。既不是采石场也不是沙坑，只是一个洞穴而已。也许是出于某种慈善的愿望找点事情让罪犯做做吧，我说不准。后来我差点掉进了一个很窄的、比山坡上的断层裂缝大不了多少的深谷，我发现许多供新居住区用的进口水管翻倒在那里，没有一根不破裂的，乱七八糟一大堆。后来我终于走到那片树下，我是想到树阴下去散散步，但一走进树阴，我就觉得像踏进了某个阴森的地狱圈子。山中的急流就在附近，静得令人沮丧。在树林中充满了急流所发出的那种不间断的、单调的、猛烈而又急速的哗哗声，那声音响得有点神秘；那儿的空气一动不动，连树叶都不摇晃一下，似乎大踏步前进的地球的脚步声突然变得充耳可闻了。

"黑影子蜷缩着，背靠树干坐在树丛中，他们紧靠大地，一半露在外面，一半隐没在昏暗的光线中，露出痛苦、认命和绝望的神色。 悬崖上又一个地雷爆炸了，我脚下的泥土微微颤抖了一下。工作继续进行着，工作！ 正是在这个地方，那些参加过工作的人离开工地前来等死。

"他们正在慢慢死去，这是一目了然的事。 他们不是敌人，也不是罪犯，也不是世界上任何什么东西，他们什么也不是，只是一些整天跟饥饿和疾病打交道的黑影子，稀里糊涂地躺在绿树的阴影中。 他们是从沿海各地按照定期的合同合法招来的，离乡背井，生活在这水土不服的环境中，吃一些从没吃过的食物，于是他们病倒了，失去了劳动能力，这才得到允许，爬开去休息。 这些奄奄一息的黑影子像空气一样自由，也像空气一样稀薄。 我开始能分别树下的眼神。 眼睛往下一瞥，我看见了靠近我手边的一张脸。 一把黑骨头直挺挺地斜靠着，一个肩膀顶在树上，眼睑缓缓抬起，深陷的眼睛向上望着我，一双空洞的大眼睛，眼球深处是一种茫然的、白色的、捉摸不定的微光，而且连这点光都在慢慢地消失。 这人似乎还年轻，差不多还是个男孩，但你们也知道，对于他们的年龄，很难判断。 我别无办法，只是把口袋里那位好心的瑞典人在船上给的饼干递给他一块。 他的手指慢慢地靠拢来，抓住了饼干——再也没有别的动作，也没再看我一眼。 他的脖子上系着一绺毛线。 为什么？ 从哪儿弄来的？ 是一种标志？ 一种装饰？ 一种符咒？ 还是一种抚慰？ 究竟跟什么意思有关呢？ 这一小绺远隔重洋运来的毛线，围在他的黑脖子上显得非常古怪。

"在同一棵树旁，还有两副瘦骨嶙峋的黑骨架盘腿坐在那里。其中一个下巴托在膝盖上，茫然地瞪着眼睛，一副令人不忍看的可怕模样；和他一起的另一个幽灵前额抵在膝盖上，好像疲惫不堪；其他人四处散开，歪歪斜斜，各种瘫痪的姿势都有，恰像一幅描绘大屠杀或发瘟疫的图画。 正当我吓得目瞪口呆时，他们当中的一个靠着四肢撑起来，匍匐着爬向河边去喝水。 他从双手里舔着水。然后坐在阳光下，小腿盘在身前，过了一会儿他那乱蓬蓬的头便垂在胸前。

"我不想再在丛林中溜达，急忙向贸易点走去。 快到时我遇见一个白人。 他的穿着打扮出乎意料的高雅，猛一看我还以为是个幻影。 一个高高的浆硬的领子、一对雪白的袖口、一件轻便的羊驼毛外套、一条雪白的裤子、干净的领带，还有一双锃亮的皮鞋。 没戴帽子，头发中分，梳得油光发亮，一只白白的大手撑着一顶绿色条纹的女用阳伞，耳朵后还夹着一支笔杆。 他真是令人惊奇！

"我和这个奇人握了握手，得知他是公司的会计主任，公司所有的账务都是在这个站进行的。 他说他只是出来一会儿，'吸点新鲜空气'。 这话听起来非常古怪，带着一种终生伏案工作者的口气。 我本来根本不想跟你们提起这个人，只是因为和我在那段时间里的记忆密不可分的那个人的名字，我最初是从这个人嘴里听到的。 再说我尊敬这个人，是的，我尊敬他的白领、他的大袖口，还有他那梳得油光发亮的头发。 他的外表无疑是理发店里的假人模特儿，但是在这片极度颓唐的土地上，他依然保持住了自己的外表，这就是一种骨气。 他浆硬的领子和笔挺的衬胸完全出于他的性格。 他出来差不多三年了，后来我禁不住问，他的衬衫怎么会保持这么白。 他稍微红了红脸，谦虚地说：'我一直在教贸易站里的一个土著女人学做事。真难，她不喜欢这种工作。'这么说，这人还真做成点事。他一心扑在账本上，所有的账务都是整整齐齐、有条不紊的。

"贸易站里的其他一切都混乱不堪——人、物品、房子。一串串满身尘土的黑人撇着八字脚来了又走。流水般不断送来的产品。不值钱的棉布、珠子和铜丝，运到黑非洲腹地，换回来的是源源不断的珍贵象牙。

"我被迫在贸易站等了十天。那段日子好像永无尽期。我住在院子里的一间小木屋里，但是为了躲避混乱不堪的环境，我有时会跑到会计的办公室里去。那间办公室是用横条木板搭建的，粗制滥造，所以当他趴在那张高高的写字台上时，从脖子到脚后跟都被狭窄的光线划成一条一条。要想看外面，根本用不着打开那扇大大的窗户。那儿也很热，大苍蝇像魔鬼似的嗡嗡作响，不是叮人，而是刺得你痛。我一般是坐在地板上，而他却带着一副无可指责的外表（甚至还微微散发着香味），坐在一条高高的木凳上，不停地写呀写，有时他也站起来活动一下。当躺着病人的方便矮床（某个从内地过来的公司代理人生病了）放到他办公室时，他表现出有点不耐烦。他说这病人的呻吟声分散了他的注意力。就是没有这呻吟声，在这种气候条件要想防止账目差错已经很难了。

"有一天，他头也没抬，说：'到了内地，你肯定会遇到库尔兹先生。'当我问他谁是库尔兹时，他说他是公司第一流的代理人。看到我对这一简单的信息表示失望时，他才放下笔慢慢地说：'他是一个非常杰出的人物。'我再问了些问题，才得知库尔兹先生目前掌管一家贸易站，一个非常重要的贸易站，坐落于真正的象牙产区，在'那边的最深处'。他一个人送出来的象牙，等于所有其他的人加在一起的总量……他又开始写了。那病人病得太重，连呻吟声都叫不出来。 苍蝇在一片巨大的宁静中发出嗡嗡的声音。

"突然传来一阵越来越响的低语声和嘈杂的脚步声，一个运输队到达了。 一阵粗鲁激烈的说话声从木板房外迸发开来，所有的搬运工都在说话，在这一片喧哗声中，只听见会计主任那'悲哀的声音'说：'别吵了。'但这可怜的声音那天已叫了二十遍……他慢慢地站起来，说：'吵死人了。'然后轻轻地走到房间另一边去看病人，回来跟我说：'他没听见。'我吓了一跳，问道：'什么！死了？'他非常镇静地回答说：'不，还没死呢。'然后，朝贸易站院子里的嘈杂声扬了一下头，说：'当一个人非得把账目做正确时，他就会恨这些野蛮人——恨得要死。'他若有所思地停了一会儿，接着说：'当你见到库尔兹先生时，替我告诉他，这儿一切都很好。'他朝写字台瞟了一眼，又说：'我不高兴给他写信，靠我们这群邮差，说不准到了中央站，信会落到谁的手里。'他用那双温柔的金鱼眼睛盯着我看了一会儿，又开始说：'他前程远大，非常远大。 不久他就会成为公司管理机构里的一个重要人物。 上头的人，我指的是欧洲的董事会，有意要提拔他。'

"他转身去工作。 外边的嘈杂声已经消失，过了片刻我朝外走时在门口停住了。 在苍蝇嗡嗡的叫声中，那个被送回家来的公司代理人躺在床上，满脸通红，不省人事；而另一个则趴在桌子上，正在为那一笔笔完全正确的交易做着正确的账目。 在门口台阶下五十英尺的地方，我就能看到一大片静止不动的树梢，一片死亡丛林。

"第二天，我随着六十人的运输队终于离开了贸易站，去走一段二百英里的路程。

"关于整个行程，跟你们讲多了没用，反正到处都是一条条小路。 人们用脚踩出来的一条条小路构成了一张网，散布在这荒芜的土地上，穿过高高的野草，穿过烧焦的野草，穿过灌木丛，在一条条阴森森的深谷里爬上爬下，在一座座热得冒烟的石头山上爬上爬下。一片荒凉，一片孤寂，一个人也没有。连个小木屋都看不见。很久以前，人们就已经从那里逃走了。我想，如果许多神秘的黑人带着各种各样可怕的武器，突然在迪尔和格来夫森①之间的路上出现，把前后左右的人都抓去做苦役，那一带的家家户户也会纷纷逃离。只是，这儿连房子都不见了。不过，我还是走过了几处被遗弃的村庄，那一堵堵草墙废墟给人一种悲哀的简陋的感觉。一天又一天，六十双赤脚的踩踏声和沙沙的磨地声，每双脚都承受着六十磅的重量，跟在我后面。露营、烧饭、睡觉、拔营、行进，时不时会有搬运工在行进途中倒地而死，安息在路边长长的青草中，旁边放着盛水用的空葫芦和长木棍。四周和上空是死一般的寂寞。或许某个静寂的夜晚，会传来远处颤抖的鼓声，渐渐隐没，又渐渐响起来，一种寥廓而又微弱的颤抖声，一种奇怪而又狂野的声音，它在呼吁、在暗示，或许像基督教国家的教堂钟声一样蕴意深刻。一次，一个穿着没扣纽扣制服的白人带着一群瘦弱的桑给巴尔人在路边安营扎寨。他很好客，也很快乐——且不说他已经喝得醉醺醺。他称自己在养护道路。不能说我看到什么路，或发现有人在养路；只是我再往前走三英里时看到过一个中年黑人的尸体，前额上有个子弹孔。或许这尸体就可以被看作是一种永久的改进吧。我也有个白人同伴，一个挺不错的家伙，但太胖了，而且还有个令人生气的坏习惯，老是在炎热的山坡上晕倒，那时往往还要走好多里路才能看到一丝绿阴和一点点水。你也知道，拿自己的外套当阳伞，撑在一个人的头上，等着他渐渐苏醒，是一件恼人的事。有一

---

① 迪尔和格来夫森是欧洲的两个地名。

次我禁不住问他干吗要跑到这儿来，他轻蔑地回答说：'当然是赚钱，你以为呢？'后来他发烧了，不得不把他放在吊床上用一根长杆抬着走。由于他体重有二百多磅，那帮搬运工就跟我吵个没完。他们不肯抬，逃跑，深夜背着东西溜走……简直是造反。所以一天晚上，我用英语夹带着手势发表了一通演说，每一个手势都让我前面的六十双眼睛看得清清楚楚。第二天早上，我让吊床在前开路，一切顺利。一个小时后，我发现所有的一切——人、吊床、呻吟、毯子、恐惧，全都被抛在草丛中了，那根重重的木杆还划破了他可怜的鼻子。他急着要我杀掉一个，但周围连个搬运工的影子都没有了。我想起了那个老医生说的话——'当场观察人的思维变化，对于科学来说肯定是挺有意思的。'我觉得从科学的角度来讲，我自己也正变得有意思起来，然而所有这一切，其实都毫无意义。到了第十五天，我又看到那条大河，而且一瘸一瘸地进了中央贸易站。贸易站坐落在一个河湾上，四周都是灌木丛和树林。一边是臭烂泥垒成的边界，另外三边围着破破烂烂的篱笆，一个没有封上的缺口就是门。这个地方只要看一眼，就足以让人知道，是个软弱无能的家伙在管理。几个无精打采的白人手持长棍从楼里出现，溜过来看我一眼，然后又隐退到什么地方去了。其中一个矮胖、稍有点精神、留着黑色小胡子的家伙说起话来滔滔不绝，而且老是东拉西扯。当得知我是谁时，便马上告诉我，我的汽船已经沉到河底去了。我惊呆了，什么？怎么回事？为什么？噢，这'没什么问题'，'经理本人'就在这儿。'每个人表现都很出色，很出色！'他激动地说，'你必须马上去见总经理。他正等着呢。'

"当时我还没马上明白沉船的真正意义，我想现在我懂了，但我还是不敢肯定，不敢完全肯定。当然现在想起来整件事情实在是太蠢了，蠢得简直不合情理。虽然……但这在当时，不过是一件惹人气恼的小事而已。 汽船沉了。 两天前他们匆匆忙忙出发到上游去，经理也在船上，由某个自愿的人来开船。 船开出去不到三小时，就在石头上把船底给撞破了，在南岸附近沉没了。 我问自己，现在船没了，该怎么办呢？ 其实为了把我管的船从河里捞出来，还有许多事情要做，第二天我就得着手干起来。 捞船，还要把一块块碎片搬到贸易站去，花了好几个月的时间。

"我和经理的第一次会面很奇特。 那天早上我走了二十英里，而他却没叫我坐下。 他的肤色、面容、举止及声音都平淡无奇：中等身材，体型一般，一双普通的蓝眼睛，或许是出奇地冷酷，落在谁的身上肯定会像斧子一样锋利而又沉重。 但是，就在这种时候，他身上的其他部位似乎并没有显出这种意图。 此外，他嘴唇的表情含糊不清，不易觉察，我记得，像笑又不像笑，我也说不清。虽然每当他说过什么事后，这种表情在瞬间加强起来，但我仍认为这种微笑是无意识的。 它总是出现在他每次讲话之后，好像是给他的话贴上一张封条，使那些最普通的词句的意思显得绝对深不可测。 他是个普通的生意人，从年轻时起就在这些地方工作，如此而已。 别人都服从他，但他既不能让人爱，也不能让人怕，甚至不能让人尊重他。 他只能让人家感到不舒服。 对，就是不舒服！ 不是一种确切的不信任，只是一种不舒服的感觉，仅此而已。 你想象不出这帮人办事会有多少效率。 他们没有组织才能，没有创造才能，甚至没有维持秩序的才能，这一切从贸易站的凄惨状况中就可以看出。 他没有学识，没有智力。 这个位置竟会轮到他，为什么呢？也许是因为他从来不生病……他已经任职三期，每期三年……因为在众人体力不支的情况下，令人得意的健康条件本身就是一种力量。 当他回家休假时，他总要大大地花天酒地一番，和一个上了岸的水手稍有不同，但也只是表面上的。 这从他偶尔的言谈中可以得知。他没什么创造力，只是能维持日常工作，别无他才。但他是伟大的，他的伟大之处就在于这么一小点上，那就是你说不出，什么东西能控制像他这种人。他从不说出心中的秘密，或许他心中空空如也，什么东西也没有。当然，我只是怀疑而已，因为那个地方没什么东西可以确定。有一次，贸易站里几乎所有的'代理人'都因为患热带病倒下时，有人听他说：'来这儿的人，就不应该有五脏六腑。'他说完这话时，嘴边又出现了他特有的那种微笑，似乎在通向他内心的幽暗深处的大门上贴了封条，免得你窥探到什么。每当用餐时，白人们总要争着坐上席。这使他很恼怒，于是就命令做了一张极大的圆桌，还为这张圆桌专门盖了一间房子，那就是贸易站的餐厅。他坐哪儿，哪儿就是首席，余下的也就别争了。对他的看法，有一点是不变的：他既非彬彬有礼，也非粗野无礼。他不动声色地纵容他的'男仆'，一个从海岸那边来的极度肥胖的年轻黑人，在他眼前用一种挑衅的态度对待白人。

"他一看见我就开始说话。我在路上走了太长时间，他等不及，所以没等我到他就出发了。上游的几个贸易站必须得到供应品、路上又耽搁太多、不知道谁还活着、谁已经死了、也不知他们过得怎样……对我的解释，他置之不理，一边玩着一根封口火漆条，一边几次三番地重复说，情况'非常非常严重'；有谣传说一个重要的贸易站正处于危险中，站长库尔兹先生病倒了，但愿不是真的；库尔兹先生是……我觉得厌烦，觉得恼火，心里骂着：'去你妈的库尔兹！'我打断他的话，说我早就在海岸一带听说过库尔兹了。'这么说，那边也在谈论他。'他喃喃自语。接着，他又开始说了，向我保证，库尔兹先生是他手下最好的代理人，一个出类拔萃的人物，对公司至关重要，所以我应该能理解他的焦虑。他说他'非常非常不安'。他坐在椅子上，确实如坐针毡，嘴里还说着:'啊,库尔兹先生!'他弄断了那根封口火漆条,好像出了什么大事似的惊呆了。他想知道的下一件事,是'要花多少时间……'但我又一次打断了他。你们知道,我很饿,而且还站着,因此越来越生气。我说:'我怎么知道?我连那条沉船还没见着……要几个月吧,肯定得要……'所有这些谈话,在我看来是多么没有意义。他说:'几个月,好吧,就算是三个月才能开船吧。是的,三个月该干好了。'我冲出他的小木屋(他单独住在一间小木屋里,外面还有走廊似的东西)。我嘟嘟囔囔地表示对他的不满:真是个饶舌的白痴!但后来,我收回了这句话,因为他对'干这件事'所需时间的估计,精确得使我吃惊。

"第二天我就去干活了,不再理会贸易站,可以这么说吧,似乎只有这样,我才能抓住生活中能给人补偿的一些东西。但是你有时还必须小心点,所以我还是看着这个贸易站,看着这些人在院子里懒散地溜着步,晒着太阳。我有时问自己,这一切都意味着什么。他们手里拿着滑稽可笑的木棍游来荡去,就像一帮不忠诚于自己信仰的圣徒,被妖术迷在一个破篱墙里。'象牙',这个字随处可听见,在空气中回荡,在耳边传诵,从嘴里叹出,你会以为他们是在向象牙祈祷。通过这个词,一股愚蠢而贪婪的臭气向四处扩散,就像一具尸体上发出的气味。天哪!我从没见过这么不实在的东西,篱墙外边是一片沉寂的荒野,笼罩着地球上这一小块辟出的土地。这荒野让人觉得似乎是某种伟大而不可战胜的东西,就像邪恶或真理,耐心地等待着这一疯狂行径的结束。

"噢,这几个月的日子呀!算了,不提了。又发生了许多事情。一天晚上,一间堆满白布、印花布、玻璃珠子和其他一些我不知道是什么东西的屋子,突然起火了,让人觉得好像是地球开了个口,要用一股复仇的火焰把所有这一切破烂烧成灰烬。当时我正坐在那艘拆开的汽船边静静地抽着烟斗,看见他们在火光中上蹿下跳,手臂举得老高老高。 正在那时,留着胡子的那个矮胖的人向河边飞奔而来,手里拿着一只铁桶,说让我放心,每个人都表现得'很出色,很出色'。 他打了大约一夸脱的水,又飞奔回去。 我注意到桶底有一个洞。

"我慢慢地溜达过去,没必要着急。 你们知道那些东西已经像一盒火柴一样化为乌有了,从一开始就是没救的。 火焰蹿得很高,逼得人一个个往后退,每件东西都点着了。 接着就坍塌了。 那间草棚变成了一堆闪着点点火星的灰烬。 一个黑人正在那堆灰烬边挨打,他们说是他不知怎的引起了这场火灾。 就算是吧,他正在那儿发出可怕的尖叫。 后来,我发现他连续几天坐在一个阴暗处,看上去病得不轻,还想尽量恢复过来。 这之后,他站起来……悄无声息地投进了那片荒野的怀抱。 当我从黑暗处走近那堆灰烬时,发现自己站在两个人身后,他们正说着话。 我听见他们提到库尔兹的名字,又听见他们说'利用这次不幸事件……'之类的话。 这两个人中,一个就是那位经理,我跟他道了声晚安。 '你有没有见过这种事情? 嗯? 简直让人难以置信。'说完,他就走开了。 另一个留在原地。 他是个一级代理人,年轻,有绅士风度,还有点含蓄,留两撇八字胡,长着一只鹰钩鼻子。 他和其他代理人不怎么往来,那帮人也说他是经理派来监视他们的密探。 至于我,在此之前也几乎没有跟他说过话。 我们谈了起来,一边散着步,离开了那堆还在咝咝的废墟。 然后他请我到他的房间里去。 他的房间在贸易站的主楼里。 他点燃一根火柴,借着亮光我发现这个年轻的贵族不仅拥有一只镶银的衣箱,还独自享有一支蜡烛——这在那里是经理才有权享用的。 泥墙上覆盖着当地出产的草席,一大堆长矛、标枪、盾牌、刀剑作为战利品挂在墙上。 这位先生负责管理的是制砖——我是听人这么说的，但在贸易站里，我连一块砖都不曾见过。他在那儿已有一年多了，一直空等着，好像是缺少点什么东西，他无法制出砖来。我不知道是什么，也许是稻草吧，反正那儿找不到，而且也不可能从欧洲运来。我不清楚他在等什么，或许是等待一种空手制砖的独创力吧。不管怎样，他们所有的人——总共有十六或二十个这样的'圣徒'——都在等待着什么；说句实话，虽然他们等到的唯一的东西是生病(据我所见)，但从他们的态度来看，却是那么认真，一点也不像是在做一件不合他们胃口的事。他们用一种愚蠢的方式彼此勾心斗角，相互中伤，以此来消磨时间。贸易站里时时有人在搞阴谋，结果又什么也没发生。这和其他每一件事情——整个公司的假慈悲、他们的谈话、他们的管理机构和他们的工作表现——也一样，一切都是不真实的。唯一真实的是人人都希望到某个能搞到象牙的贸易站去谋个差使，分得一点油水。他们为此相互诋毁，相互仇恨，但在交往时，却连一根指头都没动过。是的，不会动的。天哪！这世上总有一点怪。你看，一个人会偷一匹马，而另一个人呢，却连看一眼马缰绳都不敢。干脆偷一匹马吧，那也好，偷就偷了，或许还能骑；但瞥一眼马缰绳，也可能激怒一位仁慈的圣人，弄得他大发雷霆。

"我不明白他为什么要和我交往，但在那儿聊天时，我突然想到这家伙是想得到点什么。事实上，他想从我这儿探听消息。他不停地提到欧洲，提起他认为我认识的人——提些问题引出话头，打听我在那座阴森森的小城里认识些什么人，如此等等。虽然他极力想保持那种目空一切的超然态度，但他那双小眼睛却由于好奇，像云母片似的在闪烁发光。开始我颇为惊讶，但马上就很想知道他究竟想从我这儿探听到些什么。我想象不出我身上还有什么值得他这样下功夫。看到他自作自受真是一件很美妙的事，因为实际上，我身上只有些令人扫兴的寒气，脑袋里装的只有那条倒霉的汽船。显然，他把我当成了一个彻头彻尾、不知羞耻的撒谎家，最后他生气了，为了掩饰他的狂怒，他打了个哈欠。我站起身来。那时我注意到一幅小小的油画，钉在一块木板上，画的是一个女人披着衣裳，蒙着眼睛，举着火把。背景灰暗——几乎是一片漆黑。这个女人动作端庄，但火把的光照在她脸上却显出不祥的征兆。

"这幅画把我吸引住了。他彬彬有礼地站在我身边，拿着一只半品脱的空香槟瓶子（安神用的），上面插着蜡烛。他回答了我的问题，说这是库尔兹先生画的——就是在这个贸易站里，一年多前画的，当时他正等着坐船或者坐车去他的贸易站。我说：'请你告诉我，这位库尔兹先生究竟是个什么人？'

"他眼睛转向别处，简短地回答说：'内陆贸易站的站长。'我笑着说：'非常感谢。可你是中央站的制砖师呢，这尽人皆知。'他沉默了一会儿，最后说：'他是个奇才，是仁慈、科学和进步的使者。鬼知道他还会是什么。'他又突然大声说：'为了完成欧洲交托给我们的任务，可以这么说，我们需要更高的智慧、广泛的同情和一致的目标。''这话谁说的？'我问道。'他们中有许多人说过，'他回答，'有些甚至写过。所以他来了，一个特殊的人物。这一点你应该知道。'我真的很惊奇，便打断他的话，问道：'为什么我应该知道？'他并不在意，继续说：'是的。今天他是最好的贸易站站长，明年他就会是副经理，再过两年……不过，我敢肯定，你知道两年后他会做什么。你是属于新派的……道德派。派他来的人，同样也推荐了你。别说不知道，我相信自己的眼睛。'我恍然大悟，是我亲爱的姑妈——那些有影响力的人，在这个年轻人身上真是产生了意想不到的效果。我差点笑出声来。'你是不是看了公司的秘密信件？'我问道。他没话好说了。真

有意思,我接着一本正经地说:'等库尔兹先生当上总经理,你就没有机会了。'

"他突然吹灭蜡烛,我们走了出去。月亮已经升起,一些黑人有气无力地在那儿游来荡去,往火堆上泼着水,引起一阵噼啪的响声。月光下水蒸气往上冒着,那个被打的黑人在什么地方发出呻吟声。'这畜生闯了多大的祸!'那个留着小胡子的、说话唠唠叨叨的人出现在我们身边,'活该!犯法……惩罚……挨揍!绝不手软,绝不手软,这是唯一的办法,只有这样才能防止以后不再失火。刚才我还在跟经理说……'他看见我的同伴,马上就截住话闸,显出一副奴才相,亲热地说:'你还没睡呀,这很自然,哈!有危险嘛,心情激动嘛……'说着,他溜之大吉了。我继续往前走到河边,我的同伴跟在我后面。我听到一阵喃喃低语声,觉得很不舒服。'一堆蠢货,给我滚!'只见那帮朝圣者三五成群地在那儿指手划脚评论着什么,有几个手里还拿着木棍,我真的相信他们连睡觉都抱着这些棍棒。篱墙那边,树林鬼怪似的矗立在月光下,透过它朦胧的颤动,透过那座可悲的院子里传来的微弱声响,这片土地的沉寂沁人人的心肺——它的奥秘,它的伟大,这隐蔽的生活中所包藏的惊人事实。挨了打的黑人在附近什么地方有气无力地呻吟着,接着深深叹了一口气。这使我加快脚步离开那个地方。这时我感觉有一只手向我伸来,那家伙说:'亲爱的先生,我不想被人误解,尤其是你,因为你很快就要见到库尔兹先生了,而我要过很久才能有此荣幸。我不愿意他对我的性格产生一种错误的印象……'

"我让他往下说,这个纸糊的靡非斯特①……我似乎觉得,只要

---

① 靡非斯特,即魔鬼。

试一下，我伸出食指就可以戳穿他，也许他腹内空空，除了一点屎尿之外，别的什么也没有。 难道你没看出来，他一直计划着，不久以后要在现在这个人手下弄个副经理当当；我发现，库尔兹的到来把他们两人搅得够受。 他口若悬河地讲着，我也不想去阻止。 我双肩靠在我的那条破汽船上——它像一只水中巨兽的尸体，已被拖上岸来，躺在斜坡上。 天哪！ 我的鼻孔里满是泥土的气味，原始的泥土气味。 眼前是庄严静穆的原始森林；黑漆漆的溪水上是一片片发着光的斑点；月亮把一切都披上了一层银色——茂密的野草上、泥土上、树藤缠结而且比庙宇还要高的土墙上，都洒上了一层银色；通过一个昏暗的缺口我能看到那条宽宽的大河闪烁着、无声无息地流淌着，它同样也披上了一层洁白。 所有这一切伟大而充满希望，它们默默无言，但这个人却在喋喋不休地大谈自己。 不知我们两人面前这个广阔无垠的宇宙是一种呼吁呢，还是一种威胁，我们漂泊到这里的人是干什么的？ 是我们在驾驭这哑然无声的东西，还是它在控制着我们？ 我觉得那个不会说话、也许是个充耳不闻的聋子的东西是多么巨大，巨大得令人惶惑。 那里面究竟有什么呢？ 我只看见一点象牙从那里出来，我还听说库尔兹在那儿。 关于那个地方，我已听得够多了——上帝知道！ 然而不知怎么的，它却没有给我带来一个生动的形象，就如有人告诉我说那儿有个天使或者有个魔鬼一样，太含糊、太笼统了。 我对它的感觉，就如你们中哪一位相信火星上可能有人居住一样。 我曾经认识一个苏格兰帆船工，他就非常相信火星上有人。 如果你问他那些人长什么样、如何行动，他就会不好意思地嘟囔着说些'四肢着地'之类的话。 他已是六十岁的人了，但如果你发笑，他照样会找你打架。 我可不会为库尔兹先生去打架，但为了他，我差点撒了谎。 你们知道，我讨厌、憎恨而且受不了谎言，并不是因为我比其他人更诚实，只是因为撒谎让我害怕。谎言里有一种死亡的腐朽气味，一种致人死地的臭气，而这正是我最厌恶、最憎恨的东西，也是我想忘掉的东西。它让我难受，让我恶心，就像咬了一口腐烂的东西似的。我看这就是性格吧，可我做的事却跟撒谎差不多，我让那年轻的傻瓜尽情地想象，以为我在欧洲有多少权势就有多少权势。转眼间，我就变得和其他着魔的朝圣者一样虚伪了。我这样做仅仅是因为这在某种程度上对那个我不曾谋面的库尔兹先生会有帮助——你们明白的。到那时为止，他对我来说仍然只是个名字而已，我跟你们一样，只闻其名，未见其人。你们看见他了吗？你们听见过这故事吗？你们看见什么东西了吗？我觉得我似乎在给你们描述一个梦——白费力气，因为不管我怎样描述，都不可能表达出那种梦的感觉，那种在竭力挣扎的颤抖中融成一体的荒谬、好奇和困惑的感觉，那种认为梦的本质不可信的念头……"

他沉默了一会儿。

"……不，这不可能；要想把人的一生中某个特定时期对生命的感觉……那构成生命的真实性、生命意义的东西……那种微妙而又贯穿一切的本质……要想把这表达出来是不可能的……不可能。生活中的我们正如梦境中的我们一样孤独……"

他又停了一会儿，似乎在思考，然后接着说：

"当然，你们这些人现在看这件事比我那时要清楚得多。你们看到了我，看到了一个你们了解的人……"

天已漆黑，我们几个听故事的人几乎都看不清彼此了。很长一段时间，他独自坐在一边，对我们来说他只不过是一个声音而已。谁也没发一言。其他的人也许睡着了，但我醒着，听着，仔细地聆听着，一句不漏，一字不漏，希望能从中找出理由，来解释为什么这个故事会引起我内心淡淡的不安，这故事好像不是从人的口中讲出来的，而是在河上混浊的夜空中形成的。

"……是的。"我让他说下去。

马洛又开始说了：

"至于我背后的权力，他爱怎么想就怎么想。 我确实这么做了！ 而实际上我背后什么依靠也没有！ 除了当时我背靠着的那条倒霉的、已经撞破了的旧船，别的我什么也没有。 他在那儿大谈特谈，说'每个人都必须往上走'、'你也知道上这儿来不是为了月亮'、'库尔兹先生是个万能的天才'，即使一位天才也懂得跟'有效的工具和聪明的人'在一起工作要容易得多……他为什么没制成砖头？ 正如我清楚地知道的，身体方面的无能为力是妨碍他的原因之一；如果他为经理做秘书工作，那是因为'没有一个明白事理的人会放肆地拒绝上司对他的信任'。 那时我明白这个道理吗？ 我明白。 我还要什么呢？ 我真正要的是铆钉。 天哪！ 我要铆钉，我要继续我的工作——堵住破汽船上的漏洞。 铆钉正是我需要的东西。 海岸那边有一箱箱铆钉，一箱箱堆得高高的，箱子都快撑破了，裂开了。 山坡上的那个贸易站里每隔一步就会踢到一颗乱扔的铆钉。 铆钉滚进了那个死亡丛林。 只要你不怕麻烦弯弯腰，口袋里就会装满铆钉，而需要的地方却连一颗也找不着。 我们有合适的木板，但找不到可以钉住它们的东西。 一个孤独的黑人邮差，肩背邮袋，手拿木棒，每个星期都要离开贸易站到海岸那边去。 每星期好几次，海岸运输队会带着货物过来——鬼火一样磷光闪闪的印花布，看一眼也会把人吓得发抖；一便士就能买一夸脱的玻璃珠子；讨人嫌的带斑点的棉布手帕——就是没有铆钉。 三个搬运工就能把修汽船用的所有铆钉搬过来。

"他越来越和我套近乎，但我猜想，也许是我全无反应的冷淡态度最终激怒了他，因为他认为有必要告诉我，他既不怕上帝也不怕魔鬼，更不要说怕什么人了。我说这点我完全看得出来，但我要的只不过是一定数量的铆钉；如果库尔兹先生知道此事的话，铆钉也正是他所需要的东西。现在，每星期都有信送到海岸那边去……他大声说：'亲爱的先生，我是按别人口授照写的呀。'我要铆钉，对于一个聪明人来说，总会有办法的。他改变了态度，显得非常冷淡，突然开始谈起河马来了；还问我睡在汽船上是否受到过骚扰(我日夜都离不开这条捞起的破船)。他说一只老河马有个坏习惯，喜欢深夜爬上岸来，在贸易站的场地上溜达。那些朝圣者往往一起出动，把手边能拿到的所有枪支里的子弹全都打到它身上，有些人甚至一连几夜等候它。不过这精力都白费了。他说：'这动物的生命是受魔法保护的。不过在这片土地上，你只能说动物是如此，但不是人，你明白我的意思吗？这儿没有一个人的生命是受魔法保护的。'他在月光下站了片刻，那精巧的鹰钩鼻子略微有点歪着，两只云母片似的眼睛一眨不眨地闪亮着，然后简短地道了一声晚安，就大步走了。看得出来，他的内心被扰乱了，而且还相当困惑不解，这使我比前几天感到更有希望。离开那家伙去找我的有权有势的朋友——那条破破烂烂、歪七歪八、毁成一堆废铁的、破罐头似的汽船，对我来说是个巨大的安慰。我爬上了船。它就像被人沿水沟踢了一脚的哈特利和帕默公司制造的饼干盒一样，在我脚下锒铛作响。它构造并不坚固，外形也不漂亮，但我在它身上已花了不少功夫，足以让自己爱上它。没有任何有权有势的朋友对我的作用会比它更大，它给我一个机会，让我出来跑跑，看看自己能做些什么。我不喜欢工作，而是宁愿懒洋洋地过日子，光在心里想着那些能办到的各种各样的美事。我不喜欢工作……没人喜欢工作……但是我喜欢工作里所包含的东西，也就是发现自己的机会。真正的你……对你自己，而不是对别人……这是任何其他人都不可能知道的,他们只能看见外表,但永远也不可能说出这外表到底意味着什么。

"看见有人坐在船尾,双脚悬空荡着,我并不感到奇怪。 你们也知道,我和贸易站里的那几个机修工很有交情。 我猜是由于他们缺乏修养的缘故吧,其他朝圣者当然瞧不起他们。 这是机修工领班,一个好工人,他的专业是造锅炉。 他瘦长,脸色焦黄,神情忧郁,却长着一双热情的大眼睛,头顶光秃得就像我的手掌心一样。但他那些掉下的头发似乎都贴到他的下巴去了,而且还在这块新领地上长得很茂盛……他的胡子一直垂到腰部。 他是个鳏夫,带着六个孩子(为了上这儿来,把孩子托付给他的一个姐姐了),生活中最喜欢的事是放鸽子。 他对此既热心又内行,一谈起鸽子就忘乎所以。 收工之后,他有时会从自己的小木棚走到我这儿,聊聊孩子和心爱的鸽子。 干活时他得爬到船底下的烂泥里,所以他就用一块类似餐巾似的布把胡须扎起来。 这布是他特地带来的,上面有几个小环,可以挂到他的耳朵上。 傍晚时,他就蹲在岸边,在溪水中非常仔细地洗着这块包胡子用的布,然后还郑重其事地把它摊到灌木丛上晾干。

"我拍了一下他的背,喊道:'我们就会有铆钉啦!'他匆忙站起来,仿佛不相信自己耳朵似的大声说道:'没有铆钉!'然后又轻声问:'你……嗯?'我也不知道为什么我们会像发了疯似的。 我把一个手指按在鼻子边,神秘地点点头。 '那真是太好了!'他边喊边翘起一只脚,手伸到头顶上啪地打了个响手;我试着跳起了快步舞。 我们两人在铁甲板上欢呼雀跃,破船发出一阵吓人的响声,对岸的原始森林把声音反传回来,就像一阵春雷隆隆地从沉睡的贸易站上空滚过。 这一定惊动了在木棚里睡觉的那些朝圣者。 经理屋子里的灯亮了,门道里出现一个黑影。 黑影消失了，过了一秒钟左右，连门道本身也消失了。我们停下来，被我们用跺脚声赶走了的沉寂又从这片土地的深处反弹回来。那由草木组成的大墙，由树干、树枝、树叶和垂挂的攀藤相互缠结组成的繁茂的庞然大物，在月光下一动不动，像无声的生命在进行一次声势浩大的侵袭；植物的浪潮滚滚而来，越堆越高，达到顶峰，好像准备压倒这条小河，把我们每一个渺小的人从它渺小的生命中清除出去。它一动不动。远处传来一阵沉闷的水花飞溅声和鼻息声，似乎一条鱼龙正在闪闪发光的大河中洗澡。锅炉制造工用通情达理的口气说：'我们为什么就不该得到铆钉呢？'真的，为什么不能呢！我不知道有什么理由使我们不应该得到铆钉。我信心十足地说：'三星期后就运到。'

"但是铆钉没到。来的不是铆钉，而是一场侵扰、一场袭击、一场灾祸。在随后的三星期中它是分批到的，每批带头的是一只驴子，上面骑着穿新衣服和黄皮靴的白人。他们高居在上，冲着两边受宠若惊的朝圣者弯腰致意。驴子后面跟着一帮吵吵嚷嚷的黑人，他们因为走痛了脚，脸色阴沉。院子里卸下许许多多的帐篷、露营小板凳、铁皮箱子、白箱子以及黄包袱，乱七八糟的贸易站中神秘的气氛又将增添一层。这样的队伍来了五批，那架势荒唐可笑，好像他们抢了无数家服装店和食品店，然后带着战利品匆忙逃跑，让人觉得他们是在一场掠夺之后硬拖着身子来到这荒郊野外坐地分赃的。这种无法摆脱的混乱状态就它本身而言倒也合乎情理，只是让人觉得这些人的愚蠢行为跟强盗的行径所差无几。

"这支忠诚的队伍自称是埃尔拉多探险队，我相信他们宣誓过要严守秘密。但他们的言谈都是些肮脏下流的海盗黑话。他们无所顾忌而又不具胆略；贪婪而又胆小；残忍而又缺乏勇气。在他们这伙人中没有一丝远见卓识，也没什么严肃认真的打算，而且他们好像也没意识到在这个世界上做事情，这些素质是必备的。他们的欲望就是要把这片土地中的宝藏掠夺走。他们这样做，跟盗贼撬开保险箱一样没有什么道德原则可言，至于谁来承担这项崇高事业的所有费用，我就不得而知了。不过，我们经理的叔叔是这帮人的头头。

"从外表看他像是贫民窟里来的卖肉屠夫。他看上去睡眼惺忪但又流露出狡猾的神色，两条短短的腿上神气活现地托着一个大肚皮。当他手下的那帮人蜂拥似的在贸易站内东走西窜时，他除了自己的侄儿，其他的谁也不理。人们可以看见这两个人整天游荡，脑袋凑一块说个没完没了。

"我已不再为铆钉的事烦神了，一个人做这种蠢事的能力比你想象的要有限得多。我说一声'去他妈的'，也就随它去了。我思考的时间有的是，偶尔也会想到库尔兹先生。我对他不是很感兴趣，不过还是有点好奇，很想知道这个心怀某种道德观念来这儿的人，是否能爬到最高位；还想知道，他坐上高位后将会怎么干。"

二

"一天晚上，正当我仰面朝天躺在那艘汽船的甲板上时，我听到一阵声音越来越近——原来是他们叔侄沿着河岸散步。我把头枕在一只胳膊上，差不多昏昏入睡了，这时有人在我耳边说话，好像是说：'我像小孩一样不会伤害人，但我也不愿受人支配。我是经理吗？或者我不是？我受命把他派到那儿去。真是不可思议。'……我意识到这两人站在靠船头的河岸上，正在我的头下边。我没动，也没想到要动：我困了。'是不舒服，'那个叔叔抱怨说，'是他自己要求公司把他派到那儿去的。'另一个说：'存心表现一下他的能力,我也接到相应的指示。你看那人,一定是有来头的。难道不可怕吗?'他们俩一致认为很可怕,接着就说了一些古怪离奇的话:'一手遮天……一个人……董事会……牵着鼻子走。'其中一些荒唐滑稽的话战胜了我的睡意,因此当那个叔叔说话时,我已差不多醒了。他说:'也许气候会为你排除这障碍。他是一个人在那边吗?'经理回答说:'是的。他派他的助手送了一张纸条给我,上面是这样写的:把这个可怜的家伙从这儿赶出去,别再麻烦给我派这样的人来了。我宁可一个人,也不愿和你给我打发来的人呆在一起。这是一年多前的事了,你能想象得出这种狂妄吗?!'另一个声音嘶哑地问:'打那以来发生过什么事吗?'侄儿猛一扭头,说:'象牙。从他那儿送来了许许多多的象牙……全是上好的……大量的……真是气人。'接着那低沉的声音问:'还有什么呢?''清单。'可以这么说,他的回答像放炮似的射出来,随后便是沉默。他们一直在谈论库尔兹。

"当时我已完全清醒,但我舒舒服服地躺在那里,一动不动,也不想动。年纪大的那个似乎非常恼火,吼叫起来:'这么远的路,象牙是怎么运过来的?'另一个解释说是由一个独木船队运来的,库尔兹身边的一个英国混血儿职员负责押送;还说显然库尔兹本来打算自己来的,因为那时站里已经没有货也没有供给品了,但走了三百英里之后突然决定回去,一个人坐一条四人划桨的独木舟返回,留下那个混血儿继续沿河运送象牙。竟然有人会做出这种事,这两人惊呆了,至于此事的动机,他们百思不得其解。而我也似乎第一次见到了库尔兹先生,眼前清晰地出现了那一情景:独木舟、四个划桨的土著人,还有那个孤独的白人,他突然转身,不去公司总部,不去享受舒适的生活,把对家的思念(也许有吧)又带回去,朝着那片荒野深处,朝着空荡荒凉的贸易站走去。我不知道他的动机,也许他只是一个为工作而工作的杰出人物吧。 你们知道,他们在谈话过程中一次也没有提到他的名字,他被称为'那个人',而那个混血儿,据我所知是以极大的智慧和勇气完成了这次艰难行程的,却被他们称为'那个混蛋'。'那个混蛋'汇报说'那人'病了,没有完全康复……我头下的两个人朝远处移动了几步,在离我不远的地方来回溜达。 我听他们说到:'军站……医生……二百英里……现在很孤独……不可避免的耽搁……九个月……没有消息……奇怪的谣言。'他们又走近了,这时经理正好在说:'据我所知,除了长途贩子,一个瘟神似的家伙,别的没有人能从土著人那儿搞到象牙。'他们现在谈谁呢? 从只言片语中我猜这个人可能是库尔兹所在的那个区的,而且经理也不赏识他。 他说:'对这种人只有杀一儆百,我们才能摆脱不公平的竞争。'另一个嘟哝着说:'当然,绞死他! 为什么不呢? 任何事……在这片土地上可以为所欲为。 我就是这么说的。 你要明白,这儿的任何人……任何人都不可能危及你的位置。 为什么? 你经得起这种气候……你比他们活得久。 危险在欧洲,不过欧洲那边我来之前已经留意……'他们走开了,在那儿窃窃私语,后来声音又抬高了。'那一连串出乎意料的耽搁不是我的过错。 我尽力了。'胖的那人叹了一口气。 '太惨了,'另一个接着说,'他那些纠缠不清的胡说八道,在这儿把我烦得够呛,说什么每个贸易站都像一座灯塔,在前进的道路上指向更美好的事物;当然它也应该是贸易的中心,而且还是一个博爱、进步和教化的中心。 你看,这条蠢驴,他竟然还想做经理。 不,这是……'说到这儿,他因过分激动而呛住了。 我稍稍把头抬高了一点,惊讶地发现他们离我多么近——就在我的下面,我本可以在他们的帽子上吐口唾沫的。 他们眼望着地,想着心事。 那个经理用一根细细的树枝轻轻敲打着自己的腿。 他那精明的叔叔抬头问道：'来这儿后，一直可好。'另一个吃了一惊，说：'谁，我？噢！像有魔法保护似的……像有魔法保护似的。但其他的人……噢，我的天哪！全都病了。他们死得也快，我都来不及把他们送走……真是令人难以相信！'那个叔叔咕哝着说：'是呀，一点不错。我的孩子，相信这点吧，我说啦，就靠这一点。'他伸出那只短短的胳膊做了一个把森林、溪流、泥土以及河流都收归己有的手势，仿佛要在这片阳光灿烂的大地上不知羞耻地挥动手臂，向潜伏的死亡、暗藏的邪恶和这片土地内部深藏的黑暗发出一声别有用心的呼唤。这情景如此的触目惊心，我突然跳起来，回头看看树林的边缘，似乎期望它会对这黑暗的自信表演做出某种反应。你们知道，人有时会产生一些愚蠢的念头。眼前这片庄严的沉寂以它不祥的耐心正视着这两个人，等待着一场疯狂的掠夺早日结束。

"他们一起大声骂着……我认为完全是出于害怕；然后他们假装不知道我的存在，转身朝贸易站走去。太阳西沉；他们肩并肩走着，身子前倾，好像是拖着两条长短不一的滑稽身影，艰难地往山上爬着。那身影跟在他们后面，缓慢地扫过高高的野草，连一片草叶也没压弯。

"几天后埃尔拉多探险队开进了一片富有耐心的荒野，正如大海淹没一个潜水者一样，这帮探险队员也消失在荒野中了。很久以后，有消息传来说，所有的驴子都死光了，至于那些价值不如驴子的'动物'①命运如何，我就不得而知了。毫无疑问，像我们其余的人一样，他们得到了应有的下场。我没打听过。当时我正为不久要见到库尔兹先生而兴奋不已，我说'不久'是相对而言的。从

---

① 指那帮探险队员。

离开溪流那天算起,整整两个月之后,我们才到达库尔兹贸易站下游的河岸边。

"沿河而上就像是回到了世界的起源时代,大地上植物丛生,参天大树宛如人间君王。 一条无人涉水的河流,一片无边的沉寂,一片无法穿透的森林。 那儿的空气湿热、浓重、沉闷、呆滞,连灿烂的阳光里都没有欢乐。 一段又一段漫长的水道向前流去,荒无人迹,一直流向远处一片浓荫覆盖的朦胧中。 银色的沙岸上,河马和鳄鱼并排躺着,在晒太阳。 河水越来越宽阔,流过一群树木丛生的小岛;在那条河上像在沙漠里一样会迷路,整天找不着河道,老撞到浅滩上,弄得你还以为自己着了魔,担心从此会跟你曾认识的一切……远处的某个地方……或许是另一个世界,失去联系。 刹那间人会突然想起过去,有时候当你连一分钟也无法留给自己时,往往会出现这种情况。 然而,人的过去都是以焦躁和喧哗的梦幻形式回来的,你奇怪自己怎么会想起这一切。 在这由植物、水和沉寂组成的奇怪世界中,在它那威慑一切的现实中,这种沉寂没有给人一点平安无事的感觉,这种沉寂来自一种不可思议的动机,并具有极大的力量,它带着报复的面容注视着你。 我后来才习惯,而且能做到视而不见;我没时间,我得整天猜摸着航道,而且大多数情况下得靠灵感,靠隐藏在水中的那些浅滩的迹象。 我密切注意水中的岩石;一块该死的狡猾的暗礁,原本很可能会划破这铁皮罐似的汽船船底,并把所有朝圣者淹死,但我侥幸躲过了。 在此过程中,我学会了在危险面前咬紧牙关,保持镇静;我还得注意找些枯木头,夜间劈好,第二天可以用来烧锅炉。 当你不得不关注那种事情时,当你不得不只注意表面发生的事情时,现实……现实,我告诉你……就销声匿迹了。 所幸的是内在的真实永远是隐而不露的,谢天谢地! 但我仍然感觉到它的存在;我经常觉得它那神秘的沉寂在注视着我,看我怎样耍把戏,就像它注视着你们这些家伙,看你们怎样在各自的钢丝绳上表演一样。 为了……那叫什么来着? 一个筋斗,半个克郎。"

"马洛,说话客气点!"一个声音大声抱怨。 于是我知道,听故事的人中除我之外至少还有一个醒着。

"请原谅,我忘了这价钱里还应包括一阵心绞痛。 说实在的。如果把戏玩得好,价钱又有什么关系呢。 你们的把戏玩得很妙,而我那次干得也不错;第一次出航没把船沉掉,这对我来说至今还是一个奇迹。 试想象一下,一个蒙着眼睛的人在一条烂泥道上赶着大篷车的情景。 实话告诉你们,我那时全身冒汗,不停发抖。 毕竟对一个水手来说,本应该整天漂浮着的玩意儿,在他的看管之下竟然弄破了船底,这是一种不可原谅的罪过。 可能没人知道,但你自己却永远忘不了那轰隆一声……是不是? 那可是对准心口的一拳啊! 你记住了它,老是梦见它,多年后半夜醒来还在想着它,而且全身一会儿发冷,一会儿发热。 我并不想吹牛说那汽船老是浮着,它不止一次搁浅,每次都得有二十个野蛮人围着它溅起泥浆往前推。 一路上我们雇了好多这样的家伙做帮手,挺不错的家伙……这帮野蛮人……很会干活。 他们是些可以一起干活的人,我至今感激他们,他们毕竟没在我面前相互吞食。 他们随身带着已经腐烂的河马肉,让我闻到了荒野神秘气氛所发出的那股臭气。 哦,现在我还闻得到……经理在我船上,还有三四个手持木棍的朝圣者,他们全都安然无恙。 有时我们会经过紧靠一片不为人知的边缘地带的贸易站,白人们会从一间摇摇欲坠的小木屋里冲出来,既高兴又惊奇,在那儿手舞足蹈地欢迎我们,似乎他们是被一种魔咒禁锢在那儿似的。 '象牙'这个词会在空中回荡一会儿,然后我们又重新驶入沉寂之中,沿着空荡荡的河段,绕过悄然无声的河湾,在两岸峭壁之间蜿蜒而行,船尾轮发出的沉闷的击水声,空洞地在两岸回荡。 树,到处都是树,成千上万,高耸入云;而在它们脚下,这只满身污泥的小汽船爬行着,紧靠河岸逆流而上,就像一只懒洋洋的小甲虫在大门下的地板上蠢蠢蠕动。 这让你觉得自己非常渺小,非常迷茫,但那种感觉并不十分压抑。 毕竟是你感到渺小,而那只肮脏的小甲虫仍向前爬着,这正是你想让它做的。 那几个朝圣者指望它往哪里爬,我不知道;但我敢打赌,他们肯定想让它爬到能得到点东西的地方去。 对我来说,它是专门朝着库尔兹所在的地方而去的,只是后来抽气管漏了,它爬得很慢。 河道在我们前面展开,又在我们身后合拢,似乎森林悠然地穿过河面,切断了我们的归途。我们越来越深地钻入了黑暗的中心,那儿非常安静。 深夜里,树林的另一边时而会传来阵阵鼓声,沿河而上,隐约地滞留不散,仿佛在我们头顶上盘旋,直到东方发白。 我们不知道这鼓声意味着什么,是战争,是和平,还是祈祷? 一阵寒冷的沉寂降临,意味着黎明的到来。 伐木工们都在安睡,他们的篝火快熄灭了;宁静中,树枝的折断声也会使你大吃一惊。 我们漫游在一片史前的大地上,一片在外表上像一个不为人知的星球的大地上。 我们本以为自己是第一批以巨大的痛苦和极度的辛劳为代价,前来继承一笔该诅咒的遗产的人,但突然间,当我们费力地绕过河湾时,却发现一堵堵草墙和尖尖的草屋顶,听见一阵呼叫声,看见许多黑人肢体在舞动;他们手在拍,脚在跺,身体在摇晃,眼珠子在转动,这一切都出现在沉重而肃静的树木下。 汽船费力地爬行着,沿河两岸是一片黑暗和莫名其妙的狂乱。 那些史前的人是在诅咒我们呢,还是为我们祈祷,或是欢迎我们? 谁知道呢。 我们已与世隔绝,周围的一切都无法理解。 我们像幽灵一样飘逝而过,惊讶的同时心里暗暗胆怯,就像清醒的人在疯人院里看到一场狂烈的暴乱。 我们无法理解,因为我们和周围的一切相去太远；我们记不住这一切，因为我们是在原始时代的黑暗中航行，在那已经逝去的年代里航行，所以我们身后几乎没留下什么痕迹，也没留下什么记忆。

"这片土地似乎不是存在于人间。我们已经看惯了被人征服、戴上镣铐的怪物形象，但是在那儿……那儿你看见的却是一个自由自在的怪物。它不属于人间，但那里的人……是的，他们应该是人。你们知道这是最糟糕的……怀疑他们是不是人……可你慢慢地就会有这种想法。他们在叫着、跳着、转着，做着各种各样吓人的鬼脸，但使你毛骨悚然的是你会想到他们竟然也是人……像你一样的人……而且在遥远的年代，你的祖先和这群野蛮而狂暴的人还是亲属。是的，很丑，太丑了；但如果你有勇气的话，你就会承认自己内心深处也有那么一种东西，而且会和那种喧嚣声中可怕袒露产生共鸣，还会隐约领悟到其中的某种含义。即使是你……距离原始时代的黑暗这么遥远的你……也能理解。为什么不能呢？人脑是万能的，因为一切尽在其中，过去的一切和未来的一切，全在你的大脑中。那到底有些什么呢？欢乐、恐惧、悲伤、忠诚、勇敢、愤怒……谁说得清呢？……但很真实……剥去了时间外衣的真实。让傻瓜张大嘴巴去发抖吧，人是心中有数的，而且能眼也不眨一眨地从容静观。只是，要做到这一点，起码要和岸上的那些人一样，必须拿出自己的真东西来……拿出你与生俱来的活力……去面对真实。光靠外在的东西是不行的，身外之物……衣服、漂亮的布片……那种一摇就会从你身上飞走的布片……不行……光靠外在的东西是不行的；你需要一种深思熟虑的信念。在这可怕的喧闹声中似乎有什么东西在呼唤着我……是吗？那好极了。我听到了。我承认。但我也想说话，不管好歹，我的话不能不说出来。当然，一个傻瓜，一半出于胆小，一半出于面子，总是安全的……谁在那儿叽里咕噜？……你们想知道我是不是上岸和他们一起狂叫、一起跳舞了？ 没有，我没去。 你们是说面子吗？ 什么面子，见鬼去吧！ 我是没有时间……我不得不忙于用那些白铅粉和毛毡条来堵住漏气的蒸汽管道，不得不小心翼翼地操舵，避开那些暗礁，要让这个铁皮罐继续往前爬。 这些事情当然也是真实的，不一定要聪明人才能看出。 我时不时还要照看一下那个锅炉工，一个当地的野蛮人，他可说是受文明教育而得以进化的典范……已经能点燃一只立式锅炉了。 他就在我下面，说句实话，看着他就像看着一只狗学人样，穿着马裤、戴顶羽毛帽、用两条后脚走路，可使你大受启发。 这家伙不错，几个月的训练就产生了效果，而他显然也很努力，做到了无所畏惧，斜起眼睛仔细看着气压计和水表；他还用锉刀锉平了自己的牙齿，可怜的家伙，头上的那撮毛剃得奇形怪状，两边脸颊上各有三条疤痕，那是一种装饰。 他本应该在岸上拍手跺脚的，但他却跑来辛劳地干活，还像中了什么邪似的，要有长进，脑子里装进了不少知识。 他有用，因为他受过训练；而他自己所知道的只是——要是那个透明的东西里装的水不见了，锅炉里的邪恶精灵就会渴得难受，就会大发雷霆，就会报复他，那很可怕。 所以他汗流浃背，一边生火一边留心着那块玻璃（他的手臂上绑着一块破布，下唇上嵌着一块手表大小的磨光的骨头，当作临时用的符咒）。 树木茂盛的河岸从我们身边滑过，短时间的喧哗声留在我们身后，和我们做伴的是漫无尽头的沉寂——我们向前爬着，向库尔兹爬去。 但是暗礁很多，水道险恶又有很多浅滩，锅炉里也似乎真有生气了的精灵，所以我和那个锅炉工一样，没有时间去琢磨自己心里那些可怕的想法。

"大约在离内地贸易站五十英里的地方，我们看到一间芦苇盖的小屋，一根歪歪斜斜神情忧郁的木杆，上面飘着无法辨认的破布条(曾经是一面旗帜)，还有一堆叠得整整齐齐的木头。 这出乎我们的意料。 我们上了岸，在那堆木头上找到一块木板，上面还有一些已经褪色的铅笔字。 仔细辨认后才知道写的是：'木柴给你们，快来，靠近时当心。'下面有签名，但是认不出来了，不是库尔兹，而是更长一点的名字。 '快来'？ 快来哪儿？ 沿河而上？ '靠岸时小心'？ 我们刚才并没有'小心'，这个警告不可能是指这个地方，因为靠岸后才能看到这块牌子。 肯定上游出了什么事。 但究竟是什么事呢？ 多大的事？ 问题就在这儿。 我们怪这电报式的写法，骂它愚蠢。 周围的树丛默默无语，而且挡着视线，我们看不远。 小屋的门道里挂着一块条纹布做的红布帘，可怜巴巴地向我们飘着。 人去楼空，但看得出来，有个白人不久前在这儿住过。 小屋里面有一张粗糙的桌子——两根柱子上支一块木板；黑暗的角落里有一堆垃圾；我在门口捡到一本书，书的封皮已经没了，书页也被来回翻过，变得又脏又软；但书脊却用白棉线爱惜地重新装订过，白线看起来还很干净。 这是个不寻常的发现，书名叫《航海术要领探讨》，作者是一个叫'道沃'或'道森'的人，还是皇家海军的一位船长。 这书看样子是够枯燥的，里面尽是些说明性的图解和令人讨厌的数字表格，出版已有六十年了。 我尽可能小心地捧着这本令人惊奇的古董书，生怕它在我手里溶化掉。 在书里，那个'道沃'或'道森'认真地探讨了船上的链条和滑车的断裂应变以及诸如此类的事。 这不是一本有趣的书，但一看就知道它目的明确，认认真真在谈论如何正确地工作，这就使得这些不起眼的书页(虽然是这么多年前出版的)不仅具有专业色彩，而且还有其他内涵。 当那个朴实的老水手在书中谈论着链条和绳索时，我忘了莽莽丛林和那些朝圣者，幸运地觉得自己遇到了真实的东西……绝不会有误的真实的东西。 在那种地方能找到这样一本书，已经够稀奇了,而更令人惊异的是书页边上还有用铅笔写的笔记,而且显然是和正文有关的。 我不敢相信自己的眼睛,那些笔记都是用密码写的! 是的,看上去很像密码。 你们想想,一个人带着这么一本书来到这么一个不为人知的地方进行这么一种研究——记笔记……而且还用密码! 真是神乎其神。

"有一会儿功夫,我总隐隐约约地觉得有一种恼人的声音,抬头一看,发现那堆木头已经不见了。 那位经理和所有的朝圣者都在河岸边冲我喊。 我把书塞进口袋。 说真的,把我从书中拖出,就像把我从老朋友家里拖出似的。

"我把那破发动机开起来,船动了。 经理回头看看我们刚离开的那个地方,恶狠狠地说:'准是哪个可怜的生意人……哪个冒冒失失的家伙。'我接着说:'他一定是个英国人。'经理板着脸咕哝着说:'就算是英国人,不小心的话,也会遇到麻烦。'我装作天真地说,人生在世谁都会遇到麻烦。

"这时水流更急了,汽船好像只剩最后一口气,船尾的轮子有气无力地扑打着,我发现自己正踮起脚跟仔细听着汽船发出的每一个声音,因为说句毫不夸张的话,我料想这讨厌的东西随时可能完蛋……看着它,就像看着一个快要断气的人。 但我们还是奋力往前爬着。 有时我会选出不远处的一棵树来衡量一下,我们朝着库尔兹前进了多少,可是没等驶到那棵树旁边,我就认不出是哪棵树了。 这么长时间盯着一样东西看,是超出人的忍耐程度的,所以经理很知趣地表示放弃了。 我焦虑不安,也很生气,心里七上八下,想着我见到了库尔兹先生是不是要推心置腹地和他谈一谈。 但还没等我得出结论,又突然想到,我说话也好,沉默也好,其实都是无所谓的。 一个人懂什么,不懂什么,那又有什么关系呢? 谁当经理,又有什么关系? 有时候我会有一种顿悟,悟出事物的实质是深藏不露的，是超出我的能力范围的，再不是我能干预得了的。

"第二天傍晚时分，我们估计离库尔兹的贸易站大约还有八英里。我想继续前进，但经理神情严肃，对我说那前面的航道非常危险，既然太阳已经西沉，最好还是等到明天早上再说。他还特意指出，如果我们遵循'靠近时当心'的警告，就必须在白天靠近……不能在黄昏，更不能在黑夜里。这话说得很明智。八英里意味着我们大约要走三个小时，而且在这河段的最尽头我看到了一些可疑的漩涡。尽管如此，我对这一耽搁还是有股不可名状的恼怒，这当然是不理智的。既然经过这么多月后，再等一夜又有什么关系呢？我们有许多木柴可以烧，再加上'靠近时当心'这句话，我就把船开到河中央停下。这一河段又窄又直，两岸高耸，就像铁路上的路堑。太阳还没下山，暮色就已悄然降临河面。水流急而平稳，两岸鸦雀无声。和野藤缠在一起的一棵棵活树、矮树丛里的每一丛灌木、最嫩的树枝以及最轻的树叶，所有这一切都可能转化成岩石。这不是睡眠状态，而是一种不正常的状态，简直就像老僧入定，静得连一点点声音都没有。你只能惊讶地看着，开始怀疑自己耳朵聋了……然后，夜幕突然降临，又让你变成了一个瞎子。大约清晨三点，几条大鱼跃出水面，那扑通声好像枪声，吓得我跳了起来。太阳升起时，出现了一层热烘烘、湿漉漉的白雾，比黑夜更让你茫然。这白雾既不飘荡也不移动，就在那儿呆着，仿佛是什么固体的东西停留在你的周围。大约到了八九点钟左右，才像一扇百叶窗似的敞开了。这时我们瞥见了许许多多高耸入云的参天大树、无边无际茂盛的丛林。丛林的上方，太阳像红红的火球一样悬挂着，一动不动，然后那白色的百叶窗又重新落下，仿佛是从装了润滑油的滑槽里溜下来似的。当时我们已经在起锚了，看到这种情况我只好再下命令，重新抛锚。可是还没等锚抛下，一声叫喊，非常非常响的叫喊，仿佛来自无边无际的沉寂，在不透明的空中缓缓地盘旋而上。叫喊声过后，进入我们耳朵的是一阵夹杂在野蛮疯狂的嘈杂声中的如泣如诉的喧嚷。这突如其来的声音使我毛发倒竖。我不知道其他人感觉如何，反正这凄惨而又混乱的声音在我听来仿佛就是雾本身发出的。来得这么突然，又显然是在刹那间同时来自四面八方。这声音最终以一声让人难以忍受、极其刺耳的尖叫而急速爆发，但又突然打住，把我们一个个吓得目瞪口呆地站在那里，丑态百出地面对着同样吓人的沉寂。'天哪！什么意思……'站在我旁边的一个朝圣者结结巴巴地说。他身材矮胖，黄头发，红胡子，穿着一双两侧有松紧布的靴子，一身粉红色的睡衣，裤脚塞在袜子里。另外两个张大嘴巴足足呆了一分钟，然后冲进船舱，马上又仓卒地冲出来，站在那儿两眼惊慌地望来望去，手里已经拿好'上了膛'的温切斯特步枪。我们所能看到的只是自己的汽船……它的外表也已经模糊不清，好像马上就要溶化似的；再就是汽船左右一条狭长的烟雾迷茫的水面，大约两英尺宽，此外就什么也看不到了。就我们的耳目所及，其余的世界已不知去向。真是不知去向，消失了，不见了，随风而去了，连一丝声音、一点踪迹也没留下。

"我走上前去，命令立即起锚，以备必要时马上开船。'他们会冲过来吗？'一个吓坏了的声音轻轻地问。'我们全要在这场大雾里被宰杀。'另一个喃喃地说。他们紧张得脸都变了形，手在微微发抖，眼睛也忘了眨。看看船员中白人和黑人的脸部表情，对比一下真是很有意思——那些黑人的家虽然离这儿才八百英里远，但和我们一样，对这条河的这一带也非常陌生；白人们当然一个个心绪不宁，脸部表情奇怪，显然是被这场狂乱的喧闹吓得够呛，而黑人们则表现出警觉关切的神情——他们的表情基本上还是平静的，就是那两个在船边拉锚链的黑人，时不时还会笑一下。有几个黑人简短地嘟哝了几句，好像事情已经过去了。他们中的头儿，一个宽胸膛的年轻黑人……他正而八经地穿着一件深蓝边的衣服，长着一对吓人的大鼻孔，头发巧妙地盘成一个个油光发亮的小卷，正站在我旁边。为了表示友好，我说了声：'啊哈！'他睁大充血的眼睛，闪一下锋利的牙齿，急切地叫道：'抓住他们，抓住他们！把他们交给我！'我问：'什么？交给你？你打算怎么办？''吃掉他们！'他毫不犹豫地说，同时一只胳膊靠在栏杆上，用一种庄严而深思的姿势定神看着眼前的浓雾。想到他和他的同伴一定很饿，想到他们至少在过去的一个月里一天比一天饿，我简直被他吓坏了。他们受雇已有六个月（我认为他们当中没有一个人有清楚的时间概念。我们也是经历无数的年代之后才有的，而他们仍处于原始时代，没有先人的经验可以教他们），当然只是根据下游那儿规定的什么滑稽法律写过字据，此外谁也不会去过问他们这段时间里的吃喝拉撒。他们自己带了一些变质的河马肉，而在这场吓人的喧闹中，朝圣者们又把许多河马肉扔进河里了——当然，即使没有扔，靠那些河马肉，他们也维持不了多久。扔掉河马肉这件事，看起来好像蛮横无理，其实是出于无奈。你不可能在走路、睡觉、吃饭时总闻着死河马的臭味，而同时又能坦然地面对这种朝不保夕的生活。此外，每星期给他们三根铜丝。每根大约九英寸长，让他们拿这个做通货在沿河村庄买些食物。你们可以看出这到底行不行得通：要么沿河两岸都没村庄，要么村民们充满敌意；要么就是经理（他喜欢我们其余的人都吃罐头，时不时还来一头公羊）因为某种莫名其妙的原因不肯停船。所以，除非他们把铜丝吞下去当饭吃，或者做成小卷到河里去钓鱼，否则我看不出来这种奢侈的薪水对他们有什么用处。我必须说，工资是定期付的，毕竟是一家有信誉的大贸易公司嘛。除此之外，我看他们唯一可吃的东西……虽然看上去一点也不像是能吃的……就是几团半生不熟的面团，肮脏的淡紫色，用树叶裹着；他们时不时吞下一块，但这一块小得可怜，似乎只能做个吃的样子，而不是真能吃饱肚皮。 那么他们饿得难受时，为什么不来吃我们呢？ 他们三十个人，我们才五个，完全可以饱餐一顿。 这事现在想起来仍让我觉得很纳闷。 他们都是些身强力壮的人，而且没多少头脑去考虑后果；他们的皮肤虽然不再油润光滑，肌肉也不再结实，但他们仍有勇气，仍有蛮力。 我看得出来有某种抑制力，一种阻碍这种可能的人性的奥秘，在这件事中起了作用。 我注视着他们，兴趣越来越浓，倒不是因为我想到自己很快就会被他们吃掉；只是，我得承认，正好在那时我从一个新的角度，好像是新的角度，发现那些朝圣者是多么不值得一吃，而且我希望……确确实实地希望，我自己的外表不像他们那个样子……该怎么说呢……那么引不起别人的食欲。 这也算是我的一点荒谬的虚荣心吧，和我那时整天昏昏沉沉像做梦似的感觉很相称。 也许我当时还有点发烧，但人总不能老是搭着脉搏过日子啊。 我经常有点发烧，或者有点别的什么事，比如荒野用爪子抓我一下什么的①，也不是什么大事，一个小插曲而已。 是的，我看着他们时的感觉，和你们看着其他人一样，很想知道他们的肉体在经受无情的考验时，他们的冲动、动机、能力和弱点是怎么样的。 克制！ 那可能是怎样一种克制？ 是迷信、厌恶、耐心、恐惧，还是某种原始的自尊心？ 但没有哪种恐惧能经得住饥饿啊，也没有哪种耐心能和饥饿抗衡，而当饥饿出现时，厌恶根本就不存在；至于迷信、信仰或者你们称为自尊的什么东西，那还不如微风中的稻草。 难道你们不知道人被活活饿死这种事有多么残酷？ 不知道那有多么难受？ 不知道这时

---

① 意即在荒野里被荆棘勾一下之类的小伤。

会有多么昏暗的思想和多么凶残的念头？ 反正我知道，一个人要忍受饥饿的折磨非得使出浑身的力量不可；和忍受日复一日的饥饿相比，生离死别、奇耻大辱、灵魂沉沦，都算不了什么。 这很可悲，但确实如此。 所以，那些家伙没有任何理由会顾忌什么。 克制！那我还不如指望一只在野地里觅食腐尸的鬣狗会克制自己。 但事实摆在我面前……一个令人困惑的事实，就像大海上浮起的泡沫，就像一个深不可测的谜语，叫我百思不解，它比隔着浓雾从河岸上传来的那些野蛮人的喧嚣声、比那喧嚣声里的不可理解的绝望音调更加神秘莫测。

"两个朝圣者在急促地低声谈论应该在河哪一边靠岸。 '左边。''不，不行，怎么能靠左呢？ 右边，当然是右边。'经理在我身后说：'情况很严重。 如果在我们到达之前库尔兹先生出了什么事，那我就惨了。'我回头看看他，毫不怀疑他说的是真心话。他就是那种只指望表面上能过得去的人，这就是他的克制，但当他嘟嘟囔囔地说什么马上继续前进时，我连理都懒得理他。 我知道，他也知道，这是不可能的。 如果我们稳不住的话，那就会彻底悬空；在我们靠上一边或另一边河岸之前，我们就说不清往哪儿去，是往上游呢，还是往下游，还是穿过河面，即使穿过河，我们一时也无法知道是哪一边。 我当然没有往前开，我可不想把船撞个粉碎。 你想象不出一个能比这儿更惨的出事地点，无论是不是马上淹死，我们肯定会以某种方式马上完蛋。 一阵短暂的沉默后，他说：'我批准你冒一切风险前进。'我简短地回答说：'我拒绝冒任何风险！'虽然我的语调让他感到意外，但实际上这回答也在他意料之中。 他相当有风度地说：'好吧，我必须服从你的判断。 你是船长。'我转过身去背对着他以表示我对他的态度。 我望着大雾。这场雾还要持续多久呢？ 毫无希望。 库尔兹在悲惨的丛林中搜取象牙，通向他的道路充满危险，就像要去找神话中的一个被魔法迷住沉睡在城堡里的公主一样。 经理用一种表示信任的语调问：'他们会冲过来吗？ 你看呢？'

"我认为有几个明显的原因可以说明他们不会冲过来。 浓雾就是其中之一。 如果坐独木舟过来的话，他们会迷路，就如我们现在一样，只要动一下就会迷失方向。 我还判断河两岸的丛林相当茂密，无法通过……而且那里面还有许多双眼睛，有一些已经看到了我们。 沿岸的树丛也很浓密；但有些地方的树丛比较矮小，是可以通过的。 刚才浓雾散去的短时间内，我在这段河道上没有发现任何独木舟。 当然，汽船的两边也没有。 但让我认为他们不会冲过来的真正原因是那种喧哗声的性质……我们刚才听到的那些喧哗声，听上去不那么凶猛，不像马上要有行动。 虽然这声音出乎意料，而且也很惊人，但我有一种强烈的感觉，觉得它充满悲伤。 不知为什么，看见我们的汽船会使那些野蛮人心里产生难以克制的忧伤。 如果有危险，我认为也只会来自人的一时兴起，一种感情冲动。 即便是悲伤，过分强烈的话，最终也会狂暴地发泄出来……不过……一般说来，它采取的是比较平和的方式。

"你们要是能看见那些朝圣者目瞪口呆的样子就好了！ 他们没有勇气咧开嘴笑，甚至连骂我的勇气也没有；但我知道，他们肯定以为我疯了……以为我可能被吓疯了。 我郑重其事地发表演说：亲爱的伙计们，焦急是没有用的……密切观察？ 是的，我不说你们也知道，当时我正像猫盯着耗子似的盯着大雾，看有没有散去的迹象；但不管我怎么做，我的眼睛仿佛被埋在了几英里深的一堆棉絮中，毫无用处。 那感觉真的很像在棉絮里……呛人、闷热、令人窒息。 我说的话听起来有些夸张，但绝对是事实。 后来表明，我们担心的冲锋其实不过是不让我们靠岸，并没有多少攻击性，甚至连通常所说的防御也算不上；因为他们是迫于绝望不得不这样做，本质上说是纯粹的自我安慰。

"应该说，在大雾散去两小时后，事情才有所进展。开始是在离库尔兹的贸易站大约一英里半的地方。汽船挣扎着绕过一个河湾，我随即看到河中央有一座小岛(看上去像个小圆丘，上面野草丛生)，孤零零的在那儿。但是，当我们能看得更清楚一点时，我发现这是一条长形沙洲的顶端，或者说是一连串在河中央延伸的浅滩中的第一个。这些浅滩全都颜色灰暗，刚好被水淹没，整个一串在水面下隐约可见，就像人的脊梁骨在背部中间的皮肤下隐约可见。我看了看，觉得我既可以从左边走，也可以从右边走。当然，两边的河道我都不熟悉，只是两边的河岸看上去差不多，深度好像一样；但有人曾告诉过我，贸易站是在西边，所以我就把船开进了西边的河道。

"一进入河道，我就发现它比我预料的要窄得多。左边是一连串浅滩，右边是又高又陡的河岸，岸边长满了浓密的灌木丛。灌木丛的上方是密集的树林，树枝低垂，靠河边的树枝都垂到了河面上；每隔一段距离，就有一根粗大的树干斜躺在水里。那时已近黄昏，树林看上去阴沉沉的，并把一大片阴影投在水面上。我就在阴影里开着汽船，很慢很慢……你们能想象，要多慢就有多慢。我还把船开得稍偏一点，尽可能贴近河岸……因为探水杆告诉我，近岸的地方河水最深。

"我的一个朋友，他饥肠辘辘但从不抱怨，在我下面的船头上测水深。这汽船和装上甲板的驳船没什么两样，只是甲板上有两个木头船舱，上面有门有窗。锅炉装在船的前端，轮机装在后端；中间有一个简陋的顶棚，用几根木头撑着。烟囱就从这顶棚上伸出去。烟囱的前面是用薄木板搭成的小小的驾驶舱，里面有一张长沙发、两只轻便折凳，角落里有一支装好子弹的马蒂尼-亨利牌的步枪、一张小桌子和一个舵轮。驾驶舱正前方开着一扇门，两边各有一扇窗……当然，这门和窗总是开着的。我白天常蹲在船舱上方的顶棚上，晚上就在长沙发上睡觉，或者说尽量想睡一觉。操舵工是个身强体壮的黑人，来自岸上的某个部落，是由我那个可怜的前任训练出来的。他喜欢炫耀他的那对铜耳环，从腰到脚围着一块蓝布，觉得很神气。其实他是我所见过的傻瓜中最傻的一个，当你在他身边时，他开起船来装模作样，而你一走开，他就慌里慌张，马上把那破汽船开得晕头转向。

"我俯身去看探水杆，顿时火冒三丈，因为每测一次伸出水面部分就会多一点，而且那个测水的朋友又突然趴下不干了，直挺挺地躺在甲板上，连那根探水杆也懒得提上来，只是握着杆子的一头，让它垂在水里。同时，我还看见在我下面干活的锅炉工突然一屁股坐在锅炉前，低垂着脑袋。我很惊讶，赶紧朝河面望去，只见水道上有一个树桩……还有树枝，许多小树枝，好像在我周围飞舞……密密麻麻，有的从我鼻子前飕地飞过，有的落在我的脚边，有的打在我身后的驾驶舱上。这段时间里，水流、河岸、丛林都非常安静……悄然无声，我只听到尾轮低沉的击水声和这种树枝飞过来的噼里啪啦的声音。我手忙脚乱地指挥操舵工避开了树桩……可是，天哪！那些小树枝是箭！有人在朝我们射箭！我赶忙躲进驾驶舱。那个傻瓜操舵工手把着舵轮，膝盖抬得高高的，跺着脚，嘴里磨着牙，活像一头套上缰绳的马。该死的东西！我们摇摇晃晃地开到离河岸十英尺的地方。我不得不探出身去把那扇沉重的窗关掉，就在这时我看到和我平行位置的树丛中有一张脸，正凶狠狠地盯着我。突然间，仿佛从我的眼前揭去一层面纱，我看见在那树枝缠结的阴暗的林间有无数裸露的胸部、手臂、大腿和瞪得滚圆的眼睛。 丛林中挤满了舞动着的四肢,闪着亮光,全是古铜色的。树枝颤抖着、摇动着,发出沙沙的声响。 箭从他们那儿飞出来,这时我已经把窗子关上。 我对操舵工说:'照直开。'他把头挺得直直的,面孔朝前,两只眼睛嘀溜溜地转着,还不停地把脚轻轻地抬起又放下,口中吐出一点白沫来。 我生气地说:'保持安静!'但我还不如命令一棵树不要在风中摇摆。 我冲了出去。 下边的铁甲板上响起了一阵嘈杂的脚步声和慌乱的惊叫声。 一个声音尖叫道:'你能掉头吗?'我看前方水面上有一个 V 字形的波纹。 什么?又一个树桩! 我脚下又射来了一阵箭。 那些朝圣者已经用他们的温彻斯特步枪开火了,但只是把子弹射进丛林而已,升起一阵倒霉的硝烟,慢慢朝前散去。 我骂了一句。 现在我既看不见波纹也看不见树桩。 我站在门口向外张望,箭飕飕地飞来。 这些箭也许浸过毒,但看上去似乎连一只猫都杀不死。 丛林中传出了吼叫声,我们的伐木工发出一阵战斗似的呼喊,背后的枪响震耳欲聋。我回头望去,只见驾驶室里充满硝烟,还传出混乱声。 我朝舵轮冲去,因为那傻瓜丢下一切不管了……他打开窗,站在窗前,怒目圆睁,用那支马蒂尼-亨利牌步枪在射击。 我边喊他回来,边把突然歪向一边的汽船扭转过来,因为这时要想调头也调不过来,树桩就在前面不远的地方,还隐没在烟雾中。 再也不能耽搁,我于是就把船朝河岸靠过去……紧靠着河岸,因为我知道,那儿的水最深。

"我们贴着悬挂在水面上的树枝艰难前进,只见残枝横七竖八,落叶飞舞。 下面的射击声突然打住,正如我所料,子弹用完了,自然只好停止。 我把头向后一扬,刚好躲过了一颗闪光的子弹,它是从驾驶舱一边的窗口射进来的,穿过驾驶舱,从另一边的窗口飞了出去。 那个发疯似的操舵工正挥舞着没有子弹的步枪对着河岸大喊大叫。 我越过他的头顶朝岸上望去，发现许多模模糊糊的人影，正弯着腰，跑着、跳着，或猛然一扑。 一会儿能看清，马上又模糊了，消失了。 一个高大的身影出现在窗前……一支步枪掉进河里，那人急忙往后退一步，还回头看了我一眼，目光很奇特又很熟悉，有一种意味……随后，他倒了下去，就在我脚前。 他的头两次撞在舵轮上，有个像长条藤似的东西捅了他一下，哐啷一声，他撞倒了一只凳子。 看来他是想从岸上什么人手里夺过那个东西，但用力过猛，失去了平衡。 淡淡的烟雾已经散去，我们避开了树桩。 往前看，我发现再过一百码左右，就可以加速行驶，离开河岸了。 那时我感觉自己的脚又湿又热，低头一看，只见那个人翻了个身，两眼直愣愣地看着我，双手紧抓着那根长条藤似的东西。 正是这根长矛，也许是从窗口扔进来或捅进来的，扎在他的肋骨下侧。 矛尖划开了一道可怕的伤口，很深的一道伤口；我的两只鞋子里灌满他的血。 舵轮下面也有一大滩血，在那里闪着暗红色的光；他睁大眼睛，一副惊恐的样子，而这时，射击声又响了起来。 他焦急地看着我，双手却紧抓着那根长矛不放，好像抓到了什么宝物，那神情像是怕我会把那东西夺走似的。 我不得不尽量避开他的眼光，一手握紧舵轮，一手伸到头顶上，摸到汽笛绳后，就使劲地猛拉了几次。 顿时，所有的喧闹声和叫喊声都被止住了；接着，从树林的深处传来一阵恸哭声，充满悲哀、恐惧、绝望，颤抖着，延续着。 听到这种声音，你真会觉得世界已到了末日，一点希望也没有了。 这时，丛林中的阵阵骚动和雨点般的箭也停止了，只有零乱的几支漫无目的地飞过。 接着就是一片寂静，只有尾轮有气无力的击水声传入我的耳朵。 于是我把舵轮向右转，这时有个穿粉红睡衣的朝圣者匆匆出现在门口，用一种办公事的口气对我说：'经理派我来……'突然又停住了，'天哪！'他看到那个受伤的人，叫了起来。

"我们两个白人站在那个人身边,面对他那疑惑的、询问似的眼神。 我敢说,那眼神看起来好像他马上要用一种我们能听懂的语言向我们提出某个问题;但他一声没吭地死了,连四肢都没动一动,肌肉也没抽一下。 只是到了最后一刻,他才紧紧皱起眉头,好像在回答某种我们无法看见的信号、无法听见的低语。 就是那最后的皱眉,使他那张黑皮肤的、垂死的脸显得令人不可思议地阴沉、悲伤,令人不寒而栗。 接着他那询问似的眼神失去了光泽,变得呆滞、空洞。 '你会操舵吗?'我追切地问那个来传话的人。 他看上去犹豫不决;但我猛地抓住他的胳膊,他立即明白了,不管他会不会,我都要他来当操舵工。 说句实话,我当时特别想把鞋子和袜子换掉。 '他死了。'那家伙喃喃低语,显然是被吓呆了。 我一边发疯似的扯着鞋带,一边说:'当然,他死了。 顺便说一句,我想库尔兹先生这会儿也一定死了。'

"这是我当时首先想到的。 我有一种特别失望的感觉,似乎觉得自己一直为之努力的东西其实并不存在。 即使我漂洋过海的目的只是为了跟库尔兹先生谈谈,我的情绪恐怕也不会这么糟。 跟……谈谈……我把一只鞋子扔出船外,突然间意识到我一直盼望的其实正是……跟库尔兹先生谈谈。 说来也怪,我发现自己从来没想象过他在做事情,而老是想象他在说话。 我从未对自己说'现在我再也见不着他了'或'这下子我再也不能和他握手了',而是'我再也听不到他说话了'。 这人是以声音的形式出现的,当然这不是说我没有把他和某种行动联系起来——不是总有人用嫉妒和羡慕的语气告诉我说,他一个人收集、交换、哄骗和偷来的象牙比所有其他的代理人弄到的象牙加在一起还要多吗? 关键不在这儿,关键在于他是一个天才,在他的才能中最突出而且让人感觉确实存在的是他的说话才能、他的言谈——他的表达才能。那种令人心醉神迷、令人拨云见日、最伟大而又最卑鄙的表达才能,或许就是从那无法穿透的黑暗深处产出的一种魔术,它能使光明之河也为之颤动。

"另一只鞋也飞到那该死的河里去了。我心里想:'天哪,全完了。我们来得太晚了。'在一根长矛、一支箭或一根木棍之下,他已经消失了——那种才能已经消失了。到头来我还是听不到那人说话了——我的悲伤之情强烈得令人惊奇,和我在丛林中听到的野蛮人的悲嚎差不多。即使被剥夺了信仰,或失去了生活目标,我也不会感到如此孤独,如此凄凉……你为什么这样叹气?觉得荒唐?是的,是很荒唐。老天爷!难道一个人就不可以……哎,给我一点烟……"

他停住了,一阵沉默。一根火柴点着,照亮了马洛瘦瘦的、疲惫不堪的、两颊凹陷的、眼睑低垂的、布满皱纹的脸,看上去他正集中注意力在思考什么。他使劲地吸烟斗,烟斗里的火星有节奏地一隐一现,他的脸也跟着在黑暗中一隐一现。烟斗熄灭了。

"荒唐!"他叫了一声,"当你想讲点什么时,最糟糕的就是这个……你们大家都在这儿,每人都有两个安全可靠的去处,就像一艘船抛了两个锚;这边拐弯处是一家肉铺,另一个拐弯处站着一个警察,胃口极好,体温正常……听着……是一年到头都正常。荒唐,你们说荒唐,让荒唐见鬼去吧!亲爱的伙计,对一个完全由于神经紧张而把一双新鞋扔出船的人,你还能指望他什么?现在回想起来,我都觉得奇怪,自己当时怎么没掉眼泪。总的来说,我还是为自己的坚定意志感到自豪的。想到要失去听天才库尔兹先生说话的机会,我感到非常痛心。当然,我错了,那机会正等着我呢。是的,我还听得太多了,而且我的看法是正确的。那只是个声音,除了声音可以说没什么了。我听到……他……它……一个声音……还有其他的许多声音……所有的人都是以声音形式出现的……那种记忆一直在我脑海里萦回,它看不见,摸不着,就是一些无边无际、叫人莫名其妙的话语,留下也只是正在消失的余音……真是愚蠢、残暴、肮脏、野蛮,简直就是下流、无聊……声音,声音……甚至那女孩……不说了……"

他沉默了好长一会儿。

突然他又说了起来:"我最后是用一个谎言揭穿了他那套才能。女孩!什么女孩?我提到女孩了吗?噢,她跟这事没关系,完全没关系。她们,我指的是女人们,跟这事没关系,也应该没关系。我们必须帮助她们,让她们呆在那个美丽的世界中,否则这个世界就更糟了。是的,一定不能把她扯进来。你们应该听的是,那个出土文物似的库尔兹先生说到了'我的未婚妻'这句话,这样你们马上就会知道她和此事是那么没有关系。还有库尔兹先生高贵的前额!人们说头发时不时会长出来,但是这个……这个标本一样的人,却秃得让你过目不忘。看来荒野曾拍过他的脑袋,这脑袋就像一个球……一个象牙球;看来荒野还曾抚摸过他……他瘦骨嶙峋;荒野曾接纳他,爱他,拥抱他,进入他的血管,消耗他的肌体,还用魔鬼的种种荒唐仪式把他的灵魂永远封闭在荒野中了,他成了荒野的骄子和宠儿。象牙?我想是的。成堆成堆的象牙,那破旧的泥棚也快让象牙给撑破了。你会觉得,在那片土地上无论是地上还是地下,连一根象牙都没有了。'大多是化石。'经理曾不以为然地说。其实那些象牙和我一样根本不是化石,只是他们把象牙挖出来时,称为化石罢了。那些黑人确实时常会把象牙埋起来,但都埋得不够深,所以帮不了天才库尔兹先生的忙。我们的汽船里也装满了象牙,还有许多堆在甲板上。这样他爱看多久、爱欣赏多久都可以，因为这欣赏象牙的爱好，他一直保持到了生命的最后一刻。你们真应该听他说'我的象牙'这句话；是的，我听过。'我的未婚妻、我的象牙、我的贸易站、我的河、我的……'一切的一切都属于他。这使我透不过气来，真希望听到荒野发出一声大笑，震天动地，使天上的星星也不得安宁。一切的一切都是他的——但这还不重要；重要的是，要知道他属于什么，究竟属于多少种黑暗势力。要是这样想，你就会觉得毛骨悚然，简直不可思议……而且这样想，对人也没什么好处。在那个地方，他是魔鬼中的魔鬼，高高在上……我的话是字面意思①。你们不懂……你们怎么会懂呢？……你们脚下是坚硬的人行道，周围是随时准备赞美你们或辱骂你们的善良邻居，你们小心翼翼地往返于肉店和警察之间，心里存着对谣言、绞刑架和疯人院的恐惧……你们怎么能想象得出，一双无拘无束的脚，会把他带到怎样的原始时代？走过荒野……真正的荒野，没有警察……走过沉寂，死一般的沉寂，根本没有善良邻居的悄声提醒，要注意邻里关系，要注意形象。这些小事往往是问题的关键，而当它们不存在时，你就得靠自己的内在力量、靠自己的信念行事了。当然，你可能愚蠢过头，反而不会出错……太迟钝了，甚至都不知道有种种黑暗势力在攻击你。依我看，没有一个傻瓜曾用自己的灵魂和魔鬼做过交易②，原因不是傻瓜太傻，就是魔鬼太鬼……我不知道到底是哪个原因……或者说，你是一位至高无尚的非凡人物，除了奇景、天籁，其他一切都视而不见，充耳不闻，那么大地对你来说只是一个立足点……这样是你的损失呢，还是你的收获？我不敢妄言。但我们中的大多数人两

---

① 指库尔兹的贸易站在河的上游，上游的地势当然高于下游。
② "用自己的灵魂和魔鬼做交易"指浮士德博士，他显然不是傻瓜。

者都不是。 对我们来说，大地是生存的地方，住在这里就要忍受种种景象、声音，还有臭气。 天哪！ ……比如说，得呼吸死河马的气味，还不能因此得病。 难道你们还不明白？ 这时你的力量就起作用了，就是你对自己能力的信念，相信自己能挖一些隐秘的洞穴，把这些东西埋进去……这就是你所需要的奉献精神，不是为你自己奉献，而是为一个含糊不清的事业做出艰苦奉献，这确实是相当困难的。 注意，我不是想找借口，也不是想解释……我是想对自己说明……说明库尔兹先生……说明附在库尔兹先生身上的阴魂究竟是什么。 这个不知从哪儿来的阴魂，在它没有消失之前，曾使我出奇地对它表示信任，还因为它能和我讲英语而感到很荣幸。 库尔兹先生最初在英国受过部分教育，而且……就如他自己所说……他的同情心总是用在适当的地方。 他的母亲是半个英国人，父亲是半个法国人。 整个欧洲对库尔兹先生的成长都有影响；而且我以适当的方式逐渐了解到，国际禁止野蛮习俗委员会还曾委托他写过一份报告，作为参考资料。 他写了，我看到过，也读过那份报告，写得振振有词，很有才气。 但我总有点神经过敏，总不太相信他居然有时间写这么一份密密麻麻的、十七页的报告！ 那一定是在他……怎么说呢……在他发疯前写的。 为了写这个报告，他还举办了好几次夜间舞会，而且每次都以一种古怪离奇的仪式作为结束，这些仪式……根据我在不同时间打听到的，我猜想……都是对他表示敬意……你们听明白了吗？……是库尔兹先生对自己表示敬意。 但不管怎么说，他那份报告还是写得挺漂亮的。 只是从后来得知的情况看，我现在觉得一开头就有点不对劲，就有点邪气。 他说从现有的发展水平看，我们白人'在野蛮人眼里必定是神——我们是带着类似神的威力接近他们的'，等等；所以'只要我们行使自己的意志，就能永远对他们拥有一种实际上是无限的权力'，等等。 这一点,他说得头头是道,当初都把我给迷住了。 要知道,那份报告写得正而八经,虽不太好记,但很有气派,使我激动不已,仿佛觉得有一股天地之气,令人怦然心动。 这就是话语的威力……话语的……那种豪言壮语的无穷威力。 他的话语就像施了魔法似的畅快淋漓,没有一点含糊不爽的地方,只是最后一页的下面有一段话,类似一个注解,而且显然是后来信手写上的,笔迹潦草,又好像是一种补充说明。 这段话简单明了,出现在这份充满利他主义情感的动人报告后面就像晴空里的一道闪电,让人一看就胆战心惊,它呼吁我们:'消灭这些畜生!'让人纳闷的是,他后来显然把这段重要的补充说明忘记得干干净净了,因为当他有点清醒的时候,曾一再请求我好好保管'我的小册子'(他是这么称呼它的),因为将来它一定会对他的事业有好处。 关于这一切,我都非常了解,而且我还得照顾到他死后的名声。 我为他的'小册子'做得够多了,所以(只要我愿意)我完全有权把它扔进垃圾桶,让它和人类文明的其他垃圾(比方说一只死猫)一起永远安息。 但是,你们知道,那时我不能这样做。 他不可能被人忘记。 不管他是什么,反正他不同寻常。 他有一种蛊惑或者恐吓那些野蛮人的威力,能叫他们狂热地跳着原始舞蹈来向他致敬;他还能使那些朝圣者本来就很渺小的灵魂更加充满痛苦和忧虑;而且,他至少有过一个忠诚的朋友,他在世界上至少征服过一个既非原始愚昧、也非利欲熏心的人[①]。 是的,我忘不了他。 我虽然不想证明我们牺牲那么多条人命去寻找这个人是值得的,但我还是忘不了他。 我想起了那个刚刚死去的操舵工……甚至当他的尸体还躺在驾驶舱里时,我就开始怀念他了。 为一个还不如黑色撒哈拉沙漠里的一颗沙子重要的野蛮人感到遗憾,

---

① 指他自己。

你们也许会感到奇怪。是啊，但你们不是没看见，他确确实实做了事，他为我操舵，一连几个月一直跟着我……一个帮手……一件工具，这是一种伙伴关系，他为我操舵……我就得照顾他。他也许很傻，我为他担心，所以我和他就有了一种微妙的联系，只是直到这种联系突然中断时，我才意识到。他被长矛击中时看着我的那种眼光，我至今还记得，里面含着一种深深的依赖感……好像到了临死的时候，他还要求我确认他和我之间有那么一种像远亲一样的关系。

"这个可怜的傻瓜！他要是不去管那扇窗就好了。但他控制不了自己，控制不了……就像库尔兹先生一样，控制不了自己……就像一棵树，总会随风倒。我换好一双干拖鞋后，想马上把他拖出去！不过拖他出去之前，我先要把长矛从他身上拔掉。我承认这事我是紧闭着眼干的。他的两只脚后跟从低低的门槛上拖过；他的双肩紧贴在我的胸前；我拼命从他背后把他抱住。噢，他真重，真重，我觉得他比世界上任何人都重。接着，我就把他扔进了河里。河水把他冲走了，就像冲走一捆干草，我看见他的尸体翻了两次，随后就消失了。当时所有的朝圣者，还有经理，都聚集在驾驶舱周围的甲板上，激动得像一群喜鹊一样，唧唧喳喳地叫着，有人愤愤不平地说我没心肝，这样随随便便处理尸体。我真不明白，难道他们要把尸体留在船上，还要给他涂上防腐香油做成木乃伊吗？我还听到从甲板下面也传来咕哝声，而且非常愤慨。那是我雇来的当地的一些伐木工，他们对我的处理感到愤慨好像更有理由……是的，我承认我处理得相当不能让人接受，确实相当不能让人接受！但我拿定了主意，如果刚死去的那个操舵工非得被吃掉的话，那也只有河里的鱼儿才能享受。他活着的时候是个蹩脚操舵工，现在他死了，或许能成为上等鱼食，说不定还会在河里引发一场惊人的争夺战。再说，我还急着要去操舵，那个穿粉红睡衣的人显然是个不可救药的笨蛋。

"所以，当这场简而又简的葬礼一结束，我就操舵去了。我们在河道中央半速行驶，这时我又听到有人在议论我。他们对库尔兹已经不抱希望了，对贸易站也不抱希望了，说库尔兹死了，贸易站也烧掉了，等等。那个红头发的朝圣者已经在想要为可怜的库尔兹先生报仇了，激动得不得了。'喂，我们一定到那个丛林里去把他们杀个痛快。你说呢？说呀？'他还真的跳起舞来，摆出一副嗜血成性的野蛮架势，其实呢，刚才他看见那个操舵工受伤时，吓得差点昏过去！我忍不住对他说：'算了吧，你们刚才打枪已打得够痛快了。'我当时就从树梢的抖动和瑟瑟的子弹声中得知，他们几乎全都打得太高了。既不瞄准，又不把枪抵在肩上，那就什么也打不中；但这些家伙却是把枪抵在肚皮上闭着眼睛乱打一气。所以我说（而且我认为我是对的）是汽船的汽笛声把那些人吓退的。一听我这么说，他们全都忘了库尔兹，把怒气统统发泄到我头上来了。

"经理站在舵轮旁悄悄对我说，无论如何必须在天黑前把船开回河的下游去。这时我看见远处河岸边有一块空旷地，还有像是房屋的轮廓。'那是什么？'我问。他惊奇地一拍手，叫道：'贸易站！'我马上朝岸边靠过去，但仍然是半速行驶。

"从望远镜里我可以看到一个山坡上，那里没有灌木丛，只有稀稀拉拉的几棵树；山顶上有一排长长的破房子，半截埋在高高的草丛里；尖屋顶上的大洞从远处看像是黑色的裂口，房子背后是树林。没有围墙。也没有什么篱笆；不过显然是曾经有过，因为在房子附近还残留着一排细柱子，有六根，都粗略地修整过，柱顶上还装饰着雕刻过的圆形木球。至于柱子之间的栏杆，或许在当年曾经有过,现在已经没有了。 当然,房子周围都有树,但河岸还是看得很清楚。 河边有个白人,戴着一顶像车轮似的大帽子,正不停地挥手跟人打招呼。 我把树林的边缘也仔细看了一下,几乎可以肯定那里有人……只不过是一些人影,悄无声息地移动着。 我小心翼翼地把船靠过去,然后关掉引擎,让船自己漂着。 岸上的那个人开始喊叫起来,催我们上岸。'刚才我们遭到攻击了!'经理对那人嚷道。 '我知道,我知道,没事的!'那人回答说,要多高兴有多高兴,'来吧,没事的! 我真高兴。'

"他的模样使我想起了某种似曾相识的东西……某种我好像在哪里见过的滑稽可笑的东西,我一边熟练地靠岸,一边问自己:'这个家伙像什么呢?'忽然间,我想起来了,他像个滑稽戏里的小丑。 他的衣服原本可能是用某种布料……大概是棕色荷兰布吧……做成的,现在却打了许多补钉,还都是色彩鲜艳的补钉,蓝的、红的、黄的,有的在背上,有的在胸前,有的在袖子上,还有的在膝盖上;外套上有彩色镶条,裤脚上有深红色滚边,而阳光下他不仅显得格外开心,还出奇地整洁,因为你一眼能看出,那些补钉不是随意补上去的,而补得非常漂亮。 他的脸上没有一点胡子,有点孩子气,皮肤很白,谈不上有什么特点,尖鼻子上有点蜕皮,一双蓝眼睛很小,脸上时而露出微笑,时而皱起双眉,就如大风吹过的平原,时而有阳光,时而有阴影。 '当心,船长!'他喊道,'昨天晚上这水里刚打了一根树桩!'什么? 又是树桩? 我得承认,当时我骂得很难听。 我差点在这艘破船上凿个洞来结束这次迷人的旅行。 这时岸上的那个小丑却冲着我扬起了他的狗鼻子。 '你是英国人吧?'他满脸堆笑地问。 '你呢?'我站在舵轮边大声反问。 他脸上的笑容顿时不见了,还摇了摇头,似乎为我的失望表示歉意,然后又突然面露喜色。 '没关系的!'他咕哝着,像是在自我鼓励。'我们来的还算及时吧?'我问。'他就在山上。'他回答说,把头朝山上扬了扬,脸色又突然阴沉下来。他的脸色就像秋日的天空,忽阴忽晴。

"那些全副武装的朝圣者都随经理去了那座房子,这个家伙上了船。'我说,我可不喜欢这样。那些野蛮人都在树丛里呢!'我说。他诚恳地向我保证说:'没事的,他们是一群头脑简单的人。'又补充说:'好吧,我真高兴你们来了。我把所有时间都用来赶走他们。''可你刚刚还说没事的。'我大声说。'噢,他们并不想伤人。'他说。我瞪着他,他马上改口说:'也不全是这样。'接着又很快活地说:'我敢说,你这个驾驶舱需要打扫一下了!'接着又建议我在锅炉里留足够的蒸汽,万一有什么麻烦就可以拉汽笛。'汽笛一响,比你们所有的来福枪都管用。他们是一群头脑简单的人。'他又说了一遍。他就这样啰里啰嗦,话又说得很快,不让我插嘴。大概是长久不说话了,他想补偿一下,实际上他也大笑着暗示说,事情就是这样。'你不和库尔兹先生说说话?'我问他。'库尔兹先生,哦,你无法和他说话……你只会听他说话。'他大声说,话里隐含着崇拜和赞许,'可现在……'他挥挥手,刹那间变得极度沮丧。不一会儿,他又跳起来,抓住我的双手不停地摇着,嘴里叽里咕噜地说着:'水手兄弟……很荣幸……很高兴……自我介绍……俄国人……主教的儿子……唐波夫政府……哪个,什么?烟草!英国烟草,上等英国烟草!现在……够朋友……抽烟?哪个水手不抽烟呀?'

"烟斗使他平静了下来,我逐渐弄明白,他从学校逃出来,搭一艘俄国船出了海;后来又逃跑,到几艘英国船上干过一段时间;现在他和那位主教已经和好了。他特别强调最后一点,但又说,一个人年轻时必须见见世面,积累经验,长长见识。'在这地方!'

我打断他说。'那倒也不全是！我是在这儿遇见了库尔兹先生。'他说，脸上露出年轻人的那种既想一本正经又像不以为然的神情。那以后我就不再插话，只听他说。 好像是他说服了岸上一家荷兰人开的贸易公司，给他配备一些供给品什么的，他就高高兴兴地进入了非洲腹地，像个婴儿似的什么事都不懂，独自在那条河上游荡了近两年，和外界的人、外界的事都断绝了关系。'我并不像我看上去那么年轻。 我二十五了。'他说。 接着他又唠唠叨叨地说：'开始老范·舒登总叫我见鬼去，但我一直跟着他，跟他谈呀，说呀，没完没了，最后他给了我一些便宜货，还有几枝枪，并对我说他再也不想见到我了。 这个范·舒登，真是个好心肠的荷兰老头！一年前，我给他寄去一点象牙，这样等我回去时他就不会叫我小偷了。 希望他能收到，其他什么我不在乎……哦，我给你们留了一些木头，那是我的旧房子，你们看到了吗？'

"我把那本道森写的书还给他。 他简直想吻我，但克制住了。他欣喜若狂地看着书，说：'这是我唯一的一本书了，我还以为丢了呢。 你也知道，一个人到处跑总会遇到麻烦。 独木舟有时会翻掉……有时那些人会发狂，你得赶紧逃。'他一页一页地翻着书。'你用俄语记笔记？'我问。 他点点头。 '我还以为是密码呢。'我说。 他笑了笑，开始变得严肃起来，说：'我费了不少劲才挡住那些人。''他们想杀你？'我问。 '不，不是！'他大声说，然后又克制住了。 '那他们为什么要攻击我们？'我追问。 他犹豫了一下，然后不好意思地说：'他们是不想让他走。''他们不想让他走？'我好奇地问。 他故弄玄虚地点点头。 '告诉你吧，'他大声说道，'这个人让我长了见识！'他伸开双臂，一双蓝色的小眼睛圆睁睁地瞪着我。

三

"我看着他,惊讶得不知如何是好。他就站在我面前,穿得五颜六色,像刚刚从什么滑稽哑剧团里选出来似的,看上去很兴奋,又有些令人不可思议。他的存在本身就不太可能,无法解释。他本身就是个无法解决的难题。他是如何存在的,怎么能够走这么远,又是怎样活下来的,这一切都让人想不通……他为什么没有立刻消失。'我只是多走了点,'他说,'然后又多走了几步……就走出这么远,我都不知道该怎么回去了。没关系。时间多着呢,我能行。不过你得赶快把库尔兹带走,跟你说,要快。'他那破旧不堪的花衣服、他的一贫如洗和孤独无助、他这种于事无补的游荡里透出的凄凉,此时都蒙上了一层年轻人特有的魅力。多少个月……多少年了……他没有一天不是危在旦夕;但他还是勇敢地、毫无顾忌地活着,什么也摧毁不了他,而这一切显然都是由于他的年轻和鲁莽。我几乎仰慕起他来……或者说是嫉妒。这种魅力催促他勇往直前,这种魅力让他能够安然无恙。当然他对这荒野是无所求的,他只求能有一片空间,让他自由呼吸,让他能够挺过去。他只求能活着,他只需要冒尽可能大的危险一直向前进,他需要的是尝尽艰辛。如果说这种绝对纯粹、无所谓得失、不求实效的冒险欲望真正主宰过什么人的话,那它现在正主宰着这个衣衫褴褛的年轻人。我几乎要妒忌他了,妒忌他竟有这么谦逊又这么执着的火一样的热情。这把火看来会燃尽一切私心,而且烧得那么彻底,所以当他和你说话时,你会忘记这就是他……你眼前的这个人……是这个人经历了这一切。不过我并不妒忌他对库尔兹的忠诚。他没有仔细考虑过,只是事情来了,他觉得这是命,就不加犹豫地接受了。但我得说,在我看来,不管怎么说,这都可以说是他至今遇到的最危险的事。

"他们不可避免要碰到一块儿,就像没有风的时候两只船停在一个地方,最后总会边靠边地挨到一起。我猜库尔兹是很希望有人听他说话的,因为有一次他们在树林里搭好帐篷,聊了一个通宵,或者说,更有可能是库尔兹说了一个通宵。'我们什么都谈。'他说。回想起这些,依然使他像当初一样兴奋:'我们甚至把睡觉这回事给忘了,整整一夜就像一个小时。我们什么都谈,什么都谈!……还谈到了爱情。''啊,他还跟你谈爱情?'我问,觉得很好笑。'你想到哪里去了!'他似乎异常激动,大声说,'我们只是谈论爱情,他让我明白了很多东西……很多东西。'

"他高举着双手。当时我们是在甲板上,我的那帮伐木工的工头正在不远处闲着,听到他大声嚷嚷,转过头来用又困倦又惊讶的眼光望着他。我看了看四周,说不出是什么原因,但我敢保证,我从来没有像当时那样,觉得眼前的大地、河流、丛林,甚至是明亮的天空,竟是那么昏暗,你一点也没法看透它,而它却毫不留情地包围你,让你觉得无能为力。'这么说,从那以后,你当然是一直和他在一块儿喽?'我问。

"没想到,正好相反,出于这样那样的原因,他们后来并没有什么交情。不过他还是很得意地告诉我说,库尔兹两次生病,他都去照顾他了(说到这件事,他就像说到了不起的英雄事迹似的),但库尔兹总是喜欢一个人在丛林里来来往往。'经常这样,我到了这站上,往往要等上好几天,他才会露面。'他说,'啊,等也值得……有时候,是的……''那他在干吗?找东西?还是有别的事?'我问。'哦,当然是找东西。'……他说,库尔兹发现了很多部落,还有一个湖……具体位置他不太清楚,也不便问得太多,他只是知道，大多数时候库尔兹的那些探险是为了找象牙。'但他当时根本没有货物可以拿去交换啊？'我问。他回答说：'但他有很多子弹。'眼睛却不看我了。'原来如此，他抢劫了那些部落！'我说。他点点头。'当然，不是他一个人干的。'他咕哝着说了些关于湖边一些部落的事情。'是库尔兹强迫那些部落跟他一起干的，没错吧？'我提醒他说。他有些不自在了。'是的，他们崇拜他。'他说。他的语气太异样，我不由得盯着他看，想知道为什么。他说到库尔兹时总是想说又不想说的样子使人觉得很奇怪，好像库尔兹这个人充斥于他的生活，操纵着他的思想，左右着他的情感。'那又能怎样？'他突然大声说，'要知道，他的出现就像雷鸣电闪……那些人从没见过像他这样的人……他有时非常可怕……你不能像看待常人那样看待库尔兹先生，不能，绝对不能！好吧，你想知道，就让你知道吧……反正我也不在乎讲给你听。有一天，他想把我也毙了……不过，我并没有批评他的意思。''毙了你？'我叫起来，'为什么？''是这样的，当时我手头有些象牙，是附近一个部落首领给我的，那时我常帮他们打些野味。库尔兹先生想要那些象牙，而且不肯听我解释，说除非我把象牙给他然后滚蛋，否则就毙了我。他是做得出来的，而且特别喜欢这么做，只要他乐意，世上没有什么能阻止他去杀人放火……真的，真是这样！所以，我就把象牙给了他。我不在乎，什么都不在乎！只要他不叫我滚蛋。是的，他没叫我滚蛋。我也不能离开他。当然啦，在我们和好前的一段时间里，我还得小心一点。他那时又病了。之后，我也不得不和他保持距离，但我不在乎，只要在他身边就行。他多半住在湖边的那些部落里。有时他上船来，对我挺客气，但有时我还得当心。他这个人受了太多苦。他恨世上的一切，却不知道怎么办才好。有一次，我看准机会恳求他设法离开这里，我说我愿意跟他回去。他说好的，过后又不走了，又出去找象牙了，一连几个星期不见他的人影。你知道，他在那些人中间一呼百应……他完全沉浸在……''天哪！他准是疯了！'我打断他说。他马上愤怒地表示抗议，说库尔兹先生是不可能疯的……我一边说话一边拿起望远镜扫视了一下岸上那片树林的边界和那房子的后面。我觉得树林里好像有人，而整个地方又是那么寂静……和山上那破败的房子一般寂静……这让我有些不安。至于他讲的那些令人惊异的事情，其实也没什么，反而是他的唉声叹气、时不时耸耸肩、说话断断续续、好像话中有话，倒使我觉得耐人寻味。那树林就像一副面具，一动不动……沉重得像监狱里的一扇紧闭的大门……它面对着你，一副深藏不露的样子；它在耐心等待，安静得叫人不敢接近。那个俄国人又解释说，库尔兹是最近才到河边的，把湖边那个部落的所有武士都带来了。他已有好几个月没有露面……我猜想，他是在笼络那个部落里的人……现在突然出现，显然是要到河对面或者下游去抢劫。他对象牙的贪欲越来越大……怎么说呢……这种贪欲只是为了贪欲，没有其他动机。但是他的境况突然间变得糟糕透顶。'听说，他就这么躺着，没人理他，于是我就到这里来了……试试运气。'那个俄国佬说，'哦，他那时的情况很糟糕，非常糟糕。'我又用望远镜朝房子那边看去。那里毫无人气，只有坍塌的屋顶，杂草丛里露出的一道泥墙，上面有三个方形的洞，大小都不一样……这一切，在望远镜里都看得清清楚楚。接着，我变了个方向，顿时看到一根柱子，那是原有的围栏中残存下来的几根柱子中的一根……你们总还记得，我刚才说过，我当时远远看到那些柱子上好像还有柱头装饰，觉得很纳闷：在这么个破败不堪的地方，怎么会有这种东西？……于是，我把镜头往前推，想看个仔细。这一看，我整个人都往后退了，就像有一个拳头对着我的脸打过来。 我接着又看了看其他几根柱子，确认我没有看错：那些球状柱头不是装饰，而是象征……很有表现力的象征，引人注目又令人费解，叫人心里发慌……它们使我联想到，要是天上飞来一只秃鹫，就会把这些柱头当作食物，而现在，正有一群蚂蚁密密麻麻地在上面啃食。 那柱子上的人头，要不是大多面朝着房子，就更加令人震惊了。 这当中只有我第一眼认出的那颗人头是面对着我的……你们想象我一定惊呆了，其实没有那么严重，我当时往后一退是因为吃了一惊，觉得意外，因为我原以为会看到一块木头……我特意把镜头移回到我最先看到的那颗人头上……乌黑的、干枯的，两颊凹陷，眼睛闭着……看上去像在柱子上睡着了，干瘪的嘴唇间露出一排白牙，好像在笑，一直在笑，好像在一场永不醒来的昏睡中做着一个永无尽头的美梦……

"我可不是在泄露什么商业秘密，其实后来经理也说，库尔兹先生的所作所为把那个地方整个都毁了。 对这些我不想说什么。 不过你们得听明白了，我觉得库尔兹先生把那些人头放在那儿没什么好处，只能说明他对自己的古怪欲念一点办法也没有，根本没法控制，只能说明他心里缺少一种东西……一种小小的最基本的东西。 当欲念升起时，他虽然能言善辩，但还是少了这种东西。 我说不准他自己是不是意识到这个缺陷，我想他最后大概还是意识到了……直到最后一刻才意识到。 不过那也是因为那荒野的缘故，因为他不自量力地闯进荒野，被荒野狠狠地报复了一下。 我想那荒野其实早就悄悄地警告过他，要他想想他自己，因为他从来不想想自己到底是什么。 但在那时他没有听从那片茫茫荒野给他的忠告，根本没有意识到这一点……这样的忠告无处不在，我想也曾在他心里回响，但他没有反应，因为他的内心一片空虚……我放下了望远镜，刚才还离我很近、近得几乎可以和它说话的那颗人头好像一下子跳开了,跳到遥不可及的地方去了。

"那个库尔兹先生的崇拜者有点沮丧,开始吞吞吐吐地说,他不敢把这些……嗯,就是这些象征物吧……从柱子上拿下来。他说话时一副焦虑不安的样子,说他并不是怕那些土著人;库尔兹先生不下命令,那些人是动也不敢动的;库尔兹先生的地位非同一般;那地方四周都是那些人住的帐篷,部落首领每天都要来拜见他;他们甚至是爬着……'算了,我对土著人怎么拜见库尔兹先生不感兴趣!'我大声说。很奇怪,我突然间觉得这些细节听上去比看到那些柱子上正慢慢干枯的人头更叫人恶心。那些人头吧,说到底也只是残酷而已,而他说到这些时,我好像一下子被送进了一个昏黑阴森的地方,更加毛骨悚然。在那里,是纯粹的原始、愚昧、野蛮、不开化,而且又显然是在光天化日之下大行其道,不但被人接受,甚至还被人顶礼膜拜。那年轻人吃惊地看着我。我猜想是他没有料到,库尔兹先生根本就不是我崇拜的偶像。他忘记了一点,那就是我从没听到他说起任何关于……关于什么来着?……关于爱情、正义,或者什么品行、美德之类的话……还有,他说他对库尔兹多么多么崇拜,他那副样子和那些不开化的土著人也没什么两样。他说我根本不了解情况,说那些是'叛乱分子'的人头。我大笑,他愣住了。'叛乱分子'!接下去我还会听到怎样的称呼?已经有了'敌人'、'囚徒'、'苦力'……现在又出来一个'叛乱分子'!照此说来,凡是表示不满的人,脑袋都得乖乖地呆在柱子上了!'你不知道,这里的生活对于像库尔兹这样的人来说是怎样一种考验!'这位库尔兹先生的最后一位追随者大声说。'哦,那对你也是考验?'我问。'我?你说我?我只是个头脑简单的人,没什么了不起的想法,对别人也不求什么。你怎么能拿我跟他……'他激动得说不出话,突然哭了起来。'我真是不明白,'

他哽咽着继续说，'我尽全力让他拖到了现在，这已经够了。我帮不上什么忙。我真没用。几个月来，他没喝上一滴药，没吃一点东西，哪怕是变质的东西。他就这样被丢下了，真是不应该啊。这么有思想的一个人。太不应该了！太不应该了！我……我……已经有整整十天没有合眼了。'

"他的声音渐渐消失在宁静的暮色中。就在我们说话的时候，树林的阴影渐渐拉长，不知不觉地滑下山覆盖了那破败房子和那几根具有象征意义的柱子。一切都笼罩在暮色中，只有我们还站在残阳里；我们脚下的这条河静静地流进树林，闪着撩人的光，上游和下游都有一些昏暗的河湾。河岸上一个人也没有。灌木丛纹丝不动。

"突然，房子附近出现了一群人，好像是从地底下钻出来似的。那群人在齐腰深的杂草丛里摇摇晃晃地走着，好像还排着队，队伍中间有人抬着一副临时做成的担架。一阵尖叫声刹那间在那空空荡荡的地方响起，打破了周围的一片宁静，像一支利箭一样射向那片土地的中心。接着，流水般的人群像在咒语的驱赶下似的……一个个赤身裸体……手持长矛、弓箭、盾牌，目光狂野，动作怪诞，涌进黑暗宁静的树林旁边的一块空地。片刻之间，丛林颤动，杂草摇曳。接着，什么都不动了，像是在等待什么。

"'要是他现在还不对他们说点什么，那我们全都完了。'我旁边的俄国人说。抬担架的那群人就在离我们的船不远的地方停了下来，一副呆滞、愚昧的样子。我看见担架上的人坐了起来。他身材瘦长，又举着一只手，看上去比抬担架的人还要高很多。'但愿这个曾大谈爱情的人能用特别的理由救我们一命。'我说。我从心底里厌恶这荒唐而又危险的局面，就好像要受一个穷凶极恶的魔鬼支配似的，这虽说万不得已，但绝不是光彩的事。我听不到他的声音,只是从望远镜里看到他伸着瘦削的胳膊,很威风的样子。 他的下巴一动一动,这个幽灵般的人,两眼深陷,目光阴沉可怕,皮包骨头的脑袋奇怪地抽动着。 库尔兹……库尔兹……这在德语里的意思是'短',是不是? 这就是说,他一生中所有的事情都和这名字一样——短促;还有他的死,也一样。 他看上去足有七英尺高。 盖在他身上的东西掉了下来,他的身体就像是从裹尸布里面钻出来似的,看上去很可怕,也很可怜。 他的肋骨清晰可见,一动一动的,瘦骨嶙峋的手臂挥来挥去,就像是一个用象牙化石雕成的死神,在不怀好意地对着一群人挥手,而那群人呢,一个个呆若木鸡,像是用乌黑发亮的青铜铸成的。 我看见他咧着嘴——这使他一看上去就让人觉得他贪婪无比,好像要把他眼前的人都吞下去,要把整片大地、甚至所有的空气都吞下去。 我模模糊糊听见一个低沉的声音,那肯定是他在声嘶力竭地说话。 突然,他身体往后一倒,躺了下去,担架晃了几下,又开始摇摇晃晃地向前走了;与此同时,我看到那群土著人似乎神秘地消失了,消失得无影无踪,好像刚才是树林呼了一口气,把他们呼了出来,现在又吸了一口气,把他们全都吸了回去。

"有一些崇拜者跟在担架后面,扛着他的武器……两支散弹枪、一支重型来福枪、一支轻型转轮卡宾枪,那是朱比特①手中的雷电。 公司经理走到他旁边,俯身对他轻声说着什么。 到了一个小屋里……你们知道,那种只能放一张床和一两只轻便板凳的小屋……他们把他放下。 我们给了他一些信件,这些信件已经搁了很久了。 他撕开那些信,信封和打开的信纸撒了一床。 他两手无力地在那些纸当中摸索,两眼却闪闪发光;他脸色憔悴,表情却很泰

---

① 朱比特,罗马神话中的雷神和天神。

133

然，这使我很吃惊。 他并不像是久病不起的样子，看上去并不痛苦。 这幽灵般的人异常平静，一副心满意足的样子，好像在这一刻他所有的情感都得到了满足似的。

"他翻出其中一封信，看着我说：'我很满意。'有人曾给他写过信，说我要来。 现在他又看到了这样的推荐信。 他说话毫不费力，几乎连嘴唇都不太动，这也使我很吃惊。 这个人看上去连低声耳语的能力都没有，而他的声音……是的！就是那种声音，听上去铿锵有力，蛊惑人心。 这毫无疑问是很反常的……但他身体里确实有一种力量……你们要是能当面听他说话，也一定会被这种力量征服，对他佩服得五体投地。

"经理默默地走到门边，我立即就退了出来。 我一出门，他就把门帘放了下来。 那个俄国人正全神贯注地望着岸边，旁边站着一群朝圣者，都好奇地看着他。 我顺着他的目光望去，看见远处有几个黑乎乎的人影在阴暗的树林边缘快速移动，但看不大清楚。 河边有两个古铜色的人形，倚着长矛站在夕阳下，头上裹着用斑纹兽皮做的头巾，很威风地站在那里，一动不动，就像两尊石头雕像。 一个看上去既野性又娇美的女人的身影，在夕阳下的河岸上从我们的左侧朝我们款款走来。

"她的脚步缓慢而有节奏，傲气十足，身上穿着一件有条纹镶边的披风，上面挂满土著人的饰物，闪闪发亮，丁当作响。 她昂头挺胸，头发盘成头盔状，小腿上裹着黄铜绑腿，小手臂上套着铜丝铠甲，脸色黄褐，脸颊上有个深红色斑，脖子上戴着好多串玻璃珠项链，还有各种各样古怪的东西，如护身符、巫师赠送的信物之类，所以走起路来一晃一晃的，像有节奏似的。 那些东西肯定很昂贵，值好几根象牙。 看上去，她有一种蛮族的高贵风度，很狂野，也很华丽；她的仪态看上去很从容，其中却隐含着某种不祥的、故作端庄的神情。大地一下子变得寂静无声，仿佛那片漫无边际的荒野……那个生养出无数神秘生物的怪物……正默默地注视着她，就像注视着它自己的灵魂，既黑暗，又炽热。

"她上了船，和我们面对面地站着，长长的影子落到了河面上。她心中似乎有说不出的悲伤，还有担忧和恐惧，所以表情很凄惨。她站在那儿看着我们，一言不发，就像荒野一样，好像在思考一个常人无法理解的难题。整整过了一分钟，她才向前跨了一步，弄出一阵低沉的丁当声和黄灿灿的金属闪光，镶边的披风飘动了一下；接着，她又站住了，好像失去了勇气。这时我身边那个年轻人忍不住叫出了声，那些朝圣者也在我身后嘀咕起来。但她仍一言不发地看着我们，好像她就是靠这样看人活着的……突然，她举起上截裸露的双臂，僵直地举着，好像要摸一摸天空似的。这时，马上就有一些身影出现在河岸上，影子越过河面，把我们的船整个笼罩在阴影中，真是叫人心惊胆战。

"她慢慢转过身，下船，穿过河岸，走进了河岸边的丛林。在那里，她的眼光又在昏暗中朝我们闪了一下，然后就消失了。'她要是再来，我想我会一枪崩了她，'那个满身是补丁的家伙紧张地说，'有两个星期了，我天天都得冒生命危险不让她进那个屋子。有一天她进来了，大吵大闹，就因为我从储藏间里捡了些破布条来补衣服。那时我的衣服破得不像样了，可就是为了这个，她像个泼妇似的冲着库尔兹先生嚷了一个钟头，还对我指指点点。我听不大懂他们的土话。还算运气，库尔兹先生确实病得很厉害，没力气理会她，否则会有大麻烦了。我真是不明白，不明白，真是受不了。啊，好啦，现在没事了！'

"就在那时，我听见那门帘后面传来库尔兹低沉的声音：'救我！……你说的是救那些象牙吧。别跟我说这些。救我！我还救过你呢。你真是碍手碍脚，破坏了我的计划。病了！病了！我的状况还没有你想的那么糟。不必担心，我会实现计划的……我一定会恢复的。我会让你看到事情是可以成功的。你，还有你那些琐碎的想法……你这是在妨碍我。我会恢复的，我……'

"经理走了出来，很有礼貌地拉住我的手，把我带到一边。'他现在的状况很不好，非常不好。'他说，同时觉得有必要哀叹几声，但又忘了应该始终都这样，'我们对他已经仁至义尽了……是不是？现在谁都看得出来，库尔兹先生没给公司带来多大好处，麻烦事倒不少。他不知道眼下还不是采取强硬行动的时候。小心，再小心……这是我的原则。我们现在还是要小心一点。再说，我们对这个地方仍是一无所知。可悲啊！总的来说，公司的生意要受损失。我不否认这里有很多象牙……而且大多是化石，不管怎样我们都要搞到手……但是你看，现在的情况真是很危险……问题出在哪里呢？问题就在于我们的方法不妥当。''你说，'我眼望着河边问他，'你说方法不妥当？''一点没错，'他激动地说，'你不这么想吗？……''那根本算不上方法。'我停了一会儿才咕哝出了这么一句。'太对了，'他显得很得意，'我早就料到了，这完全缺乏判断力。我的职责就是在适当时候向他指出来。''哦，'我说，'那个家伙……叫什么名字来着？……那个做砖头的，他会写个正式的报告给你的。'有一刻，他看上去好像大惑不解，我也好像从没有呼吸过这样恶毒的空气，于是我就想到用库尔兹来做挡箭牌——'不过，我觉得库尔兹是个了不起的人。'我有意这么说。他冷冷地瞪了我一眼，目光有点狠毒，淡淡地说：'他以前是不错。'说完，转身不理我了。他对我的恭敬到此为止；我被归入了库尔兹的同类，也就是拥护不寻常做法的那一类。我也是个不稳当的人！哈！这倒好，看来噩梦还有的做了。

"其实，我是在向荒野求助，而不是向库尔兹，他现在跟死了没什么两样，我得说。有那么一会儿，我自己也好像被埋进了一个大大的坟墓，那里面都是些说不出口的所谓秘密。我觉得胸口发闷，沉重得难以忍受；地面上散发出湿气，无形中使什么东西都腐败了，还有这沉沉黑夜，真是漆黑一片……那个俄国人拍了一下我的肩膀。我听到他喃喃地说着什么'水手兄弟啊，纸包不住火……那会给库尔兹先生的名声抹黑'之类的话。我听着，让他说下去。在他看来，库尔兹不但不在坟墓里，而且是属于不朽的那一类，至少我从他的话里听出的是这么个意思。'那好！'我最后说，'你就直说吧。碰巧我是库尔兹的朋友……可以这么说吧。'

"于是他一本正经地说，要不是'在一条道上'，他是不会不计后果把事情讲出来的。他怀疑这里的白人都恨他……'你说的对，'我说，因为我想起了无意中听到的一次谈话，'经理觉得你应该被绞死。'听我这么说他忧心忡忡，而我一开始就觉得他很可笑。'我最好悄悄溜掉，'他认真地说，'我现在已经不能为库尔兹做什么了，他们很快就会找到借口。谁拦得住他们？离这儿三百英里，有个兵营……''嗯，听我的，'我说，'如果你在土著人中间有朋友的话，还是走为上策。''朋友多着哪，'他说，'他们都是些头脑简单的人……而且你也知道，我一无所求。'他站在那儿，又咬着嘴唇说：'我不希望这里的白人受到伤害，但我当然也要考虑库尔兹先生的名声……你是个水手，而且……''行了行了，'我打断他说，'有我在，库尔兹先生的名声不会有问题。'其实，我这么说连我自己也不知道是真是假。

"于是他低声告诉我说，我们的船受到攻击，是库尔兹下的命令。'一想到你们可能会把他带走，他很紧张……那时他是这么想的……我猜是的，我的头脑很单纯。他认为这样会把你们吓跑……

认为这样一来你们会以为他死了，就不会带走他了。 我没法阻止他。 哦，这一个月真是很难熬。''很好，'我说，'现在他没事了。''是的……是的。'他喃喃地说，显然不太相信。 '谢谢，'我说，'我会留神的。''但要不动声色……呃？'他急忙补充说，'不能对他的名声不利。 如果这里有人……'我对他保证说，这里一切由我说了算，不必担心。 '那好，'他说，'我有一艘小船，还有三个黑人等着，就在附近。 我现在就得走。 你能不能给我几颗马帝尼-亨利步枪子弹？'我说可以，就偷偷给了他几颗。 他还毫不客气地从我的烟袋里抓了一大把烟丝，挤挤眼说：'这东西只有水手才有……要知道……这可是上等的英国烟啊！'走到驾驶舱前，他又转过身来。 '喂，你有没有多余的鞋？'他抬起一只脚说，'你看！'他没有穿鞋，只是在脚掌上扎满细绳，看上去像穿着草鞋。 我找出一双旧鞋给他，他欣赏了一番，把鞋夹在左腋下。 他有两只口袋，一只是红色的，里面装着子弹，沉甸甸的；另一只是蓝色的，袋口露出了那本《航海术要领探讨》；还有其他一些东西。 看来，他觉得自己有了这些装备，就可以继续在这荒山野地里游荡了。 '哦！我再也碰不到库尔兹先生这样的人了！你真应该听听他是怎样朗诵诗歌的……他说是他自己写的……写诗啊！'想到这些，他兴奋得眼珠子直打转，'哦，他真的使我大开眼界！''再见！'我说。 他和我握了握手，就消失在夜幕中了。 我有时会问自己，我是不是真的遇到过此人……遇到过这么个怪人！……

"刚过半夜，我就醒了，想起他的警告，似乎暗示我有危险。 黑沉沉的夜空里星光闪烁，真让人觉得随时都有危险，于是我起身到四处看看。 山上烧着一大堆篝火，火光摇曳，贸易站颓败的一角忽明忽暗。 有个公司代理人带着一群黑人在放哨，全副武装地站在象牙旁边；借着火光，隐约能看到树林深处的营帐，一群库尔兹先生的崇拜者在那里守夜,火光忽明忽暗,只见许多模模糊糊的柱状影子晃来晃去。 空中传来敲击大鼓的声音,单调沉闷,回声颤动不绝。 在一排漆黑浓密的树后面,有很多人在自言自语地哼唱一种奇怪的咒语,就像一群蜜蜂在蜂巢里嗡嗡作响。 我那时半睡半醒,这声音肯定对我有奇特的催眠作用。 我敢说,我那时一定靠着围栏打起了瞌睡,直到一阵突如其来的吼声,就像一种神秘的、被压抑了很久的狂叫,顷刻间爆发出来,把我猛地惊醒,一阵慌乱,不知发生了什么事。 忽然间,那声音又沉寂了,只听见一阵催人入睡的嗡嗡声。 我无意中往那小屋瞥了一眼,看见里面点着一盏灯,但库尔兹先生却不见了。

"我想当时我若是相信自己的眼睛,我也会大叫起来。 但一开始我还不敢相信眼前的一切……不敢相信竟然会发生这样的事情。而事实是,一种我从未感受过的、绝对不可形容的恐惧使我失去了控制,使我忘记了任何实际的危险。 这种恐惧是那么强烈,因为……我该怎么说呢? ……因为我受到了一种道义上的震动,就像有一种难以想象的、叫人无法忍受的、从灵魂深处感到可恨的东西,突然降临到我头上。 当然,这是刹那间的震动,接着就出现了那种正常的反应……我感觉到那里有一种致命的危险,或者说,感觉到那里正在杀人……残忍的屠杀。 这倒反而使我镇定下来,不再慌乱。 我甚至都没有匆忙拉响汽笛。

"就在离我不到三英尺的地方,有个代理人正裹着一件大衣坐在甲板上的一把椅子里睡觉。 那么大的叫喊声竟然没有把他吵醒,他还在轻轻地打鼾。 我让他继续睡,独自跳上了岸。 我也没有叫人,因为我不想出卖库尔兹先生……因为有人曾命令我,绝不能出卖他……我必须恪守我那梦魇般的诺言,那可是白纸黑字写着的。我一心想做的,就是要独自和这个魔鬼较量一番……直到今天,我还是不明白当初我为什么不愿和任何人分享这种经历……这种非同寻常的黑暗。

"我一到岸上,就看见一行踪迹……在草丛里,一行宽宽的踪迹。我现在还记得,当时我有多兴奋,我对自己说:'他走不动了……他是从这里爬过去的……我会抓住他!'草丛湿漉漉的,沾满了露水。我握紧拳头,跑得飞快,想象着我马上就要扑上去,把他痛打一顿。这时,我的记忆中突然出现了一个织毛线的老女人和一只猫……我说不上来,在这种时候我怎么会有这么古怪的印象……我仿佛看到一群朝圣者正把温彻斯特步枪抵在肩上射出一排排铅弹;我想象自己大概再也回不到船上了,想象自己永远出不了这片树林,想象自己要孤零零地死在那里……反正是这类傻乎乎的念头,你们都懂……而且,我还记得我当时把鼓声当成了自己的心跳,还很得意它跳得还算平稳。

"我沿着那行踪迹一路追寻……随后,我停下来听声音。夜色很清朗,天地一片深蓝色,星光灿烂,露水闪着光,有一些黑乎乎的东西静静地站着。我觉得我好像听到前面有动静。很奇怪,那天夜里我竟然自信得不得了。我竟然离开那行踪迹,跑了个大大的半圆(我真的很自信,还暗自发笑)绕过那发出动静的地方,打算从前面拦截……如果那里真有什么的话。我要拦截库尔兹,就像孩子们玩游戏那样。

"我终于靠近他了。要是他没有发现我在靠近他,我很可能会被他绊倒。但他及时站了起来。他摇摇晃晃地站着,就像从地下冒出来的一股烟雾,长长的、白乎乎的、朦朦胧胧的,在我眼前晃动;他身后的树林里火光忽隐忽现,那里有很多人在念咒语,嗡嗡作响。我总算截住了他。然而当真正面对他时,我好像清醒过来,真真切切感到了危险……这危险远没有结束。要是他大叫一声,我怎么办? 虽说他连站也站不稳,嗓门还是很大的。'走开……没你的事。'他用他惯常的那种低沉的语调说。但他的声音很可怕。我朝后看了一眼。离我们最近的火光只有三十码远,而且有一个黑影站了起来,迈着又长又黑的两条腿,挥舞两只黑长的胳膊,在火光中朝我们这边走来。那个人头上有角……我想是羚羊角……是个巫师。没错,肯定是的,一副凶神恶煞的样子。'你知道你在干什么吗?'我轻声说。'我当然知道。'他回答说。他说这句话时提高了嗓音,但听上去又好像从很远的地方传来,像是从传声筒里发出来的声音。我想,他要是和我争执,我先让他完蛋,而我也马上完蛋。这不是动手的时候,但不管怎样,我要制伏这个幽灵般的人……这个四海为家、饱经沧桑的人。'你会让你完蛋,'我说,'彻底完蛋。'……你们知道,人有时会灵机一动……尽管我知道他当时的状况已无药可救,但我的话还是发生了作用,而且我和他的纠缠就从那时开始……一直持续……一直持续……直到最后……直到永远。

"'我有一套宏伟的计划。'他若有所思地说。'是的,'我说,'不过你现在不要出声,否则我就砸碎你的脑袋……'我看看身边连一根树枝或者一块石头也没有,就改口说:'我就掐死你!''我马上就要成功了,'他恳切地说,言语中充满希冀,甚至渴望,这使我浑身的血都要凉了,'你现在就为了这个愚蠢的混蛋……''不管怎样,你在欧洲肯定是成功了。'我肯定地说。我没有想掐死他,你们知道……而且那样也没什么用处。我是要打破魔咒……打破这荒野里的沉重无声的魔咒……因为就是这魔咒唤醒了他本该灭绝的残忍本性,唤醒了他身上的那种曾在我们的原始祖先那里得到过满足的野蛮冲动;就是这魔咒,把他无情地拥抱在它的怀里。我相信就是这种东西驱使他来到丛林边,进入丛林,进入到这个只有火光、鼓声和嗡嗡响的古怪咒语的地方，就是这种东西驱使他狂妄地想超越道德界限……不过你们应该知道，在当时那种情况下，我倒不是害怕自己头上挨一下……虽说我也实际感到了这种危险……我是害怕要和这个人打交道，因为任何事情都无法打动他。弄不好，我甚至会像那些黑人一样唤醒他……他内心深处……内心深处的高傲得令人难以相信的优越感。他的头上和脚下都是空的，我知道，他目空一切，已经扑腾得双脚不着地了。这该死的家伙！他把大地都要踏成碎片了。他独来独往，我站在他面前，都不知道自己是站在地上还是浮在空中。我一直想告诉你们，我们说了些什么……就是重复说出我们说过的词句……那有什么用吗？那是我们每天都说的很普通的话……我们每天都发出的熟悉而含糊的声音，那又怎么样呢？我总觉得，这些话的后面的有些东西只有在梦呓中才能听到，或是在做噩梦时才有的可怕的暗示。灵魂啊！假如真有人和灵魂抗争过，那个人就是我。要知道，我不是在和一个疯子争执，信不信由你们，他的头脑是完全清醒的……是的，他是太关注自己了，关注到了可怕的程度，但他还是清醒的，而且正因为这样我才有机会……当然喽，我当时完全可以杀了他，但这并不怎么样，还会弄出响声。要知道，这个人的灵魂……不是头脑……疯了。他一个人在荒野里，他的灵魂也反省过，可是天哪！我已经说了，他的灵魂疯了。现在我得经受一番折磨去窥视一下这个灵魂，我想这是因为我也是有罪的吧①。世上没有哪种雄辩，能像他那些发自肺腑的言论更具煽动性了。他也在和自己搏斗。我看见了……我听到了。我看见了一个没有节制、没有信念、肆无忌惮的灵魂；看见了那种不可理喻的神秘；看见了他的灵魂在和自己

---

① 按基督教"原罪说"，人生来有罪。

盲目地搏斗。我还算比较清醒……我把他放到了床上，抹掉了他额头上的汗。但我的腿抖得厉害，好像扛着半吨重的东西下山，而实际上我只是扶着他，让他的手臂钩住我的脖子而已……他骨瘦如柴，比一个孩子重不了多少。

"第二天中午，当我们离开的时候，那群人又从树林里涌了出来，挤满了那个地方……斜坡上都是人，一个个赤身露体，古铜色的，还不停地抖动，喘着粗气，而我本以为他们在树林里是不会出来的。我把船朝上游开了一段距离，然后再掉转船头开回来。有两千只眼睛注视着我们，在他们眼里，我们的船就是一只可恶的水怪，正用它可怕的尾巴拍打着河水，呼呼作响，还吐着黑烟。在河岸上，有三个人，从头到脚涂满发亮的红土，在那里紧张地跑来跑去。当船驶近时，他们又对着河跺起脚来，发疯似的摇摆着有角的头，还晃动红彤彤的裸体，朝我们这只可恶的水妖挥着一束黑色的羽毛和一张拖着长尾巴的毛茸茸的狗皮——那东西看上去像一只晒干的葫芦；他们齐声呼喊，发出一连串古怪的声音，那声音听上去根本不像人类语言。忽然间，呼喊声停止了，变成了一片嗡嗡声……他们念起了可怕的咒语。

"我们把库尔兹抬进驾驶舱，那里比较通风。他躺在沙发上，透过开着的窗盯着外面看。外面的人群一阵骚动，有个头发盘得像头盔似的、脸色褐黄的女人冲到河边，伸出双手，嘴里喊着什么。狂躁的人群跟着她一起喊叫，声音震耳欲聋，简直使人透不过气来。

"'你听得懂吗？'我问库尔兹。

"他没理我，仍朝着外面看，目光里有一种渴望，表情惆怅又带着怨恨。他默不做声，但我看到仿佛有一丝微笑，一丝不可名状的微笑，浮现在他苍白的嘴唇边，但他的嘴唇又马上抽了一下。

'我怎么会听不懂呢?'他终于喘着气慢悠悠地说话了,好像有一种超自然的力量把这几个词从他内心深处推了出来。

"我拉了一下汽笛。 我这样做是因为我看见甲板上那些朝圣者好像取乐似的,把他们的来复枪拿了出来。 尖厉的汽笛声音引起一阵令人恶心的恐慌,密密麻麻的人群顿时骚动起来。 '别把他们吓跑!'甲板上有人叫,好像很气愤。 我一次又一次拉响汽笛。 人群四处逃散,跳着,爬着,滚着,拼命想躲开那从天而降的可怕的声音。 那三个浑身红彤彤的家伙直挺挺地倒下,趴在地上,像是被打死了似的。 只有那个野性而超凡的女人没有吓成那样,仍站在那里,朝着阴沉而闪亮的河面伸着裸露的双臂,好像万分悲伤。 之后,甲板上的那群笨蛋开始热闹起来,但烟雾太重,我没看清他们在做什么。

"褐色的河水快速地朝黑沉沉的下游流着,用两倍于船速的速度把我们冲向下游,冲向大海。 库尔兹的生命也在快速流逝,他越来越枯萎,他的身心都在快速退入无情的时间之海。 经理倒很平静,他没什么可担心了,意味深长地瞟了我们……我和库尔兹……一眼,一副心满意足的样子:'事情'已经像他希望的那样了结了。 我也被归入了所谓'不稳妥'一类。 那些朝圣者更不把我放在眼里,可以说,简直把我当成了一个死人。 想想真怪,我当初怎么会稀里糊涂接受这么个差使,像做噩梦似的被困在这帮无耻之徒和卑鄙小人中间,困在这个暗无天日的地方。

"库尔兹又说话了。 还是那种声音! 那种声音直到最后一刻还是那么清晰,那么深沉。 他虚弱不堪,但他的话还是那么精彩,同时又隐含着他内心的空虚和黑暗。 哦,他在挣扎! 他在挣扎! 一些模糊的意象……都是有关财富和名声的……在他快要耗尽了的疲惫的头脑里出现,围绕着他孤傲的本性和动人的言辞旋转。 未婚妻、贸易站、事业、思想……原先那个库尔兹的阴魂仍在那个空洞的假库尔兹的床边出没，而现在这个真库尔兹的命运却注定他要被埋入这片原始的荒野。 那种对神奇事物像着了魔似的爱和那种可怕的恨，同时纠结在他的灵魂中，这种纠结曾使他探知到种种奥秘，但他的灵魂却因为太多的原始冲动，因为太渴求虚假的名声和显赫，太渴求表面的成功和权势而疲惫不堪。

"他有时也很天真，天真得令人发笑。 他期盼着总有一天，当他在哪个不为人知的地方功成名就后，全欧洲的国王都会到火车站去迎接他凯旋。 '你要让他们知道，你是个真正有用的人，这样他们才会对你心诚口服，'他总是这么说，'当然，你要有正确的动机，一定要有正确的动机……始终如一的正确动机。'长长的河道没完没了，一个个看上去都差不多的河湾，还有那些老得不像样的百年古树，从船边滑过。 那些古树懒洋洋地看着我们这个来自另一世界的脏兮兮的东西——就是这种东西，带来了动乱、征服、交易和屠杀。 我双手把握着舵轮，两眼看着前方。'把窗关上，'有一天库尔兹突然说，'看到这些东西，我真是受不了。'我于是关上了窗。 沉默。'哦，但我要把你的心绞碎！'他大声说，对着他想象中的荒野。

"船出了故障……我早料到会这样……现在好了，只能在一个小岛边停下来修船了。 这一耽搁，没想到第一次动摇了库尔兹的信心。 一天早上，他把一叠文件和一张照片交给我……这些东西用一根鞋带捆着。'替我保管这些东西，'他说，'那个狠毒的笨蛋（他说的是经理）会趁我不注意偷看我的东西。'下午，我见他仰面躺着，双眼紧闭，就悄悄退了出去，但我听到他在喃喃而语：'活要活得光明正大，死，死……'我想听下去，却再也没有听到什么。 他是不是在梦中练习演讲？ 或者，这是他要在报纸上发表的一篇文章中的一段？他一直在报纸上发表文章，现在是不是还在考虑这件事，像他所说，'这是为了磨练我的思想，是一种责任'？

"他内心一片漆黑，黑得无法穿透。我看着他，就像从悬崖上看着一道万丈深渊，那里毫无光亮。算了，我没时间理会他，我得帮修理工拆开那个漏水的汽缸，得设法把一根连接杆扳直，还有许多杂七杂八的事情要做。进那个修理站，简直就像进地狱，那里到处是乱七八糟的铁锈啊、锉刀啊、螺栓啊、扳手啊、锤子啊、轮机啊……叫我厌烦透顶，因为我从来不用这些东西。只有一个小小的金属锻件，幸亏船上也有，我还能摆弄一番。我在一堆堆肮里肮脏的破铜烂铁里折腾得又烦又累……没办法，就当是遇到了风浪，船被刮得七上八下，也一样要折腾一番。

"有一天晚上，我拿着蜡烛走进去，听到他用颤抖的声音说：'我躺在这个黑咕隆咚的地方，是在等死啊。'我大吃一惊。烛光离他不到一英尺远。我好不容易才对他嘀咕了一声：'哦，别胡说。'随后就站在他旁边，呆住了。

"我从没在他脸上看到过那种变化，但愿以后也不要看见。哦，我不是感动，而是震惊。就像有人突然揭开面纱，我在他那张象牙色的脸上看到一种表情，一种阴沉的傲气、冷漠的坚毅和由衷的恐惧……一种深深的绝望。我不知道在这神圣的最后一刻，顿悟人生的一刻，他是不是把自己一生的追求、成功与失败都重温了一遍？反正他像看到了什么似的叫了起来……叫了两次，但声音小得比喘气声大不了多少：'可怕啊！可怕啊！'

"我吹灭蜡烛，离开了他。那些朝圣者正在饭厅里吃晚饭。我在经理对面坐下，经理抬起眼皮疑惑地看了我一眼。我有意不理会他。他仰身往椅背上一靠，一副若无其事的样子，脸上露出他特有的那种一般人很难觉察的狞笑。一大群苍蝇到灯上、桌布上嗡嗡地飞，时不时撞到人的脸上和手上。突然，经理的儿子彬彬有礼地出现在门口，把黑乎乎的脑袋探进门来，用尖刻而轻蔑的口气说：'库尔兹……死了。'

"所有的朝圣者都冲了出去。我没去，继续吃我的晚饭。我敢肯定，别人会认为我冷酷无情。其实，我没吃多少东西。我不去，只是因为那里有盏灯……有光……你们听明白了吗？……外面太黑暗，太可怕。我后来再也没有走近这个不寻常的人……这个人用他的灵魂为世上的冒险事业作了最后论断。他的声音消失了。他会留下了什么呢？我只知道，第二天那些朝圣者把他埋在一个土坑里。

"我也差点被他们埋了。

"但是，你们看见了，我没有跟着库尔兹去。没有。我活着，为的是把这场噩梦做到底，以此表示我对库尔兹的尽责①。这是命啊，我的命！生活真有意思……明明知道目的无法达到，却又不得不听从命运在冥冥中的无情安排。这当中你最多只能希望对自己有所了解……往往还了解得太迟……到头来只有挥之不去的悔恨和遗憾。我和死神搏斗过，那是你们能想到的最没趣的比武，在一片看不见摸不着的昏暗中进行，脚下踩不到东西，四周空无一物，没有观众，没有掌声，没有荣誉，没有取胜的冲动，也没有失败的恐惧，只有乏味的半信半疑，病态的胡乱挣扎，对自己没什么信心，又不能相信对手比你强。如果这就是最高智慧，那么生命看来就是一个谜，一个大大的谜，比我们中许多人想象的还要大。我当时马上就只有最后一次说话的机会了，但接着我却自卑地发现我也许没什么要说的。这就是为什么我坚信库尔兹确实不寻常的原

---

① 意即他要把库尔兹留下的东西交给他的未婚妻。

因。他到那时还有话要说,而且说出来了。正因为我自己曾在生与死的那条界线上窥视过,所以我比其他人更理解他当时的目光。他的目光虽看不见蜡烛的火苗,但却看见了整个宇宙,而且看透了它,看到宇宙的中心是一片黑暗。他得出了结论……他作了断言:'可怕啊!'真是很不简单。毕竟,这是一种信念的表达,是诚实的,坚定的,而且在他的表达中有一种叛逆的冲动,它虽然面目可憎,但就像人们发现真理时一样……奇特地交织着欲望和仇恨。我记得最清楚的,不是我自己的不幸……那不过是一片充满肉体痛苦的昏暗,轻蔑地无视眼前稍纵即逝的一切……甚至无视那痛苦的一刻。不是的!而是我体会到了他的不幸。说实在的,他迈出了最后一步,他越过了那条生与死的界线,而我却犹豫不决地缩回了脚步,也许区别就在这里;也许,所有的智慧、所有的真理、所有的真情实感,都浓缩在我们越过那道门槛进入无形世界的那短促的一瞬间。也许吧!我想,我这么说,总不见得会被认为是随便说说的吧。他的叫声比我说的话更好……好多了。那是一个断言,是他用无数次失败、无数种令人窒息的恐惧和令人恶心的满足换来的一种精神上的胜利。但那确实是一种胜利!这就是我为什么直到最后甚至直到永远都要对库尔兹尽责的原因。即便到了很久以后,当我再次听到他的话,不是从他嘴里,而是从一个水晶般透明的心灵中传出他的回声时[1],我还要对他尽责。

"是的,他们没有把我埋了,但我隐约记得,有一段时间我好像万念俱灰,游荡在一个不可思议的世界里,后来又发现自己回到了这座坟墓般的城市,从心底里厌恶街上的那些行人——他们行色匆匆,只是为了骗得一点钱,去吃些劣质的饭菜,喝几口肮脏的啤

---

[1] 此处预示后面他和库尔兹的未婚妻的谈话。

酒,再做些愚蠢无聊的梦。 他们在打扰我的思考。 在我看来,他们所理解的生活根本就是装模作样,只会使我恼火,因为我相信,我知道的那些事情,他们根本就一无所知。 他们庸庸碌碌,还自以为是,简直使我反感之极,就像一群大难临头还在洋洋得意的傻子一样使我反感。 我没有兴趣提醒他们,但又忍不住要嘲笑他们一番。 我承认我那时的状况不太好。 我摇摇晃晃地走在街上……因为要处理的事情太多……我见到那些非常体面的人也只会苦笑。我承认我的举止不讨人喜欢,但要知道那些天里我的体温很少是正常的。 我亲爱的姨妈尽力想使我恢复过来,但好像也没什么用。需要恢复的不是我的身体,而是我的思绪需要安抚。 我一直留着库尔兹给我的那些信件,不知道该拿它们怎么办。 他母亲不久前死了,听说是他的未婚妻一直在床边照料。 一天,有个脸蛋刮得光光的男人来找我。 他一脸办公事的样子,还戴着一副金丝边眼镜,向我打听一些事情。 起先绕着弯子,后来尽管还算礼貌,话却说白了,说什么要是能让他来处理某些'文件',他会万分荣幸。 我一点也不觉得意外,关于这件事,经理已经和我吵了两次。 因为我不肯把那一叠东西给他,一张纸也不给。 对这个戴眼镜的家伙,我的态度也一样。 他最后把脸一沉,口气强硬地说,公司有权掌握关于'领地'的所有情况。 接着又说:'库尔兹先生对一些新开发的领地肯定了解得很多,而且有独到的见解……这多亏他有了不起的才干,还有他到过那些环境非常险恶的地方;所以……'我争辩说,尽管库尔兹先生知道得很多,但这些和商业或者公司管理没什么关系。 然后他谈起了科学,说什么'这将会是个不法估量的损失'等等。 我撕下一份报告的附言给他看。 那份报告讲的是'如何压制当地的野蛮风俗'。 他迫不及待地看了,看完后做出一副不屑一顾的样子说:'这个我们没权看。''那就没有别的了,'我回答说,

'还有一些是私人信件。'这家伙离开时威胁说要采取什么法律手段,之后我再也没有见过他;但两天后来了另一个家伙,自称是库尔兹的堂兄,说很想知道他这位堂弟去世前的一些情况。 我无意中从他口中得知,库尔兹曾是个天赋不错的音乐家。 '他有过一段辉煌的艺术生涯。'那家伙说。 我深信他自己是个弹风琴的,一头长长的灰白头发披在油腻腻的衣领上。 我没有理由怀疑他的说法,虽然直到今天我仍然不清楚库尔兹到底是干什么的,或者说他曾从事过怎样的职业……这也是他了不起的地方。 我一度认为他可能是个画家兼投稿人,或者是一个熟悉绘画的记者……但即便是他的这位堂兄(那家伙在和我说话时还打着喷嚏),其实也没有说清楚他曾经是干什么的……说得总不太清楚。 他说他是个全才……这一点我倒是很同意……那家伙时不时用一块又大又厚的棉手帕擤鼻涕,声音很大,然后就颤颤巍巍地走了,从我这儿拿走了一些没多大用处的家信和备忘录。 最后来了一个记者,说非常想知道他这位'亲爱的同事'的经历,而且告诉我说,库尔兹真实从事过的工作,应该说是和政治有关的,而且是'大众政治'。 这个记者长着一对浓密的直眉毛,头发剃得很短,又粗又硬,脖子上用一根宽带子吊着一副眼镜。 他说着说着就口无遮拦了,说他觉得库尔兹其实根本不会写文章……'但是,我的天哪!他这个人就是能说会道!特别是开会的时候,说得头头是道,人人听了都佩服得五体投地。 他有信仰……你看不出来吗?……他有信仰!他对自己相信的事情……任何事情……都深信不疑。 他本可以成为某个党派的领袖……出色的领袖。' '什么党派?'我问。 '什么党派都行,'他回答说,'他是一个……一个……极端主义者。'这个我怎么会没有想过?我说我同意他的看法。 他突然好奇地问:'那你知不知道,究竟是什么促使他到那里去的? ……' '是的,我知道。'我回答说,而且把那份报告拿给他看。我说只要他觉得可以,拿去发表我也没意见。他很快看了一遍,边看边喃喃自语:'这东西会有用的。'随后,他拿着战利品走了。

"这样,我手里就只剩下一小叠信件和一张女人的照片了。我觉得照片上的女人很美……我的意思是,她脸上有一种清纯的表情。我知道阳光会使人产生错觉,但没有人会认为某种光线或者某种姿势就能改变一个人脸上的真实表情。她看上去就是一副顺从听话的样子,没有城府,没有心计,没有疑惑,从不想到她自己。最后我想要亲自把她的照片和那些信件还给她。是出于好奇?是的。或许还有其他原因。库尔兹曾有过的一切……他的灵魂、他的肉体、他的贸易站、他的计划、他的象牙、他的事业……都将从我手里交出去。剩下的是他的记忆和他的未婚妻……我也想把它们交还给过去,也就是说,把他留给我的所有东西统统忘记,包括我和他命中注定都会说出来的那最后几个字①。我不想为自己辩护。我根本不知道我到底是为了什么。也许是我下意识里有一种尽责的冲动,或者只是为了满足人心中的一种隐秘而可笑的欲望吧。我不知道。我说不清。但我还是去了。

"我原以为对他的记忆就像对其他任何一个死者的记忆一样,是一些在脑海里一闪而过的阴影,一种模糊的印象,但是当我站在那条像墓地里的小路一样寂静的街道上,站在两排楼房之间的那扇笨重的大门前的时候,我好像又看见他躺在担架上,贪婪地张着嘴,要把整个世界和世上所有的人都一口吞下。他活生生地出现在我眼前,和他活着的时候一模一样……一个永不知足的既虚荣又残忍的魔鬼,一个能言善辩、自认为高贵而内心黑暗之极的魔鬼。我

---

① 即"可怕啊!可怕啊!"

走进那幢房子，他的幽灵好像一直跟着我……还有那副担架，那些抬担架的人，那群狂热而卑贱的崇拜者，那幽暗的树林，那阴郁的河湾和闪亮的河水，那节奏单调得就像心跳一样的鼓声……那颗征服者的黑暗的心。那是荒野获胜的时刻，那里充满了猎杀和报复，而我却想独自抵挡这一切，想拯救一个人的灵魂。我想起了他在那里说话的情景，身后是那些头上有角的身影在晃动，周围是熊熊燃烧的火把和死气沉沉的树林。我听到他断断续续地说着，说出的话简单明了，明了得令人毛骨悚然，简直有大难临头的感觉。我还想起了他那卑劣的恳求和卑劣的威胁，他那邪恶之极的欲望和无耻之极的灵魂，还有他所承受的艰辛和痛苦……然后，我又好像看到了他那天和我说话时的那种沉静而柔弱的样子，他说：'现在的这批象牙其实是我个人的。公司没有付钱，是我冒了很大风险才弄到手的。但我很担心他们会想方设法说是公司的，然后就拿走了。是啊，这事很难办。你觉得我怎么办才好……不理他们？呃？我是想讨个公道。'……他只是想讨个公道……天哪，什么公道！我到了二楼，在一扇红木门前按了一下门铃，等人来开门。这时，他似乎正从那透出光亮的门缝里盯着我看……用他那种既狂热又深沉的目光。他的目光那么贪婪地盯着整个世界，却又对这个世界那么厌恶，那么憎恨。我仿佛又听到他在低声诅咒：'可怕啊！可怕啊！'

"渐渐地，天色暗了下来，我还在一间高敞的客厅里等着。那里有三扇又高又窄的落地窗，好像三根挂着窗帘的发亮的柱子；还有一些曲线优美、镶金线的锃亮家具；大理石壁炉又高又大，冷冰冰的，像是一块白色的墓碑；一架巨大的钢琴很显眼地放在客厅的一角，乌黑光亮，看上去很像一口阴森森的棺材。一扇高而窄的门开了……又关上了。我站起身来。

"她穿着一身黑衣裙，脸色苍白，从黑暗处悄无声息地朝我走来。 她还穿着丧服。 他死了已有一年多了，消息传来也有一年多了。 她双手握住我的双手，轻声说：'早听说你要来。'我注意到她不是很年轻……我是说，她不像个年轻姑娘。 她有一种成熟的气质，足以担当那种忍痛受苦而忠贞不渝的角色。 客厅里好像越来越暗了，好像在那个阴沉的夜晚，仅有的一点可怜的光亮也都跑到她的头上去了。 金色的头发、苍白的面容、淡淡的眉毛，使她看上去好像戴着一个浅色的光环，而她的眼睛却是乌黑的，她就从那里看着我。 她的目光很纯真，深沉，自信，毫不惶惑。 她悲伤地昂着头，好像对这种悲伤感到很自豪，好像在说，只有我知道应该怎样对他表示哀悼。 但是，当我们握着手的时候，有一种凄切沉痛的表情从她的脸上掠过，使我马上意识到她不是那种受时间支配的人。对她来说，他是昨天才死的。 上帝啊！昨天死的……他的死和她的悲伤……我在他死的那一刻，就看到她的悲伤了。 你们懂我的意思吗？ 我是一起看到的……一起听到的。 她深深地吸了一口气，然后说：'我挺过来了。'我全神贯注地听着，仿佛从她的绝望悔恨的语气中清楚地听到了他那最后的低声诅咒。 于是我问自己，我到这儿干什么来了？ 心里一阵恐慌，好像觉得自己冒然闯进了一个冷酷而荒唐之极的地方。 她示意我坐下。 我们坐下了。 我把那叠东西轻轻放到一张桌子上，她把手按在上面……'你了解他。'一阵悲伤的沉默之后，她轻声说。

"'在那儿，人们很快就会亲近起来，'我说，'一个人对另一个人能有多少了解，我对他就有多少了解。'

"'而且你崇拜他，'她说，'崇拜他的人，一定也了解他，是吗？'

"'他不同寻常。'我吱唔说。 在她恳求的目光下……那目光好像在等我再多说一些……我只好接着说：'是的，不可能不……''爱他！'她急切地说，使我一惊，一时无语了，而她接着说：'是的！是的！只要想想，我是最了解他的！我是他最信任的人。我最了解他。'

"'是的，你最了解他。'我重复说。心里想，也许吧。我和她每说一句话，客厅里就暗一点，但她的头却一直是亮的，因为那里有不灭的光芒……信念和爱的光芒……照耀着。

"'你是他的朋友。'她继续说。'他的朋友。'她提高嗓音重复了一遍，'既然他把这些东西交给你，要你到这儿来，那你肯定是他的朋友。我觉我要和你谈谈……必须和你谈谈。我需要你……你是听到他临终遗言的人……我需要你来证明，我值得拥有他……这不算太自尊吧？是的！我比世界上任何人都了解他……他也曾对我这么说过……这使我很骄傲。现在，他母亲死了，没有人……没有人……可以……可以……'

"我一直听她讲。夜更深了。我甚至都不能肯定，他是否给错了东西。我很怀疑，他想让我保管的是另一批信件。因为他死后，我看见经理在灯下仔细翻阅过那些信件。这个女人不停地说着，我发自内心对她表示同情，这稍稍缓解了她的悲伤；她说话就像口渴的人喝水一样急促。我曾听说，别人并不赞同她和库尔兹定婚。说他没钱，或是其他什么原因。我也不太清楚，他是否终其一生，一直都很贫穷。也有可能，他是因为和别人相比觉得自己没钱，才无奈到那儿去的。

"'……只要听过他说话，有谁会不成为他的朋友？'她说，'他特别能吸引人。'她专注地看着我。'那是伟人才有的天赋。'她接着说。我和她都听到了……河水的潺潺声，风吹过树林的飒飒声，人们说话的嗡嗡声，远处隐隐约约的叫喊声，还有从那永恒的黑暗中传来的低语声。'你是听过他说话的!你知道!'她大声说。

"'是的,我知道。'我这么说,心里却好像有些绝望,只是头脑里还有那么一丝希望,所以才容忍了她那种自以为是的救世幻想。 她的幻想在黑暗中显得光彩异常,但我却无法帮她逃避这片喜气洋洋的黑暗……即便是我自己,也无法逃避。

"'这是多大的损失啊,对于我……对于我们!'她慷慨地纠正自己,然后又轻声加上一句:'对于整个世界。'我在最后一抹余辉中看见她眼睛里闪着泪花……但她永远不会流泪。

"'我曾经非常幸福……非常幸运……非常骄傲,'她继续说,'太幸运了。 有一段时间,我实在太幸福了。 而现在,我不再幸福……一辈子都不会了。'

"她站起身来,金色的头发一闪一闪,好像抓住了夕阳所有的余光。 我也站起身来。

"'是啊,说到底,'我接着悲哀地说,'他的承诺,他的伟大,他的丰富的思想,他的崇高心灵,什么也没有留下……只是你和我……会永远记住他的。'我急忙说。

"'不!'她大声说,'怎么会什么也没有留下呢……他这样的一生,这样奉献,怎么会只留下悲哀呢!你知道他有过怎样宏伟的计划。 我也知道……也许我不太理解,但别人会理解的!肯定会留下什么,至少他说过的话还没有死。'

"'他说过的话是会留下来的。'我说。

"'还有他会作为楷模,'她轻声地自言自语,'受人敬重……他的品质闪耀着善的光辉。 他是楷模……'

'……的确如此,'我说,'他会作为楷模留给后人。 是的,作为楷模。 我把这忘了。'

"'但是我没忘。我不相信……不相信……到现在还是不相信……我不相信,我就再也见不到他了,没人再能见到他了,再也不能,再也不能了,再也不能了。'她在黑暗中伸出双臂,像在追随一个正在消逝的身影,两只苍白的手紧扣在一起,横在窗前正在暗淡下来的一道光亮中。我再也见不到他了!然而就在此刻,我却又能清楚地看到他。只要我活着,我就会看见这个蛊惑人心的幽灵。我也会看见她,这个悲惨的、熟悉的影子。她做这一手势的时候很像那个幽灵,那幽灵同样悲惨,全身挂满无用的护身符,朝着那条地狱般的河流和那片黑暗的土地伸着裸露的棕色的双臂。突然,她低声说:'他死了,就如他活得一样伟大。'

"'他的死,'我带着隐忍的怒气说,'不管从哪方面看都证明他没有白活。'

"'而我却没能在他身边。'她喃喃地说。我的怒气在无限的同情中化解了。

"'所有能做的事情都已经……'我咕哝说。

"'是啊,但我比世上任何人更相信他……比他母亲还相信他,比……他自己……还要相信他。他需要我!我珍惜他的每一声叹息、每一句话、每一个手势、每一个眼神。'

"我感到胸口一阵冰凉。'别这样。'我含糊地说。

"'请原谅。我……我……已经像这样默默地哀悼他很久了……默默地……你在他身边……一直到最后?我想到过,他会很孤独。他身边的人没有一个能像我这样理解他。也许没人听到……'

'直到最后,'我用颤抖的声音说,'我听到他最后说的话……'我停下来,心里有些害怕。

"'请再说一遍,'她伤心欲绝地说,'我需要……需要……

有点东西……有点东西……我得靠它活下去。'

"我都快要哭出来了。你们不是听到了吗？他的话刚才就在这儿，在这傍晚的空气里重复过好几遍了，而且像起风时的风声一样，越来越响。'可怕啊！可怕啊！'……这是他最后说的话……我得靠它活下去，而不是她。但她一定要我说。'难道你不知道我爱他……我爱他。我爱他！'她说。

"我拼命控制住自己，说得很慢：

"'他最后说的是……是你的名字。'

"我听到一声叹息，接着听到一声惊叫。我的心跳停止了，突然间完全停止了。她的叫声里带有不可思议的狂喜和不可言说的痛苦。'我就知道……肯定是这样！'……她早就知道，还很肯定。我听到她在哭；我看到她双手捂着脸。我觉得我还没来得及逃出去，那房子就要塌下来了；我觉得天也要塌下来压到我头上。但什么也没有发生。老天是不会因为这点小事就塌下来的。我很想知道，如果我像库尔兹一样要讨个公道，对她实话实说，天是不是会塌下来？库尔兹不是说他要讨个公道吗？但是我不能，我不能告诉她。那也太黑暗了……实在太黑暗了……"

马洛停下了，默默地走到一边坐下，看上去很安详，很平静，就像一尊静思默想的佛像。有那么一会儿，我们几个谁也没有动一下。"哦，我们错过了第一次退潮。"船长突然说。我抬起头来。大块的乌云遮住了远处的海面，通往浩瀚大海的河道在阴云密布的天空下静静流淌——像是通往无穷无尽的黑暗深处。

刘文荣　译

国 王 迷

[英]鲁迪亚德·吉卜林

鲁迪亚德·吉卜林（Rudyard Kipling 1865—1936），英国小说家、诗人，出生于印度，父亲是英国的殖民官员。虽年幼时就被送回英国接受教育，但他大学毕业后又返回印度，在那里任报社记者等职，同时以殖民地生活作为文学创作的主要题材，重要作品有短篇小说集《丛林之书》、长篇小说《消失的光芒》《吉姆》和诗集《七海》《五国》等，并于1907年获诺贝尔文学奖。本篇是吉卜林最有名的中篇小说。小说英文名为 *The Man Who Would Be King*，直译为《想做国王的人》。小说开头平淡无奇，旨在告诉读者，故事发生在现代社会，而非蛮荒的远古。正因为如此，当读者接着读到一个几近荒诞的历险故事时，就不免惊异了：两个英国浪子在当时的英国殖民地印度闯荡，决定找一个落后地方自立为王；他们历经千辛万苦，到了阿富汗边境一个偏远地区；在那里，他们施展计谋，竟然使当地的土著人相信他们是"天神"，并拥立他们为"国王"。他们本来只是为了获取一点钱财，如今真当上了"国王"，竟然认真起来，不仅想建立一个真正的王国，还想娶妻生子，以期后继有人。然而，正因为他们认真做起了"国王"，他们的"天神"外衣露出了破绽，其凡人真相被土著人识破。结果，一个被处死，一个仓皇出逃。显然，这是个具有哲理意味的历险故事，其寓意是：要想和你完全不同的人打交道并得到他们的尊敬，凭计谋只能得逞一时，到头来你总会遭到排斥，弄不好，还会大祸临头。（联想到故事的背景是印度次大陆，当时的英国殖民地，这个故事——若从这一层面上讲——是不是暗示英国人迟早要被当地人驱逐？）

> 凡和王孙公子称兄道弟，或与贫丐
> 莫逆交者，则为俊杰。

上面引述的这个守则，虽可作为处世待人的圭臬，但要身体力行起来，却又谈何容易。我曾经一而再地与贫丐结交朋友，由于当时环境，我们谁都无法查明对方是不是俊杰。不过，现在我仍然还得和王孙公子称兄道弟，虽然我曾经一度接近过类似下面的这种人物，他也许可以称之为一个真正的国王，并使一个王国——军队、法院、岁入和政策全部为之逆转。但在今天，深恐我的那位国王早已命归西天，如果说我想要得到一顶王冠，那我就得给自己去寻觅呗。

事情是从阿杰梅尔开往姆豪的火车上开始的。由于收支预算出现了亏空，迫不得已这才出门远行，搭坐的不是票价只及头等车票一半的二等车，而是确实令人可怕的客货混合车厢，这种客货混合车厢，里面没有软席靠垫；旅客也是五方杂处，不是欧亚混血种，就是夜间长途旅行时令人作呕的土著，或是喝得烂醉如泥、逗人直发笑的游手好闲者。客货混合车厢里旅客从不光顾小吃部。他们自带一包包、一罐罐干粮，向当地小贩买糖块吃，还随便喝路旁的生水。 到了热天，为什么客货混合车厢里要抬出死人来，而且平时总是让人瞧不起，原因就在这里。

　　赶上我坐的那节客货混合车厢，恰好是空无一人，直到纳西拉巴德才走进来一个身躯高大、衣着随便的男人；按照客货混合车厢的惯例，我们寒暄后就攀谈起来。 他同我一样是漂泊无定，浪迹天涯，但他附庸风雅，爱喝威士忌。 他娓娓动听地讲了许多他亲历其境的事情，他曾经深入到印度帝国的僻远角落，以及为了乞食糊口不惜冒着生命危险的惊人经历。 他说："如果说印度全国上下都像你我之辈，连下一天的口粮都还不知道上哪儿去找，那么，国家要支出的岁入就不是七千万——而是七亿整了。"我朝他嘴巴和下巴颏儿望了一眼，不用说跟他有同感。

　　这样，我们就议论开政治了——大凡游手好闲的人在议论政治的时候，他们总是从事物的底层，亦即生活阴暗面来观察的——接下来我们就谈到了邮政设施，因为我的朋友要从下一站给阿杰梅尔拍发一个回电，而阿杰梅尔正是你西行由孟买至姆豪的干线上的一个岔道口。 我的那个朋友除了吃饭钱八安那①以外已是身无分文，而我由于上面提到的收支预算拮据，根本不名一文。 再说，此刻我要到人迹罕至的荒地去，虽然我应该继续和财务部保持联系，但是那里却没有电报局。 所以说要资助他，我实在力不从心。

　　"我们不妨对那个站长吓唬一下，让他马上就发出一个电报，"我的朋友说道，"不过那么一来就得要盘问你和我了，可我这些天来手头正忙呢。 你说你过几天再坐这趟车回来？"

　　"十天之内。"我说。

　　"你改成八天不行吗？"他说，"我可有急事要办。"

---

①　印度货币名。

"十天以内我可以打电报给你，如果你认为那样合适的话。"我说。

"现在我一想，他不一定能收到这个电报。事情是这样的。他在二十三日离开德里去孟买。那就是说，他将在二十三日夜里经过阿杰梅尔。"

"但是此刻我要去印度沙漠。"我马上说明来意。

"好，好得很，"他说，"那你就要在马尔瓦尔枢纽站换车，才能进入乔德普尔地区——你非得那么个走法不可……而他将在二十四日凌晨乘坐孟买邮车经过马尔瓦尔车站。那时你赶得到马尔瓦尔站吗？这可不会给你增添什么麻烦的，因为我知道：从印度中部各邦可以采集的东西很少……虽然你还自称为《巴克伍兹曼报》的记者哩。"

"你老是耍弄那套把戏吗？"我问。

"不止一次啦。可是，当地居民会发现你的，所以趁你还有时间用刀子捅他们以前，就得找人护送到边境。不过，这里说的是我的那个朋友。我一定要捎个口信给他，把我的近况告诉他，要不然他不知道该上哪儿去。我请你老兄多多帮忙，但愿你务必准时离开中部印度，赶到马尔瓦尔站跟他会面，并对他说：'他去南方已有一个星期了。'他会知道那句话里的意思的。他是个蓄红胡子的大汉，他这个人可真了不起。你将在二等车厢里找到他，他活脱脱像个绅士睡在那里，四周围都是他的行李包裹。可你用不着害怕。拉下车窗，说：'他去南方已有一个星期了。'他一听心里就明白啦。这样，你停留在那里的时间仅仅缩短两天。我，作为一个陌生人，要求你……到西部去走走。"他加重语气地说道。

"那现在你是从哪儿来的？"我说。

"从东部来，"他说，"现在我希望你就老老实实地把这个口信捎给他……看在我母亲和你自己母亲的面上。"

虽然英国人通常不会一提到母亲就心软下来，但由于某些显而易见的原因，我几乎要表示赞同了。

"这事实在非同小可，"他说，"我为什么要你去办这件事，原因就在这里……而现在，我知道我可以放心让你去办了。马尔瓦尔车站上的一节二等车厢里，睡着一个红头发的男人。你肯定记得住的。我下一站就下车，我一定留在那里，直到他来了，或者给我送来了我所需要的东西。"

"我一定把这个口信捎给他，只要我赶得上他。"我说，"看在你和我的母亲面上，我就要给你进一言。就是现在千万不要以《巴克伍兹曼报》记者的身份，在印度中部各州到处走访。因为有一个真正的报社记者正在这里到处采访，这样说不定会给你招来麻烦呢。"

"谢谢你，"他直率地说，"那个蠢家伙多久才走呢？现在我可再也受不了啦，因为他正在把我的工作给毁了。我要把我所知道的有关他寡母的情况，向德古姆伯王公①谈一谈，让他吓一跳。"

"那么，他对待自己的寡母又是怎样的呢？"

"当她悬在横梁上的时候，他给她灌满了红辣椒水，还用拖鞋揍得她昏死过去。那是我亲自发现的，因此，唯有我一个人，才敢到邦里去拿封住自己嘴巴的钱。可是，他们想方设法要伤害我，就像从前我在乔敦姆纳敛钱时他们所作所为一样。不过，我说你在马尔瓦尔枢纽站会把我的口信捎给那个人吗？"

他在路旁一个小站下了车，我顿时陷入沉思之中。我不止一次地听说过，有人冒充新闻记者，向一些小的邦政府威胁说要揭发，

---

① 王公，指旧时印度各邦的统治者。

乘此机会敲竹杠,但我过去从来没有碰到过任何一个像上面那样敛钱的人。他们过着一种艰苦的生活,而且常常是突如其来地死掉了。各地邦政府对可能揭发他们独特的施政方法的英国报纸都很惧怕,于是,他们竭力用香槟酒来堵住新闻记者的嘴巴,或者用四匹马拉的四轮大马车干脆把他们驱逐出境。他们根本不了解,只要压迫和罪恶还没有越过界限,不论是谁,对于各地邦政府内政都是丝毫不感兴趣的,而各地统治者一年到头不是吸毒、酗酒,就是病魔缠身,动弹不得。各个土邦由上帝创造出来,只不过增添了山川如画的景色、老虎和大量长篇累牍的文件罢了。它们是地球上暗无天日的地方,充满了难以想象的暴行,一方面有现代化的铁路和电报,另一方面还处在哈伦·拉希德①的时代。我下了火车以后,就同好几个国王打交道去了。在这八天时间里,我的生活却大起大落,几经变化。有时候我身穿华服,陪伴王孙公子和政界要人,宴饮时手执水晶酒杯和纹银盘碟。但也有的时候,我却躺在地上,用化妆盒当作盒子,随便抓到什么东西,就狼吞虎咽地吃起来,而且还得喝生水,裹上如同我仆人使用的破毯子睡觉。这是习以为常,毫不希奇的事啦。

随后,根据我原先约定的合适日期,我动身前往印度大沙漠。夜间邮车把我带到马尔瓦尔枢纽站,有一条由地方当局经营、虽然狭窄得可笑、却是逍遥自在的铁路线,从那里一直通往乔德普尔。来自德里的孟买邮车在马尔瓦尔停留时间很短。我刚进站,邮车才抵达;我正好赶到站台,上了车。这趟列车通共只有一节二等车厢。我放下车窗,低头望着被车上毯子盖没了一半的火红的络腮胡子。那人正在呼呼大睡,他就是我要寻找的人,于是我轻轻地碰了

---

① 哈伦·拉希德,是阿拔斯王朝(763—809)巴格达哈里发,其事迹详见《一千零一夜》。

163

一下他的胸口。 他哼了一声，醒过来了。 我借着灯光看见了他的脸孔。 那是一个闪闪发亮的大脸盘。

"又是车票吧？"他说。

"不，"我说，"我要转告你，他到南方去已有一个星期了。他到南方去已有一个星期了！"

列车开始移动了。 那个红胡子的人擦擦自己的眼睛。 "他到南方去已有一个星期了，"他又说了一遍，"那正是他所说的傲慢无礼的话吗？ 他还说过我得给你一些什么东西吗？ ——反正我不会乐意的。"

"他没有说过。"我说后转身就走，眼看着红灯消失在黑暗之中。 天气冷得够呛，因为大风正把砂土都给刮了起来。 我登上了自己的车厢……这一回可不是客货混合车厢……就睡觉去了。

那个红胡子的人要是给我一个卢比①，本来我可以把它珍藏起来，作为一件相当稀奇古怪的趣事的纪念品。 但我所得到的唯一的酬偿，只是意识到我已经尽到了自己的职责。

后来，我暗自思忖：那两个人好像是我的朋友，即使他们凑在一起，冒充新闻记者，那也干不出什么名堂来；他要是去"抢劫"中部印度或南拉杰普塔纳濒于绝境的一个小邦，说不定会使自己陷入严重的困境。 所以说，要对那些想放逐他们的人，凭我的回忆尽可能精确地把他们描述一番，就不免有些困难了。（后来，我就听说，他们终于从德古姆伯边境被押了回来。）

随后，我总算好歹又回到了编辑部，在那里除了每天出报以外，根本没有什么国王之类的事情可说。 但因报社编辑部对社会上三教九流的人物似乎都有吸引力，所以也就很难保持良好的秩序。

---

① 印度货币名。

身在深闺后院的印度小姐派出代表团,前来要求主笔即刻放弃自己全部职责,不要去报道基督徒在一个穷乡僻壤的贫民窟里分发奖品的事迹,有一些上校在结束了戎马倥偬的生涯以后,就坐下来拟定了十篇、十二篇或二十四篇有关资历与选拔的社论提纲,有些传教士想要了解一下,他们作为辱骂人们的工具,很有意见,极想离开,但为什么老是不让他们脱身而去,而且此刻还在诅咒受到编辑部同人特别保护的某个兄弟教会,有一些走投无路的剧团向报社联合声明,他们实在付不出广告费,但从新西兰或塔希提岛①一回来,他们将连同利息把它一起付清;还有一些人发明了专利大风扇牵引器、火车挂钩,以及不易破损的刀剑和轴干,他们来访时口袋里装着说明书,一连好几个钟头向报社同人介绍情况,一些茶叶公司办事人员走进了报社,对撰稿人详细说明他们的计划书;化妆舞会的主办人常常埋怨报社对他们的舞会报道得过于详尽了;一些陌生的贵妇人衣裙窸窣作响,走进来说:"我要许许多多女士名片,请马上印出来。"显而易见,这就是主笔职责的一部分了,甚至闲荡在大马路的每一个流氓,都认为自己应该去报社求职,充当一名校对员。 在编辑部里,电话铃声整天价在疯狂地响个不停,一些国王正在欧洲大陆上被杀害,一些帝国却在扬言道:"你也是一个帝国哪。"格拉德斯通先生正在责骂英国自治领,而专替报社送稿件的黑孩子,就像疲惫不堪的蜜蜂一样,正在呜呜地哀叫"卡阿—比恰伊—哈—耶"(意思是:副本要吧),本子上大部分都是黑糊糊的,如同莫特雷德②的盾牌一样。

不过,这是一年之中兴味盎然的时节。除此以外,还有剩下来

---

① 位于南太平洋一个岛屿。
② 莫特雷德是亚瑟王传奇圆桌骑士之一,以奸逆著称。

的六个月,那就没有人来登门求访了;寒暑表上的度数一英寸、一英寸地往上升高,一直升至玻璃管顶端,报社编辑部里,除了案头的灯光以外,一片黑暗;印刷机一直在转动,摸上去滚烫滚烫;但谁都懒于执笔,写的净是印度山中避暑胜地的趣闻,或者撰写讣告而已。 那时候,电话铃声就成为一种恐怖的讯号,因为它会向你报告你所熟悉的男人、女人突如其来死去了。 痱子像罩袍似的布满了全身,你还得坐下来写道:"来自库德·詹塔·汗地区报道,疫病稍有增加,此次突然蔓延,纯属偶然性,现经该地区当局大力拯救,已近敛迹。 但我们对所述的死亡事情则深表遗憾。"

那时,疫病确实突然发生过,只要记者报道得越少,撰稿人心中也就越安宁。 但是,帝园和国王依然如同往日一样自私地尽情玩乐;领班却认为:一张日报在二十四小时内确实应该出版一次;而所有在山中避暑的人们,在他们寻欢作乐时却说:"我的天哪! 为什么报纸不能办得更活泼些? 我敢说这儿山上发生的事就够多啦。"

那就是不为人们所知道的一些秘闻,正如广告上常说的"如蒙惠顾,包君满意"了。

正是在那样一个极其不吉利的季节里,报社开始在星期六夜间——这就是说,按照伦敦报纸惯例,是在星期日凌晨——出版本周最后一期报纸。 这是一件非常方便的事,因为当铅字排好刚放到印刷机上不久,熹微的晨光就在半个钟头以内使寒暑表上的度数从华氏九十六度几乎骤然下降至八十四度,在那种沁人肺腑的凉意之中——在你开始祈求这种凉意以前,你根本不会知道华氏八十四度在草地上该有多么凉快——一个疲惫不堪的人,就可以安然入睡,趁着炎热还没有把他惊醒。

赶上星期六夜晚,我只要把报纸编好,一放到印刷机上,就算愉快地尽到了自己的职责。 不管某一个国王,或某一个朝臣,或某一个名妓,或某一个社区行将销声匿迹,或者得到一部新宪法,或者在世界另一边出现了一些重大事件,报纸为了赶上最新电讯稿,直到最后一分钟,尽可能保留出空白版面。 这是一个伸手不见五指的漆黑的夜晚,而且又闷热得比六月之夜更叫人透不过气来。 西边刮来的热风,正在干得像火绒似的树丛间嗡嗡作响,仿佛马上就要下雨了。 不时有一颗几乎煮沸了的水点落下来,像一只青蛙似的在尘土里扑腾着,但我们这些疲乏透顶的人都知道那只不过是假象罢了。 倒是印刷间比报社编辑部更阴凉些,所以我就坐在那里,听咔嚓咔嚓地排捡铅字的声响,以及夜枭在窗边的哀鸣声,而那些几乎赤身裸体的排字工人老是在擦脑门上的汗水,嘴里一个劲儿喊着要水喝。 那条好像对我们一直隐瞒其内容的电讯稿,直到此刻还是迟迟未到,虽然热风渐渐停息下来了,铅字最后也已经排好了,整个大地依然处在令人窒息的酷热之中,傻等着那条重大新闻。 我迷迷糊糊地在暗自纳闷:那条电讯是不是一件大喜事,这个行将死亡的人,或在苦斗中的人,是不是知道电讯稿迟到以后将会造成的那种麻烦。 虽然产生紧张的情绪,除了炎热和忧虑以外,没有其他特殊原因,但是,当座钟的时针指向三点钟,机器飞轮转上两三次,看到一切都已井井有条,就在我说可以开印之前,本来我也许还会尖声叫喊起来呢。

随后,沉寂的气氛被机器飞轮发出的嘎嘎声震碎了。 我站起身来要走,但有两个身穿白大褂的人站在我面前。 第一个人说:"就是他!"第二个人也说:"没错,是他!"他们两人哈哈大笑的声音,几乎就像机器声一样震耳欲聋。 同时,他们都在擦脑门上的汗水。 "我们看见对面马路上有一处灯光还亮着。 刚才我们贪图凉快,正躲在小沟里睡觉呢。 我就对我身边的朋友说:'报社编辑部里还有人在办公。 让我们走去跟他说说,我们怎样从德古姆伯邦被撑回来的。'"说上面这些话的,是他们中间个子较小的那个人。他正是我在姆豪列车上遇到过的那个人,而他的同伴就是马尔瓦尔枢纽站上的那个红胡子。 这个人的眉毛,和那个人络腮胡子,我决没有认错。

那时我可不太高兴,因为我心里正想去睡觉,不打算跟那些游手好闲的人嚼舌根。"你们要想干什么呀?"我问。

"办公室里挺凉快,同你闲扯上半个钟头,好吗?"那个红胡子说,"我们都喜欢喝一点儿……反正那个合约还没有开始生效,皮奇。 所以你用不着东张西望……但我们真正需要的是忠告。 我们并不短缺钱。 现在我们只是请你赏个脸,因为我们发现是你叫我们在德古姆伯上了当。"我从印刷间走到四壁挂满地图的令人窒息的办公室,那个红胡子来回擦着自己的双手。 "妙极了,"他说,"这算是找对了地方啦。 现在,先生,让我向你介绍一下,皮奇·卡内汉大哥,就是他,丹尼尔·德雷沃特二哥,就是我,关于我们的职业嘛,介绍得越少越好,因为我们活到现在,各式各样活儿都干过。 什么士兵、水手、排字工人、摄影师、校对员、街头传教士,而且还当过《巴克伍兹曼报》记者,因为我们认为这个报社正需要一个记者。 卡内汉并没有喝醉酒,我也是那样。 乍一看,你就知道这话一点儿都不假。 这就不会使你把我的话给打断了。 我们每人要向你拿一支雪茄烟,你对我们就会有所了解。"

于是,我察颜观色了一番。 那两个人绝对没有喝醉,所以我就给了他们每人一杯不冷不热的白兰地苏打水。

"好,好极了,"卡内汉眉毛一扬说,随手抹去了大胡子旁边的白沫,"现在就让我谈吧,丹①。 整个印度大地上,都有我们的

---

① 即丹尼尔的简称

足迹。什么锅炉装配工，火车司机，小包工头，等等，样样杂活我们都干过了，我们的结论是：在我们这样的人看来，印度这个地方还不够大呢。"

他们两个对那间办公室来说，当然是太大了。当他们坐在那张大桌子跟前的时候，德雷沃特的大胡子似乎占去了半个房间，卡内汉的两个肩膀则占去了那剩下的半个房间。卡内汉继续说下去："这个国家的资源并没有完全得到利用，因为它毕竟是归他们所统治的，所以就是不让你去碰它一下。他们把他妈的所有时间都花在统治上面了，你想想要举起铁锹，削凿岩石，勘察石油，或者干类似那样的事情；所有地方政府必定要说：'别营它，让我们来管理。'所以说，事实上就是那样，我们只好不去管它，就到另外一个地方去，在那里，你可以独来独往，好像是自己的天下一样。我们可不是微不足道的人，我们什么东西都不害怕，就是喝酒例外，为此，我们就签订了一份合约。所以说，我们将要到外地去当国王了。"

"去当由我们亲自掌权的国王。"德雷沃特喃喃自语道。

"哦，那当然啦，"我说，"你们一直头顶烈日，到处漂泊流浪，此刻正好赶上一个暖洋洋的夜晚，不妨睡一觉，对这个怪念头再好好想一想？还是明天来吧。"

"我们既没有喝醉，也没有中暑，"德雷沃特说，"这个怪念头我们反复考虑了已有半年时间。而且还要查阅许多书和地图集。我们的结论是：在当前世界上，可供两个铁腕人物瓜分的，只有一个地方。人们都管它叫卡菲里斯坦。照我的估计，这个地方位于阿富汗右上角顶端，离白沙瓦不超过三百英里。在他们那里，异教徒崇拜的神就有三十二个，而我们俩就要成为第三十三个神。那是一个崇山峻岭的国家，但是那一带的女人却漂亮透顶。"

"可是话又说回来，那正是合约规定所禁忌的，"卡内汉说，"一是女人，二是美酒，丹尼尔。"

"我们知道的通共就是这些，可惜那个地方谁都没有去过。听说那里人们爱打仗，所以，凡是人们爱打仗的地方，谁只要懂得如何训练士兵，总能当上国王的。我们打算到那个地方上，不论我们找到的是哪一个国王，我们就对他说：'你要把你的仇敌消灭掉吗？'接着，我们就会指点他如何训练士兵；因为搞那个行当，我们最精通也没有啦。随后，我们就把那个国王颠覆掉，篡夺了他的王位，建立一个新王朝。"

"你越过边界还不到五十英里，恐怕早就被人斩成肉酱了。"我说，"你必须经过阿富汗才能到达那个地区。那里极目望去，都是崇山峻岭，冰川壁立，连英国人都裹足不前，视为畏途。那里的人完全是蛮夷之邦，你们即使到了那里，也干不出什么名堂来。"

"那可差不离呢，"卡内汉说，"不过，你要是认为我们有点儿痴头痴脑，这才更叫我们高兴呢。现在我们上你这儿来，就是要了解这个国家的情况，读一本有关它的书，再让我们查看一些地图。你尽管说我们都是傻瓜蛋，只要把你的那些书给我们看看就得了。"他转过身来指着那些书柜。

"你们果真是那么正经八百的吗？"我说。

"有一点儿呗，"德雷沃特温和地说，"你有最详细的大地图，即使卡菲里斯坦在那上面还是一大片空白，以及不管你还有哪些书，都给我们看看吧。书我们都还看得懂，尽管我们文化程度很不够。"

我把那张比例为每英寸等于三十二公里的印度大地图和两张篇幅较小的边境地图都打开来，还把英国大百科全书中字首为INFKAN的那一大本书也搬下来了。于是，他们两人就查阅起来了。

"看这里！"德雷沃特把大拇指摁在地图上说，"往上可以通到贾格达拉克，皮奇和我知道那条路。当年我们跟着罗伯特的军队到过那里。我们必须通过拉格曼地区，再往右一拐弯，才能到达贾格达拉克。随后，我们进入山区……高度是一万四千英尺到一万五千英尺……那个地方冷得要命，但从地图上看好像还不算太远。"

我把伍德著《乌浒水河源考》一书递给了他。卡内汉就埋头啃那部大百科全书去了。

"他们那里人种混杂。"德雷沃特若有所思地说，"这么一来，我们就没法了解他们各部落的名字了。部落越多，他们越要打仗，对我们就越有利啦。从贾格达拉克到阿香格。嗯！"

"不过，关于这个国家的所有资料，只是概括介绍，很难说得上十分精确。"我不以为然地说，"至于这个国家究竟怎样，老实说，谁都说不上来。这里是联合后勤研究会的档案材料。念一下贝留的意见是什么。"

"贝留净是吹牛呗！"卡内汉说，"丹，他们都是异教徒，简直多如牛毛，但这本书在这里却说：他们认为同我们英国人有血亲关系。"

我抽着烟，他们两人则在浏览雷弗泰和伍德的著作，以及地图集和大百科全书。

"你等着也白搭，"德雷沃特彬彬有礼地说，"现在大约四点钟了。你要是想去睡觉的话，我们就会在六点钟以前离开，反正我们不会把什么报纸都偷走的。你用不着在这里坐等。我们两个疯子从来不做缺德的事。明儿晚上你到旅店来一趟，我们就跟你挥手告别啦。"

"你们真是两个傻瓜蛋呀，"我回答说，"你们一到了边境，就得碰壁而归，要不然你们一踏上阿富汗国土，就被吃掉了。你们去那个地方需要钱呢，还是要推荐介绍一番？下个星期我可以帮助你们找个事由。"

"下个星期我们自己的活儿还忙不过来呢，谢谢你，"德雷沃特说，"看来要当一个国王，可也不是那么容易。我们一旦把我们的那个王国整治得井然有序，就会通知你。你就可以来匡助我们治理那个王国。"

"两个疯子还签订过么一个合约呢？"卡内汉带着几分矜色说，并拿出半张油腻腻的信纸给我看。那半张信纸上写着如下条款，我照着抄录下来，堪称天下奇闻：

立约人谨遵守以下各条款，但愿上帝作证，阿门。

第一条 立约人将共同解决以下问题，即是：当上卡菲里斯坦国王。

第二条 此问题一旦获得解决，立约人应拒绝任何美酒和女人（不论是黑种、白种、棕种），以免跟任何有害的人种发生混杂观象。

第三条 立约人举止态度应保持尊严、审慎，如果其中有一人遇到麻烦，另一人仍应留在他身边。

　　　　　　　　立约人
　　　　　　　　皮奇·托利弗·卡内汉（签名）
　　　　　　　　丹尼尔·德雷沃特（签名）
　　　　　　　　（上述两人均为赋闲绅士[①]）

[①] "赋闲绅士"为作者杜撰，在这里意思是指"无所事事的正人君子"，纯系一种自我讽刺。

"最后那一条大可不必写上的,"卡内汉不觉有点儿脸红地说,"但看来也是一种惯例吧。至于游手好闲的人是嘛样的人,你是知道的……不过,丹,我们只要一出印度国界,就不算是游手好闲的人啦……如果我们不是一本正经的话,你说我们还会签订那么一份合约吗?我们所以要禁忌美酒和女人这两个东西,就是为了使人生变得更有意义。"

"如果你们要去进行这样愚蠢透顶的冒险,你们真是活腻了,不乐意再活下去了。千万别放火烧报社编辑部,"我说,"九点钟以前,你们通通滚出去。"

我离开的时候,他们还在仔细观看各种地图,并在那张"合约"背后记下一些要点。"明天务必来旅店哪。"——这就是他们的告别词。

孔哈森旅店是一座四方形的大房子,真是藏污纳垢的场所,来自北方的一群群骆驼和骡马,正在那里装卸货物。中亚细亚所有各族的人在那里可以说应有尽有,但十之八九还是来自印度大陆的人。巴尔赫人和布哈拉人在那里一碰到了孟加拉人和孟买人,总是少不了暗算对方。在孔哈森旅店,你可以买到小马驹、绿松石、波斯猫、马褡裢、肥尾羊和麝香,而且还可以不费分文,搞到许多稀奇百怪的东西。第二天下午,我就往那个旅店走去,想看看我的那两个朋友是不是有意信守自己的约言,还是喝得酩酊大醉,此刻早已倒下了。

一个穿着破衣烂衫的祭司,手里一本正经地捻着一个儿童玩的纸折旋螺,高视阔步地向我走过来。后面是他的仆人,这会儿弯着腰在装载一大篓泥塑玩具。当这两个人正在给两头骆驼装货的时候,旅店里的客人都直瞅着他们,不断发出尖厉的笑声。

"这个祭司是个疯子,"一个马贩子对我这样说,"他就要到喀布尔去，把这些玩具卖给埃米尔①。赶明儿他要么是被尊奉为座上嘉宾，要么就是脑袋落地。今儿早晨他才到这里，打这以后，他的一举一动，都是疯疯癫癫的。"

"糊涂鬼自有老天爷照应哪，"一个脸颊扁平的乌兹别克人用蹩脚的印地语在结结巴巴地说话，"他们未卜先知，能预言未来一切吉凶祸福。"

"我的商队刚进入离那个山口不远的地方，就被希恩沃里斯人搞掉了，难道他们也都能预言到吗？"一个尤苏富扎伊商人咕哝着说，原来他是拉杰普塔纳一家商行的代理人，正在越过边界的时候，他的货物全被落入凶恶的强盗手中，现在他的不幸遭遇却成为赶集人的笑柄。"喂，祭司，你从哪儿来的。你又打算上哪儿去呢？"

"我刚从鲁姆来，"这个祭司一面挥动他的纸折旋螺，一面大声嚷道，"是从鲁姆来的，叫许许多多的魔鬼吹一口气，我就飘洋过海给刮来了！啊，小偷、强盗、撒谎的人，皮尔·汗为猪、狗祝福，此外还有作伪证的人！有谁带领这个叨受神恩佑护的人到北方去，把这些法力无边的神符通通卖给那个埃米尔吗？赶明儿骆驼四肢不会擦伤，儿子们不会生病，但愿让我加入商队的先生们出门远行期间，他们的妻子仍然忠于自己的丈夫。有谁助我一臂之力，让那个罗尔人的国王趿着银鞋跟金拖鞋走路呢？但愿皮尔·汗保佑他马到成功！"②他扯开了他那宽大的布袷袢的下摆，踮起脚尖，在拴上了套的骡马行列中间转来转去。

"有一支商队将从白沙瓦起程，二十天以后到达喀布尔，赫兹

---

① 伊斯兰国家和地区统治者的称号。
② 这位假装疯祭司的冒险家在这里说的所有话语，自然都是疯话，不知所云，因而是毫无意义的，今如实译出，仅供参考而已。

鲁特，"这个尤苏富扎伊商人说道，"我的几头骆驼跟他们一块儿走。但愿你也一起走，这会让我们走好运呢。"

"即使此刻走我也乐意！"那个祭司大声嚷道，"我将跨上我的那些带翅膀的骆驼，一天就到白沙瓦！喂！哈扎尔·米尔·汉，"他冲着他的仆人大声吆喝道，"快把骆驼牵出来，不过，让我先骑上我自己的那头骆驼。"

那头骆驼一跪在地上，他纵身一跃，骑在它的背上，就转过身来冲我大声喊道："你也上路走一程吧，萨希布①，我就会卖给你一道符咒……凭这道符咒，你包管当上卡菲里斯坦的国王。"

那时，天刚破晓，我跟着两头骆驼走出了旅店的大门，一直走到大路上，那个祭司这才停住不走了。

"关于那个事儿，你到底有什么高见？"这时他用英语说话了，"卡内汉不会说他们的黑话，所以我就叫他做我的仆人。他做得真是顶呱呱的。我在国内到处流浪，已有十四个年头，可不是一无所得呀。我说起那些黑话来，不是很干净利落吗？我们将在白沙瓦搭上一支商队，直至到达贾格达拉克，以后，再看看能不能找到一些毛驴，把我们的骆驼给换下来，下一步就打进卡菲里斯坦去。把纸折旋螺送给那个埃米尔，我的老天！把你的手伸进那些骆驼的鞍囊，说说你摸到了什么东西。"

我摸到了一支马提尼枪的枪托，以及其他同样的东西。

"通共二十支，"德雷沃特沉着地说，"通共二十支，还有相应的弹药，都藏在纸折旋螺和泥娃娃的底下。"

"万一你和这些东西都被人截获了，但愿老天爷会帮你的

---

① 旧日印度、巴基斯坦对人的尊称，有"先生"或"老爷"之意。

175

忙，"我说，"一支马提尼枪的价值，在帕坦人①那边，就等于枪支重量的白银啊。"

"本钱就有一万五千卢比……每一个卢比，我们都是通过乞讨、借贷，或者干脆偷窃才得到的……一古脑儿都押在这两头骆驼身上了，"德雷沃特说，"我们可不会被人抓住的。我们将要跟随一支定期的商队通过开伯尔山口。一个可怜巴巴的疯子祭司，谁敢碰他一碰？"

"你想要的每件东西，现在都得到了吗？"我惊骇不止地问。

"还没有呢，不过我们马上就要得到了。老兄，给我一件纪念品，表表你的心迹。昨天你帮了我的忙，还有在马尔瓦尔的那一次。俗语说得好，你准定拿到我的半个王国。"我从我的表链上摘下一只漂亮的小指南针，就递给了那个祭司。

"再见，"德雷沃特一面说，一面小心翼翼地向我伸过手来，"在最近那么几天里，这是我们最后一次同一个英国人握手。卡内汉，跟他握握手。"正当第二头骆驼从我身旁走过，他大声嚷道。

卡内汉俯下身子来同我握手。随后，那两头骆驼沿着尘土飞扬的大路走过去了。我孤零零地站在那里，禁不住暗自纳闷。他们经过乔装打扮以后，我竟然连半点儿破绽都看不出来。在旅店的这一幕表明他们跟当地人想的完全相同。所以说，正是机会凑巧，卡内汉和德雷沃特满可以人不知鬼不觉地在阿富汗各地到处漂泊流浪了。可是，再往远处走，他们就会找到死亡，而且肯定是一种可怕的死亡。

十天以后，我有一个老乡，从白沙瓦给我捎来了当天的新闻消息，他在信上这样写道："最近这里发生了令人捧腹大笑的趣闻，

---

① 印度西北境的阿富汗人。

原来有一个疯子祭司,照他的估计,就可以把那些花里胡哨的小饰物说成是法力无边的符咒,通通卖给布哈拉埃米尔殿下。他从白沙瓦出境后,就加入了前往喀布尔的第二支夏季商队。商人们都觉得喜出望外,因为他们有迷信思想,认为有了这些疯疯癫癫的家伙结伴同行,准会使他们走好运。"

那时,他们两人早已越过了边界,我还为他们祈祷过平安,可是,就在那天夜里,有一位名副其实的国王在欧洲驾崩,需要在报上刊登一条讣告。

世界就像飞轮似的按照相同的周期在不断地旋转着。夏天去了,冬天来了,总是那样周而复始,循环不息。那份日报还在继续出版,而我也并没有离开它。到了第三个夏天,正是一个炎热的夜晚,晚上要出一期报纸,紧张地等着从世界的另一端发来的新闻电讯稿,其实,这条新闻电讯就跟从前发生过的无分轩轾。有好几个大人物已在过去的两年里与世长逝,机器转动时发出的是更多的噪音,而且报社花园里一些树木,也不见得长高了几英尺。不过要说有什么不同的地方,也就是那些罢了。

我走过那个印刷间,正如我早已描述过的那一幕情景,恰好又浮现在眼前。由于心中紧张不安,比两年以前还要强烈,我觉得天气也就更加炎热难受了。到了三点钟,我大喊一声"开印",转身要走,就在这当儿好像有一个人影儿爬到我椅子旁边。他俯下身子,好像弯成一个环儿,脑袋深陷在两个肩膀之间,而且,他一前一后正在挪动自己的两脚,那姿势简直就跟狗熊一模一样。我几乎看不清他是在走路呢,还是在爬行——这个衣衫褴褛、唉声叹气的残废人,冲着我直呼其名,大声嚷道现在他已经回来了。"你能给我一点儿喝的?"他呜咽着说,"看在老天爷面上,给我一点儿喝的!"

我走回编辑部办公室,那个人带着痛苦的呻吟跟在后面,于是我就把灯打开了。

"你不认得我了吗?"他气喘吁吁地说,一屁股坐在一张椅子里。于是,他的那张奇形怪状的脸,和一头乱蓬蓬的灰发,就朝着灯光转了过来。

我目不转睛地直望着他。那双一英寸宽黑带似的眉毛,记得从前我在哪里目睹过的,可是此刻反正我说不出那是在什么场合了。

"我可不认得你,"我一面说,一面把威士忌送给他,"现在你要我干什么呀?"

他咕嘟一声就一口喝干了,尽管这时天气炎热得令人窒息,但他浑身上下还是在哆嗦着。

"现在我可回来了。"他又说了一遍,"我当过卡菲里斯坦的国王……我和德雷沃特……我们俩都是正式加冕过的国王呀!这个事情从前我们就是在这个办公室里定下来的——当时你坐在那里,还给我们看了好些参考书籍。我就是皮奇……皮奇·托利弗·卡内汉,打那个时候起,你就从来没有离开过这里……我的天哪!"

我不由得大为惊讶。于是,我就向他表示同情。

"这是真的,"卡内汉冷冰冰地笑着说,来回抚摩他那双缠着破布头的脚丫子,"千真万确。那时我们真的当过国王,头上都戴着王冠……我和德雷沃特……可怜的丹……哦,可怜的、可怜的丹,他从来都不肯听人家的忠告,虽然我也没有好好规劝过他!"

"喝威士忌吧,"我说,"你就慢慢来,把你尽可能记得的每一件事情,从头到尾、原原本本讲给我听。当时你们骑着骆驼越过边界,德雷沃特假扮成一个疯疯颠颠的祭司,你就充当他的仆人。现在你还记得起来吗?"

"我还不算是疯子……不过,我马上就要发疯了。当然我都记得。你继续望着我,要不然我的话儿也许就要断断续续连不起来了。你继续望着我的眼睛,什么话都不要说。"

我俯下身子,两眼尽可能眨也不眨地直望着他的脸孔。他举起一只手,放到桌上来,我就抓住他的手腕,一看五个手指弯弯扭扭,好像一只鸟的爪子,手背上还留下一方块凹凸不平的淡红伤疤。

"不,不要看那里。朝我本人看呀。"卡内汉说,"现在就说说后来的事情吧,可是,谢天谢地,不要再跟我打岔。当时我们跟随那支商队动身上路了,我和德雷沃特就像小丑一样,耍弄各式各样滑稽的把戏,把同行的旅伴们都给逗乐了。每当傍晚时分,人们都在举炊做饭——都在举炊做饭,德雷沃特常常逗引得我们前仰后合地捧腹大笑……那时他们在干些什么呢?他们点起了一个个小火堆,火花星子飕飕地飞进德雷沃特的络腮胡子里,我们大家哈哈大笑起来……差点儿要笑死呢。一个个小火堆,火花星子飕飕地飞进到德雷沃特的一大丛红胡子里……该是多么有意思。"他两眼不再望着我,却在暗自傻笑。

"你们点过了火堆以后,"我大胆地说,"就一直跟着那支商队到了贾格达拉克:到了那儿你们就拐弯,想法进入卡菲里斯坦。"

"不,哪儿都不是这样的。你在说什么呀?当时,我们还没有到贾格达拉克就拐弯了,因为我们听说那里路好走。不过,他们对我们……我和德雷沃特……的那两头骆驼……总是觉得疙疙瘩瘩,很不满意。我们一离开那支商队,德雷沃特干脆把他的和我的所有衣袍通通都脱掉,并且说从现在起我们就得扮成异教徒了,因为卡菲尔人①历来不让穆斯林跟他们讲话的。所以,我们就把自己

---

① 此词是蔑称,系指不信伊斯兰教的异教徒。

乔装打扮起来,装得平平常常,不好也不坏,因此,丹尼尔·德雷沃特的那副模样儿,过去我既没有看见过,就是以后我也不想再看了。 他把自己的大胡子烧去了一半,肩头上披着一块白茬老羊皮,并且按照他们的样式,还剃了个光头。 他也给我剃了光头,叫我穿上那叫人腻味的褂子,所以看上去活像一个异教徒了。 因为那里到处都是山连山,岭连岭,叫我们的骆驼简直寸步难行了。 它们个儿又高又黑,我一回来,看见它们就像野山羊一样在打架……因为在卡菲里斯坦那里,山羊多得很。 那两头骆驼一到了山里,就不再保持安静,跟山羊大不一样。 它们老是爱打架,夜里也闹得你睡不成囫囵觉。"

"再喝一点儿威士忌,"我慢条斯理地说,"当骆驼因为通往卡菲里斯坦的山路崎岖,再也迈不开步子向前走的时候,那你和丹尼尔·德雷沃特又是怎么办的呢?"

"你说怎么办的? 嘿,当时跟德雷沃特在一起的,就有一个人,名叫皮奇·托利弗·卡内汉。 关于他的情况,我将要告诉你,好吗? 他一到了那里,冷得简直受不了。 有一次,皮奇老兄从桥上突然掉下来,身子一溜歪斜在空中打旋儿,活像你要卖给埃米尔的一便士一个的旋螺。 不,那些旋螺一个半便士可买两个,要不然,就算我糊涂弄错了,真倒霉……那时候,这些骆驼早已派不上用场,皮奇就对德雷沃特说:'谢天谢地,趁我们脑袋还没有搬家以前,干脆把它们干掉吧。'因为到了山里,一路上简直没有什么东西好吃的,他们就把这些骆驼给宰了,但他们事先把枪支弹药箱都已卸了下来,碰巧这时有两个人正赶着四头毛驴走过来。 德雷沃特站了起来,在他们面前举手投足似地比划了一阵,还拖长了调子说:'这四头毛驴就通通卖给我吧。'头一个人就回答说:'你既然有钱买得起,那就说明你有的是钱,真够我去抢呢。'但他还来不及伸手去掏自己的刀子,德雷沃特早就把他的脖子给扭断了,另一个家伙也掉头逃跑了。 所以,卡内汉就把骆驼那里卸下来的枪支,都让毛驴驮着;我们就一起动身,朝着砭人肌骨的寒冷的山区进发,一路上走的净是羊肠小道。"

他沉吟了一会儿,我就问他还记不记得他一路上经过的都是一些什么样地方。

"我可尽量跟你说实话,有啥说啥,但是,我的脑瓜儿却越来越不管用了。 他们后来斩钉截铁地硬逼着我听,这才听清楚德雷沃特究竟是怎样死掉的。 那里群山起伏,道路崎岖,那些毛驴却偏偏故意作对,不听使唤,而且居民们又都是孤零零地分散在各处。 他们翻山越岭,老是上上下下,来来往往。 至于卡内汉那个家伙,却一个劲儿苦苦哀求德雷沃特不要引吭高歌,不要大声吹口哨,深恐这么一来会造成雪崩爆发。 不料,德雷沃特却开导我说,一个国王要是连哼哼唱唱都不会,那也就称不上什么国王了;不仅如此,他还常常使劲儿狠揍毛驴屁股,而且,面对着严寒的日子,他从来都是满不在乎的。 我们穿山越岭,来到了一大片平坦的山谷,直累得那些毛驴几乎快要咽气,所以我们干脆就把它们宰了,说实在的,是因为找不到东西来喂养它们,或者好让我们自己果腹充饥。 我们就坐在弹药箱上没事干,只好玩猜单双的游戏,甚至还耍弄着由于颠簸震动而逸出箱外的弹药筒。

"随后,有十个手执弓箭的人,正在追赶二十个手执弓箭的人(那些弯弓……实在大得惊人),朝那个山谷直冲下来。 他们都是肤色白皙的人……比你肤色还要白得多……黄头发,体格相当结实。 德雷沃特一面开箱取出枪支来,一面说道:'这是头一件买卖。 我们就照着那二十个人打吧。'话音刚落,他朝着那二十个人砰砰地开了两枪,其中有一个人被击中,倒毙在离我们歇脚的岩石二百码的地方。 余下来的人开始逃跑,满山谷乱窜,但卡内汉和德雷沃特端坐在弹药箱上,一看他们全部落在射程以内,便举起枪来逐个瞄准,把他们通通击毙了。 随后,我们回过头来再对付山上的那十个人,这时他们也已经到达雪地那一边,向我们射来了一支微不足道的小箭矢。 德雷沃特向他们头顶上一开枪,他们就通通直挺挺地躺倒在地上。 那时,德雷沃特就走过去,先用脚踢踢他们,再把他们搀扶起来,和他们一一握手,向他们表示友好。 他招呼他们,把那些弹药箱抬走。 你看,他挥起手来,这姿势地地道道就像他早已当上了国王一样。 他们抬着弹药箱,引领他穿过山谷,攀上一个小山头,走进山顶上一座松树林,那里竖立着六座巨大的石刻神像。 德雷沃特向最大的那一座神像……他们管这个家伙叫英布拉……走去,把一支枪,一个弹药筒放在神像脚跟前,恭恭敬敬地用自己的鼻子去跟它的鼻子蹭了一下,随手又轻轻地拍拍它的头,在它的面前致敬一番。 随后,德雷沃特转过身来,面对众人,频频点头,说:'对啦,对啦。 个中底细我也通通知道,所有这些老怪物——都是我的朋友呀。'接着,他张开自己的嘴巴,又用手指指嘴里,于是,当第一个人给他送来食物的时候,他只说一个'不'字;当第二个人给他送来食物的时候,他又说了一个'不'字,但是,当一个年老的祭司和村里的长老给他送来食物的时候,他这才说了一声'是',于是,他就露出不可一世的样子,慢慢地吃起来。 上面讲到的就是我们一点儿都不费劲,好比只是从空中翻个筋斗,来到了我们头一个村子的经过情形。 不过,你要知道,我们是走在那么一座该死的绳索桥上往下翻筋斗的,你听了以后可别笑掉了牙。"

"再喝一点儿威士忌,接着往下讲吧,"我说,"刚才讲的是你到过的头一个村子。 那末,你又是怎样当上了国王的?"

"我可没有当上国王,"卡内汉说,"德雷沃特才是国王呢,他头戴金灿灿的王冠,身穿大龙袍,看上去真够潇洒飘逸的。 当时,他和其他那拨人,就都呆在那个村子里。 每天一清早,德雷沃特端坐在英布拉老神像身边,人们都纷纷前来顶礼膜拜。 原来那是德雷沃特下达的命令。 后来有一些人不知怎的闯进了那个山谷,还弄不清楚自己究竟身在何处,就在这当儿,卡内汉和德雷沃特举起枪来瞄准他们,一个接一个把他们打死了,趁势往那个山谷冲下去,又登上对面那个山头,却发现了另一个村子,跟前面讲过的头一个村子完全一个样,那里人们通通脸朝下,直挺挺地匍匐在地上。 于是,德雷沃特就说:'现在你们这两个村子之间,到底有什么疙瘩解不开的?'人们用手指着一个肤色白皙犹如你、我那样的女人,就走开了;德雷沃特带着她一起回到了头一个村子,统计了一下死者……共有八个。 德雷沃特给每一个死者往地上洒下一点儿奶汁,两臂像旋螺似的来回挥动着,说:'那就算升了天吧。'说罢,他和卡内汉搀着各个村里最大的长老,一径走到山谷里,做给他们看怎样用一支矛枪沿着山坡划出一道线来,并从线的两旁各捡一块草皮泥,分别送给了他们。 这时候,所有的人都走了下来,像魔鬼似的一个劲儿大声呼叫;德雷沃特就冲着他们说:'你们通通掘地去,这才会得到大丰收。'他们二话没说照着做去了,虽然他们并不理解这是怎么一回事。 接着,我们就问……面包、水、火和神像这些东西在他们语言里都叫作什么名字,德雷沃特还把各村祭司领到神像眼前,叮嘱他一定要坐在那里考察谁好谁坏,要是出了乱子,那就非把他毙了不可。

"到了下星期,他们就像蜜蜂似的不声不响地把山谷里的土地都翻掘了一遍,活儿干得真是漂亮极了;就在这时,祭司们听到了人们都在抱怨叫屈;于是,好像演哑剧似的,他们向德雷沃特如实地作了反映。 '那仅仅是个开端,'德雷沃特解释道,'他们认为我们都是天上的神呢。'他会同卡内汉一起挑选了二十名壮丁,教给他们怎样嘎啦一声扣步枪的扳机,出操时又怎样排成四个行列,列队前进……嘿,这些玩意儿,他们都是非常乐意去做的,而且,对于这些诀窍,他们也很聪明机灵,一看就明白了。 随后,德雷沃特把他的烟斗和烟袋都掏了出来,让烟斗摆在这个村子里,烟袋则撂在那个村子里;于是,我们两人一起出发,前去了解下一个山谷里的情况。 到了那里,举目四望,到处都是岩壁林立,通共只有一个小村子,卡内汉就说:'把他们干脆遣送到那个老山谷里种地去吧。'说完,果然把他们遣送到那里,并分给他们一些还没有人拿走的土地。 他们都是一些可怜巴巴的人,我们不妨先用一头小山羊的鲜血,洒在他们身上[①],再让他们进入这个新的王国。 那就是说要给他们留下深刻的印象,这样他们才能安下心来定居。 随后,卡内汉就回到了德雷沃特那里,这时德雷沃特早已进入了另一个山谷,那里群山连绵不断,遍地都是冰雪。 当地居民根本一个都没有,他手下的那队人马不由得感到害怕,所以,德雷沃特就朝他们开枪,打死了一个,又继续前进,终于在一个村子里发现了一些人。 于是,那队人马就前去劝说,关照他们:除非自愿前来送死,最好不要放枪,因为他们手中确实也有一些小型火绳枪。 这么一来,我们同那个祭司交上了朋友,我和另外两名士兵就留在那里,教他们怎样出操练兵。 这时,有一个身躯高大得惊人的酋长,带着铜鼓喇叭,正从雪地那边走过来,因为他听人说起有一个新的天神经常在各地巡游,威震四海。 卡内汉一看到半英里外雪地那边黑压压一片乌合之众,就开枪把其中一个人的胳臂给打伤了。 接着,他

---

① 古代许多国家常用小山羊献祭,作为一种宗教仪式。德雷沃特认为给当地土著洒上小山羊的神圣的鲜血,更加富于宗教气氛,以便收买民心。

又派人去给那个酋长传话,说他如果不想白白送死,那就还得要自己走过来跟他握手,并且把手中武器都扔在后面。 果然不出所料,那个酋长独个儿先走过来了,卡内汉就迎上去同他握握手,并举起自己手中的武器……它跟德雷沃特使用过的武器完全相同……在空中旋转了一圈,不由得使那个酋长感到异常惊讶,捋了一下我的眉毛。 然后,卡内汉独个儿走到酋长跟前,就像演哑剧似的问他自己有没有仇敌。 '我有的。'酋长回答说。 于是,卡内汉就从他部下挑选出了一些精兵,编成两个队,教他们出操练兵,过了两个星期以后,这些士兵打起仗来,就像义勇军那样神出鬼没了。 因此,他就同酋长一起进军,来到了高山之巅一个大平原,酋长的部下冲进了一个村子,把它占领了;我们这三支马提尼枪的火力一个劲儿向乌合之众的敌军压过去。 就是这样,我们把那个村子也拿下来了。 我从我外套上撕下了一块碎布条,送给了酋长,说:'占领下来,直到我再来这里为止。'……这是引自《圣经》上的一句话。 为了留下一种纪念,当我和那些士兵相隔有一千八百码远的时候,我曾经朝着他站在雪地附近的地方打了一发子弹,所有的人通通脸朝下匍伏在地上。 随后,我给德雷沃特发出了一封信,尽管我还不知道他是在陆上,还是在海上。"

我不怕打断他的思路,插话问道:"那你又是怎样给德雷沃特那边写信的?"

"那封信吗? ……哦! ……那封信吗? 请你盯住看我这个眉心地方。 那上面就有结绳传话的字眼,这种方法我们是从旁遮普的一个瞎眼乞丐那里学来的。"

我记得从前确实有一个盲人到编辑部办公室里来过,他手里拿着一根长着节瘤的树桠枝和一条细绳子,按照他自编的暗号把绳子缠在树桠枝上。 过了好几个钟头,甚至好几天以后,他还能把那一句话倒背如流地重复讲一遍。他把所有字母精简为十一个原始语音；他竭力要把这种方法教会我，但是没有成功。

"我把那封信送给了德雷沃特，"卡内汉说，"就是通知他回来，因为这个王国现在发展得太大了，叫我实在管不过来，而且，我还要到头一个村子去，视察一下祭司们在那里的工作情况。他们把我们和酋长一起占领的那个村子叫做巴什卡伊，而把我们攻占的头一个村子叫做厄尔-赫布。在厄尔-赫布那里，祭司们的工作做得挺不错，但他们在土地方面却提出一些悬案要我来解决，而且，还说外村有一些人深更半夜在不断放冷箭。听了以后，我就往外走，去寻找那个村子，并从一千码远的地方向它打了四发子弹。那么一来，使我平时舍不得花的弹药全给报销了，所以，我就眼巴巴地等着外出已有两三个月之久的德雷沃特回来，同时，我还要使我的子民安分守己，不许乱来一气。

"有一天早晨，我忽然听到魔鬼似地一阵阵震天响的铜鼓喇叭声，只见丹·德雷沃特带领他的大军……后面还尾随着好几百人马……浩浩荡荡地下山来了……最最令人吃惊的，就是……一大顶金光闪闪的王冠，颤巍巍地矗起在他的头上。'我的天哪，卡内汉，'丹尼尔说，'这是一件顶顶了不起的大事，现在整个国家我们都到手了，真是太值得了。我是亚历山大①和塞米拉米斯女王②所生的儿子，你是我的老弟，也是一位天神啊！像这么惊天动地的大事业，我们破天荒头一遭才见到。六个星期以来，我亲自率领大军出征，方圆五十英里以内，每一个小村子都欢天喜地表示归顺；而且最最重要的是，你也会看到的，现在我已成为四海之内唯我独

---

① 即亚历山大大帝(公元前356—公元前323)，马其顿国王，世界征服者。
② 塞米拉米斯女王，即传说中的亚述女王，在位期间曾修筑巴比伦，征服埃及，进攻印度。

尊的真命天子，同时，我也同样给了你一顶王冠！我已经关照过他们，在一个名叫舒的地方定做它两顶，因为在舒这一带山里有大量黄金宝藏，简直多得就像炖羊肉上的一层层板油。黄金我亲眼看见过，绿松石我从壁立千仞的悬崖那里捡到过，此外，那条大河沙滩上还有深红色石榴石，你看，这里厚厚一大块琥珀，就是某某人送给我的。把所有的祭司都叫拢来，就在这里接受你的王冠吧。'

"他们中间有一个人刚打开一只用黑色马鬃编成的口袋，我就连忙把那顶王冠戴在自己头上。尽管这顶王冠太小、太沉，但我戴上它……却觉得十分光耀。它是用大块大块黄金浇铸出来的……有五磅重，就像大圆桶上一道铁箍。

"'皮奇，'德雷沃特说，'我们再也不想打仗了。互济会是个法宝，可以帮我的大忙！'他当即把我留在巴什卡伊的那个酋长领了出来……后来我们管那个酋长叫做比利·菲什，因为他的长相简直就像从前在博朗河畔的马奇城开那台庞然大物的蒸汽机火车头的比利·菲什。'跟他握握手吧。'德雷沃特说。于是，我就去握握手，差一点缩了回来，因为比利·菲什对我使用了这个秘密会社规定的那一种特殊的握手方式①。我虽然一言不发，但用互济会伙计的握手方式又跟他试了一回。这时，他回答说对啦，对啦；接着我又用互济会师傅的握手方式试了一回，不料却出了纰漏。'他是互济会里的一个伙计呀！'我对丹说，'这个名字他会知道吗？''他会知道的，'丹回答说，'所有的祭司都知道。这是……一个奇迹！那些酋长和祭司可以合办一个互济会伙计分会，这个分会在某些地方跟我们英国的会社非常相似，他们常常把一些标记刻在岩

---

① 19 世纪，互济会盛行于西方各国。互济会有许多秘密仪式与会规，其成员可按伙计、师傅、大师傅三个等级逐步晋升，并且各有各的握手方式。

壁上，但他们不知道什么叫做第三个等级。 以后他们慢慢地会懂得的。 老实说，这么多年来，我了解到阿富汗人是知道互济会中伙计这个等级的，这就是一个奇迹了。 我是天神，我是互济会中天字第一号大师傅，我将要开设一个互济会分会，专收属于第三个等级的会友，以后我们还要提拔各个村里一些主要的祭司和酋长。'

"'没有得到任何人许可就擅自成立一个分会，'我说，'那是违反所有法律规定的；何况我们从来都没有搞过什么分会办事机构。'

"'从策略上来讲，这是最漂亮的一着，'德雷沃特说，'那就意味着，治理这个国家，好像下坡时推四轮小车一样容易呢。 反正这是个好主意，因为现在他们还来不及仔细琢磨它好不好，但以后他们一发现，就会反对我们的。 我有四十个酋长，他们都跟在我脚后边转，我将根据他们的功劳大小，分别加以考评、提拔。 任命这些人常驻在那些村子里，再看我们把一个互济会分会机构架子搭起来。 英布拉的神庙将作为这个分会的议事会堂。 那些女人必须按照你给她们看的样子缝制围裙。 今天晚上我要上朝接见那些酋长，明天再接见这个分会！'

"我听了所有这些办法，简直不知所措了，但我总算还不是那么一个大傻瓜，看不见互济会这个诀窍会给我们多大的力量。 我就教那些祭司的家眷怎样按照不同等级缝制围裙，可是，德雷沃特的那条围裙不是布料，而是一块白苤皮面子，上面蓝滚边和等级标志都镶上了一块块绿松石。 我们把一块大方石放在神庙里，作为大师傅的坐椅，一些小方石就作为朝臣们的座椅，并给那条黑色甬道涂上白色方块，我们竭尽全力把一切都布置得齐齐整整。

"那天晚上觐见朝臣仪式，是在半山腰举行的，四周围点燃了几大堆篝火，德雷沃特当众宣布他和我都是天神，亚历山大大帝的儿子，昔日互济会大师傅，现在到这里来，就是宣告成立卡菲里斯坦国，在这个国家里，人人都应该太太平平，和睦相处，特别是要服从我们。 接着，各位酋长走过来依次握手，他们是那么粗犷，耿直，大方，好像跟老朋友握手一样。 我们根据他们的样子长得很像我们在印度时所认识的那些三朋四友，就分别给他们命名为——比利·菲什，霍利·迪尔沃思，以及我在姆豪结识的市集上的老板皮基·克尔根。

"最惊人的奇迹，是第二天晚上在互济会分会那里发生的。那些年老的祭司中间，有一个人目不转睛地直盯住了我们，我不由得感到很不自在，因为我知道我们对宗教仪式一事不得不敷衍一番，我根本不了解那些人究竟知不知道。 那个年老的祭司是个异乡人，从外村来到巴什卡伊的。 德雷沃特一穿上女人们为他特制的那条大师傅围裙，那个祭司就呐喊怒号，一个劲儿要把德雷沃特坐着的那块大方石掀掉。 '这会儿可完了，'我说，'他们竟然胆敢擅自干预互济会的事！'德雷沃特却连眼睛都没有眨巴一下，即使是在那十个祭司齐心合力要把大师傅的座椅……那也就是说英布拉神像的基座……扳倒的时候。 随后，那个祭司不知怎的开始去擦底座，为的是除掉上面的一个黑污点，不一会儿他就指给所有其他的祭司看那石头上刻着的大师傅的标志（它跟德雷沃特围裙上缝制的完全一模一样）。 甚至连英布拉神庙里祭司们都不知道那里还有这么一个玩意儿。 那个老家伙脸朝下直扑在德雷沃特跟前去吻他的脚。 '又走运啦，'德雷沃特穿过互济会分会那间屋子，走来对我说道，'他们说这就是那个湮没已久的标志，其中意思谁都不明白了。 不过，不管怎么说，现在我们也就更加安全了。'随后，他仿佛手握议事锤似的，砰砰砰地在敲着他的那支枪的后托，说：'由于我自己最得力的助手和皮奇的鼎力匡助所授予我的权力①,我在本会总部宣布自己任卡菲里斯坦互济会全体会员的大师傅,并与皮奇同时兼任卡菲里斯坦国王!'话音刚落,德雷沃特就把他的王冠戴在头上。 同样我也把我的王冠戴在头上……我还担任最高总督要职……我们就是这样举行最充分的仪式成立互济会分会的。 这是一个惊人的奇迹!我们正在履行地地道道的互济会仪式的当儿,那些祭司几乎不用提示,好像全部记得清清楚楚,就按头两个等级的要求照办了。 打那以后,皮奇和德雷沃特就把那些英雄好汉提升为一些边远村子的高级祭司和酋长。 比利·菲什名列前茅,可我对你说,当时我们却吓得他的魂灵几乎出了窍。 这种事情根本不是按照宗教仪式办的,但它却是为我们的目的效劳。 经我们提升的大头头没有超过十个,因为我们根本不想使这一个等级普遍化。 但是,他们却大声喧嚣,一个劲儿要求提升。

"'到下半年,'德雷沃特说,'我们再交换一下意见,看看你们是怎样工作的。'随后,他就开口问他们村子里的情况,了解到他们相互之间正在打仗,并由此而产生了相当大的厌战情绪。 不过,要是他们不干那个,那不用说就在跟穆斯林打仗了。 '那些穆斯林只要一进入我国,你们尽管去打好了,'德雷沃特说,'从你们部落里派出十分之一的壮丁去守卫边界,另派两百名到这个山谷去练兵。 不论是谁,只要他表现得出色,再也不会被子弹击中,或者被矛枪捅死;而且我知道你们不会欺骗我的,因为你们……都是白人……亚历山大大帝的子孙……而不是像那些老百姓,黑人穆斯林。 你们……是我的子民,凭上帝起誓,'他讲到最后时却用英语倒背如流地说,'我一定要把你们搞成一个他妈的呱呱叫的国家,

---

① 这是西方国家就职典礼时常用的套语,本应由上一级机构授予权力,而在这里德雷沃特自封为王,仍套用此语,颇具讽刺意味。

可也说不定国家还没搞成,我就上西天了!'

"在这年下半年,我们究竟干过哪些事情,我通通都说不上来,因为德雷沃特干了很多事情,我可一点儿都领会不了,何况他多少懂得一点儿他们的语言,而我却是一窍不通。我的工作就是帮助那里的人们种地,有时跟几个士兵一起外出,了解别的村子里的工作情况,指点他们在峡谷之间架设绳索桥,要知道那些峡谷把这个国家弄得七穿八洞,鸡零狗碎的,真讨厌。德雷沃特平时待我非常和气,可是,每当他在松树林里来回踱步,并用两个拳头拽着那血红的大胡子的时候,我心里明白这会儿他正在琢磨什么计划呀,方案呀,因为我没法给他出点子,所以就只好静待他下命令了。

"不过话又说回来,德雷沃特从来没有让我在众人面前丢丑。他们对我和我的部下虽然都很害怕,但他们却个个都敬拜丹。他是祭司和酋长的朋友中间最好的一个;但是,只要山那边有人走过来诉苦的,德雷沃特总是耐心地把来人的话听完,随后将四个祭司叫在一起,说出自己的处理意见。他经常召见的,有来自巴什卡伊的比利·菲什,来自舒的皮基·克尔根,还有那个年老的酋长……我们管他叫卡甫泽伦姆……它好像跟他的真名发言非常接近——每当一些小村子里发生了什么开火一类事件的时候,德雷沃特就要跟他们在一起商量对策。那就是他的军事会议,而来自巴什卡伊、舒、伽瓦克和马杜拉的四位祭司,就是他的枢密院了。他们根据拈阄的结果,分派我带领四十名士兵和二十条步枪,还有六十个人携带许许多多绿松石,启程前往戈尔班购买手工制造的马提尼式步枪,那些玩意儿原是喀布尔埃米尔工厂里的产品,现在埃米尔驻赫拉特的某个团因为要绿松石,就忍痛割爱都把它们卖掉了。

"我在戈尔班呆了一个月光景,把我随身携带的精选品交给了当地总督,以便堵住他的嘴巴,同时又行贿买通了某团上校,这么一来，我们就从总督、上校以及部落人那里搞到了一百多条手工制造的马提尼式步枪，一百支可投掷六百码远的上好的柯哈特·杰扎尔标枪，以及由四十人背驮回来的蹩脚透顶的步枪弹药。我带了我搞到的那些东西回来，就……分配给由酋长选送到我这里来练兵的那些人手里。德雷沃特政务太忙，这些事情自然都顾不上来，但是，我们开头创建的那一支旧军队却帮了我的大忙，我们毕竟已培养出了五百个人能够进行操练，还有二百个人懂得怎样把枪支举得笔笔直。那些手工制造的枪支，射击时哪怕像螺旋形向前推进，在他们看来也还是一个奇迹呢。那时冬天转眼就到，德雷沃特却在松树林里踱来踱去，一个劲儿吹牛说大话，侈谈什么火药制造工场和火药制造厂。

"'我可不想搞一个国家啦，'他说，'我想要搞成……一个帝国！这些人不是黑人；他们是……英国人呐！看他们的眼睛……看他们的嘴巴、看他们站起身来的那姿势。他们在自己屋里，不是照样都坐在椅子上吗？他们是湮没于世的部族①，或者差不多类似那样的家伙，他们现在已经变成英国人了。到了春天我打算进行一次人口调查，只要祭司们并不感到害怕就好。这些山区想必十十足足有二百万人口。那些村子里小伢子简直多得很。二百万人……就有二十万零五千人好去打仗的……而且清一色都是英国人！他们只要有步枪，再经过一点儿训练就行。要是俄国企图入侵印度，这二十万零五千兵员，一下子就把俄国的右翼给切断了！皮奇，老兄，'德雷沃特一面大口嚼着自己的大胡子，一面说道，'赶明儿我们就要当皇帝……当威震四方的皇帝！布鲁克王公在我们看来，只不过是一个乳臭未干的小伢子。就算是印度总督，我们也将要跟

---

① 这里指犹太人离散前大约一百四十年从北巴勒斯坦消失了的希伯来民族的那一部分。

他平起平坐了。我就要求他给我派来十二名精选出来的英国人……就是我认识的那十二员大将……来协助我们治理一下国事。有一个名叫麦克雷的,他是在西戈立领取养老金的警官……他一连好多次请我吃过饭,他的老婆还送给我一条裤子。还有一个名叫唐金的,他是托恩胡监狱里的一名狱吏;要是我在印度的话,我一伸手还可以抓到好几百条汉子。像这样的事,印度总督准会替我效劳。到了春天我将派一个人去把那些人要来,而且我还会书面请示互济会如何进行治理,以便尽到这个大师傅的职责。不过……要是在印度,那些土著部队一拿起马提尼枪,这里所有的后膛枪通通都得给扔掉了。因为这些后膛枪早已磨损失灵,但在山区打起仗来还是管用的。要是有十二个英国人,再加上十万名手握后膛枪的士兵,就可以一点一点地渗透到这个埃米尔的国家去了……在一年以内,我要是搞到两万人,也就心满意足了……那时,我们搞成了一个帝国啦。当每一件事情都弄得井然有序的时候,我就会跪下来,把这顶王冠……就是这会儿我头上戴的王冠……奉献给维多利亚女王,女王陛下她会说:"起来吧,丹尼尔·德雷沃特爵士。"哦,这可了不起!我说,真的太了不起呀!不过话又得说回来,在每一个地方……巴什卡伊、伽瓦克以及舒等地,还有那么多的事要去办呢。'

"'这是怎么搞的?'我说,'今年秋天再也不会有人来操练啦。看那些密密层层的乌云。眼看着快要下雪了。'

"'这可不是那样的,'丹尼尔把一只手狠狠地搁在我肩膀上说,'我根本不想说什么话来反对你,因为没有一个活人会像你那样一直紧跟我,使得我终于得到了今天的地位。你是……第一流总司令,而且老百姓都认识你;可是……这是一个大国,无论如何你也不能怪我,皮奇,因为我实在是无可奈何。'

"'那就到你的该死的祭司那里去吧!'我说。 说了那句话,我却又觉得挺难受。 不过话又说回来,当我已经训练好所有的兵员,并且还完成了他交给我的嘱托,现在发现丹尼尔说话时却摆出那么一副顶头上司的姿态来,这可叫我伤心透顶。

"'让我们别吵嘴,皮奇,'丹尼尔说话时并没有骂人,'你也是一个国王嘛,这个王国半拉子就归你了,可是你觉不觉得,皮奇,我们现在需要比我们俩更聪明的人……比方说,有三四个人,我们就可以把他们分派到各地去,作为我们的代表。 这是一个幅员辽阔的大国,我不是常常都能发出正确的号令,而且我又没有时间让所有事情都亲自操办去,你看,眼下冬天马上就要到了。'他让自己一半大胡子咬在嘴里,他的大胡子如同他的那顶金灿灿的王冠一样红光四射。

"'我觉得很抱歉,丹尼尔,'我说,'我已经尽力而为了。我曾经教过他们出操练兵,又指点他们怎样把燕麦堆垛得更好些;同时,我还把那些洋铁皮步枪从戈尔班运过来了……可是我知道你现在心里到底在打什么算盘。 我想到那样子做国王总觉得挺难受的。'

"'那又是另一回事。'德雷沃特踅来踅去地说,'眼下冬天就要到了,料他们不会制造太多麻烦;要是那样的话,我们就不能老是闯东走西了。 现在我需要……一个老婆。'

"'谢天谢地,千万不要去管那些娘儿们!'我说,'我们俩受尽了种种磨难,也都挺过来了,虽然我是一个傻瓜蛋。 记住那个合约,还是远远地躲开那些娘儿们吧。'

"'那个合约嘛,只不过是在我们当上国王以前才有效;而现在我们已是长年累月在当国王了。'德雷沃特把他的那顶王冠放在手里掂量了一下,说:'你也去搞一个老婆,皮奇……一个漂亮的、高大健壮的胖女人，到了冬天，她包管使你全身热乎乎的。她们长得可比英国女人还俊俏，在她们中间，我们还可以挑挑拣拣的，净挑顶呱呱的那种娘儿们。让她们在沸水里泡上一两回，包管出落得像童子鸡和火腿一样肥嫩。'

"'莫要引诱我啊！'我说，'我怎么也不乐意跟一个女人打交道的，哪怕是我们落到了他妈的比我们现在还要糟糕的处境。我一直在做两个人的工作，而你也在做三个人的工作。让我们不妨歇一会儿，看看我们能不能从阿富汗国内弄到一些上等香烟，再加上一些美酒；可就是不要……搞女人。'

"'谁个在谈女人呀？'德雷沃特说，'我说的是老婆……是一个王后，给国王生王储，传宗接代当国王嘛。是从最强大的部落里来的一个王后，她就会使得部落人都成你的同胞兄弟，她躺在你身边，把全体老百姓对你的看法，以及他们内部的事情都讲给你听。那些……就是我最最求之不得的东西。'

"'你还记得我在莫古尔·塞拉伊当铁道养路工时供养过的那个孟加拉女人吗？'我说。'她给我的好处，可说都说不完啦。她曾经教我学孟加拉语，以及这样那样的玩意儿，但是后来出了什么事呢？……她拿了我半个月饷钱，跟那个站长的仆役一起跑了。随后，她出现在达杜尔枢纽站，后面跟着一个欧亚混血儿。而且，她居然还厚颜无耻地……当着圆形机车车房里众司机面前，说我就是她的丈夫！'

"'我们跟那个事可扯不上。'德雷沃特说，'这些娘儿们肤色比你我还要白净，赶明儿我就是要找一个王后过寒冬腊月。'

"'丹，我最后一次请求你，千万别找呀，'我说，'这只会给我们带来害处。《圣经》上说过：国王们不应该把自己的精力浪费在女人身上，特别是当他们刚得到一个新的王国值得励精图治的

时候。'

"'我最后一次回答你,我可一定要找呀。'德雷沃特说。 他走开了,穿过松树林,远远望去好像一个红色大魔鬼。 落日映照在他的王冠和大胡子侧面,它们像两块烧红了的煤块,天在发出令人耀眼的光辉。

"可是,要娶到一个老婆,并不像丹心里想的那样容易。 这个问题他虽然向枢密院提出过,但一直没有得到回复,后来比利·菲什才说他最好还是先探探那些女人的口气。 德雷沃特狠狠地咒骂了他们一通。 '我有什么不对的地方呢?'他站在英布拉神像旁边大声嚷道,'难道说我是一个卑鄙小人,要不然,就是我这个堂堂男子汉还配不上你们乡下娘儿们? 难道说还不是我举起手来保护你们这个国家吗? 最近阿富汗人入寇,又是谁挡回去的?'其实应该是我,但德雷沃特在盛怒之下,一时竟回想不起来了。 '再说你们的枪支,是谁带来的? 那些桥梁又是谁修好的? 谁是把标志刻在石头上的大师傅?'他一面用手猛击他在互济会里常坐的那块石板,一面说道。 比利·菲什一言不语,至于别人自然也都不敢吭声了。 '别生气,丹,'我说话了,'去征求一下那些女人的意见也好。 要知道这在我们国内就是那么办的,而况这里人们已是地地道道的英国人了。'

"'国王的婚姻……就是国家大事嘛,'丹怒不可遏地说,因为他可能感觉到……我希望……他正在违悖自己的初衷。 他走出了枢密院房间,别人则依然坐在那里,两眼俯视着地面。

"'比利·菲什,'我对巴什卡伊邑长说,'你在这里有什么为难的地方呢? 对一个忠实的朋友,实话直说吧。''你知道,'比利·菲什说,'既然你样样事情都知道,人们还肯对你说实话? 有哪家子年轻闺女肯嫁给天神或魔鬼呢? 这总是不太合适吧。'

"我回想起来《圣经》上确实说过类似那样的一些话；可是，只要他们还是那样看待我们，仍然相信我们都是天神，那我总犯不着叫他们拆穿西洋镜吧。

"'要知道天神是无所不能的，'我说，'要是国王喜欢一个女人，他就不会让她死去的。''可她还是非死不可的，'比利·菲什说，'在这些山区里，就有各式各样的天神和魔鬼，经常有这样的事，一个女人只要一嫁给了某一位天神或魔鬼，以后就再也看不见了。此外，你们俩都知道刻在石头上的那个标记。只有天神他们才懂得那个玩意儿。我们心里在想你们都是凡夫俗子，一直到你们出示大师傅那个标记。'

"那时我真巴不得我们一开始就讲清楚，互济会大师傅的真正秘密实际上根本不存在的；但我还是一言不语。那天半山腰一座黑古隆咚的小神庙里，整夜在嘟嘟嘟地吹喇叭，我听说有一个女人哭得差不多快要死去了。有一个祭司告诉我们，说这个女人此刻正在准备，就要嫁给国王陛下了。

"'我可不会干那种荒唐的事，'丹说，'我可不想干预你们的风俗习惯，但是我要给自己娶媳妇。''那个女人有一点儿害怕呢，'那个祭司说，'她心里想她此刻就要去死了，山下小神庙里，人们正在竭力给她鼓励呢。'

"'那就鼓励得她非常柔顺、熨帖才好呢，'德雷沃特说，'要不然我就用枪托子鼓励你，叫你一辈子都不想再受到鼓励。'这时，丹尼尔听了以后，简直垂涎欲滴，整整大半夜他独个儿踱来踱去，暗自思忖着明儿一清早他就要到手的那个娇妻。可我呢说什么都觉得很不舒坦，因为我知道同一个外国女人打交道，尽管你是老八辈子加冕国王陛下，也不免要冒风险的。转天我一清早就起身了，可德雷沃特还在呼呼大睡呢，我看见祭司们聚在一起窃窃私

197

议,酋长们也都在交头接耳,这时他们都乜斜眼角直望着我。

"'出了什么事,菲什?'我对这个巴什卡伊酋长说。他身穿一袭皮衣,看上去真是气度不凡。

"'我也说不准呢,'他说,'可是,如果你能说服国王陛下放弃那个荒唐透顶的结婚想法,那末,对他、对我,甚至对你自己来说,你都会记上一大功呢。'

"'那我当然会相信的,'我说,'可是……你要知道,比利,还有我,的确是为我们打天下的,至于国王和我,无非就是万能的上帝所创造的两位俊杰罢了。没有别的,你尽管放心好了。'

"'也许就是那样,'比利·菲什说,'不过,要是果真那样的话,我心里就会觉得很难过。'他一下子把自己的脑袋缩在皮大衣里,琢磨了一会儿。'国王啊,'他说,'不管你是凡人,还是大神,还是魔鬼,今天我照样效忠于你。我手下有二十个人,他们都会跟我走的。我们就去巴什卡伊,躲过这一阵风暴吧。'

"那天夜里下了一点儿雪,四下里一片白茫茫,只有那阴沉沉的大块大块乌云从北边不断刮过来。德雷沃特头戴王冠走出去的时候,他挥舞手臂直跺脚的样子,看上去简直比潘趣酒①还要逗人喜爱呢。

"'最后还是悬崖勒马为好,丹,'我低声耳语地说,'比利·菲什刚才说快要出乱子了。'

"'我的子民中间会出乱子!'德雷沃特说,'那不见得吧。皮奇,你真傻,干吗不也搞一个老婆。那个女人在哪儿呀?'他说话时声音很高,就像一头公驴在干号一样。'把所有的酋长和祭司都叫来,让皇帝陛下看一看他的未来的王后是不是跟寡人配

---

① 由酒、牛奶、水和砂糖、柠檬、香料一起调成的混合饮料。

得上。'

"谁都用不着通知了。他们全都身子靠着枪支和长矛,站立在松树林中间一片空地周围。祭司们派出一个代表团,前往小神庙去引领那个女人,嘟嘟嘟的喇叭声吹得几乎使死人都要惊醒过来。比利·菲什漫步走了过来,尽可能挨近丹尼尔身边,而且他背后站着他手下的那二十条大汉,个个手持火绳枪。他们身材高大,没有一个人低于六英尺。我站在德雷沃特身边,而在我的后面就是那二十名正规军队。这时,那个女人走了上来,一个高大健壮的乡下女人,身上挂满银饰和绿松石,但脸色却像死人一样苍白,频频回首,两眼直瞅着祭司们。

"'她这个人品嘛,行了,'丹把她上下打量了一下说,'有什么好害怕的,小妞子? 过来,跟我亲亲嘴。'他伸出手来把她搂住了。她闭上眼睛,发出一声尖叫,接着,她的脸孔就低下来,凑到丹那火红的大胡子边缘。

"这个懒娘儿们咬了我一口!'他一面说,一面用手劈啪一声拍了一下自己脖子根,没有错,他手上被鲜血染红了。比利·菲什和他部下手持火绳枪的两名士兵,连忙抓住丹的胳臂,把他曳到巴什卡伊人那边去了,这时,祭司们却用他们的语言狂叫着:'原来既不是天神,也不是魔鬼,而是……一个尘世俗物?'我猛地吃了一惊,因为前面已有一个祭司向我猛击过来,而背后那支军队却开始向巴什卡伊弟兄们开枪。

"'老——天——爷呀!'丹说,'这到底是什么意思呢?'

"'往回走! 快跑呀!'比利·菲什说,'毁了,叛变啦。我们要尽可能突破重围,打回巴什卡伊去。'

"我拼命向我部下……那支正规军队……下命令……但都不管用了,所以我只好举起那支英国造马提尼枪,向他们那乌合之众开

199

火，叫一溜儿三个穷光蛋当即饮弹毙命。满坑满谷都是大声狂叫的人群，每个人正在尖叫着说：'原来既不是天神，也不是魔鬼，只不过是……一个尘世俗物！'巴什卡伊弟兄们拼命地护卫着比利·菲什，但是，他们的火绳枪毕竟赶不上喀布尔的后膛炮威力大。他们中间有四个人倒下了。这时，丹正像一头公牛在吼叫，因为他心中感到无比愤怒，要向人群冲过去，而比利·菲什则百般阻拦他，实在很费劲。'我们支持不住了，'比利·菲什说，'快往下面山谷逃！这个地方人人都在反对我们。'那些手持火绳枪的弟兄们逃跑了，我们不管德雷沃特的抗议，也往下面山谷逃。这时候，他满脸狰狞地正在赌誓罚咒，大声叫嚷他是一个国王。祭司们朝我们推下来大石头，正规军队猛烈地在开火；最后活着跑到山谷底下的，如果丹、比利·菲什和我都不算在内，总共没有超过六个人。

"后来，他们就停止开枪了，小神庙里又在嘟嘟嘟地吹喇叭。'开路……谢天谢地，开路吧，'比利·菲什说，'在我们还没有赶到巴什卡伊以前，他们将会派人四出，追到各个村子去。到了巴什卡伊，我可以保护你，但是这会儿我却无能为力。'

"我自己的看法是：打从那个时刻起，丹脑瓜儿就开始发疯了。他瞪着两眼上下打量，就像一只傻头傻脑的蠢猪。随后，他独个儿走回去，打算赤手空拳把那些祭司都给宰了；这事也许他还能办得到吧。'要知道我是一个皇帝，'丹尼尔说，'明年我将要成为英国女王陛下的一名骑士。'

"'那敢情好，丹，'我说，'可是这会儿就得走，趁现在还有时间。'

"'你这是失职呀，'他说，'因为没有把你手下的军队看管好。那些家伙叛变了，而你还不知道……你这个他妈的火车司机、养路工、传教士的狗腿子！'那时我实在伤心透顶，什么都不在乎，虽然眼前落到这么一败涂地，全是因为他的傻主意所造成的。

"'对不起，丹，'我说，'可就是没法把那些土著干掉。难就难在我们只有口径为0.57英寸的那种型号的枪。不过，我们只要一到巴什卡伊，也许还是有办法的。'

"'那就让我们去巴什卡伊吧，'丹说，'我的老天啊，有朝一日我再来这里的时候，定将这个山谷来个彻底扫荡，打个比方说，就像抖搂床单一样，连一个臭虫都不让留在上面！'

"我们赶了整整一天路，而丹却拖着沉重的步伐，整整一夜在雪地上踱来踱去，嘴里乱嚼着他的大胡子，不时还在喃喃自语。

"'要摆脱掉，可没有指望了，'比利·菲什说，'祭司们会派人追到各个村子，说你们只不过是尘世俗物罢了。事态还没有稳定下来以前，你们干吗一个劲儿都自命为天神？我这个无用之人啊。'比利·菲什说罢，全身扑在雪地上，就开始祈求他的天神了。

"转天我们来到了一个怪倒霉的地方……全是高高低低的，压根儿没有一块平地，当然那里也找不到食物。那六个巴什卡伊人肚子饿得要命。两眼直勾勾地望着比利·菲什，好像想要乞求什么东西，可是他们始终没有说出一个字来。晌午时分，我们来到了一座白雪皑皑的大山，就往上攀登，可是抬头一看，山顶中央却有一溜士兵以逸待劳摆好了阵势！

"'追兵很快就要到了，'比利·菲什说话的时候，发出了一点儿笑声来，'他们正在等我们呢。'

"敌方有三四个人开始放枪，有一颗子弹碰巧击中了丹尼尔的腿肚子，一下子叫他失去了知觉。他望着雪地对过的那队士兵，看到了不久前我们运进来的那些步枪。

"'我们这下子可算完了，'他说，'他们都是英国人，这些人……是我干出了该死的丑事，才叫你落到了眼前这样的窘境。回去吧，比利·菲什，带着你部下一块儿走；你已经克尽己责，现在就快走吧。卡内汉，'他说，'跟我拉拉手，同比利一块儿走。也许他们不会把你杀死的。我会单枪匹马去对付他们的。我说得到就做得到，要知道我毕竟是个国王啊！'

"'走吧！'我说，'见鬼去吧，丹！我可要跟你一起在这里。比利·菲什，你快逃走吧，让我们两个来对付这些家伙。'

"'我是一个酋长，'比利·菲什泰然自若地说，'我跟你待在一起。我的部下可以走。'

"巴什卡伊弟兄们二话没说，马上四出逃命，丹和我，还有比利·菲什，就信步走到对面鼓号喧天的那个地方。那时天气很冷……冷得要命。直到这会儿我还觉得自己脖子根上冰冰冷，好像在那儿冷得特别透骨似的。"

那些拉风扇的印度苦力都睡觉去了。办公室里只有两盏煤油灯还在发出令人刺眼的光辉，汗水从我脸上直淌下来，而且只要我身子往前一仰，汗水就飞溅在记事本上。这时，卡内汉却浑身都在发颤，我担心说不定他思想走神了。我揩了揩脸，冒冒失失地抓住了那双皮开肉绽的手，说："打那以后又出了什么事？"

我只是用眼光闪了一下，就把他清晰的思路都给打断了。

"那你还乐意说些什么呢？"卡内汉呜咽着说，"他们一声不响地就把国王他们带走了。沿着雪地走去，连一点儿窃窃私语声都没有，当时那个国王并没有把头一个伸手来抓他的人击倒在地……老皮奇也并没有向他们乌合之众射出他那最后一发弹药。这一拨猪仔子简直一点儿响声都没有弄出来。他们只是紧紧地围拢在一起，我对你说他们身上披的毛皮又粗又硬，真螫人啊。有一个人名叫比利·菲什的，是我们的好朋友，先生，那时他们就像宰猪似地把他的喉咙给割断了，那个国王乱踢着鲜血淋漓的残雪，说道：'我们虽然壮志未酬，可是干得该有多么轰轰烈烈啊。下面又出了什么事呀？'可是皮奇……皮奇·托利弗，我对你说，先生，这是我们两朋友之间私下里说的，他掉了脑袋，先生。不，他可还没有掉脑袋呢。倒是这位国王自己掉了脑袋，千真万确的，就是在一座巧夺天工的绳索桥上。劳驾把裁纸刀给我使一使，先生。它——倾斜着，就像这个样子。他们赶着他走了一英里路，穿过了那片雪地，来到了悬在峡谷高空之间、俯瞰着大河的一座绳索桥。气势这样险要的桥，可能你早就见过。他们简直把他当成一头公牛，一个劲儿往他背上乱刺。'他妈的你们不生眼睛的！'这个国王说，'难道你们就不让我像一个出身高贵的人那样死去吗？'他转过身来看皮奇……这时，皮奇就像小伢子似的，正在号啕大哭。'是我使你落到了这样的穷途末路，皮奇，'他说，'叫你抛弃了自己荣华富贵的生活，来到了卡菲里斯坦，竟然惨遭杀身之祸，尽管你在这里还是统率皇帝陛下陆海空三军的前任总司令。我说你能原谅我吗，皮奇。''我能原谅你，'皮奇说，'我能充分而又直率地原谅你，丹。''握握手吧，皮奇，'他说，'现在我要走了。'他果然一点儿都没有左顾右盼，径直往外走出去了，当他全身垂直地站到那些令人晕眩的、在空中乱舞的绳索中央的时候，就大声嚷道：'割断吧，你们这些穷光蛋。'于是，他们把绳索一割断，老丹就掉了下去，那是从两万英里的高空，他身子不断地在翻筋斗，过了半个钟头光景，才击坠在河面上，我依稀可辨地看到他的尸体横陈在一块岩石上，附近还有一顶金灿灿的王冠。

"可是你知道他们把皮奇架到两棵松树之间去干什么呢？他们让他如同在十字架上那样受刑，先生，那……从皮奇的那一双手上就看得出来。他们给他的手和脚都钉上了木钉子；可是尽管这样，他并没有死去。他吊在那里一个劲儿尖叫,转天他们就把他放了下来,说他没有死,这可真是……一个奇迹。他们终于把他放了下来……可怜的老皮奇从来没有伤害过他们……从来没有伤害过他们……"

他身子来回晃动,悲恸欲绝地痛哭起来,一面用他那伤痕累累的手背擦自己的眼睛,一面像孩子似的抽抽噎噎地哭了一阵子。

"他们狠心得很,就让小神庙来供养他了,因为他们说,跟那个尘世俗物的老丹尼尔相比,他倒是更像一个天神。但后来不久,他们就把他赶到外面雪地里,要他滚回老家去,于是,皮奇一路上倒也相安无事,逢人乞讨,大约过了一年光景才算到家了;因为丹尼尔·德雷沃特走过来说:'一块儿来吧,皮奇,我们这是在干一项了不起的大事业。'入夜,皮奇早已走得筋疲力尽,仿佛觉得高山峻岭都在狂飞乱舞,就要坍塌在皮奇的头上,但他还是在匍伏行进,手里紧紧地抓住丹尼尔的首级,怎么也舍不得扔掉。① 其实,他们早就在小神庙里把丹的首级馈赠给他,叫他记住千万不要再来啦;尽管那顶王冠是纯金的,皮奇整日价肚子挨饿,但皮奇照样还是舍不得把它卖掉。 正直的、令人可敬的德雷沃特大哥……你是认得德雷沃特的,先生!现在你就看他一眼吧!"

他笨手笨脚地往他腰间一大堆破褴褛里东寻西找,终于捧出来一只用黑色马鬃编织、上面还绣着银丝的袋子,哆哆嗦嗦地放到了我桌上——原来那是丹尼尔·德雷沃特干瘪了的首级!这时候一直使煤油灯为之黯然失色的晨曦,却洒照在那火红的大胡子和深陷下去的眼窝子上,也洒照在缀满未经琢凿的绿松石的一道滚粗的金箍

---

① 丹尼尔走过来说这一段文字,表示对皮奇精神上进行鼓励,要继续他那未竟的事业;又写到皮奇说话时所产生的幻觉,好像自己手里捧着丹的首级在前进。事实上,这一幻觉已与现实结合在一起,此刻皮奇手里真的捧着丹的首级和金冠。

上，而那些绿松石都是卡内汉从砸烂了的小神庙里细心地捡起来后，再放上去的。

"现在你看，"卡内汉说，"那个皇帝还是旧习不改，就像他生前一模一样……他这个头戴王冠的卡菲里斯坦国王。 可怜的老丹尼尔……他曾经做过一代君主呢！"

我一看，不由得浑身颤栗，因为，不管他的容颜几乎毁损殆尽，但马尔瓦尔枢纽站上那个人的头，我毕竟还是认得出来的。 这时，卡内汉起身要走了。 我竭力拦阻他。 幸好他并不打算马上往外走。 "让我把那威士忌带走，再给我一点儿零钱吧，"他气喘吁吁地说，"我一度也当过国王。 我就去找行政长官代表，要求进济贫院，好让我恢复一下健康。 不，谢谢你，我可等不到你给我派一辆马车啦。 我私下里还有急事要办……在南方……在马尔瓦尔。"

他踉踉跄跄地走出了编辑部办公室，朝着行政长官代表府邸走去。 那天中午，碰巧我走过热得令人晕眩的马尔路，看见有一个弯腰曲背的人正在路边白蒙蒙的尘雾里匍匐爬行，手里托着一只帽子，就像英国街头卖唱的歌手一样浑身瑟瑟发抖，真叫人看了潸然泪下。 眼前一个人影儿都见不到。 他孑然一身，一面不断地晃动自己的脑袋，一面从鼻子里哼唱道：

> 好男儿纷纷出发，奔赴战场，
> 会得到金光闪闪的王冠一顶；
> 他那血红的战旗在远方招展，
> 有谁跟着他的队伍继续行进？

我又等了一会儿，可再也听不到什么了，就让那个可怜的人登上我的马车，把他送到最近的一个传教士那里，以便最后把他转到济贫院去。他在车上的时候,把上面这首赞歌反复地唱了两遍,因为他压根儿不认得我,所以,我就让他嘴里一直哼呀哈的唱到了传教士那里。两天以后,我向济贫院管理人打听他的健康情况。

"他已被确认中了暑,昨天一清早就死了,"那个管理人说,"他光着脑袋在正午炎炎烈日下呆了半个钟头,是真的吗?"

"是的,"我说,"可你知不知道他临死时身上还有什么东西?"

"我可不知道。"那个管理人说。

于是这个事情也就到此结束了。

潘庆舲　译

穿越大草原

——劳尔夫队长的故事

[波兰] 亨利克·显克维奇

亨利克·显克维奇(Henryk Sienkiewicz 1849—1916)，波兰著名小说家，重要作品有长篇小说《火与剑》《洪流》《你往何处去》和《十字军骑士》等，曾获1905年诺贝尔文学奖。本篇是显克维奇的著名中篇小说，用写实的笔调讲述了一个既浪漫又悲伤的历险故事。小说主人公劳尔夫是19世纪中期移居美国的波兰移民，他带领一个由数百人组成的篷车队穿越北美中部的大草原，前往加利福尼亚。这是一次艰难之旅：他们一路上历经千辛万苦，时不时还要和拦路抢劫的印第安土著人打仗，可谓险象环生。同时，这也是一次浪漫之旅：劳尔夫和同车队的一个美貌、温柔、纯洁的姑娘莉莉相恋，并在大草原上以早期移民特有的方式结为夫妇。他们相亲相爱，指望着到加利福尼亚去安居乐业。然而，就在他们行将到达目的地时，大祸临头——车队里瘟疫蔓延，人们一个个死去，而更为可怕的是，他们还进入了一片刚被野火烧过的草原，并在那里不可思议地走错了路。结果，所有的人，包括劳尔夫刚怀孕的爱妻莉莉，都死于瘟疫、酷热、干渴和饥饿，唯有劳尔夫一人，在昏迷中偶尔得救——因而，这又是一次死亡之旅。

当我还在加利福尼亚的时候，有一天，我和我那神气而有名的朋友劳尔夫队长，同去看望我们的同胞杰姆先生。他住在人稀地僻的圣鲁西亚山。因为他不在家，我们就到荒凉的山谷里住了五天，跟随我们的有一个印第安仆人。每当主人不在，他就负责照料蜜蜂和安哥拉山羊。按照当地的习惯，我把炎炎夏日中那令人发闷的大部分时间消磨在睡觉上。到了晚上，我就坐在用小栎树枯枝燃烧的篝火旁，听着队长叙述他在美国荒原上那些非同寻常的历险故事。

时间过得非常愉快。那几晚确实是典型的加利福尼亚的夜晚，安静、温暖，而且星星密布。篝火欢乐地烧得劈劈啪啪响，火光中我看到了这个拓荒老兵优美而高大的身影。他，正举眼望着星星，在他的记忆中追索着往事，追索着那些珍爱的名字和亲切的面容。一想起这些面容，他的眉梢间就蒙上了一抹淡淡的忧郁。我在这里讲其中的一个故事，就像他讲给我听时一样，我想读者也会怀着和我同样好奇的心情来听它。

一

一八四九年九月我到美国的时候——劳尔夫队长开始讲道——我发觉自己到了新奥尔良，当时这地方一半还是法国的。从那里我顺密西西比河而上，到了一个种甜菜的大种植园，在那里我得到一个有很好报酬的位子。那时因为年纪轻，又有魄力，不喜欢老钉在一个地方做着乏昧的事务工作，所以不久我就放弃了它，而去过那种未开垦的丛林地的生活。这样，我和我的伙伴们在路易斯安那湖泊区，在鳄鱼、蛇虫和蚊子中间度过了好几年。我们以打猎和捕鱼为生，有时候运一批木材顺流而下，直到奥尔良，并把木材卖了一笔好价钱。我们的足迹常常遍及最偏僻的地方。我们到过勃拉地·阿肯色,当时那里几乎完全无人居住,即使现在也是人烟稀少。 这是一种充满艰难和危险的生活。 在密西西比河上,还要同水上强盗和印第安人作激烈的战斗。 以前在路易斯安那、阿肯色和田纳西一带有许多印第安人。 原先我的体质并不特别强健,这种生活,锻炼了我的体力,增进了我的健康,同时也丰富了我对大草原的知识,使我熟悉大草原不比任何印第安人差。 当加利福尼亚发现了金矿,大批的移民,几乎每天都从波士顿、纽约、费拉德尔菲亚和其他东部的城市源源而来的时候,正由于我的上述经历,使得一批移民来请我当领队,或者像他们所说的,当他们的"队长"。

我很乐意地同意了,因为那时候关于加利福尼亚有许多奇异的传说,我早就想动身到遥远的西部去了。 同时我完全知道做这样一件事的巨大危险。 今天从纽约到旧金山坐火车只要一个星期,而真正的荒野只是在奥马哈才开始。 但那时,情况完全不是这样。 现今散布在纽约和芝加哥之间那些不可胜数的大小城镇,当时并不存在,连芝加哥本身,当时也只是一个不闻名的微不足道的小渔村,在地图上你找都找不到,只是在后来才迅速发展起来。 在当时,你的大批人、骡马和车辆都得要通过无边无际的大荒野,那里只住有未开化的印第安部落的渡乌族、黑脚族、膀尼族、苏族和阿里卡尔族。 大队人马要躲开他们是不可能的,因为这些部落为了搜索和猎取野牛群和羚羊群,像流沙一样,在大草原上到处流浪而无固定住地。 我们必须预计到会有非常巨大的艰难困苦;一旦你要到遥远的西部去,你就应该有所准备,并提防着常常会有的生命危险。 但比这一切更令人担心的是我所肩负的责任。 当事情已经决定而我没有选择余地的时候,我就忙碌地做着上路的准备工作了。 这项工作持续了两个多月,因为我要到宾夕法尼亚的匹兹堡那样远的地方去定制四轮马车,还要到各处去弄骡子、马匹和武器,以及数量可观的粮食储备。无论如何，到了冬末，一切都要准备就绪。

我要选择在春季一个能够通过密西西比河与落基山脉之间大草原的时刻动身，因为我知道，在夏天，许多人将由于那个开阔地带的酷暑而染上各种各样的疾病。由于同样的原因，我决定带领人们不走南面圣路易斯那条路，而走衣阿华、内布拉斯加和北科罗拉多的这条路。这条路虽有碰上印第安人的危险，但无疑对健康比较有利。这个计划起初在篷车队的人们中引起了一些抵触，但当我告诉他们，如果他们不服从我的意志，他们就得另找一个队长。他们考虑了一下就同意了。于是春气一动，我们就出发了。一开始，我就遇到了艰难的日子，队员们更加觉得艰苦，这种情况直到他们和我相处惯了，而且对旅途的各种情况也习惯了之后，才有所好转。我想方设法取得他们的信赖。由于我在阿肯色的冒险经历，我在边境居民中享有一定的声誉，我在大草原上以"大劳尔夫"而闻名，车队中的大部分人以前多次听到过这个名字。但是一般说来，一个"队长"由于他的领导身分，必须处理许多细致微妙的问题。我的责任是：选择宿营地；组织白天行进的队伍；照顾整个篷车队（有时候这个车队在大草原上延伸一英里以上）；在我们停留的地方指定警卫人员；以及安排先遣队的人员到马车中去休息。

不错，美国人的组织精神是很高的，但是随着旅途艰苦的增长，人的精力衰退了，连最强健的人也受到了沮丧情绪的袭击。在这种时候，没有人高兴在白天骑马，或者在夜里担任警卫，反而设法逃避轮值，到马车里睡一整天觉。此外，同美国人打交道，一个队长必须懂得怎样把纪律与随和的伙伴关系调和起来，这可不是一件简单的事。因此出现这样的情况：当队伍在行进和夜里休息的时候，我是队伍的绝对领袖，但是白天在农场和移民村落中休息的时候（在我们旅程开始时，这种农场和移民村落是非常多的），我作为司令的职责就停止了。 那时每个人都是自己的主人,而我得常常和鲁莽的冒险分子打架。 我在许多"拳击场"上证明了我的玛佐夫舍①拳头比任何美国人的拳头更结实,于是在他们的目光中,我具备了新的重要性,我也就不再有什么个人的计较了。 此外,我深刻了解了美国人的性格,懂得怎样对付他们,特别是当一对蓝色的眼睛从一辆马车的篷帐底下热切地望着我的时候,更鼓励了我坚持下去。 从浓密的金发遮蔽着的眉毛下凝视着我的这对眼睛,是属于从马萨诸塞的波士顿来的名叫"莉莉·莫里斯"的年轻姑娘的。 她是个优美纤巧的姑娘,她那像孩子般的小小脸容,带有一种忧郁的神情。

旅程刚一开始,这位年轻姑娘的这种忧郁给我的印象很深,但不久,作为队长的责任把我的思想和注意力转移到别处去了。 在最初几个星期,除了每天通常说的"早安"之外,我同她几乎没有谈过一句话。 可是,由于我对莉莉的年轻和孤独(因为她在篷车队中没有任何亲属)感到怜悯,我帮了她一点小忙。 这里不需要用领导者的权威和拳头来保护她免受车队里年轻人的殷勤献媚,因为,一个年轻女子在美国人中间,即使难保能做到像法国人那样特有的斯文,至少可以完全保证她的安全。 鉴于莉莉娇嫩的体质,我把她安置在最舒适的马车里,由最有经验的车把手史密斯驾车。 我亲自给她铺床,使她晚上可以舒舒服服地睡觉。 我还放了一张野牛皮供她使用,这是我贮藏着的野牛皮之一。 这些帮助虽然无足轻重,莉莉却似乎感到深挚的谢意,并不放过任何机会向我表示出来。 她看来是个极为害羞的姑娘。 那两个女人——格劳斯维尼大婶和阿特金斯大婶,由于莉莉性情温和马上就喜爱她了。 她们给她起的绰号"小

---

① 波兰一地名。

鸟儿"，使她很快在全车队中闻名了。可是，起初我同"小鸟儿"并没有什么接触，直到我发觉这姑娘那天使般的蓝眼睛，以特殊的友好和专注的关切追随着我，这时候我们之间才开始接近。

或许是因为在这里的所有人当中只有我具有社交修养，而她自己则具有更细致的教养，因而她自然把我看成比她周围的伙伴更合得来的人。可在当时我并没有看清这一点，她对我的兴趣使我有些得意洋洋，促使我更留意她，更经常地去看她的眼睛。有一个短时期，我弄不明白我以前怎么竟没有注意到这样一位伶俐的姑娘呢，只要是有心肠的男子都会被她激发起柔情来的。从那时起，我就喜欢骑着马在她的马车旁徘徊。在白天，尽管还是早春，但中午的闷热使我们受不了，这时候骡子懒洋洋地拖着脚蹄走，篷车队在大草原上拉得长长的，站在第一辆马车旁简直看不清最后一辆。我常从头到尾骑马急驰，赶过别的马匹，没有其他目的，只是为了匆匆一瞥那美好的脸蛋和朝思暮想的那双眼睛。起初，只是我的想象而不是我的心受到激动，但是一想到身处这些陌生人之中，我不是完全孤独的；一想到有一颗同情的小心灵在关心着我，就会使我愉快地受到鼓舞。它的根源并不是出于我的虚荣心，而是基于一种认识，这种认识使我觉得，一个人活在世界上，必须把他的思想和感情专注于一个亲爱的具体的人，而不是让它变动不定地漂泊在诸如森林和草原这样一般的事物上，必须把自己置身于他所爱的人的心中，而不是把自己迷失在无限的空间中。我觉得我渐渐地不孤独了，整个旅程增添了未曾预料的新的魅力。以前，当篷车队在草原上拉得很长，以至看不见车队尾巴的时候，我想到的只是队员中那种令人发火的粗心和散漫。现在，每当我停马在小山头上，望见在阳光下发亮的白色条纹马车，像船舶似的行驶在青草的海洋中，还有那沿着车队像随意点缀在画面上的画中人似的骑手，这种景象使我内心充满了热情和欣喜。我说不出这种变化在我心中是从何而来的,我觉得我好像古时的族长,带领着一个《圣经》上说的车队走向希望之乡①。骡子挽具上的铃声和驭者悦耳的"赶上去啊"的呼喊声,像爱与自然所唤起的音乐伴随着我的思想。可是,我同莉莉除了以目光作无声的交谈之外,几乎没有谈过别的话,因为当着她女伴的面,我感到很窘。此外,自从觉察到我们两人之间存在着一种相互的同情,就有一种我表达不出然而感到它的确存在的奇异的羞怯支配了我。我对那两个女人加倍地献殷勤,并且常常向马车里探望和询问格劳斯维尼大婶和阿特金斯大婶的健康,以此来辩解和平衡我对莉莉的关心。但是她非常了解我的策略,而这种了解成为一种别人都不知道的秘密。可是不久,目光的一瞥、短暂的交谈和礼貌上的招呼都满足不了我了。这个头发明亮、眼神妩媚的姑娘,以不可抗拒的力量吸引着我。我开始成天甚至晚上也想念起她来了。当查完哨、精疲力竭、"一切正常"之声喊得嗓门嘶哑的时候,我钻进我的马车,把身体裹在野牛皮里,闭上眼睛睡觉——顿时,我觉得在我身旁嗡嗡作声的蚊蚋,都不断地在我耳中唱着"莉莉、莉莉、莉莉"这个名字。梦中,她的形态,靠近我站着;醒来时,我的第一个念头就像燕子似的向她飞去。然而,说来也奇怪,我没有一下子觉察到,这一切对我都具有可爱的魅力,似乎周围世界都涂上黄金般的色彩;这种精神上的喜悦,这种追随着她的马车而浮现的各种幻想,并不仅是对一个单身人的友谊或同情,而是一种比这热烈得多的感情,这种感情一经触发,是无人抗拒得了的。

我本来可以更早注意到这点,但因莉莉温柔的性格曾博得人人喜欢,因此,我以为我迷恋这姑娘就像别人对她一样。大家像爱自

---

① 即《圣经》中说的上帝赐给亚伯拉罕的地方,名迦南,是犹太人的"希望之乡"。

己孩子似地爱她，这是我每天都亲眼看见的。 她的两个伴侣都是爱吵架的直性子人，但是我常常看到阿特金斯大婶（她是很泼辣的）在早晨给莉莉梳头发，甚至怀着母亲的爱去吻她的头发，而格劳斯维尼大婶则用自己的手掌，温暖这姑娘夜里受了凉的双手。 男子们也都围着她献殷勤和帮小忙。 车队里有一个亨利·辛普逊，堪萨斯人，一个青年冒险家，又是一个勇猛的枪手，在本质上是一个好人，但是他非常自信，粗鲁而傲慢。 在我们远征的第一个月，我就不得不打败他两次，从而使他相信营地里有比他拳头更强的人，在地位上也有比他更重要的人。 你会看到就是这个亨利在同莉莉谈话。 他本来是个连合众国的总统都不在乎的人，但在她面前却失去了自信和放肆，不断地脱着帽，一再地说着"我请您原谅，莫里斯小姐"。 他看来像是一条上了锁链的大狗，但是你可以看出，这条狗随时都准备服从她那孩子般小手的每一个动作。 每当我们停下来的时候，他总是设法接近莉莉，替她做各种各样的事。 他给她生火，选择一个不受烟熏的地方，用他自己的毯子铺在青苔上，并且挑选最好的野味肉给她。 他做这一切，怀着丝毫不感到羞怯的那种细心，这在我的心中引起了一种非常近似妒忌的敌意。

　　我除了发怒之外毫无办法。 亨利除了轮到他执行巡逻任务之外，可以随他高兴自由安排他的时间，那就是去接近莉莉。 另一方面，我的轮班永远没有完。 当篷车队行进的时候，马车的车距拉得很大；但当进入荒野地带时，我就照大草原上的习惯，在中午安排他们休息，于是就排成一列纵队，车与车之间靠得非常紧，连人都穿不过去。 你很难想象要形成这样一个便于防御的纵队得花多大的劲。 骡子生性粗野而倔强，它们站着一动也不动，或者不愿意离开车道，彼此还咬来咬去，嘶叫着和用后腿踢着。 有些马车猛然从车道上转移出去时，往往会翻车，这就要花相当多的时间把这些木头和帆布搭的"房屋"抬起来。骡子的嘶叫声、驭者的咒骂声、铃铛的响声，以及落在我们后面的狗吠声，造成了一片不堪忍受的噪音。当我设法整顿得有点秩序的时候，我还得把这些牲口的挽具卸下，督促那些赶骡的人先把牲口赶到牧场上去吃草，然后再赶到河边饮水。在这同时，长途中的其他人都要到草原上去打猎，然后从四面八方带着猎物回来，并围着火堆坐下，而我，却连喘口气和吃点东西的时间都嫌不够。

每当休息之后再上路时，我的任务几乎加了倍。因为给骡子套上挽具比卸下挽具会造成更多的嘶叫声和吵闹声；那些赶车的人彼此都要赶到前面去，抢着先走，因为路面被压坏是常有的事，由此又引起了争论、吵架和咒骂，造成旅程中不愉快的耽搁。这些事，我都得照料。通常，篷车队一出发，我必须紧跟向导，骑马在前面观察地形，预先选定有利于防御、水源充足、适宜于扎营的地点。我好多次抱怨我作为队长的责任，当然，另一方面我也感到很自豪。每当我想到，在这片没有尽头的荒野中，我是走在最前面一个；在所有我带领的人的目光中，我是走在最前面一个；在莉莉的目光中，我是走在最前面一个，我就感到无比自豪。因为所有这些乘着马车穿越大草原的人，他们的命运，都掌握在我手中。

二

过了密西西比河，一天我们在西达河旁扎了营。河的两岸布满了树林，给我们提供了通宵的燃料。当我从派去砍柴的赶骡人那里回来时，老远我就看到我们的人从营地分散在草原上的四面八方，他们无疑在享受这美好的天气和这温暖的宁静。天色还早，我们惯常在下午五点就停下来，到第二天早晨再动身。不久，我遇见了莫里斯小姐。我立刻下了马,牵着缰绳向她走近。我感到能同她单独在一起,即使仅仅是一会儿,也是很幸福的。我开始询问她,她既年轻又是单身,为什么决定参加这次即使是最强壮的男子也会耗尽体力的旅行。

"我本不应该同意你进我们的篷车队的,"我说,"头几天我以为你是阿特金斯大婶的女儿,而现在要改变我的主意已经太迟了。虽然这样,你的体力究竟行不行呢,我亲爱的孩子,因为你应该知道,随着旅程的延长,我们将会遇到越来越多的困难。"

"是的,先生,"她回答道,一双蓝眼睛盯着我的脸,"我完全明白这一切,但我要去,我很高兴不可能再回去了。我的父亲在加利福尼亚,我从他发自合恩角的信中得知他在萨克拉门托患热病已经好几个月了。可怜的爹爹!他享受惯了舒服生活和我的照料,只是因为我的缘故,他才到加利福尼亚去的。我不知道我到他那儿时,他是否还活着,但是我觉得上他那里去只不过是尽我愉快的义务。"

对这一点没有什么可说的了,我要说的反对这个冒险计划的话也已经太迟了。于是,我请莉莉详细地告诉我关于她父亲的情况,她热心地告诉了我。我这才知道莫里斯先生曾经是波士顿最高法院的法官,也就是在波士顿的最高国家法庭的法官,因为破了产,所以他到新近发现有矿的加利福尼亚去,希望在那里重新积累他失去的财富,重新建立他女儿先前的社会地位。他爱女儿胜过命根子。但是在这期间,他在萨克拉门托一个有害健康的山谷中不幸得了热病。他自忖将不久人世,就给莉莉寄去了他最后的祝福。她立刻把他留给她的东西收集起来并决定上他那儿去。起初她打算走水路,但是在篷车队出发之前两天碰巧遇见了阿特金斯大婶,于是她改变了主意。阿特金斯大婶是田纳西人,她的耳朵里充满了我在密西西比河两岸的熟人所告诉她的故事,例如我大胆深入阿肯色,穿过荒野,以及照顾和保护弱者(我认为这不过是我的责任)等等。 在莉莉的心目中,她把我描绘成具有这样色彩的人物,以至这姑娘毫不犹豫地加入了我所带领的篷车队。 阿特金斯大婶也没有忘了补充我是贵族出身,她的这些夸大其词的故事,是使莫里斯小姐对我这个人发生兴趣的原因。

"我亲爱的小姑娘,"当她讲完她的经历之后我说道,"我肯定这里绝不会有人想来伤害你,而且你也绝不会一路上得不到保护。 至于你的父亲,加利福尼亚是世界上最有益于健康的地方,那里没有人死于热病。 无论如何,只要我活着,你就不会孤独。 让上帝保佑你温柔的面容。"

"谢谢你,队长。"她以感动的语调回答。 我们向前走着,但是我的心跳得越来越愈强烈了。

我们的谈话逐渐变得更加愉快了。 我们没有预见到头上明朗的蓝天会很快罩上了乌云。

"这里每个人对你都很友好,对吗,莫里斯小姐?"我问她,一点也没有想到就是这个问题会引起一场误会。

"哦,是啊,"她回答,"每个人。 阿特金斯大婶和格劳斯维尼大婶,还有亨利·辛普逊,他也非常好。"

她提到亨利·辛普逊,突然像蛇咬似的刺痛了我。

"亨利是个赶骡的,"我干巴巴地回答,"他的职责是照料马车。"

但是莉莉随着她自已思路,并没有注意到我语调的变化,仿佛自言自语似的继续说道:

"他心肠好,我将终身感谢他……"

"莫里斯小姐,"我打断了她,存心伤她的心,"你甚至可以答应和他结婚，但是我很奇怪，你为什么要对我吐露你的感情呢？"

当我说这话的时候她惊奇地望着我，但是她没有说什么，我们在难堪的静默中走着。我不知道该对她说什么，我心里充满了痛苦的愤怒，对她，也对我自己。我为我对辛普逊的这种妒忌而感到丢脸。但我克制不了，这种处境使我非常难堪。我突然冷冰冰地发出短短的一声："晚安，莫里斯小姐。"

"晚安。"她低声回答，一面回过头去隐藏那两颗从脸颊上滚落下来的泪珠。

我跨上了马，又向着传来斧头砍伐声的方向驰去，亨利·辛普逊正在那里和别人一起忙着砍伐树木。但是过了一会儿，我被巨大的伤感所压倒，因为我觉得那两颗泪珠仿佛落到了我的心田里。我掉转马头，立刻又回到她那里。我从马鞍上跳下来，拦住了她的去路。

"你为什么哭，莉莉？"我问。

"哦，阁下，"她说，"我知道你是贵族出身，这是阿特金斯大婶告诉我的，而你一直待我这么好……"

她竭力忍住不哭出来，但她止不住，也没说完她的话，因为泪水噎住了她的声音。

我刚才的话伤透了这个可怜的小姑娘忧郁的心，她把这句话看成是贵族的傲慢，尽管我丝毫也没有想到贵族的身分，只不过是出于妒忌。现在，看到她这样伤心，我真想踢我自己一脚。我抓住她的手，急忙地说道：

"莉莉，莉莉，你误解了我。我对天发誓我说这话不是由于骄傲。瞧！我除了这双手之外，在世界上什么也没有，我还在乎什么我的出身？那是别的东西使我难过，当时我急着走开，因为我受不了你的眼泪,而且,我对你发誓,我那些话伤害我自己比伤害你要多得多。 我不是不关心你,莉莉,完全不是的,如果真是这样,我就不会在乎你怎样看待亨利了。 他是一个好人,但那是不足道的。 你可明白你的眼泪使我多伤心,希望你也能像我请求你原谅那样的真诚来宽恕我吧。"

说着,我抬起她的手贴在我的嘴上,这个不寻常的尊敬的表示,和我恳求的真挚语调使得这姑娘稍许平静了下来。 她没有停止哭泣,但是她现在流的眼泪不同了,因为你可以透过泪水,像一道阳光透过薄雾一样,看到她的一丝笑容。 当时我的喉咙也哽住了,我也抑制不住我的感情。 一种温柔的感情压倒了我。 我们又默默地走着,而且为这样一起走着感到幸福。 这时,白昼不知不觉地变成黄昏。 天气好极了,在柔和地暗下去的天空中,那晚霞的光亮,使得大草原、远处的树丛、篷车队的马车、天空中一行行北飞的大雁,以及所有的物体,都显出粉红夹金黄的色彩。 风一丝也没有,青草动也不动。 西达河倾泻而下的瀑布声和营地上马匹的嘶鸣声,不时地在耳际回旋。 这块处女地上如此妩媚的黄昏和身旁的莉莉,合起来产生了这样一种气氛,几乎使我的灵魂要舍弃我的躯体而直上云天。 我觉得自己好像是一只摇摆的钟。 有时候我真想握住莉莉的手,把它举到我的嘴上,并且长时间地留在那里,但我害怕这会使她生气。 她,这时在我身旁走着,安静,优雅,深深地沉思着,她的泪水全都干了。 她时时抬起她明亮的眼睛看看我,于是我们又向前走着,一直走到了营地。

我经历了那么丰富感情的这一天,以极为欢乐的方式而结束,因为车队里的人,由于天气好而兴高采烈,决定举行一次野餐会。 吃过一顿比往常丰盛的晚饭,燃起了一堆篝火,大家打算围着火堆跳舞。 亨利·辛普逊在周围割掉几码见方的青草,并把草地踩平,然后用他在河边带来的黄沙铺在上面。 当观众围拢来时,惊异地发现,他在他准备好的场地上,由黑人的笛子伴奏跳起快步舞来了。他双臂在两旁松散地摇晃着,身体笔直,两脚移动得非常之快,用脚跟和脚趾交替地敲着地面,使你的眼睛几乎跟不上它们的动作。这时候,所有笛子都狂热地吹奏起来。 第二个、第三个和第四个跳舞者进来了,到处都是欢乐。 旁观的人随着黑人的笛声也都参加了进去,把淘金沙用的白铁碗敲得丁当响,或者双手握着牛骨敲着拍子,发出像舞会上所用响板的打击声。 突然间营地上响起一片呼喊声:"歌手!歌手!"观众们围成一圈,在中心的是我们的两个黑人歌手,吉姆拿着一只蛇皮制的鼓,克罗提着一串牛骨。 他们彼此瞪眼对视一会儿,露出大大的眼白。 然后他们唱起一支黑人的歌来,穿插着跺脚声和剧烈的扭身动作,这支歌曲时而豪放时而忧郁。 每唱完一段,一声拖长的"达依纳——啊——啊!"最后成为野兽般猛吼的嚎叫声。 这两个跳舞者的兴奋和热情愈高昂,他们的动作就愈热烈,他们最后竟至于狂热地彼此撞起头来,这样狂热势必会把任何欧洲人的头颅像胡桃壳似的撞得粉碎。 两个黑人的身形被耀眼的火光照得通明,他们疯狂地来回的舞蹈形成了一幅真正稀奇古怪的图画。 伴和着他们的尖叫声的,有鼓声、笛子声、白铁碗声、牛骨头敲打声,交织着观众"好哇吉姆!好哇克罗!"的呼喊声,甚至还有鸣枪声。 两个黑人终于精疲力竭倒在地上,呼呼地喘起气来。我给他们饮了一口白兰地,他们马上恢复过来了。 这时有些人吵吵嚷嚷地要我讲讲话,喧闹声和音乐声立刻停止了。 我只得放下莉莉的手臂,爬上马车的车顶向聚集拢来的人们说话了。 当我扫视这些被篝火的光芒照耀着的人影,发现他们全都体格结实,胡子满面,刀子系在皮带上,头上戴着无边帽。 我感到我身处一种奇怪的场面之中,几乎成了一帮强盗的头子。 实际上那都是些勇敢而诚实的心灵,虽然其中有许多人曾度过近于原始的、狂暴的艰苦生活。 在这里,我们组成了一个与世隔绝的小天地,自给自足,面对共同的命运,担受共同的危险;在这里,每个人必须相互支援,人人都互相看成是兄弟,这是因为包围着我们的那无边无际的荒野,要求硬心肠的矿工们一定要彼此相爱。 看到莉莉这可怜而又孤零的姑娘,生活在这群人中间,就像在她父母家里一样的安全和健康,我为此感到欣慰,于是我就以大队的领导者同时又是漂泊者的身份,把这种想法如实地谈了出来。 他们用鼓掌和喝采声一而再地打断着我:"好哇这波兰人! 好哇队长! 好哇大劳尔夫!"当我看见在无数强壮的和饱经风霜的手掌中间,有一双被火光照红的小手,像一对鸽子似的挥舞着,这时候我真是太幸福了。 就在这瞬间我突然感到,什么荒野或野兽,什么印第安人或强盗,我都不在乎了。 我热情地高喊,什么事我都能对付,我一定克服前进道路上的一切艰难险阻,带领篷车队直到天涯海角,如果我说的不是真话,就让上帝罚掉我的右手! 又一阵"好哇!"声,甚至比先前更响亮地响应了我的这些话,所有在场的人都热情奔放地唱起了移民之歌:"我渡过了密西西比河,我将渡过密苏里河。"然后,移民中最年长的史密斯——宾夕法尼亚的匹兹堡矿工,代表整个篷车队表示了感谢,他赞扬我领导的能力。 史密斯之后,几乎每辆马车都有人讲话。 有些话很有趣,特别是亨利·辛普逊的讲话。 他不断叫喊着:"先生们,要是我讲的不是实话,那就把我吊死!"当讲话的人喊哑了嗓子之后,笛子和牛骨头又发出声音,奏起了快步舞曲。 这时候,夜色降临了,月亮升在天空中,照耀得那么明亮以至篝火在它的光辉下也显得苍白了,人形和马车都笼罩着红色和白色的双重光辉。 这真是个光辉灿烂的夜晚。 营地的欢闹声在大草原的寂静与安宁的气氛中显得格外高昂和可爱。 我拉着莉莉的手绕着营地走,我们的视线离开篝火，向远处望去，消失在草原树木的起伏之中，这些草原植物在银色的月光下，真好像是些神秘的精灵。 我们信步走着。 这时候，两个苏格兰高地人在一堆篝火旁用他们的风笛奏起了"美丽的丹迪"的伤感曲调。 我们在不远处停下来，默默地听了一会儿。 我的眼睛突然注视着她的脸。 她垂下了她的眼睛。 我不知道怎么竟把她搁在我臂上的手轻轻地、久久地贴在我的胸口上。 她的那颗小小的令人怜惜的心，强烈地跳动着，这颗心就好像握在我的手掌中。 我们两人都感到有些颤抖，因为我们意识到我们之间正在发生某种变化，这种神秘的变化将使我们的关系不同于过去。 我听任心潮随波逐流带往他方，我的意识仿佛模糊起来了，那妩媚的夜，那近处的篝火，那火堆旁的人群，什么都忘了，只有一个强烈的愿望：跪在她的脚下，哪怕只望望她的眼睛。 此刻，她的头虽然倚在我的肩上，但她却把头转向一边，仿佛要躲藏在阴影中。 我想说些什么，但是说不出，我觉得我说起话来的声音一定很古怪，如果我说了"我爱你"这句话，我真要昏倒。 我十分害羞。 由于年轻，支配我的不光是理性，还有我的心灵，因此我觉得，一旦我说出"我爱你"，就会像一道幕布似的对我以往的生命加以隔绝，犹如一道门关上，另一道门打开，我则走上一块新的土地。 正因为如此，我虽然看见了门坎那边的幸福，我还是徘徊不前，也许因为我见到的那边的光辉使我眼花缭乱了。 发自内心而不是出自嘴巴的爱情，是难以表达的。 我敢于把莉莉的手贴在我的胸口，而且彼此相对沉默，是因为我不敢谈到爱情，当然也不能在这关键的时刻说起别的事。

后来，我们俩举眼朝天，像在祈祷似的凝视着星星。 突然间，从一堆大篝火那边有人叫我的名字。 我们转身回去了。 联欢会快结束了。 为了庄严地结束这次联欢，移民们决定在休息之前唱赞美诗。男人们都低着头,虽然我们的信仰并不相同,我们还是都跪了下来,跪在大草原的草地上唱起赞美诗来:"他们在荒野上漂荡。"这真是一幅动人的情景。这时,万籁俱静,连火堆爆出火花的响声和河水流动的突突声都听得见。我跪在莉莉的身旁,望了她一两次。她的头发有点蓬松,双眼仰望闪耀着奇妙光辉的天空,并虔诚地唱着,那样子真像天使,使你不禁要向她祈祷。

祈祷结束,男人们都到自己的马车里去了。我按我通常的习惯,检查完岗哨也去休息了。但是夜晚的蚊蚋,像它们每天所做的那样,在我的耳旁嗡嗡作声,仿佛在叫着"莉莉,莉莉,莉莉"。我知道在那马车中睡着我心爱的人——最珍贵的灵魂;我知道世界上没有人比那个姑娘对我更亲爱的了。

三

第二天清早,我们平安地渡过了西达河,来到了一片宽阔平坦的大草原上。这片草原在这条河和威尼巴科之间延伸开去,稍稍向南和衣阿华南部的森林相衔接。那天早晨,莉莉不敢正视我的眼睛,我看出她在沉思,她仿佛因什么事而害羞或者烦恼,尽管前一天我们并没有越轨的行为。她几乎没有下过她的马车,阿特金斯大婶和格劳斯维尼大婶以为她身体不舒服,对她十分爱抚和体贴。只有我一个人知道是什么东西使她烦恼,那既不是软弱,也不是良心的自责,而是一种抗争的预感,也就是一个天真无邪的姑娘和即将攫住她、并将把她像一张落叶似的带走的某种奇异莫测的力量之间的抗争。这是命运的预感,是她对之无能为力的预感,是她将向那个力量投降的预感。她将忘却一切,只记得爱情。

一个纯洁的灵魂在爱情的门坎上惊惶地徘徊着,但是在明白了它必须跨过去的时候，它变得软弱了，莉莉就是这样仿佛身处梦幻之中。 当我了解到这一切，简直欣喜若狂，但我不知道这是不是一种高尚的感情。 早上当我骑马经过她的马车，看到她像一朵憔悴的花儿，我的感觉就像一头猛禽看到鸽子逃不出自己的利爪时的感觉一样。 然而我不愿意伤害这只鸽子，不，即使给我全世界所有的财富我也不愿意，因为我的心充满了深深的怜悯。 奇怪的是，尽管我对莉莉有着甜美的想法，而这一整天却似乎是在彼此都感到尴尬之中度过的，至少是非常之窘。 我极力寻找机会同莉莉单独在一起，哪怕是一会儿也好，但是没有成功。 幸而阿特金斯大婶帮了我的忙，她告诉我要让这姑娘更多地活动，坐在闷热的篷车里对她没有好处。 我想到可以让她骑骑马，就命令辛普逊给她备匹马。 在我们车队中没有女用马鞍，但是带有高前桥的墨西哥马鞍，就像通常在荒野地带妇女常用的马鞍一样，那种马鞍对我们很有用处。 我不许莉莉走出车队的视野之外。 当然，在平坦的大草原上是不会迷路的，因为我派出去打猎的人在营地之外四面八方都有，总是能遇到这个人或者那个人的。 至于来自印第安人的危险也是不会有的，因为这部分大草原，直到威尼巴科为止，波尼族①只是在大围猎的时候才过来，而现在还不是这种时候。 然而，在森林的南面小道，不光有吃草的动物，还有野兽出没，所以小心不是多余的。 说实话，我指望莉莉为了安全的缘故会同我一起走，这样就会使我们单独在一起了，特别是由于我惯常走在车队的前面，领头走的只有两个混血儿向导，后面才跟着整个大队人马。 情况正是这样，当我首次看到我的优美的女骑士从车队那边轻快地驰来的时候，我是何等的幸福啊！ 马的奔驰使她的头发松开，披落在肩上，她的上衣在骑马时

---

① 美洲印第安人的一支，属喀多语族。

显得略为短了些,她时时要整理她的上衣,这在她双颊上增添了妩媚的窘惑的神情。当她驰近来的时候,看上去像朵红红的玫瑰花,似乎已知道她正在陷入我所布置的要同她单独在一起的罗网。她知道这点,但还是来了,也许存有这种想法使她面带红晕,仿佛她是一个不情愿的牺牲品而且莫测自己的命运。我的心像顽皮学童那样地乱跳。当我们两匹马并肩而行的时候,我因不知该说什么而感到自责。一种强烈而甜蜜的欲望把我们吸引在一起,这种不可抗拒的力量,促使我朝她弯下身去,好像要在她那匹马的鬃毛上理出什么东西,就在这时,我靠在她的马鞍的前桥上,把我的嘴唇压在她的手上。一种奇异的无可言状的幸福,比我曾经体验到的任何欢乐都要更巨大更强烈的幸福,充满了我全身的每一根毫毛。随后我把她的小手贴在我的心口,并告诉她,如果上帝赐予我全世界的所有王国和全地球的所有财富,我都不会用她的一绺头发来和它们交换,因为她已经永远占有了我——我的身体和心灵。

"莉莉,莉莉,"我继续道,"我将永不离开你,我将追随你越过高山和荒原,我将吻你的双足,我将向你祈求,只求你爱我一点儿,只求你告诉我在你心中有我的位置。"

听我这样说,她非常窘迫地反复说:"劳尔夫,你很明白,你都知道!"这时候,我的胸膛简直要爆炸了。我不知道该笑还是该哭,该跑掉还是该留下,我天天追求天堂,而当时我就在天堂里了,我再不需要世界上任何东西了。

从此以后,只要我不影响作为队长的勤务,我就同她在一起,而这种勤务逐渐在减少,直到我们抵达密苏里河。也许没有别的车队像我们车队在头几个月的旅程中那样顺利的了。人人(还有牲口)都习惯于守规矩,都成了很好的旅行者,所以我用不着多去照料了。他们对我很信任,全车队保持着高昂的精神。充足的粮食和美好的春天气候，提供了一种欢乐的气氛，也增加了我们的健康。随着时光的消逝，我越来越深信，我带领车队不走通常经过圣路易斯和肯萨斯，而改走衣阿华和内布拉斯加，这个大胆决定，确是一条最好的路线。 前面那条路，闷热难忍，对身体非常有害，特别是密西西比河与密苏里河之间常见的热病和其他疾病，往往会造成旅行队伍的减员，而在后面这条路上，由于气候凉爽，因此疾病和困难都比较少些。

　　再说，经过圣路易斯那条路线，在起初阶段对于防御印第安人虽然要安全一些，但因我的篷车队拥有二百三十名武装齐备，随时可以投入战斗的人员，所以即使走另一条路线也用不着害怕他们，何况住在衣阿华的印第安部落同白人交锋过许多次，都知道白人的武器是怎么样的，他们不敢攻打大的篷车队。 我们只有一件事要提防，那就是夜间对骡马的攻击，造成畜群惊跑。 在荒野里负重的牲口被盗将使车队陷于绝望的困境。 但这是守卫者的事，守卫的人们同我一样，都很熟悉印第安人的策略。 随着我手下的人逐渐习惯了我所建立起的行军秩序，我每天要做的工作比起旅程开始时要少得多了，这样我可以花更多的时间用于我心灵的感情上面去。 晚上我睡觉时，想念着明天我将看到莉莉，早晨我会对自己说："今天我要看到莉莉。"一天天过去，我越来越幸福，越来越爱上她了。 车队里的人们逐渐地注意到这一点，他们并不反对，因为莉莉和我两人都取得了他们的欢心。 一次，史密斯老头遇见我们，喊道："上帝保佑你们，队长，你和莉莉！"他这样把我们的名字并列使我们快乐了一整天。 格劳斯维尼大婶和阿待金斯大婶常在莉莉的耳边低声说些话，使得她像晨星似地脸红起来，但她决不会告诉我讲些什么话。 只有亨利·辛普逊阴郁地注视着我们。 也许他在心中策划什么，我可不在乎。

每天早晨四点钟我总是在车队的前头。在我前面大约一千步距离，两个向导唱着他们印第安母亲教会他们的歌。在我后面，差不多同样的距离，车队像横在大草原上的一条白色带子，弯弯曲曲地在前进。你可以想象接着而来的一天中，这是多么兴奋的时刻：大约六点钟，我突然听见我身后嗒嗒的马蹄声，一眼望去，我心爱的人儿骑着马走近来了，我亲爱的姑娘啊！她的头发被晨风吹乱并在她身后飘扬，她是有意不把头发缚紧，这个淘气的小仙女知道这样做同她很相称，知道我喜欢她这样，也知道如果风把她的头发吹到我身上，我就会去吻它，而她却假装没看见。每天早晨就在这样甜蜜的期望中开始了。我教会了她波兰话"琪恩·陀勃里"（早安），每当我听到她说这句话的时候，这声音在我耳中是那样甜蜜，使得她变得对我更加可爱了。有时，对祖国、家乡和逝去的年华的回忆，像掠过大海的海鸥似的伴随着我飞越过荒野，使我不时想哭；但是，羞于流露出感情，只好把涌上眼眶的泪水克制下来。她知道我的心思，知道我的心充满了幸福，她就像一头红雀似地重复说着："琪恩·陀勃里！琪恩·陀勃里！琪恩·陀勃里！"我怎么能不爱我的这头小红雀呢？我教起她别的话来，当她那说英语的小小嘴唇吃力地发着生硬的波兰语音时，我对她发错的音大笑起来，她就像孩子似的噘起了嘴，假装生气了，对我不高兴。但是我们彼此间从来没有发火过，只有一次我们之间掠过一朵乌云。那是一天早晨，我装作要缚紧她的马橙的带子，我身上的野性发作了起来，我开始吻起她的纤嫩的脚来，或者不如说吻起在荒野中穿破了的蹩脚的鞋子，这只鞋子就是给我一个王国我也不愿意交换。她把她的小脚紧靠着马腹，一面说："别这样，劳尔夫，请别这样。"就转身走了。虽然我道了歉并极力抚慰她，她也不肯再靠近我了。但是她怕伤我的心，也没有回到车队中去。至于我呢，我假装出来的悔悟大大超过了实际上的程度,我陷入沉默,独自骑着马,仿佛世界上一切事物对我都完了。 我知道她心中会产生怜悯,我想得对,因为她不久就被我的沉默弄得不安起来,悄悄地走近我跟前,望着我的眼睛,像孩子要弄清妈妈是否还在生气。 而我呢,虽然竭力装出生气的样子,却不得不转过脸去忍住发笑。 这种情况只发生过一次,我们通常都像草原犬鼠一般欢乐。 有时候,蒙上帝宽恕,我这整个车队的队长,在她身边竟像一个孩子。 有时候,我们并骑而行,我会突然转身向她,说我有新的很重要的事要告诉她,当她注意着听的时候,我却向她耳语说:"我爱你。"她也对我耳语说:"我也是。"我们就这样在荒野上彼此吐露我们的心事,这里只有风儿才会偷听得到。

日子就这样过得很快,我觉得早晨和黄昏就像链条上的环节一样紧连在一起。 时常有这样那样的事情来打破我们旅途中的单调。有个星期天,混血儿威希泰用套索捕到一头被荒野上的人们叫作"狄克"的大羚羊,还带着一头小羚羊。 我把小羚羊送给了莉莉,她给它做了一只项圈,系上一只从骡子那里取下来的铃。 我们叫那小羚羊"凯蒂"。 过了一星期,小羚羊变得驯服了,会从我们手中吃食了。 从此,在艰苦的跋涉中,常常是我骑马走在莉莉的一边,"凯蒂"则在另一边跟着,它那对又大又黑的眼睛时时仰望莉莉,并咩咩地叫着,恳求她的抚爱。

过了威尼巴科,我们到了一片平原,平坦得像一张桌面,浩瀚无边,繁茂丰盛,原始纯真。 我们的向导在青草和野蓟中看不见了,我们的马匹犹如在大海中涉水那样缓缓而行。 我指给莉莉看这个对她来说完全是崭新的世界,她对这一片草原的美丽着了迷,她如此喜爱我经历的这块地方使我很自豪。 当时是春天,接近四月底了,这是青草和各种各样草本植物长得非常茂盛的季节。 凡是在荒野里可以生长的一切花朵，都在那里盛开了。

夜晚，大草原散发着阵阵清香，宛如从上千只香炉里发出那种令人陶醉的香味。白天，当微风吹拂这片色彩鲜明的草地的时候，它所展现的红、蓝、黄以及其他各种色彩简直令人眼花目眩。一些黄花的花梗使我们想起所罗门①的权杖，这种花从稠密林丛的下层中伸出来，有种叫作"眼泪"的小植物的银丝缠绕在这些花梗上。它的花萼由透明的小球组成，确实使我想起了眼泪。我的眼睛熟悉大草原上的事物，经常发现我认得的药草"克勒姆巴"的大叶子可以治伤口；"米莫沙"的红白色花萼遇到人或兽就会闭合起来；还有"印第安斧"，它的香味会使你昏昏欲睡乃至失去知觉。我教莉莉读这本"上帝的书"。我说："你要在森林和草原中生活下去，亲爱的，你必须尽可能快地熟悉它们。"

在这片平坦的大草原上，有些地方像沙漠中的绿洲一样生长着棉花丛和枞树丛，它们被茂密的野葡萄和藤蔓的簇叶遮盖之下，几乎看不见了，而藤蔓上又长满了常春藤和很像野玫瑰的带刺的木质茎植物。花儿似乎向四面溢出来似的低垂着，在这花帘和花墙的后面，当中是神秘昏暗的一片。树干下面，由泉水积成的晒不干的大池塘，像黑夜梦境似的宁静。树顶上，从花丛中间，不时传出奇妙的声音和鸟儿的叫声。当我把这树丛和一串串像瀑布一样悬垂着的花朵初次指给莉莉看的时候，她站住握着双手，入迷地喊道："哦，劳尔夫，这是真的吗？"

她说她害怕走进树丛的深处。可是，一天下午，当得克萨斯酷热难堪的热风在草原上空施虐的时候，我们两人带着"凯蒂"走进树丛去了。

---

① 古以色列王国国王大卫之子，以智慧著称。

我们在一个池塘边停下来,水面上映出我们和马匹的身影。 我们默默地站了一会儿。 那里阴凉、朦胧、肃穆,并且像在哥特式教堂里那样令人敬畏。 日光从簇叶缝中渗透过来变成暗绿色,一只隐蔽在藤蔓缠绕的圆顶中的鸟儿尖叫着"不,不,不",好像警告我们不要再进去了。 "凯蒂"哆嗦着,缩在马身旁。 莉莉和我彼此注视着,我们的嘴唇第一次接吻了,再也不愿分开了。 她吮吸着我的灵魂,我吮吸着她的灵魂,虽然我们喘不过气来,我们的嘴唇依旧合在一起。 她的眼睛朦朦胧胧,她搭在我肩上的双手像发热似的颤抖起来,她忘了自己的存在,软弱地把她的头靠在我的胸口。 我们俩都由于对方在自己的身边,由于欣喜若狂和幸福无比而陶醉。我呆立不动,心里十分激动,我爱她超过思想或语言所能表达的一百倍,但我只会举起我的双眼,穿过簇叶仰望着天空。

我们从似醉似迷的欣喜中醒过来,立即由稠密的绿色的密林转向开阔的空地,明亮的阳光照耀着我们,暖和的微风吹拂着我们,欢乐而辽阔的太空又落在我们眼前,松鸡在青草中飞跑过去。

在隆起的土丘上有一群群草原犬鼠,它们把土丘钻得到处都是洞,我们一走近,它们就钻到地下去了。 从这里朝前直看,可以看到一长列篷车队和马车旁骑马的人。

我好像从一间暗室里走进阳光普照的大地上,莉莉也有这样的感觉。 白昼的明亮使我内心充满喜悦,但是黄金色的阳光投在她那张有着我们接吻痕迹的小脸上,不禁勾起她的回忆,使她感到畏惧和抑郁。

"劳尔夫,你会觉得我不好吧,嗯?"她突然问道。

"怎么会使你想到这上面去,亲爱的? 如果在我心中除了对你的爱和崇敬之外还有什么别的想法,愿上帝舍弃我。"

"这只是因为我非常爱你。"她说着嘴唇立即颤抖起来。 她轻轻地哭了，虽然我千方百计安慰她，那一整天她总是有点伤感。

四

我们终于到达了密苏里河。 印第安人通常是在车队渡河时进行攻击，因为车队的马车分在河的两岸，这时要组织防御是很困难的。 在这种情况下，驮马的后脚会竖立起来乱跳乱踢，整个队伍就会弄得一片混乱。 事实上在我们到达密苏里河之前的两天来，确实有印第安侦察兵在跟踪我们，所以我采取了必要的预防措施，把车队处于正规的战备状态。 我不允许马车像在衣阿华东部地区那样，在大草原上前后车距过大，使车队拉长。 我要求手下的人必须集中，随时准备战斗。 一到河岸和渡口，我命令每队六十人的两支分遣队，在河的两边各造一堵土墙，凭借这小小的壁垒和步枪的掩护，保证渡河的安全，余下来的一百一十名移民运送马车。 我不准一次同时有好多辆马车渡河，以免发生混乱。 这样做，秩序非常良好，袭击是不可能的，因为袭击者必须先攻打这边或那边的壁垒，才能靠近渡河的人马。 后来证明这些预防措施不是完全多余的。两年后，四百个德国人就是在现在奥马哈城所在的地方渡河时被基阿华沙族人杀光的。 我还有一个有利的条件：我手下人都熟悉在东部流传的、关于渡密苏里河的黄色河水的许多可怕危险的故事。他们看到我在执行任务时的镇定和自信，更加盲目地信任我，把我看作是统治荒野地的神灵。 每天都有热情赞扬我的话传到莉莉耳中，使我成为她心目中的传奇英雄。 阿特金斯大婶对她说："只要你的波兰人和你在一起，如果你高兴，你甚至可以在雨中睡觉，而他能够不让你弄潮湿！"这时候，我的爱人心里充满了自豪。 实际上，在渡河的时候，我几乎一分钟也没有和她在一起，只能偶尔用我的眼神告诉她那些我嘴上说不出来的话。我整天骑着马站在这边河岸或那边河岸，或者骑马站在水中。这水中漂流着腐朽的树枝、成团成团的簇叶、青草，还有从达科他流来的发出恶臭并散布热病的淤泥。我决定尽快离开这里。

令人焦急的是，人们由于日夜不间断的警戒而疲劳不堪，马匹也由于这肮脏的水而生病了。这种水，我们要煮沸几个小时才能饮用。到了第八天晚上，我们终于统统到了对岸，一辆马车也没有损坏，只损失了七匹骡马。然而，就在那一天，响起了第一阵枪声，我手下的人杀死了三个企图溜到我们骡群里来的印第安人，并且按照荒野上可怕的习惯，割下了他们的头。这个事件以后，属于波尼族的"勃勒地·特雷尔"一帮，有六个老战士在第二天晚上到我们这儿来。他们阴沉而严肃地坐在我们的火堆旁，要求我们以马匹和骡子作赔偿。他们声称，如果我们拒绝，很快会有五百个武士来袭击我们。我并不害怕这五百个武士，既然我的篷车队已经渡过了河，并且有防御壁垒的保护，还怕什么呢。我知道这六个代表被派到我们这儿来，是因为这些野蛮人想利用这个借口来讨价还价，而不是想攻击我们。至于攻击能否成功，他们是没有把握的。要不是为了莉莉，为了让她看看这个场面，我早就把他们赶走了。他们来了以后，一动也不动地坐在谈判的火堆旁，眼睛直瞅着正中的火焰。这时，莉莉从一辆马车后面怀着恐惧和好奇的心理，注视着他们用人发缝起来的衣服、柄上装饰着羽毛的战斧，以及脸上为准备战斗而涂上的黑红颜色。我没有理睬他们的这些战斗准备，坚决拒绝了他们的要求，而且态度上变被动为主动，声明说，如果我们车队失掉了一头骡，我就要亲自把他们搜寻出来，把他们所有五百个武士的骨头扔在大草原的四面八方。他们竭力抑制着怒火走了。他们把战斧举在头上一挥，以此表示战争。但是，我的话印在他们的记忆中，尤其是他们正要离开的时候，我手下早已准备好的两百个人突然威胁性地站立起来，把枪支猛地碰出声响，还发出作战时的呐喊声。我们的备战状态，肯定在这些野蛮人心中留下了深刻印象。

几小时以后，自愿跟踪这些谈判代表的亨利·辛普逊气吁喘喘地带回来一个消息：大队的印第安人正向我们逼近。在整个篷车队之中，只有我一个人熟悉印第安人的策略，我知道这只是空洞的威胁，因为他们人数还有限，不足以和我们的远距离火枪较量。他们的武器不过是山核桃木制成的弓而已。我把这情况告诉了莉莉，让她安心，她为了我的安全已吓得像树叶抖动似的簌簌发抖。至于别人，都认定打仗是免不了的。那些被激发起战斗欲望的年轻人，甚至渴望着战斗。事实上，我们立刻就听见了红皮肤人[①]的叫喊声。可是，他们在好几个步枪射程的距离之外停了下来，像是在等待合适的时机。棉花梗和密苏里柳树枝的火堆在我们营地里一直点到通宵，男人们都在马车旁守卫着，受惊的女人们则唱着圣歌；骡马彼此咬着叫着，因为没有把它们赶到平常过夜的地方，而是把它们拦在马车的中间。嗅出了印第安人气息的猎狗也在狂叫着。总之，营地里充满了闹声和战备的气氛。在短暂的寂静的间歇间，我们听到了印第安人哨兵彼此间像郊狼嗥叫哀鸣那样的呼应声。大约午夜时分，印第安人企图火烧大草原，但是潮湿的春草点不着，虽然好几天来一滴雨也没有下过。

早晨，当我检查岗哨的时候，我抓住这机会到莉莉那里去了一下。我发觉她精疲力竭地熟睡着，她的头躺在善良的阿特金斯大婶的膝盖上，大婶用一把长猎刀武装着，她发誓要消灭整个勃勒地·

[①] 即印第安人。

特雷尔部族，绝不让一个印第安人逼近她可爱的孩子。至于我，怀着不仅是一个男人的爱而且几乎是母亲的爱注视着这美丽的睡容，并且，也像阿特金斯大婶一样，我要把那些敢于威胁我心上人的家伙碎尸万段，因为在她身上有我的欢乐和喜悦，没有了她，我就只有流浪和无尽的冒险。眼前的情景就是这种生活的最好的证明：大草原一直延伸到天边，武器的撞击声、在马背上度过的夜晚、打仗，以及凶暴的红皮肤匪盗——而紧靠在我身旁的，却是这可爱的人儿宁静的睡眠。她如此地信赖我，只要我说一句话就足以使她相信不会受到攻击，并使她感到像在她父亲家里一样平安地睡觉。

当我凝视着这两幅画面的时候，我有生以来第一次感到对我冒险生活和不安定的生活方式的厌倦，同时也认识到我只有在她身旁才能找到平静和安宁。只要我们到达加利福尼亚，只要我们到达那里，我想……旅途的艰辛（我们才完成了比较容易走的一半旅途），已经在我倦怠的脸上留下了它的痕迹，而等待着我们的是一片富饶而美丽的土地、温暖的春天和无穷无尽的天空。我怀着这些憧憬，把我的外衣盖在这睡着的姑娘的脚上抵御夜晚的寒冷，随后我就到了营地的后面，因为河上升起了浓密的雾气，使得印第安人也许会利用这雾来碰碰他们的运气。火堆发出软弱的火光，而且正在熄灭。一小时之后，十步以外就看不出任何人来。我吩咐哨兵每分钟大声叫唤一下。不久，整个营地里别的声音都听不到了，只听见一声拖长的"一切平安"声，像念祷文似的，一个人一个人地传过去。印第安人的营地那边突然像哑了似的寂静无声了，这使我不安起来。黎明时，我们都感到难堪的疲乏，上帝才知道我们大部分人已经度过了多少个无眠之夜，除此之外，浓雾的寒气使我们全身发抖。

我需要决定一下，骑马向印第安人出击并把他们远远驱散，是否比留在原地等着他们打出什么新主意来会更好一些。 这不是狂放的枪骑兵的幻想，而是绝对必要的考虑，因为一次大胆的攻击所取得的胜利会给我们赢得极大的名声，一旦在野蛮人的部落中流传开，就会保证我们今后旅程的安全。 于是，我留下一百三十人在壁垒里，交给经验丰富的"草原狼"史密斯去指挥，同时下令其余一百人骑马出击。 我们谨慎地前进。 大家情绪很高，尽管冷得刺骨，但一上了马，倒成了一种很好的驱寒方法。 到了约两三个枪弹射程的距离，我们纵马急驰，一面呼喊着，一面开枪，向野蛮人的营地猛冲过去。 我们队伍中的一个笨蛋，在我身后打了一发子弹贴着我的耳朵呼啸而过，但仅仅打掉了我的帽子。 这当儿，我们正向着印第安人猛扑过去，印第安人虽做了战斗准备，却没有防备我们的出击。 这一定是旅行者第一次冲破包围者，因而他们惊慌失措，四处逃散，恐惧得像野兽似的嚎叫，毫无抵抗地被杀死。 他们只有一支小分队奋力向河旁逃去，虽然他们看到一切突围的出路都被堵住，但仍然顽强抵抗，宁愿跳入河中也不肯投降。

他们用磨尖的鹿角做成的梭镖和用硬燧石做的斧头，并不很可怕（尽管他们使用这两种武器极其灵巧）。 一霎间，我们就打垮了他们的队伍。 我还俘虏了一个大家伙，他的手在攫夺他的斧头时被我打断了。 我们俘获了几十匹马，但因野性难驯、脾气恶劣，对我们没有用处。 我们总共抓了大约二十个俘虏，他们全都负了伤。 我叫人仔细包扎好他们的伤口，而且，在莉莉的请求下，送给他们毯子、武器和重伤员所需要的马匹，然后就放他们走了。 这些可怜虫本来以为他们一定会被绑在树桩上受苦刑，已经唱起他们单调的死亡赞歌来了，现在则对他们身受的待遇惊讶不已。 他们以为释放他们，如同印第安人的习惯那样，是为了再捕杀他们。 可是，当他们认识到没有这种危险时，就一面赞颂着我们的勇猛和"白色花朵"

(他们用"白色花朵"来称呼莉莉)的慈悲,一面高兴地离去了。

但是,这一天结束时,发生了一件悲哀的事,对这次伟大胜利的欢乐以及它可能产生的后果投上了一层阴影。 我们的人没有一个被杀死,但有许多人受了重伤,情况最糟的是亨利·辛普逊——他过分狂热地投入了战斗。 那天晚上,他的情况非常危险,痛苦地挣扎着。 他要告诉我什么事,但是这可怜的汉子说不出话来,因为他的下巴被斧头砍掉了。 他只是含糊地说了一声:"宽恕我,队长!"然后,痉挛起来了。 当我记起那天早晨在我耳旁擦过去的那颗子弹,我猜出了他心里难过的是什么事。 我以合乎基督徒的身分原谅了他。 我也知道,他把他对莉莉的深深的然而是秘密的爱情一起带进了坟墓。 他一定是有意地自求死亡。 他在午夜时分死去了,被埋葬在一株巨大的木棉树下。 我用刀在树干上刻了一个十字记号。

五

第二天,我们继续前进。 我们面前是一片比以前更广阔、平坦和更荒野的大草原,这是白人足迹没有到过的土地,总之,我们到了内布拉斯加。 最初几天我们在光秃的平地上前进得相当快,尽管由于缺乏燃料,旅途是很艰苦的。 柏拉特河在这一望无际的地带穿过,它的两岸有许多柽柳和柳树,河岸虽平,因河水泛滥,我们走不过去。 在这期间,我们晚上都用水牛粪燃起小火堆,水牛粪没有晒干,所以与其说是燃烧还不如说是冒着蓝烟的闷熏。 我们备尝艰辛,尽力要赶到大蓝河,指望在那里找到大量燃料。 这里的周围,是一大片处女地。 全身黄褐色、肚皮白色的羚羊群经常在我们篷车队的前方跑散开去。 在波浪似的青草丛中,不时浮现出异常巨大、长满粗毛的野牛头,两眼充血,鼻孔冒气。 在地平线上可以看到大群大群的野牛,像黑色的斑点在那里走来走去。

我们多次经过被草原犬鼠翻堆起来的一排排土墩。 印第安人起初没有露面,几天以后我们看见三个饰着羽毛的印第安人骑在马上,但很快像幽灵似的消失了。 后来才知道,我在密苏里河边给他们的教训使"大阿拉"(他们把我这个"大劳尔夫"叫成这样)的名字成为草原强盗、杀人部族的一种恐怖,而我对俘虏的宽大,也取得了这些野人和残酷部族的信任。 他们并不是没有侠义的天性。

当我们到达大蓝河的时候,我决定在长满森林的河岸上扎营十天。 我们前面要走的另一半路程,比起已走过的一半要困难得多。 大草原的那边是落基山脉,再过去便是犹他州和内华达州的"荒山野地"了。 我们的骡马虽然有丰富的好饲料,但也都因为疲劳而消瘦了,必须有一段长时间的休息来恢复它们的体力。 为此,我们扎营在大蓝河和水獭河所形成的三角洲上。 这地方两面是两条河,另一面是一排两辆并列着的马车,这样有利的地形几乎是攻不破的,特别是就地还有木材和水源。 因此,营地里的事务减少到最低限度,警戒也不需要了,所有人马都可以得到充分的休息。 这段时光是我们旅途中最好的日子。 天气好极了,夜晚很暖和,我们可以在露天下睡觉。

我手下的人早晨出去打猎,中午满载着羚羊和松鸡回来。 这些动物在我们附近有千千万万。 其余时光,我们吃吃睡睡,或者唱歌或者打雁鸟作乐,因为经常有成群的雁鸟在我们头顶上飞过。 在我的一生中,没有比这十天更美好更幸福的了。 从早到晚,莉莉和我形影不离,我们的共同生活就这样开始了,不像以前那样只有仓促的会面。 我越来越相信,我要永生永世地爱这个温柔的好人儿,我更深刻、更亲切地了解她了。 夜里,我常常不睡觉而思索着: 她为什么成为我如此亲爱、如此必要的人，就像呼吸的空气一样，对我的生命那么必不可少呢？ 我热爱她的美丽的面容、她的满头长发、她的像内布拉斯加的天空一样湛蓝的眼睛、她的纤细优美的身段——这身段好像在对我说："帮助我，保护我，没有你，我在这世界上就活不下去。"是啊，上帝是我的见证，我爱她的一切，乃至她的每一件朴素的衣服。 这是一种不可抗拒的力量，促使我情不自禁地爱上了她。 而且，她对我还另有一种魅力，那就是她的温柔妩媚。 我一生中遇到过许多女子，但从来没有遇见过这样一个天使，而且我再也不会遇见了。 当我想到这点时，我心头充满了永志不忘的荣幸。 她的灵魂是这样的娇嫩，就像任何人走近时就会把花萼闭合起来的花朵一样。

她对我的每一句话都非常敏感，她能感觉到并反映出我的每一个思想，如同透明的深水能照出所有水面上的东西一样。 她的纯洁的心怀着温柔的羞怯迷恋于爱情，我体会到当她献身于爱情的时候，她爱我一定是爱得多么深切。 在这种时候，任何男子心灵中的一切情操都会融化成一种爱，一种高尚的感情。 她的天性是这样纯朴、谦逊，使我不得不让她确信，爱情是无罪的。 但令人为难的是，我不知怎样来做到这一点。 住在两条大河岔口上的这十天，就在这样的情绪中度了过去，我的幸福就在那里达到了顶点。 一天清晨，我们朝着水獭河的上游信步走去。 我要给她看看水獭，因为离开我们篷车队一英里多一点的地方有水獭巢，那里繁殖着水獭。 我们小心翼翼地穿过矮木丛，很快就到了目的地。 这是溪流造成的近似河湾或湖泊模样的水池，四周长满了高高的山核桃树，河岸边上都是柳树，倒垂的柳枝深深地没入水中。 水獭筑的堤坝，高出河面挡住河道，水池中的水始终保持着相同的水平，透过它那晶莹的水面，可以看到一座座像圆顶小阁楼那样精巧的水獭巢。

人的足迹还从来没有到过这个四面被树木封闭起来的地方。我们小心地挪开细嫩的柳枝，注视着光滑如镜的湛蓝的水面。 这块小小的水族居住区没有什么动静，水獭显然是在熟睡。 水池上一切都很沉静，以至我能听得见莉莉的呼吸声——她正在柳枝丛中把她那披着金发的头靠在我的脸颊上。 我用手臂抱住她的腰身，扶着她站在陡峭的河岸上。 我们耐心地等待着，眼睛陶醉在我们所看到的一切情景之中。 我习惯于荒野上的生活，我爱大自然像爱我的母亲，而且切实地感受到上帝观看宇宙时那种钟爱的欢乐。

　　那是早晨极早的时光。 晨曦刚刚吐露，曙光透过山核桃树的树枝变成了红色，露水从柳叶上滴下来，天越来越亮了。 松鸡来到了对岸，它们全身灰色，胸部发黑，头上生着丛毛。 它们的嘴像鸟嘴一样，饮过了水，都朝上仰伸着。 "哦，劳尔夫，多好啊！"莉莉轻轻地说。 至于我呢，我一无所思，只幻想着在遥远的峡谷中有一所小屋，幻想着她和我在一起，持久过着安宁平静的日子，直到此生的末日。 我们深深感到，在这大自然的欢乐和宁静之上，又增添了我们自己的欢乐和宁静；在这生活的黎明之上，又添上了我们灵魂中幸福的黎明。 这时，平滑的水面泛起阵阵涟漪，一只潮湿的长着口髭的水獭头露出水面，在晨光照映下显得有点发红，接着又露出一只，这两只动物一面用它们的小嘴发出咕咕声，一面劈开镜子似的水面，向堤坝游过去。 它们爬上了堤坝，坐在自己的后腿上，发出一声尖叫，于是大大小小的水獭头像魔术似的出现了，水池中只听到扑通扑通声。 这群水獭起初似乎只是玩耍和游泳，后来高兴起来，凭它们的喜爱大声叫喊着。 第一对出水的水獭这时正在堤坝顶上四面张望。 突然间，从它们的鼻孔中发出一声呼哨，霎时有半数的水獭上了堤坝，另一半则向河岸游去，消失在柳树的垂枝下。 随后，那里的水面开始冒出水泡，而且传出类似锯树的声音，大概这些小动物正在忙着啃啮柳树枝的树皮。

莉莉和我长久地观看着这种动物生活的花样和乐趣,只要人们不来破坏,它们一直都会很幸福的。 莉莉想要变换个位置,突然碰了一下树枝,刹那间一切都消失了。 只有水的波动所留下的一点涟漪表示水的深处有什么东西藏着。 一会儿,水又平静了,我们重新被寂静所包围,只有啄木鸟在山核桃树的坚硬的树皮上啄食虫子的声音打破了这种寂静。 这时候,太阳升到树林的上空,天气相当暖和了。 莉莉还不觉得疲倦,我们决定再绕着池塘走。 路上,我们遇到了另一条小河,它穿过森林从对面流进池塘。 莉莉走不过去,所以我得抱她过去。 不顾她的反对,我像抱小孩似的,把她抱起来,跨进了这条令人迷惑的小河。 莉莉害怕掉下去,双臂抱住我的脖子,紧紧地依附在我身上,她那通红的脸靠着我的肩膀隐藏起来。 我吻了她的眉毛,就这样我抱她渡过了小河。 到了对岸之后,我要抱她再往前走,但她几乎狂暴地摆脱了我。 我们都感到一种不安。 她四下张望,好像害怕似的,脸色一会儿发白,一会儿涨红。 我们继续向前走去。 我握住她的手贴在我的心口上,我自己好像也有点害怕似的。 天气更热了,热气不断从天空倒灌下来;风也停住了,山核桃树的叶子一动也不动,只有啄木鸟还像以前一样啄着树干,其他一切都像是随着炎热而熟睡了,甚至变得没有生命了。 我仿佛感觉有种魔术般的魅力笼罩着这座森林。 这以后,我什么也不记得了,只记得莉莉和我在一起的情形,只记得我们两人曾单独在一起。 这时候她显然很累了,以至她因呼吸短促而大口喘气,那向来苍白的脸上泛起了虚弱的潮红。 我问她是否疲乏了,要不要休息。 "哦,不,不。"她很快地回答,极力想抵制这一想法。 但才走了几步,她突然摇晃了一下,低声说道:"不成,我实在走不动了。"

于是，我又把她抱起来。手臂负载着这个宝贝，我走到了垂柳成荫的池塘边。在一块树阴下的苔藓地上，我把她放下来并跪在她身旁。当我凝视她的时候，我的心几乎停止了跳动。她的脸色苍白，非常苍白，她的一双张得大大的眼睛恐惧地看着我。

　　"莉莉，怎么啦？亲爱的！"我大声说道，"这是我呀，我和你在一起。"

　　说着，我俯下身去，像暴雨似的吻着她的双脚。

　　"莉莉！"我继续说道，"我的心肝，我的妻子！"

　　当我说出这最后一句话时，她全身上下打了个寒颤，并突然怀着一种不同寻常的狂热的激动，用双手抱住我的脖子。

　　"我亲爱的，我亲爱的，我的丈夫！"——于是，一切事物都在我心目中消失了。我们仿佛和整个宇宙融合在了一起……

　　我真不知道，当时是怎样发生的。当我从陶醉中醒来，恢复了神智时，日光虽然还从山核桃树的枝叶缝中照射过来，但这已是落日余辉了。啄木鸟停止了啄木，天空中的落日同照映在水池中的火红落日相对微笑着。不久，夜幕降下来了，水里的动物都睡觉去了。这充满魅力的夜晚，静悄悄的，是回到篷车队去的时光了。我们走出垂柳，我不断注视着莉莉，她脸上既没有懊悔也没有忧虑，在她那仰望天空的眼神中，流露着平静而顺从的神情，还有一道庄严的光轮笼罩在她那天使般的头上。我向她伸过手去，她把头靠在我的肩上，两眼望着天空对我说道：

　　"劳尔夫，再对我说一遍，我是你的妻子，要不断地对我说这句话。"

　　我明白，无论是在荒野中，或者是我们去的什么地方，能够在我们心中立誓的只有这一点，再没有别的，于是我就在这森林中跪了下来，而当她也在我旁边跪下来时，我说道：

"天、地和上帝作证,我娶你,莉莉·莫里斯,做我的结发妻子。阿门。"

对此,她回答道:

"现在,我永远是你的了。我一直到死都是你的妻子,劳尔夫。"

就在这时,我们结婚了。从此以后,她不仅是我心爱的人,而且是我合法的妻子了。我们想到这点都感到幸福,尤其是我,感到特别的幸福,因为在我心里产生了一种神圣的新感情,一种伟大而尊严的新感情,正是由于这种尊严的感情,使我们的爱情显得更为崇高。我们拉着手,昂着头,充满信心地回到了我们的篷车队。我们的人已经在为我们而焦虑了。有些人骑了马到处寻找我们,后来我非常吃惊地得知,有些人曾经到过池塘那里,但没有发现我们。我们也没有听见他们的喊声。为了免得别人误解我们,我把大家召集在一起。当他们都围拢来的时候,我握着莉莉的手宣告道:

"先生们!请大家作证,我在你们面前宣布:站在我身边的这个女子,是我的妻子。请大家为此在法庭上、在法律前、在不论来自何方的任何会提出询问的人面前,为我们作证。"

"好哇,祝你们天长地久!"矿工们回答。于是,史密斯老头向莉莉提出了惯例的问题,问她是否愿意我作她的丈夫,当她回答说"是"的时候,我们就在公众的面前合法地结了婚。在这西部遥远的草原上,在所有的边界地区,既没有市镇和法官,也没有教堂,婚礼一直是这样举行的,即使在今天的美国,无论谁要表明和他同居的女子是他的妻子,只要他作了公开的宣布,就足以代替法律上的所有文件。因此,没有人感到惊讶。对于我们的婚姻,大家都毫无疑义地认为是符合习惯和认真地对待的。此外,人人都觉得高兴，尽管我比别的队长更严格要求他们遵守纪律，但他们都知道，这是为了他们自己好，因而对我表现得越来越友好。 至于我的妻子，此后更加成了他们大伙的宝贝。 当我宣布了之后，就举行庆祝和欢宴活动。 火堆燃起来了。 苏格兰人从他们的马车上拿出了他们的风笛；我们两人都非常喜欢他们的音乐，这种音乐引起了我们愉快的回忆。 美国人都敲起了他们心爱的牛骨头做的响板，我们的婚礼之夜就在歌声、呼喊声和手枪的射击声中度过了。 阿特金斯大婶一而再、再而三地拥抱莉莉，大婶哭了又笑，笑了又哭，还频频点燃她那永不离身的烟斗。 使我最激动的是接下来的仪式，那是美国当年在马车中度过岁月的流浪者的习惯。 这时皓月当空，男人们在他们的步枪通条上扎着柳树枝的火把，全车队的人以史密斯老头为首，领着我们俩从一辆马车走到另一辆，每到一辆马车前就问莉莉："这是你的家吗？"我的爱人每次都回答："不。"于是我们再走下去。 走到阿特金斯大婶的马车前时，每个人都感动极了，因为这是直到此刻之前莉莉一直住在其中的马车。 当她轻轻地回答一声"不"的时候，阿特金斯大婶就像一头受伤的野牛似的大叫起来，双手紧紧抱住莉莉，一面反复地说着："我的乖乖，我的心肝。"一面伤心地不停啜泣。 莉莉也哭了，所有那些硬心肠的人也一下子心软了，没有一双眼睛不含着眼泪。 当走近我的马车跟前时，我几乎认不出来了，它被花朵和簇叶装饰得像一辆花车。 男人们都举起了熊熊的火把，史密斯用一种又高又庄重的声音问道：

"这是你的家吗？"

"这是我的家！这是我的家！"莉莉柔和地回答。

于是，每个人都摘掉了帽子。 一片寂静使我听得出火的呼呼声和快烧尽的树枝掉在地上的嘶嘶声。 那位头发灰白的老矿工，把他的一双长着疙瘩的手向我们的头上伸来，说道："愿上帝保佑你们和你们的家。阿门!"

在这祝福之后,大家连喊三声"阿门",然后所有人都散去了,只留下我和我亲爱的妻子。她把头靠在我的胸口低声说:"永远,永远。"这时,在我们灵魂中,喜悦之星真比太空中的星星还要多。

六

第二天早晨,我离开我妻子出去找花给她时,她还睡着。我一边找花,一边对自己重复地说:"你结了婚!你结了婚!"这个想法带给我如此的欢乐,以至我举眼朝天,颂扬上帝。是上帝使我活到这样的时刻,让我成为一个真正的人,并让我和另一个人在一起,而这个人,我爱她超过了任何事物,只有她才使我的生活完美无缺。现在,我在世界上有了完全是我自己的东西,虽然我的家只是一辆篷车,但我觉得我比以前富足多了。我怀着怜悯和惊奇来看待我以前的流浪生活,对我以前居然能那样地生活感到吃惊。我以前从来没有想过,单单"妻子"这个词就蕴藏着多么大的幸福,更不要说你把这个词给了你最心爱的和占有了你整个灵魂的人了。我一定已经爱上她很长时期了,好多时候我只是通过莉莉来看世界,我把一切事物都和她联系起来;我所了解的只是和她有关的一切。现在当我说"妻子"的时候,它对我意味着"妻子是我的,而且永远是我的"。我想我应该欢乐得发狂,我难以相信像我这样的一个穷光蛋,居然能拥有这样的宝贝。我还缺什么呢?什么也不缺了。倘若草原暖和些,对她安全些,而且我可以不再承担带领车队到我允诺要去的地方的义务,那么我就会欢欣地放弃到加利福尼亚去,只要莉莉和我在一起,我甚至愿意就定居在内布拉斯加。原先，我上那里去是为了淘金，可现在，这个念头我觉得是荒唐的。我既然有了她，还能找到什么样的财富呢？ 我问我自己，我们两人需要金子有什么用呢？ 嗯，我将选定一个四季如春的峡谷；我要亲自砍伐树木造一所住处，和她住在一起；我要用犁和枪弄到足够的食物，使我们挨不了饿。 在我寻找花朵的时候，我的思想就这样地萦绕着。 我采够了花立即回到篷车队去，路上我遇见了阿特金斯大婶。

"小乖乖呢？ 睡着吗？"她问我，一面从她口中取出永不离身的烟斗。

"是啊，她睡着。"我回答。

阿特金斯大婶这时眨眨眼说道：

"啊！你这无赖！"

但我们马上就看到了，这"小乖乖"不再睡觉了，她下了马车，用手挡住阳光，朝着草原瞭望。 她一看见我，就跑来迎接，就像朝霞那样清新，那样红润，身子倒在我伸开的双臂中。 她的小嘴唇凑了上来，用波兰话叫着：

"奇恩·陀勃里！奇恩·陀勃里！"然后，她踮起脚尖望着我的眼睛，并带着淘气的笑容问道："我是你的妻子吗？"

她是我的妻子吗？ 除了无休止的亲吻和抚爱之外，还有什么别的回答呢？ 在这河汊口上，我们的时间就是这样地消磨过去的。因为直到我们动身以前，史密斯老头把所有我的事务全都接了过去，因此我们能够再去看一次水獭和那条小河——这次，她不再拒绝我抱她过河了。 有一天，我们乘了一只红杉木做的独木舟向大蓝河的上游划去，在一个河湾处我指给她看，眼前的野牛正在用它们的角摩擦着石灰质的河岸，使牛的前额常常盖着一层盔甲似的干石灰。

在我们起程前两天，我们不再作这种远足了，一是因为附近出现了印第安人，其次是因为我心爱的人身体不太好。她显得更苍白和乏力了，我问她怎么回事，她只是笑笑作答，并向我保证她身体很好。我甚至在她睡着的时候也守护着她，仔细地给她盖好被子，四面塞紧，以免她着凉，我是那么着急，以至我自己也瘦了。阿特金斯大婶一提到莉莉不舒服，就神秘地眨眨她的左眼，并且喷出这样一股浓烟，使你看不见她在烟雾后面的脸孔。可是，我的不安并没有减轻，反而更加重了，因为莉莉常常产生忧郁的念头。她感到我们如此热烈相爱是不好的。有一次，她把她的美妙的小手指按在她每天惯常读的《圣经》上，忧郁地对我说：

"读这里，劳尔夫。"

我看着，读着，一种奇异的预兆抽紧了我的心："谁把上帝的真理变为谎言，谁比造物主更崇敬生物并为生物造福更多，谁得到了永恒的祝福？"正当我读完之时，她加了一句：

"如果上帝对我们发怒，我肯定上帝很慈悲，只惩罚我一个人。"

我安慰她说，爱情是两个人的灵魂结合起来飞向上帝的天使，这个天使将把世上的光辉带给上帝。这以后，我们不再谈这种事情了，因为后半段旅程的准备工作开始了，对马车和骡马的检查，还有成千上万的小事情占据了我的全部时间。

最后动身的时刻到来了。我们向河汊地告了别，我们在这地方度过了这么多幸福的日子，心里很留恋。但是，当我看到篷车队又一次在大草原上延伸开去、马车一辆接着一辆、骡子鱼贯而行时，我心里松了一口气，因为我想到，每一天都使我们越来越接近我们旅程的目的地；我想到几个月内我们就将看到加利福尼亚——那个我们如此艰难地向它走去的地方。

旅途的开头几天有点不顺利。在密苏里河与落基山脉的山脚之间，大部分都是陡峭的上坡路，因此骡马很快就疲乏了，常常要休息。再者，我们不能走近柏拉特大河，因为洪水虽然退了，但这时却是春天大围猎的季节，一帮一帮的印第安人在大河附近巡回，追踪着向北移动的野牛群。夜间的岗哨更艰苦，也更疲乏了。没有一夜不在警报中度过。在我们离开宿营地之后的第四天，我再次赶跑了一帮红皮肤强盗，因为他们想掠走我们的骡子。但是，使我们最伤脑筋的是我们过夜没有火堆。我们不能走近柏拉特大河，就常常得不到燃料，早晨下的阵雨常使我们用来作燃料的野牛粪湿透，不容易点着。

另一个不安的原因是野牛群的迁徙。有时候，我们看到几千头野牛像一片乌云似的在地平线上移动，撞碎前面的一切东西。如果这样的一群野牛和我们交叉相遇的话，我们必然会灭亡。更糟的是，大草原上突然出现了各种各样的猛兽，因为追赶野牛的不仅有印第安人，还有可怕的灰熊、庞大的美洲虎、堪萨斯和印第安地方的大狼。日落时分，在我们晚上扎营的小河边，我们可以看到大批草原上的各种猛兽在一天的暑热后跑来饮水。一天，一头熊猛扑我们的混血儿向导威希泰，若不是我和史密斯以及另一个向导汤姆及时相救，他一定会被撕得粉碎。我用斧头猛力朝这怪兽的头砍去，砍得那样猛，以至把山核桃木的斧柄都折成了两截。可是，这野兽转向我扑来，只是在汤姆和史密斯的枪弹射进它耳朵后，它才倒下。这些野兽在夜里更加肆无忌惮，经常走到我们篷车队的跟前来。在一个星期之内，离我们马车只一百步的地方，我们就一连杀了两头野兽。我们的狗从一早叫到夜，使我们难以睡觉。

以前，这样的一种生活使我高兴。一年前，我在阿肯色州的处境比现在还要困难，我却像做老爷一样的高兴，但是现在，当我想到马车中我亲爱的妻子，她不睡觉却在为我的生命而颤抖，并且由于忧虑而消瘦下去，我多么希望印第安人、熊和美洲虎都见鬼去啊！我祈求立刻保证那个脆弱而纤嫩的人儿得到平安，她对我是如此亲爱，我真乐意把她永远抱着直到末日。 只是在经历了如此困难的三个星期之后，我看到了现在叫作"里伯勃立根河"（当时还没有英文名字）的那种白浆似的河水，我心里才放下了一块大石头。 在白色河水的两边，像吊孝镶黑似的树立着宽阔的黑柳树丛，这些树提供了我们丰富的燃料；虽然这种变异的柳树在燃烧中会发出响亮的劈啪声并且四处冒火星，但是它燃烧起来比潮湿的野牛粪好得多了。我决定在这里休息两天，因为这里到处存在的岩石说明，附近就是落基山脉的几乎不可逾越的山坡了。 我们已经处在海平面以上相当的高度了，这可以从寒冷的夜晚感觉出来。

这里昼夜巨大的温差，带来了很不愉快的后果。 好几个人，史密斯老头在内，都得了热病被送进他们的马车里。 使他们得病的病菌一定是在密苏里河肮脏的河岸上传来的，他们所经受的艰苦又促使了发病。 可是，临近山脉又使我们充满了迅速恢复健康的希望。我的妻子这时以一种只有天使的本性才能具有的献身精神来护理他们。

但是她本人却老是在消瘦下去。 早晨醒来，我常常第一眼就落到她的娇嫩的脸容上。 当我看到她苍白的脸色和发黑的眼圈时，我的心就焦虑地跳动起来。 往往在我这样子注视她的时候，她就醒过来，对我笑一笑，又睡着了。 这时候我觉得我宁愿牺牲掉一半我自己铁一般的健康，只要能到达加利福尼亚州。

但是路还老远老远。 两天之后我们又前进了；不久，里伯勃立根河已经落在我们的南面。 我们沿着瓦特曼岔流向着柏拉特河的南面支流行进，那地方绝大部分是在科罗拉多州。 每天爬坡变得越来越艰苦，事实上我们是处在花岗岩石之间的峡谷中，两边高耸的岩石向着远处越来越高地延伸开去，有时候是一座座的高峰，有时候像一堵墙似的连绵不断，一会儿是狭窄的小道，一会儿又两面分开。 我们不缺少燃料，因为岩石的每个隐蔽处和裂缝处都长着矮小的枞树和橡树。 有的地方从石壁上流下来涓涓泉水。 岩壁上有野兽在跳跃，我们一走近，它们就突然不见了。 空气寒冷但新鲜，使人健壮。 一个星期之后，热病退去了，但是骡子和马匹却越来越瘦，它们吃惯了内布拉斯加的多水分的青草，这里却只能吃到荆豆属的植物。 它们拖着我们装载很重的马车，喘气喘得越来越厉害了。

后来有天下午，我们看到了在我们面前出现的奇景：固定的云彩多半化为遥远的烟雾，晶莹雪白，金光闪闪，顶上是一片蔚蓝色，庞大的体积从地面连到天上。

看到这景象整个篷车队升起一片呼喊声。 男人们都爬到车顶上想要看得更清楚些，四面八方都听到"落基山！落基山！"的喊声。 帽子在微风中飘动，人们的脸上都闪耀着喜悦。

美国人都以这样的方式向落基山脉欢呼的，至于我呢，我向我的马车走去，把我的妻子紧紧抱住，当着从这高耸云天散发出坚定庄严的神秘力量的上帝祭坛，我再一次向她发誓，表示我的灵魂的忠诚。 太阳就要下山了，暮霭很快笼罩了大地，那巨大山脉的形体被落日的余辉照耀着，看上去好像是一堆无比庞大的火红的煤块和熔岩。 接着，火焰般的光辉渐渐化为紫色，变得越来越暗了。 最后，一切都没入浩瀚的黑暗之中，星星——这夜的闪光的眼睛，从高处穿过黑暗望着我们。

我们距离主要的山脉至少约有一百五十英里，到了第二天我们就看不见它了，它被岩石所遮没，以后则随着道路的转折而时隐时现。 我们前进得极慢，不断有新的障碍出现，我们尽可能沿着河流走，遇到河岸太陡的地方，还得绕道到附近的山谷中去寻找通道。 此地盛长灰荆豆和野豌豆，这东西即使给骡子吃了也不好，而且它那又高又粗的硬茎常常缠住车轮，阻碍着车队的前进。

我们还时常碰上地面的断裂处，有的纵横达数百码，使我们无法通过，只好绕道过去。 我们的向导威希泰和汤姆不断回来报告新的困难：有时路面突然岩石林立，有时又意外地面临深渊。 有一天，我们本以为是在沿着山谷走，忽然间我们十分意外地发现这是个岩石架，我们面前的豁口是无底的深渊，垂直朝底下望去使人头昏目眩。 深渊底部的大橡树看起来像小灌木，树木中间的野牛则像甲虫。 我们渐渐深入到了到处是时常崩坍的巨大圆石和悬崖峭壁的岩石地带，这地方的大石头，常常排炮齐发似的一块接一块猛冲下来。 驾车人的咒骂声和骡子的嘶鸣声被花岗岩拱顶折射回来，形成一种频频重复出现的回声。 我们的马车在草原的平地上显得大而华丽，但在这里的巨大岩石面前则显得十分渺小了，当它们消失在峡谷的咽喉中，犹如被巨大的嘴巴吞没下去一样。 被印第安人叫作"笑水"的小瀑布，几乎每一百码就要中断我们的道路。 落基山脉耸现在地平线上，好像永远是那样的模糊和遥远。 旅程的艰苦，使我们人畜都感到精疲力竭，幸运的是，我们的疲劳被我们的好奇心所克服，这变幻莫测的景色使我们的好奇心得到了满足。 我们没有一个人，甚至包括那些在阿利根尼①出生的人，曾经见到过这样古怪出奇的风土。 我自己也惊奇地注视着这些峡谷，在这些峡谷的

---

① 美国宾夕法尼亚州到北卡罗来纳州的山脉。

边缘上,仿佛大自然以它狂放的想象力,精心制作了石头的城堡、堡垒和整座城市。我们经常碰上印第安人,这些印第安人也和他们草原上的同胞不同,似乎更野蛮,更分散。

他们一看见白人,某种恐惧与残杀相混合的感情就油然而生,似乎白人比他们在内布拉斯加的同胞还要残忍。他们个子更高大,皮肤更黝黑,说话的时候把大拇指按在脸颊上,脸上涂着蓝白交替的条纹。他们的武器是战斧和一种用硬麦杆制成的弓,这种弓很硬,我们的人拉都拉不动。要是他们为数很多的话,对我们就会造成很大的危险,幸运的是他们人数少,我们所遇到的最大的一帮没有超过十五个人。他们的名字叫作泰皮吉人、威米嫩人和雅巴人。我们的向导威希泰虽然能说各种印第安语,但也听不懂他们的话,因此我们不理解为什么他们全都先指着落基山,又指我们,然后一张一闭他们的手掌,仿佛他们想表明某个数目。

我们的路这样难走,尽管我们费尽一切力气,一天也只能走十五英里。更糟的是,我们的马匹比骡子更不耐劳而又吃得更加挑剔,它们开始一匹一匹地死去。男人们也都精疲力竭了,因为他们整天要用绳子帮着骡子拉马车,或者帮助拉马车越过障碍。一些软弱的人逐渐变得垂头丧气了。有些人患骨痛病,有一个人因为过度使劲而吐血,三天之后死去了,临死时还咒骂自己决定离开纽约港的那个时刻。当时,我们处在最困难的一段路程,靠近印第安人叫作基奥纳的一条小河。当然,这里的岩石不像在东科罗拉多那样陡峭,但是在看得到的所有地方,都充满了大大小小的巨砾石,乱七八糟地东一摊西一堆。这些砾石有的竖立,有的横倒,看上去像是一片墓碑掀翻的零乱墓地。这里正是科罗拉多的"凶地",相当于内布拉斯加北部的那一大块地方。我们花了巨大的努力,经过了一个星期的折磨,才走过了这个地方。

七

　　我们到了落基山脉的山脚下才休息。当我看到眼前这花岗岩的茫茫大山，层层烟雾笼罩着山腰，它的山峰消失在一望无际的白云和积雪之中，我觉得非常恐怖。这座大山的雄伟和默默的庄严使我感到自己的渺小，于是我极其虔诚地向上帝祈祷，允许我带领我亲爱的妻子、我的手下人，以及我的马车平安地通过这无穷的石壁。做过那次祈祷之后，我怀着更大的勇气进入山口和石头的小道。当山口在我们身后闭合之后，我们似乎就同其余的世界隔绝了。我们的头上就是苍天和几只呱呱叫着的老鹰，四面包围着我们的是，没有尽头的花岗岩，一个真正迷宫似的回廊、拱顶、峡谷、裂缝、悬崖、高塔似的山石、寂静的石头大厦，以及熟睡中的巨大的石壁。这一切是如此庄严肃穆；我们的灵魂处在这大堆岩石的压迫之下又是如此感到压抑，以至我们在费力地爬山时不能用正常的声调说话，而只能轻声低语。我们觉得前面总是无路可走，仿佛有个声音在对我们说："不要前进了，这里是路的尽头！"

　　我们觉得我们是在闯入上帝亲自密封的秘密世界。夜里，当聚集在我们周围的那些高耸突兀的形体变得像黑纱一样黑，当月亮在山峰上镶了一道银色的边，当稀奇古怪的影子从"笑水"中升起来的时候，即使最大胆的冒险家也会全身颤栗。我们围着火堆一连几小时地消磨着，心里怀着迷信的畏惧，注视着被红色的光芒所照耀的峡谷的黑色深渊，仿佛在等待着可怕的东西出现。

　　一天，我们在一块岩石的隐蔽处发现了一个人的骷髅，虽然从依旧粘在脑盖骨上的头发和武器使我们认出是个印第安人，可是有一种预感摄紧了我们的心，因为这个咧嘴的尸骨好像在警告我们，无论谁在这一带地方迷了路就永远再也找不到路了。 在这同一天，我们的向导汤姆连人带马从一个岩石棚上掉了下去，当即摔死了，使整个篷车队笼罩着忧郁。 以前，我们行进的时候一路上是闹声和打趣作乐。 现在连驾马车的人也不咒骂了，篷车队默默地走着，只有车轮的轧轧声才打破这一片静默。 骡子越来越不肯走路，有一次拉车的一组骡子突然站住，好像在地上生了根似的一动也不动。 跟在后面的其余的马车也只得停住了。 最使我伤脑筋的是在最困难的时刻，当我妻子最最需要我在场并给予帮助的时候，我却不能在她的身边。 但是我必须到处赶来赶去，作出榜样，鼓舞勇气和树立信心。 在我车队里的人当然是以美国人所特有的顽强勇气来面对一切困难的，但是他们的力量已经到了尽头。 只有我的体质才经得住一切艰苦的考验。 许多晚上我只睡两个小时。 我也像别人一样拉马车，我得指定巡夜的人并且检查全营；总之，我干的是别人两倍的工作。 但是幸福增加了我的力量，每当我精疲力竭地来到我的马车的时候，我发现我所拥有的是世界上最亲爱的东西，一颗忠诚的心，一双从我额上擦去汗珠的纤手。 莉莉虽然身体不好，但是在我回来之前她绝不睡觉，每当我因此责备她时，她就用亲吻来封住我的嘴，并且嘱咐我别发火。 我让她握着我的手睡觉。 许多夜晚，她会醒来在我身上裹紧水獭皮，使我睡得更舒适些。 她总是温存、和蔼、亲切，而且体贴。 她是我崇拜的偶像，我常吻她的外衣的下摆像吻最神圣的圣物一样；我们的马车对我来说就是圣地。 她常常仰望着那些高耸云霄的岩石，她在那些巨大的岩石面前虽然小得可怜，但却在我的眼前把它们挡住了，那些岩石在她身旁一下子全消失了，我看到的只有她。 这样，当别人精力耗尽的时候，我的精力却无穷无尽，那就毫不足怪了。 我知道，我的精力永远不会耗尽，因为她需要我的保护。

走了三个星期之后，我们终于到达大白河形成的一个峡谷。在它的入口处，乌英泰族的印第安人给我们设了一个埋伏，造成了我们篷车队的一阵混乱。当他们红色的箭射入我妻子马车的篷顶的时候，我率领我手下的人猛烈地攻打他们。他们立刻被驱散了，有四分之三的人被杀死。当我们所抓的唯一的俘虏，一个十六岁的少年，从恐惧中恢复过来的时候，他用雅姆巴人同样的手势指指我们又指指西方。他好像要告诉我们附近有白人，但是我们不相信这是真的。然而，这却是真的。你完全想象得出，当两天之后我们从高地上走下去的时候，我们不但看见了马车，而且就在我们足下地势低洼的山谷中，还看到了新近用圆木搭建的小屋。这时候，全车队的人有多么吃惊和高兴。小木屋排成一个圆圈，当中是一座没有窗的大棚屋。一道小河沿着山谷流过去，成群的骡子在河旁走来走去，骡群由骑马的人看管着。眼前我的同种的白人出现在这个地方，使我充满了惊奇，但当我想到他们也许是由于犯罪逃避死刑而躲藏在这荒野里的歹徒时，我的惊奇马上变成了恐惧。我有丰富的经验，知道这种被遗弃的人习惯于进入最偏僻的人迹不到的地区，他们在这里结成最有纪律的一帮。他们甚至往往是新的市镇的创建者，因为他们的居住地逐渐成为人口较多的地区，随着人口的大量流入，后来就变成管理良好的州。当我以前过着占公地者[①]的生活时，曾从新奥尔良运木材顺密西西比河而下，在密西西比河的上游多次遇到过歹徒，而且和他们发生过多次流血冲突，所以我非常熟悉他们的残暴和好战。

要是莉莉不在我们中间，我就不会害怕他们了，但是一想到如果我们打了败仗而我被杀死，她将会受到的危险，想到这里我就毛

---

① 依法在政府公地上定居，以图获得对该地的所有权的人。

骨悚然；在我一生中，我初次产生了最胆小的懦夫那样的感觉。 我深信如果他们是歹徒，那么战斗是不可避免的；要是情况确实如此，这场战斗比起打印第安人来困难要大多了。

因此，我立即向车队的人发出紧急危险的警告，并使他们严阵以待。 我下决心要么我自己死亡，要么彻底摧毁这马蜂窝，因此我决定首先发动攻击。 这时候，山谷里的人们发觉了我们，两个骑马的人向着我们飞驰过来。 这使我大大地放心了，因为歹徒是不会派使者的。 事实上，他们是一家美国皮货贸易公司的猎人，他们在这地方安扎夏令营。 因此，不但不打仗，我们反而受到了这些威严而诚实的荒野猎人们的殷勤欢迎和他们所给的各种帮助。 他们热情地接待了我们。 我们感谢上帝，上帝怜悯我们的不幸，给了我们这样甜蜜的休息。 自从离开大蓝河以来，已经两个半月了，我们的精力耗尽了，我们的骡子都半死不活了。 我们在这里可以安全彻底地休息一个星期左右，使人畜都得到休养。

这真是救了命。 这帮人的队长萨克斯顿先生是个有教养的聪明人，他发现我不是一个通常的草原无赖汉，就立即和我交上了朋友。 他让出他的小屋给莉莉和我居住，因为她的健康衰弱得很快。

我让她睡了两天。 她是如此疲劳，以至在第一个二十四小时里，她几乎没有睁开过眼睛。 在这段时间里我守在她身旁，使她安静地休息。 我坐在她的床边，一连几个小时地守着她。 两天之后她睡够了，可以走到户外去了，可是我不许她做任何的活儿。 车队的人也都就地像烂木头似的足足睡了一两天。 这之后，我们才动手修马车和洗衣服。 这些可尊敬的猎人在各方面给了我们亲切的帮助。 他们大多数是这家贸易公司雇佣的加拿大人。 他们在冬天打猎，捕捉河狸，射杀臭鼬和貂，到了夏季，就到夏令营来，这里是临时的皮货仓库。 经过初步加工的皮革就被护送到东部去。 这些人一次受雇好几年，他们干活的艰苦是难以描述的。他们必须深入到偏远地区和原始地带，那里野兽很多而且充满着危险，特别是一碰上印第安人就要打仗。诚然，他们的工资是很高的，但他们大多数人不是为此来干活，而是因为他们热爱荒野的生活，热爱有增无□的冒险。他们都是精选出来的人，强壮而健康，足以对付任何艰辛。看到他们的魁梧身躯、他们的皮帽和长枪，使我的妻子想起了她在波士顿读过的库柏①的小说，因此她非常好奇地观察这个营地和它的日常活动。他们就像骑士团一样自觉遵守纪律，而萨克斯顿既是公司的代理人也是他们的头目，他享有绝对的军事权威。他们都是异乎寻常的诚实人，所以我们在他们中间所过的时光非常愉快。他们也喜欢我们的篷车队，并说他们从来没有见过纪律如此严格、组织如此严密的篷车队。萨克斯顿在我们大家面前，赞成我走北面这条路而不取道圣路易斯和堪萨斯那条路的计划。他告诉我们，一个叫作马克渥特的人带领一支三百人的篷车队，走了后面这条路，结果遭受酷热和蝗虫等种种困苦，以至车马都损失了，最后都被阿拉巴荷印第安人砍杀了。这些加拿大猎人就是从阿拉巴荷人那里得知这情况的。阿拉巴荷人在一场激烈的战斗中被加拿大猎人打败了，加拿大猎人从他们那里拿到了一百多张头皮，其中有马克渥特的一张头皮。这个消息大大地感动了我们车队的人，大家感动到如此地步——使得最有经验的流浪汉史密斯老头（他最初反对走内布拉斯加这条路），也当着众人说我比他"更精明"，还说我教了他许多许多东西。由于在夏令营受到殷勤的接待，完全恢复了我们的精力。除了我和萨克斯顿所形成的坚固的友谊之外，我还结识了一个叫米克的、在合众国内举国闻名的人，他不是这个营的人，

---

① 库柏，美国小说家。

而是和一个名叫林肯、一个名叫克特·卡尔逊的人在一起过着荒野上的流浪生活。这个奇怪的三人小组经常跟整族的印第安人打仗，由于他们的本领和超人的勇气，总是使他们取得胜利。现在有许多书描写米克的事，单单米克这个名字，就对印第安人充满了威胁，以至只要用这一个名字，对印第安人说来就比和合众国签订的一些条约还要有力量。所以，合众国的政府用他作调停人，最后任命他为俄勒冈的州长。我遇见他的时候他大约五十岁，但是他的头发像渡鸦的羽毛一样乌黑，他善良的心地、他的力量和他那一往无前的勇气混合在一起，从他的眼神中流露出来。此外，他被认为是合众国摔跤最强有力的人。我是他摔不倒的第一个人，这使所有在场的人都感到吃惊。这个勇敢的人非常喜欢莉莉，每次他来访问我们都要为她祝福，在我们告别之前，他给了她一双美丽的小鹿皮鞋，这是他亲自用雌鹿的皮做成的。这件礼物来得正是时候，因为我可怜的妻子没有一双鞋不是穿破了的。

最后，我们动身走上了我们旅程的下一段路，怀着美好的期望，问清了应该走哪些峡谷的准确情况，并且车上装满了各种各样盐渍的肉。不仅如此，可尊敬的萨克斯顿还把我们的那些精疲力竭的骡子换上了他的强壮的养得很好的牲口。米克曾经到过加利福尼亚，他告诉了我们奇迹般的故事，那地方不但富饶，而且空气新鲜，那优美的栋树林和大峡谷，是整个合众国其他地方都比不上的；我们心里马上充满了极大的信心，因为我们还不知道在到达我们的向往之地以前我们命中注定的那些磨难。当我们离开营地远去的时候，我们久久地向这些可敬的加拿大人挥舞我们的帽子，请他们记得我们。启程的那天永远铭记在我的心头，因为就在那天下午，我生命中的可爱的小星星，双手抱住我的脖子，脸色因慌张激动而涨得通红，她低声告诉我一个消息。我听了之后跪在她的脚下，由于非常激动而哭泣起来，我吻她的双膝，她不仅是我的妻子，而且也是我未来的孩子的母亲了。

八

我们离开夏令营之后两个星期，我们越过了犹他的边界，路上虽然困难不少，起初却没有出什么不幸的事。我们得爬过落基山脉西面的山坡，这个山坡在那地方形成了一整片支脉，叫作瓦沙契山脉，但是两条大河——绿水河和格兰特河——提供了一条容易走的小道。这两条大河的汇合处，形成了巨大的科罗拉多河，它的支流从各方横贯这个山脉。我们经过这些通道，终于走到了犹他湖，从这里开始了盐沼地。我们身处陌生的、令人沮丧的、单调的土地之中。一个接着一个的巨大的草原山谷，像圆形剧场一样，周围都是乱七八糟的岩石，每个山谷都是那样的单调，令人望而生畏。在这荒野和岩石中间，令人有一种严酷和死沉沉的贫瘠之感，这景象使人想起《圣经》上的荒漠湖水是咸的，湖岸是一片贫瘠的不毛之地。

那里不长树，延伸得老远的光秃秃的地面上渗出盐和钾来，有的地方长满了灰色的草，草叶厚而卷曲，叶子一折断，就流出粘乎乎的咸的液汁。在这块土地上旅行，实在是沉闷和使人沮丧的事；几个星期走过去了，而荒野老是没有尽头，永远是那样的沉闷、难堪，永远展现着无穷的岩石高原。我们的精力又开始衰竭起来。在大草原上笼罩着我们的，曾是一种有生气的单调，而在这里则是死沉沉的单调。

我们的人逐渐对一切事物都沮丧到了极点，淡漠到了极点。我们走过了犹他州的这片死亡之地，进入了内华达，还是毫无变化。

太阳晒得我们的头阵阵抽痛，盐沼地上反射出来的阳光令人头眩目花。 不知从什么地方散发出来的尘埃在空中飞舞，使我们的眼皮都发炎了。 我们的骡马乏力得一再地啃着地皮，而且常常在烈日的暴晒之下像中了雷击似的倒毙。 我们大多数人活着只是寄希望于一两个星期内能在地平线上看到塞拉·内华达山及其后面的大家渴望的加利福尼亚。 就这样，日复一日、一周又一周地走着，越走越艰苦了。 在一个星期之内，我们不得不抛弃三辆马车，因为我们没有足够驾驭的骡马。 哦！这真是苦难的土地！悲惨的土地！此时，内华达的荒原甚至连一丝生气也没有，我们的境况越来越糟，疾病向我们袭来了。

一天，有人向我报告说，史密斯病了。 我去看看他出了什么事。 使我毛骨悚然的是，我发现拖倒这个老矿工的是伤寒病。 人们经受了那么多的气候变化，健康不能不受损害，尽管有短暂的休息，疲劳还是顽强地显示出来，在精疲力竭和困苦不堪的时候，病菌就繁殖了起来。 史密斯爱莉莉像爱自己的孩子，他在我们结婚的那天还祝过福。 莉莉坚持要护理他。 我是一个心软的人，我的整个心灵在为她发抖，但我不能禁止她去尽一个基督徒应尽的本分。 于是，她连日连夜地守护着这个病人。 在她带动下，还有阿特金斯大婶和格劳斯维尼大婶也一起守候着。 可是，第二天这老人就失去了知觉。 在他患病的第八天，他死在莉莉的怀抱里。 我埋葬了他，对着这老人的尸体，从我内心深处流出悲伤的眼泪。 他不仅是我的伙伴和左右手，而且也像是我们两人的父亲。 我们原来希望在这样一个痛苦的牺牲之后，天主会怜悯我们，但这仅仅是一连串灾祸的第一件。 就在那一天，另一个矿工染上了这疾病，然后是每天都有人躺倒在他的马车中等死。 我们就这样被这传染病纠缠着在这荒野上赶路。 新的牺牲者不断地死于这传染病。

阿特金斯大婶接着也得了这疾病，但是由于莉莉的细心照料，她幸运地痊愈了。 在那些日子里，我日夜生活在痛苦之中。 每当莉莉在护理着她的病人，而我又在篷车队前面某处执行任务，这时我常常独自在黑暗中抱着头，像一条哀求怜悯而嚎叫的可怜的狗，恳求上帝对她发发慈悲，因为我心里有数："愿望的实现是依上帝的意志，而不是依我的意志。"夜里，当莉莉和我在一起的时候，我常常会突然地醒过来，好像觉得这瘟疫正在掀开我的马车的篷帐，在寻找着莉莉。 至于我不在她身旁的时刻——这种时刻又是那样之多——对我可是真正的痛苦折磨，我像暴风雨中被吹弯的树一样忍受着这种折磨的煎熬。 幸好到现在为止，莉莉经受住了所有的过度劳累和艰难困苦，这种劳累和困苦即使是最强壮的人也难免会因此而死去。 我注视着她从一辆马车走到另一辆马车，她变得消瘦而苍白，就要做母亲的征象在她脸上越来越显著了。 我没有足够的勇气来问她身体是否好，只能把她抱在怀里，久久地拥在心头。 我很想对她说些什么，但是喉咙仿佛哽住，说不出话来。

然而，希望逐渐在我的心中生长。《圣经》上那句可怕的话："谁比造物主更崇敬生物并为生物造福更多？"在我的耳中听不见了。

我们已经临近内华达的西部。 这里，在走过了一连串毫无生气的盐湖之后，盐沼地和岩石的荒野已走到了尽头，一个更平坦、更青翠、更富饶的草原地带开始出现了。 经过两天旅途之后没有别人生病，这时我想我们的苦难就要结束了，确实是到时候了。

九个人死去，六个还病着。 疾病所造成的恐慌使我们的纪律松弛了。 我们的马匹几乎全都死光了，我们的骡子更像动物的骨架，而不像真实的牲畜。 我们离开夏令营时总共五十辆马车，现在只有三十二辆还在草原上吃力地走着。 更糟的是，我们开始缺粮了，因为没有人愿意去打猎,他们害怕倒在营地之外无人援救。 一个多星期以来,为了节省粮食,我们靠吃黑色的草原犬鼠过日子,但是那发出恶臭的犬鼠肉叫人非常恶心,使我们难以下咽。 可是即使是这样难吃的东西也不多了。 只是过了这些盐湖之后,饲料比较多些,牲口的劲头高了。

我们又一次遇上了印第安人。 他们一反他们的习惯,在大白天并且在开阔的草原上攻打我们。 他们有几支步枪,打死了我们四个人。 在冲突中我头上挨了重重的一击,到了那天晚上,我因流血过多而昏迷了。 然而,我几乎非常高兴我受了伤,因为现在莉莉来护理我而不去护理那些可能使她染上伤寒病的病人了。 我在马车中躺了三天。 这三天是幸福的日子,我一直和她在一起。每当她为我包扎伤口的时候,我可以吻她的手,并且望着她。 第三天我可以骑上马了,但是我的心沉了下去。 我就假装生病,这样我可以和她在一起更久一些。

只是当我躺在那里的时候,我才发现我的身体是多么的劳累不堪。 对于我的妻子,我非常担心和忧虑,这就是我为什么变得骨瘦如柴的缘故。 就像我以前凝视着她一样,现在她也怀着恐惧和焦虑的心情望着我。 但是,一当我的头脑不再颠来倒去的时候,我就无法再这样了,我只得骑上最后一匹还活着的可怜的马,带领篷车队继续前进,而这是越来越必要了,因为到处都有忧虑不安的征兆。炎热几乎令人不堪忍受,空中飞舞着一种浑浊的烟雾,就像远处熊熊燃烧的火焰的烟。 地平线变得模糊而黑暗,我们看不见天空,太阳的光线以一种有害健康的红色照到我们身上。 我们的牲口出奇地焦躁不安,它们咧开嘴巴大口地喘气。 烟尘也吸进了我们的肺部。 我原来以为,这是我在东部听到的基拉荒原上刮来的那种令人窒息的闷风所造成的结果,实际上这里的周围是一片寂静,草原上的草叶纹丝不动。 傍晚，夕阳一片血红，夜晚闷热得难以忍受。病人都呻吟着要水喝，狗也嚎叫着。 我连续几夜徒步到离篷车队周围好几英里的地方去查看是否大草原着火了，可是什么地方也没有发现火。

最后，我使自己安定下来，我想这一定是一种余烟，可能是从才熄灭的一场火发出来的。 白天，我发现兔子、羚羊、野牛，甚至连犬鼠都急冲冲地向东奔去，仿佛它们都背弃了加利福尼亚，而这正是我们努力要赶到的地方。 后来，由于空气逐渐变得清新起来，炎热也有了消退，我就更坚定地相信确实发生过一场大火，但已经熄灭了，而这些动物仅仅是到别处去寻找食物。 我们只得尽可能快地赶到那着火的地方，去弄清楚我们能否穿过这块烧过的地方，或者必须绕过去。 按照我的估计，我们只要走三百英里，也就是说，大约再有二十天的路程，就可以到达塞拉·内华达了。 于是，我决定拼命地前进。

现在，我们改在夜里赶路，因为中午的炎热使我们的牲口完全精疲力竭，而且在白天，也只有两辆马车之间的一点蔽阴地方可以供人休息。 一个夜里，我在马车里和莉莉在一起，因为疲劳和受伤使我连骑马都骑不动了。 我突然听见车轮奇怪的呼呼声和吱吱嘎嘎声，好像车轮是在一块特别的地面滚动似的。 同时，篷车队前前后后都听见"停车，停车！"的叫喊声。 我立刻从马车跳出，在月光下我看见驾车的人都弯着腰在仔细地检查地面。 我听见一个声音："嘀，队长！我们是在焦炭上驾驶马车！"我俯下身去摸摸地面，我们确实是在烧焦了的大草原上。

我立即停住篷车队，就地度过了下半夜。 第二天早晨太阳初升之时，我们的目光看见了一副奇异的景象。 不仅是每一棵灌木和每一片草叶都烧光了，而且地面就像玻璃，骡子的足蹄和我们马车的轮子都像照镜子似的反射出来。 我们看不清楚大火烧得多远，因为地平线上笼罩着一片烟雾。 我不再犹豫，命令篷车队向南转去，我们要从火灾场的边缘走过去，而不去冒穿过火灾场的危险。 经验告诉我，穿越大火烧过的、牲口连一片草叶都吃不到的大草原意味着什么。 大火显然是随风向北移动，我指望向南走可以到达火灾场的起点。 我们车队的人当然都执行我的命令，但是很不愿意，因为这样做意味着只有上帝才知道我们的旅程会拖延多久。 在中午休息的时候，烟雾稀薄起来了，但是炎热变得如此强烈，仿佛空气都在颤动，突然间又发生了一件可以被认为是奇迹的事。

雾和烟像一声令下似的突然间散开了，我们眼前出现了塞拉·内华达山，青翠明媚，山顶上闪闪发光的积雪，那地方近在手边，我们可以分明看清每个山头上绿色的山坡和山坡上的森林。 一阵充满着树脂香的清风，吹过火烧过的荒野向着我们扑鼻而来，我们都觉得很有希望在几个小时之内到达那盛开花朵的山脚下。 被可怕的荒野和艰难困苦弄得精疲力竭的我们，见到这种幻景个个都几乎欢乐得发起疯来。 有些人扑倒在地上啜泣着，有些人双手朝天高举发出阵阵大笑，有些人脸色苍白，一句话也说不出来。 莉莉和我流着欢乐的眼泪，但我心里非常惊异，因为我想我们离开加利福尼亚至少还有一百五十英里。 然而，那山脉越过火烧场在向我们微笑，并且像是魔术一样向我们靠拢来了，向我们伸过来了。 这山脉以它的媚力在诱惑着我们前进。 虽然规定休息的时间还没完，人们都不愿意再停留下去了，连生病的人也从篷帐顶下面伸出他们黄瘦的手来，恳求我们立刻驾起骡子，继续行进。 我们精神振奋地走了，轮子在烧成焦炭的地面上发出的吱吱嘎嘎声，配合着鞭子的劈啪声以及叫喊声和歌唱声。 指望绕过烧焦的草地行进，这是绝不可能了。

263

总之，既然加利福尼亚和它的可爱的积雪的山脉只不过在几英里之外，那么绕道而行有什么用呢？所以我们就笔直地向前走。这时候，烟幕又出其不意地笼罩了这光明的远景。走了好多小时，地平线不见了，最后太阳落山了。夜降临了，星星在天空中微弱地闪着光，我们仍旧在前进。那山脉一定比表面看起来要遥远得多。

将近午夜时分，骡子开始嘶叫起来，它们动也不愿意动了。一小时之后，整个车队停顿了下来，因为大多数牲口都躺在地上。人们用尽一切办法想拉它们起来，但是没有用。这一夜没有人闭过眼睛。随着黎明的第一道光线，我们怀着渴望的心情极目远望，什么都不见了。一片令人沮丧的黑色的荒野延伸到地平线，显得那样的单调，那样的死气沉沉，在地平线上与天空截然分开。昨天的山脉，无影无踪了。

每个人都发呆了，不吉利的"海市蜃楼"这句话使我一切都明白了，一阵寒颤一直冷到我的骨髓。怎么办呢？我们还前进吗？要是火烧过的地方延伸几百英里怎么办呢？我们向后退吗？假使再走几英里，火烧场就到了头呢？我们的骡子还能走完那段回头路吗？我几乎没有勇气向下注视我们站在其边上的那道深渊。我还是要想知道我应该怎样行事。我骑上马向前驰去，从附近的一个小山上用双筒望远镜观看了更广阔的全景。我看见远处有绿色的一片，在我骑了一小时马之后到了那地方，我发现这只是一个池塘，边上的青草还没有被火完全烧光。火烧过的荒地比我肉眼或者双筒望远镜所能看到的更远。不行，毫无办法。我得使篷车队向后退，绕过这火烧场。我带着这个想法，骑马回来。我预期在我离开大家的地方会找到那些马车，因为我命令过他们要等我。

但是，这些人都不听我的指挥。他们赶着骡子，篷车队还在前进。他们回答我的问话说：

"山就在那里,我们就是上那里去!"

我连反驳也没有反驳,我看出单凭人的力量是无法阻止他们的了。我本来可以和莉莉一起往回走,但是我的马车已经不在了。莉莉和阿特金斯大婶一起也坐马车走了。

我们就这样走了。又到了晚上。晚上必须休息。在变成一片焦炭的草原上空,一轮红色的大月亮升起来,照耀着毫无变化的黑色的荒地。第二天早上只有一半马车可以上路,其余一半马车的骡子都死掉了。白天的炎热实在忍受不了,阳光久久吸附在焦炭上,使空气像火一般的酷热。路上有个病人因猛烈地痉挛而死,没有人给他埋葬。我们把他放在草原上就走了。前一天我发现的那个大池塘的水,暂时使人畜都振作了一下,但是这恢复不了他们的精力。骡子已经三十六小时没有吃青草了,只靠马车上的稻草过活,很快连这也不够了,结果一路上都有骡子的尸体。到了第三天,只有一匹还活着,这是我用武力给莉莉保留下来的。马车,以及马车中为我们到加利福尼亚谋生用的工具,都丢弃在这永世受诅咒的荒野上了。除莉莉之外,所有的人都步行。不久,一个新的敌人迫在眼前:饥饿。一部分食物留在了马车中,我们随身所能带的很快就吃完了,而且附近又没有活的生物在走动。在整个这群人之中只有我一个人还有一些面包干和一点咸肉,这是我留给莉莉的,我甚至准备好了,谁要是对这些东西动动手,我就把他撕得粉碎。我自己也没有吃的,而这可怕的荒地还在延伸开去,一眼看不到尽头。

仿佛是为了增加我们受折磨的痛苦,上次出现的幻景在大草原的日中时分又出现了。它又向我们显示出山脉、森林和湖泊。但是到了夜晚,却令人感到恐怖。焦炭地在白天把全部阳光吸了进去,到晚上放了出来,烫得我们的脚发疼,喉咙也烤干了。在这样的一个夜里，我们有一个人发疯了，他坐在地上，像抽筋似的一阵阵大笑起来，可怕的笑声在黑暗中长久地纠缠着我们。莉莉所骑的骡子也倒毙了，饿得要死的人们转瞬之间就把它撕得粉碎，但一匹骡子对于两百个人来说是远远不够的。第四天和第五天过去了。饥饿使人们的脸瘦得像鸟儿似的，他们的目光中像怀着仇恨彼此注视着。他们知道我还有点食物，但也知道要从我手中弄去一点面包屑就要送命，而保住性命的本能依旧压过了饥饿。我只是在夜里才给莉莉吃，免得使人看见而疯狂起来。她苦苦哀求我和她一起吃，但我恐吓她如果她再说这话我就用枪打死自己，她这才含着眼泪吃了。可是，她还是想办法留下一些面包屑分给阿特金斯大婶和格劳斯维尼大婶吃。这时候，饥饿的铁手夹紧了我的肠胃，我的伤口使我头部产生火烧似的疼痛。整整三天，除了池塘里的水，我没有吃过东西。一想到我带着面包和肉，而且就带在我的身上，我会吃掉它们，这念头折磨得我痛苦不堪。同时，我还害怕我的伤口也许会使我发疯而很想把食物一口吞掉。

"哦，主啊，"我的灵魂祈祷着，"您不要这样舍弃我。您千万别把我变成会吃掉使她活命的食物的野兽。"

但是那时候上帝并没有赐慈悲给我。第六天，我发现莉莉的脸上出现了红的肿块。她的手火烧似的发烫，走路时大口大口地喘气。她突然目光呆滞地看着我，并且急促地说话，好像她要赶快说完，免得失去知觉。

"劳尔夫，把我留在这里。你去逃命吧。我没有希望了。"

我紧紧地磨着我的牙齿，我要嚎叫，我要咒骂神明，我一言不发地把她抱在我的怀中。仿佛有种不规则的火花在我眼前闪动，组成了这句话："谁比造物主更崇敬生物并为生物造福更多？"这时，我觉得像一张绷紧了弦的弓突然放松似的，望着残忍的上天，用我整个叛逆的灵魂，回答道：

"是我！"

这当儿，我抱着我最珍贵最热爱的苦命人，走向我的各各他①。我不知道我的力量从何而来，我对于饥饿、炎热和疲劳都无所感觉了。我眼前什么也没有，看不见人，看不见烧焦的草原，我只看见她。到了晚上，她的情况更坏了。她开始神智不清，只是间歇地轻声呻吟着："劳尔夫，给我水喝！"而我，痛苦到了极点！我只有一些咸肉和面包干！我在彻底的绝望中用刀割开了我的手，用我的血去湿润她的嘴唇。她突然醒过来了，尖叫一声，然后又久久地昏厥过去，我以为她再也醒不过来了。当她又醒过来的时候，极力想说话，但是高烧搞昏了她的思绪，她只是轻轻地呻吟着说：

"别生我的气，劳尔夫，我是你的妻子。"

我默默地抱着她走，我对痛苦已经麻木了。第七天到来了。塞拉·内华达山终于在地平线上赫然出现，但是到太阳落山的时候，我的生命之光也开始落下去了。当莉莉极度痛苦地临终挣扎时，我把她放在火烧过的地上。我跪在她的身旁。她的眼睛张得大大的，一动不动地盯视着我。有一瞬间，她目光中现出一线意识的光辉。她低声说道：

"我亲爱的！我的丈夫！"然后，她全身打了一个寒颤，一种恐惧的神色出现在她的脸上。她死了。

我撕掉了包住我头上伤口的绷带，昏倒了，什么也不记得了。像在梦中一样，我看见旁边的人从我身上取下步枪。接着，他们好像掘了一个墓，然后疯狂与黑暗吞没了我。黑暗之中，又出现了火一般的这句话："谁比造物主更崇敬生物并为生物造福更多？"

---

① 耶稣被钉死的地方。

一个月后，我在加利福尼亚一个名叫莫兴斯基的移民家里醒来。稍为恢复一些后，我就到内华达去了。草原上又长满了高高的青草，青草碧绿，如此繁茂，使我找不到莉莉坟墓的所在地了。直到今天，我还不知道她的神圣的遗体埋在何处。究竟我对上帝有什么过错，以至上帝把他的脸背开了我，并且把我遗忘在这荒野中？这点我并不知道。要是我能够在她墓前流一流眼泪，我的生活也许会轻松一些。我已经习惯于虽无结果但每年还要到内华达去寻找她的坟墓。从那可怕的时刻到今天，好几年过去了。我的悲痛的嘴唇已经多次咕哝过："愿望的实现是依上帝的意志。"在这个世界上，没有了她，我永远是不幸的。我虽在人们中间生活、走路，有时候我也大笑，但我这颗孤独而苍老的心却在哭泣，在怀念，在铭记。

我是个老人了，不久我将进行另一次旅程，但这次是走进永恒中去。所以，我求上帝赐予我这一点就够了，使我能在天堂的大草原上找到我心爱的人，永远不再分离。

陈冠商　译

热 爱 生 命

[美]杰克·伦敦

杰克·伦敦(Jack London 1876—1916),笔名,原名约翰·格里菲斯·钱尼(John Griffith Chaney),美国小说家,曾去阿拉斯加淘金,重要作品有长篇小说《海狼》《马丁·伊登》、中篇小说《白牙》和《野性的呼唤》等。本篇是杰克·伦敦最著名的短篇小说,写得就如一首诗,一首悲壮的抒情诗,歌颂的是生命和生命的宝贵。小说中的人物其实只有一个,而且没有名字,就叫"他"。他在淘金返回途中,在荒无人烟、冰天雪地的旷野里艰难跋涉,孤单无助,几无生路:饥饿、严寒、疲惫、野兽,随时都会使他失去生命。但是,他"热爱生命",他不愿死,他执著地要活下去。于是,他像牛一样趴在地上吃草;他舀干水坑里的水,抓小鱼充饥;他捡起狼群留下的鹿骨,啃食上面的残肉,甚至敲开骨头,吸食骨髓。尽管如此,生命之火仍在渐渐暗淡,行将熄灭。更为可怕的是,还有一只病弱的老狼尾随着他。那只狼和他一样"热爱生命",它也不愿死,它要用他的血来延续生命,哪怕一天也好!这样,一个垂死的人和一只垂死的狼,展开了一场残酷的、噩梦般的生死之争——真正的"你死我活"。最后,当这个人爬到海边、奄奄一息地躺在雪地上时,那只狼终于追上了他。然而,正当那只狼爬到他身上、费力地伸过头来想撕开他的喉咙时，这个人奇迹般地奋力翻过身来，一口咬住了狼的喉咙。一股狼血进入他体内，延续了他的生命，这才使他最后被一艘捕鲸船偶然发现而得救。杰克·伦敦的小说往往就是这样：人物被置于极端严酷、生死攸关的环境中，以此展露人性中最深刻、最真实的品质。可以说，正是这种"严酷的真实"，使他的小说不同凡响，使读者为之震撼而有所感悟。

> 结果总是这样——
> 吃尽苦头空忙一场：
> 总算人还活着，
> 钱财也就不必再想。

他们俩一瘸一瘸，吃力地走下河岸，走在前面的那个还被石头绊了一下，差点摔倒。他们疲惫不堪，因为过度劳累，一脸愁苦。他们各背着一个用毯子裹着的大包袱，因为包袱很重，他们还另加了一根皮带，两头扎住包袱的两个角，中间就套在自己额头上，帮着承重。他们手里都端着一支来复枪。他们屈着身体，垂着脑袋，双眼望着地面，艰难地走着。

"那些藏在地窖里的子弹，要是带上几发就好了。"走在后面的那个人说。

他的语调是阴沉沉、冷冰冰的，情绪低落。他冷冷地说着这些话；前面的那个却一句话也不回答，只顾一瘸一瘸地朝河里走去。河水流过岩石，激起一片白色的泡沫。

后面那个跟了上来。他们连鞋也没脱，就下到了河里，但河水冰冷，冻得他们脚踝发痛，脚板麻木。 他们走到河水淹过膝盖的地方，开始摇摇晃晃地站不稳了。 跟在后面的那个在一块光滑的圆石头上滑了一下，他猛力一挣，没有摔倒，只是惊恐地叫了一声。 他好像有点头重脚轻，一面摇晃着身体，一面伸出一只手，在空中乱抓，像要抓住什么东西似的。 等他站稳后，他想继续朝前走，不料又一踉跄，差一点摔倒。 于是，他就站着不动了，望着前面那个一直没有回过头来的人。

他这样呆呆地站了一分钟，好像有什么事要作决定。 接着，他大声喊叫："喂，彼尔，我扭伤脚啦！"

彼尔在白茫茫的河水里一摇一晃地走着，还是没有回头。

后面那个人望着他渐渐走远，脸上毫无表情，但眼睛里的神色却像是一头受了伤的鹿。

前面那个人一瘸一瘸地登上对面的河岸，依然头也没回，自顾自往前走了。 站在河里的那个人眼睁睁地望着他。 他的嘴唇微微颤抖，嘴唇上乱蓬蓬的胡子也跟着一起抖动。 接着，他无意识地伸出舌头，舔了舔嘴唇。

"彼尔！"他又叫了一声。

这是一个伙伴在呼救，但彼尔就是不回头。 他的伙伴只能望着他怪里怪气地、一瘸一瘸地、跌跌冲冲地爬上一片平缓的斜坡，随后，在昏暗的天色中，朝一座隐约可见的小山丘走去。 他就这样一直望着他翻过小山丘，消失不见了。 于是，他收回目光，缓缓地扫视了一下彼尔走后他将独自面对的那个世界。

太阳已落到了地平线上，就像一个快要熄灭的火球，而且几乎被混沌的浓雾和水气遮掩了，看上去仿佛是一团模模糊糊、不可捉摸的东西。 这个人单腿立在水里，掏出怀表看了一下。 现在是四点钟，在这种七月底或八月初的季节里——具体日期他已说不清了——他知道，太阳大约是在西北方。他朝南面望望，知道在那片荒凉的小山后面是大熊湖。他还知道，朝那个方向，将进入北极圈内的加拿大冻土地带；他所站的地方，是铜矿河的一条支流，而铜矿河是向北流的，流向加冕湾和北冰洋。他从来没有去过那里，只是有一次在赫德森湾公司的地图上查看过那个地方。

他再次扫视了一下周围的世界。这里的景象真是令人心寒。四周空旷无际，远处是模糊的地平线，近处有些低矮的小山，全是光秃秃的，没有树，没有灌木，没有草——什么都没有，只有一片可怕的荒野。这使他不由得打了个寒颤，眼睛里露出惊恐的神情。

"彼尔！彼尔！"他又喊了几次，但声音不怎么响。

他站在白茫茫的水里，感到无比恐惧，好像周围那片空荡荡的荒野正朝他扑来，像一只野兽一样要把他撕得粉碎。于是，他像伤寒病人一样浑身颤抖起来，连手里的那支枪也握不住了，哗啦一声，掉进了水里。这哗啦一声，总算把他惊醒了。他抖擞精神，尽力鼓励自己不要害怕，然后便在水里摸索，终于把枪找了回来。他把背上的包袱向左挪了挪，这样可以使扭伤的右脚少一点负担。接着，他一步一步、时而痛得一闪一闪地朝着河岸慢慢移动。

到了岸上，他没有停下，而是像发了疯似的，忍着疼痛拼命往那斜坡上爬，然后又一瘸一瘸地拼命朝那座隐没了他的伙伴的小山丘走去，动作比彼尔还要古怪。然而，当他费力地爬上那座小山丘后，往下一看，只见一片死寂的、寸草不生的谷地。他再次感到恐惧，但他再次抖擞精神，再次把背上的包袱再往左肩挪了挪，步履蹒跚地下了山。

下到谷底，那里一片潮湿，厚厚的苔藓像一层海绵，里面吸满了水。他一脚踩上去，水就噗地挤出来；他一抬脚，苔藓就叭地被带起来。他只能尽量挑好走的地方，歪歪斜斜地走过一块又一块沼地，同时跟着彼尔留下的脚印，走过一堆又一堆像小岛一样突起在苔藓海上的岩石。

他孤零零一个人，但他没有迷路。他知道，再往前走就会有一个小湖，湖边有许多枯死的小枞树，当地的人把那里叫做"titchin-nichilie"——意思是"有小棍子的地方"。他还知道，有一条小溪通向那小湖，溪水不是白茫茫的。

溪上有灯心草——这一点他记得很清楚——但是没有树木，他可以沿着这条小溪一直走到水源尽头的分水岭。翻过这道分水岭，他可以走到另一条小溪的源头。那条小溪是向西流的，他可以沿着溪流走到它和狄斯河交汇的地方，那里有一条底朝天的独木舟，覆盖着一个小坑。小坑里有许多石头。翻开那些石头，可以找到他那支空枪所需要的子弹，还有钓钩、钓丝和一张小渔网——可以用来捕鱼——说不定，还会有一点面粉、一块腌猪肉和一些豆子。

他想，彼尔准在那里等他。他们将划着那条独木舟，顺着狄斯河向南到达大熊湖。然后，他们在湖上再向南划，一直到麦肯齐河。到了那里，他们还要继续往南走。这样，北方的严寒就被他们抛在身后了。那时，任凭这里天寒地冻、河流冰封，他们将向南、向南，直到一个暖温的地方，那里有赫德森湾公司的驿站，那里不仅树木成荫，还有美味佳肴。

这个人一路挣扎前行，脑子里就这么想着。他不仅承受着身体的磨难，还苦苦地在脑子里思索着：彼尔不会扔下他不管的，他一定在那条独木舟旁边等着他。

也多亏他这么想；否则，他就不会这样拼命，早就躺下等死了。现在，随着那团模糊的像圆球一样的太阳慢慢向西北方下沉，他一再盘算着他和彼尔怎样才能在冬天来到之前尽快逃往南方。他反复想着那个小坑里埋着的食物，还有赫德森湾公司驿站里的美味佳肴。他已经两天没吃东西了；至于没有吃到他想吃的东西，那就更不止两天了。他时而弯下腰，摘几颗沼地上的那种灰白色浆果，把它们放到口里嚼几下，然后吞下去。这种沼地浆果只有一小粒种籽，包裹在一层浆水里，吃在嘴里又苦又涩。他明知道这种浆果毫无营养，但仍然怀着一种既无道理、又有悖经验的希望，耐心地嚼着它们。

这样走到九点，他实在太疲倦、太虚弱了，被一块岩石绊了一下，便身体一晃，跌倒在地。他侧身躺在地上，一时爬不起来。过了好一会儿，他才勉强挣脱包袱上的皮带，笨拙地坐起来。这时，天还没有完全黑，他借着仅剩的一点暮色，在乱石中间摸索着，寻找干枯的苔藓。收集到一些后，他便用它们点起一堆不见火焰，唯有黑烟的篝火，并用一只铁皮罐子来煮水。

当时他打开包袱时，第一件事就是数数他的火柴。一共六十六根。他怕数错，又数了三遍。接着，他把火柴分成三份，分别用油纸包好，一份放在他的空烟草袋里，一份放在他的破帽子的帽圈里，最后一份放在贴胸的衬衫里。这之后，他突然又觉得不放心，于是又把火柴拿出来，再数一遍。

仍然是六十六根。

他想烘干潮湿的鞋袜，但他的鹿皮鞋已经破烂得像是一些湿漉漉的碎片。他的毡袜上有好几个大洞，两只脚都皮开肉绽，血正从破洞里流出来。他扭伤的右脚踝，里面血管直跳。他仔细一看，那脚踝已肿得和膝盖一样粗了。他从他仅有的两条毯子上撕下一块，用来包扎扭伤的脚踝。随后，他又撕下几条，裹在脚上，用以代替已经不能再穿的鹿皮鞋和毡袜。接着，他喝下铁皮罐子里已经煮热的水，上好怀表的发条，便钻进两条毯子当中。

他睡得就像死人一样。北极午夜前后的短促黑夜转眼即逝。

太阳又从东北方升起——或者说，那个方向出现了曙光，因为那天有云，太阳被乌云遮住了。

六点时，他醒了，直挺挺躺着。他仰视着灰蒙蒙的天空，只觉得肚子很饿。当他撑住胳膊翻身时，一阵粗粗的呼吸声把他吓了一跳，只见一只公鹿正用机警的眼光看着他。这只动物离他不过五十尺光景，他脑子里顿时出现了烤鹿肉的吱吱声和鹿肉的香味。于是，他无意识地抓起那支空枪，瞄准公鹿，扣下了扳机。公鹿一惊，猛地一跳，转身跑了，只听见山岩上传来一阵嘀嗒嘀嗒的蹄子声。

这人咒骂着，把枪扔在地上。他吃力地想站起来，一面大声地哼哼，仿佛在做一件很费劲的事。他的关节全都像生了锈的铰链，在骨臼里的转动不便，所以一屈一伸都得咬咬牙才行。最后，他的两条腿总算站直了。接着，他又花了一分钟左右，才挺直腰，才像一个人那样站立起来。

他慢慢地爬上一个小丘，看了看周围的地形。那里既没有大树，也没有灌木，什么都没有，只见一望无际的灰色苔藓，中间点缀着一些灰色的岩石、几块灰色的水塘和几条灰色的小溪。天空也是灰色的。没有太阳，连太阳的影子也没有。他不知道哪儿是北，哪儿是南，连昨天晚上他是从哪个方向过来的，也忘了。不过，他并没有迷路。

这一点，他是知道的。他知道自己很快就会走到那个"有小棍子的地方"。他觉得那个地方应该就在左前方，而且不远——也许只要再翻过一个小丘就到了。

于是，他便回到原地，打好包袱，准备动身。他摸了摸那几包火柴，确信它们还在，也就没有再拿出来数一数。不过，他还是犹豫了一下，呆在那儿没动。这次是因为一个装得鼓鼓实实的鹿皮袋。那个袋子并不大，他用手也能把它提起来，但他知道，它足有十五磅，和包袱里其他东西加在一起差不多重。他踌躇了好一阵子。最后，他把那个口袋从包袱中拿出来，扔到一边。可是，当他重新开始打包袱时，他又停下手，朝那个鹿皮袋看了几眼。接着，他又一把将它拿了回来，还神色慌张地朝四周看了看，仿佛这片荒野要把它抢走似的；而等他最后站起身来，摇摇晃晃地开始上路时，那个袋子仍在他背后的包袱里。

　　他朝左前方走去，时而停下来吃一点沼地里的浆果。扭伤的右脚踝已经僵硬，所以他比昨天瘸得更加厉害。比起肚子里的痛苦，这就算不了什么了。饥饿使他感到剧烈的胃痛。这胃痛一阵阵发作，好像有什么东西在啃他的胃，差一点使他把方向也搞错了。沼地里的浆果不但不能减轻胃痛，反而使他的舌头和口腔也被刺激得火辣辣的。

　　他总算走进了一个山谷，几只松鸡从岩石和沼地里在他面前拍着翅膀飞了起来，一边发出"咯儿—咯儿—咯儿"的叫声。他捡起石头想打一只下来，但却没有打中。于是他放下背上的包袱，蹑手蹑脚地走过去，像一只猫一样，想抓住一只停下来的松鸡。他的腿碰在坚硬的岩石上，裤子破了，膝盖上还流出了血，滴在地上，留下一道血迹。但是，比起饥饿的折磨，这也算不了什么。他在潮湿的苔藓上慢慢爬着，衣服湿透了，浑身冰凉；但他好像什么也没有感觉到，因为他太饿了，除了想吃东西，什么也顾不上了。然而，那几只松鸡却总在他面前飞来飞去打着转，就是不停下来，一边仍"咯儿—咯儿—咯儿"地叫着，好像在嘲笑他。于是，他只能诅咒它们，伴随着它们的叫声，大声谩骂。

　　有一次，他爬到了一只松鸡旁边——这只松鸡一定是睡着了——但他却没有发现它就在他身边，直到它从岩石缝里呼的腾空而起，冲着他的脸飞起来时，他才猛地一惊，急忙伸手去抓，但却只抓到它尾巴上的三根羽毛。他眼睁睁地看着它飞走，心里又恨又恼，好像它做了一件对不起他的事。没办法，他只能回到原地，重新背起包袱。

时光渐渐消逝，他又走进了一条连绵的山谷，或者说一片沼地。这里的动物好像比较多。一群驼鹿走了过去，大约有二十多头，就在来复枪的射程以内，然而，他的来复枪里却没有子弹，只能眼巴巴地看着它们。他一时发了狂，想冲上去抓住其中的一只，但他连走路都瘸，想必是追不上驼鹿的。一只黑狐狸朝他走来，嘴里还叼着一只松鸡。他大喊一声。狐狸一听到他可怕的喊声，吓得调头就跑，但却没有丢下嘴里的松鸡。

傍晚时分，他沿着一条小河走着。由于含有石灰，河水变成了乳白色。河边有几丛稀疏的灯心草。他抓住几棵灯心草，连根拔起，看到了白色的草根，就像木瓦上的钉子那么大小。他把草根放进嘴里，咯吱咯吱地嚼，味道好像还不错，但就是嚼不烂。

这东西和浆果一样，有些水分，但大多是纤维，没有什么营养。但他不管有没有营养，放下包袱，爬到草丛里，像牛吃草一样大啃大嚼起来。他疲倦不堪，很想休息一会儿——躺下睡个觉；可是他没有停下，而是继续挣扎着往前走——这倒不是因为他急于赶到那个"有小棍子的地方"，而是因为饥饿迫使他去找东西吃。他在小水坑里找青蛙；他用手指挖土找蚯蚓，尽管他知道，在这遥远的北方，是既没有青蛙也没有蚯蚓的。

他每经过一个水坑都要找一找，但什么也没找着。最后，当暮色茫茫之际，他在一个水坑旁看到里面似乎有一条小鱼，好像是一条鲦鱼。他俯下身，把一只胳膊伸到水里，一直伸到水淹没了他的肩头，但那条鱼好像溜了。于是，他就用双手去抓，但鱼没抓到，却把水坑底的乳白色泥浆搅了起来。他一紧张，脚一滑，人又掉进了坑里，半个身体都浸湿了。于是，坑里的水更浑了，根本看不清鱼在哪儿。他只好等，等泥浆沉下去再说。

过了一会儿，他又开始抓鱼，水又被他搅浑。他等不及了，解下身上的白铁罐子，打算舀干坑里的水。起初，他像发了疯一样地舀，溅了一身水，而舀出来的水，因为就泼在水坑旁边，很快又流了回去。后来，他舀得比较小心，不再让水流回去，同时不断告诫自己要有耐心，尽管他的心在怦怦跳，手在索索发抖。就这样，他舀了半个小时，坑里差不多只剩下一杯水了。

可是，还是没有看见那条鱼。这时，他才发现，原来水坑壁上有一道暗缝，那条鱼已经从那里钻到旁边的一个大坑里去了，而那个大坑里的水，他再舀一天一夜，也舀不干啊！早知道有这条暗缝，他一开始就应该把它堵死——要是这样，那条鱼就是他的了！他这样想着，四肢无力地瘫倒在潮湿的地上，哭了起来。起初，他只是轻声哭泣；过了一会，对着团团围着他的荒野，他号啕大哭。这之后，他还大声抽噎了很久很久。

他生了一堆篝火，喝了几罐热水，使身体暖和一下之后，便像昨夜一样在一块岩石上露宿。他最后检查了一下火柴，看看有没有受潮，接着他上好怀表的发条。毯子又湿又冷，右脚踝又痛又麻，但他只觉得饿。在不安的昏睡中，他一次次梦见酒席和宴会，梦见餐桌上的美酒和菜肴。

醒来时，他又冷又饿。天上没有太阳。灰蒙蒙的大地和天空变得越来越阴沉。一阵刺骨的寒风刮过，初雪仿佛从山顶上飘了下来。空气变得越来越浓密，后来竟成了白茫茫一片。这时，他又生起一堆火，又烧了一罐水。天上下的是雨夹雪，雪花又大又潮。起初，一落到地面就化了，但后来越下越多，不但淋熄了火，还把他收集来当燃料的干苔藓也都淋湿了。

这是一个警告。他必须背起包袱，不管脚有多瘸，必须向前走；至于去哪儿，他不知道。他现在已不再想那个"有小棍子的地方"了，也不再想彼尔和狄斯河边的那只独木舟下的小坑了。他满脑子只有一个字——"吃"。他饿得几乎疯了。他不再管自己应该往哪儿走，只想着走出这个山谷。他在湿漉漉的雪地里胡乱地走着，在这片沼地里吃一些浆果，在那条小河边吃一些灯心草根，但这些东西既难吃，又永远填不饱肚皮。

后来，他找到一种带酸味的野草，吃起来还可以，只是很难找，因为这是一种贴着地面生长的蔓生植物，几寸深的雪，就把它掩盖了。那天晚上，他既没有火，也没有热水，就在寒冷中钻进了毯子。他睡不着，就算睡着了，也时而饿醒。而此时，雪又变成冰冷的雨，落在他仰着的脸上，又把他弄醒了好几次。天总算亮了——又是灰蒙蒙的一天，没有太阳。雨已经停了。甚至像刀绞一样的饥饿感，也消失了。他已经饿得丧失了食欲，只觉得胃里隐隐作痛，这倒反而使他觉得好过一点。所以，他的脑子也稍稍清醒了一点，再一次想到了那个"有小棍子的地方"和狄斯河边的那个小坑。

他把撕剩的那条毯子扯成一条一条，用来包扎那双鲜血淋淋的脚。他还把扭伤的右脚踝重新扎紧，为这一天的跋涉做好了准备。等到收拾包袱时，他再次对着那个鼓鼓实实的鹿皮袋踌躇了好一阵子，最后还是把它放进了包袱。

地上的雪已经被雨融化了，只有山头上还有白雪。太阳出来了，他这才知道了自己的方位，并且知道自己走错了方向。在前两天的行程中，他可能走得过分偏左了。于是，他就有意朝右前方走，以期纠正前两天的错误。

现在，他对饥饿感已不再那么敏锐，只觉得浑身乏力，虚弱不堪。他在沼地里找浆果或者拔灯心草时，常常不得不停下来喘口气。他觉得舌头又干又燥，胀鼓鼓的，好像上面长满了细毛，含在嘴里时时都有苦味。他的心脏也给他添了很多麻烦。每走几分钟，他的心就会怦怦地跳一阵，然后又会仿佛很痛苦似的一停一跳，使他直觉得透不过气，头昏眼花。

中午时分，他在一个大水坑里看到有两条鲦鱼。要把坑里的水舀干是不可能的，但这次他比较镇静了，试着用白铁罐子把鱼舀了上来。那两条鱼只有他的小指头那么长，不过他此时也并不觉得特别饿。胃里的隐痛也因为越来越麻木，也越来越没有什么感觉了。他的胃好像已经睡着了。他把那两条鱼活生生地放进嘴里，费劲地嚼了几下，而他这么做，纯粹是出于理智的思考。他其实并不想吃，但是他知道，要活下去，就必须吃。

到了黄昏时，他又抓到三条鲦鱼。他吃了两条，留下一条当明天的早饭。太阳已经把零星散落的苔藓晒干，所以他又能点火烧水，让自己暖和一下。这一天，他走了不到十英里路。第二天，只要心脏不怦怦乱跳，他就奋力往前走，却只走了五英里多一点。不过，他的胃已经毫无感觉了——它真的睡着了。

现在，他走到了一个陌生的地方，驼鹿越来越多，狼也多了起来。荒野里时不时传来狼嗥的声音。有一次，他还看见，就在他眼前不远处，有三只狼横穿过去。

又过了一夜。第二天一早，他头脑比较清醒，于是就解开系在那个鼓鼓实实的鹿皮袋上的绳子，从那里面倒出一大堆黄澄澄的粗金沙和金块。他把这些金子一分为二，分成了两小堆。一堆用一块碎毯子包好后，他把它藏在一块岩石下面；另一堆又被装回到了那个鹿皮袋里。接着，他又从剩下的那条毯子上撕下几条，把脚裹好。还有那支枪,他仍然舍不得扔掉,因为狄斯河边的小坑里还有子弹。

这一天有雾,他又有了饥饿的感觉。他的身体非常虚弱,时而一阵晕眩,什么都看不见。现在,摔跤跌倒对他来说已成家常便饭。有一次,他一跤摔下去,竟然正好摔在一个松鸡窝里。那里有四只刚出壳的小松鸡,大概才出世一天——这几个活蹦乱跳的小东西,当然也能充饥;他把它们活活塞进嘴里,像嚼蛋壳似的嚼起来。母松鸡咯咯地叫着,在他身旁飞来飞去。他把枪当棍子,挥舞着想把它打下来,但它躲开了。他朝它扔石头,还真有一块石头击中了它的翅膀。母松鸡拍着受伤的翅膀,拼命地逃;他在后面一瘸一瘸,拼命地追。

也许是那几只小松鸡吊起了他的胃口,他不顾扭伤的脚踝阵阵发痛,跌跌冲冲地追着母松鸡,时而扔一块石头,时而骂一句脏话;有几次,他追着追着,就摔倒了,但他咬咬牙,又爬起来;有几次,他只觉得头晕眼花,快支撑不住了,但他使劲揉揉眼,继续追。

这么追着追着,他竟然追到了谷底的沼地里,并在那里的苔藓地上看到有一排脚印。这不是他自己的脚印,他一眼就看得出。那一定是彼尔留下的。但他不能停下,因为母松鸡就在他眼前,他得先把它抓住了再说。

母松鸡被他追得筋疲力尽。他也一样筋疲力尽。母松鸡终于倒在地上,喘着气;他也倒在地上,喘着气。相隔只有十英尺,但他就是没有力气爬过去。等他稍稍恢复过来,母松鸡也恢复过来;他把手伸过去,母松鸡拍拍翅膀,又离他十英尺远。就这样,他们一前一后,在地上挣扎着。终于,天黑了,母松鸡不见了。他想爬起来,但刚站直身体,突然一阵头晕,又扑倒在地,脸擦破了,背上的包袱压得他不能动弹。他一动不动地过了好久，才勉强翻过身来，侧躺在地上。他上好怀表，就在那儿一直躺到第二天清晨。

又是有雾的一天。现在，他唯一的一条毯子也已经有一半做了裹脚布。他没有再找到彼尔的脚印。不过，这无所谓。他实在太饿了——不过……不过，他还是在想，彼尔是不是也迷了路。这样到了中午时分，他觉得身后的包袱越来越重，再也背不动了。于是，他把那袋金子拿出来，把其中的一半倒在地上。到了下午，他把另一半也扔掉了。现在，他身上的重物就只有半条毯子、一个白铁罐子和一支枪了。

一种幻觉，开始出现。他总觉得，他好像还有一粒子弹，就在枪膛里，只是一直没有想起来。但紧接着，他又对自己说，枪膛里是空的，没有子弹。随后，他又觉得，枪膛里应该有子弹。这样，好几个小时，他时而出现幻觉，时而摆脱幻觉。时而，他还会打开枪膛看一看，结果看到的总是空空的枪膛。尽管一次次的失望使他非常痛苦，但他还是一次次地打开枪膛，好像那里真会有一颗子弹似的。

他又走了半个小时。幻觉又出现了。他于是想摆脱它，但它就是缠住他不放，直到他再次打开枪膛，再次在失望中驱散它。有时，他还会一面凭本能机械地走着，一面胡思乱想，脑子里就像有无数条蛀虫在蠕动，产生各种各样稀奇古怪的念头。不过，这种不切实际的胡思乱想不会持续多久，因为饥饿很快就会把他唤醒。有一次，他正这样胡思乱想时，忽然一惊，猛地转过神来，看见眼前有一个他做梦也不敢想的东西。他像酒醉一样，身体摇摇晃晃，差一点跌倒。一匹马！就在他面前，站着一匹马！他简直不敢相信自己的眼睛。他只觉得眼前一黑，霎时间又金星乱迸。他使劲揉揉眼睛，定神一看。天哪！不是马，而是一只大棕熊！这只猛兽正恶狠狠地看着他，随时准备扑过来。

他马上举起枪，但枪刚举起，他一想，又马上放下，随即从屁股后面的刀鞘里拔出一把猎刀。肉和生命，就在他面前。他用拇指试试刀刃。刀刃很锋利，刀尖也很锋利。

他多么想扑到那只熊身上，把它杀了。但这时，他心里突然一阵紧张。好像有一股热血突然从他的心脏涌向他的大脑，他只觉得整个头颅好像被铁箍箍紧了，脑子里嗡嗡作响。

他想奋力一搏的勇气，被一阵汹涌而来的恐惧驱散了。他这样虚弱，还想和一只熊搏斗吗？要是这只猛兽发起攻击，他不是死定了吗？

于是，他只能尽力摆出一副勇猛的样子，手握猎刀，眼露凶光，瞪着那只熊。那只熊笨拙地往前挪了两步，突然站立起来，试探性地发出一阵咆哮。

此人如果转身逃跑，那只熊肯定穷追不舍。好在他没有逃跑，而是由于恐惧，生出了另一种勇气。他也咆哮起来，和熊的咆哮一样狂野，一样可怕，一样气势汹汹，而且还带着一种准备拼命时的无畏气概。

那只熊稍稍退缩了一下，虽然仍在发出威胁的咆哮，但它显然被眼前这只始终直立着的、既神秘又可怕的动物怔住了。此人站在那里，就如一尊雕像，纹丝不动，直到那只熊悄悄溜走，他才猛然一阵哆嗦，瘫倒在潮湿的沼地里。

当他重新振作起来继续前行时，心里又有了一种新的恐惧。这不是惧怕自己会因为断粮而被活活饿死，而是惧怕自己还没有饿死就被凶残地撕成碎片了。这地方有很多狼。狼嗥声时不时在荒野上空回响，就如在他头顶上织成了一张危险的罗网，而且伸手便能摸到。所以，他一听到狼嗥声，就会惊恐地举起双手，像托住被风刮倒的帐篷一样，想推开那张罗网。

时而有两三只狼从他前面走过。但它们都避着他，因为它们数量不多，不敢贸然攻击；再说，比起他这种直立行走、遭攻击时会又抓又咬的古怪动物，它们更愿意捕食不会搏斗的驼鹿。

傍晚时，他看到地上有一堆零乱的骨头，显然是狼在这里进餐后留下的。这些骨头在一小时前还长在一只小驼鹿身上，但随着一阵嚎叫，一阵奔跑，这只小驼鹿就变成了一堆骨头。他端详着这堆骨头，其中有几根还没有被啃得精光发亮，上面还有一丝丝粉红色的嫩肉，里面的细胞还没有完全死去。难道，在天黑之前，他也会变成这样？难道，生命就是这样，呃？就是这样空虚，这样转瞬即逝？也许，活着才是痛苦，死去并不怎么难过。死就像睡觉，就是结束、安息。那么，为什么他又那么怕死呢？他这么想着。

不过，他很快就不想这些大道理了，很快就蹲在苔藓地上，拿起一根骨头放到嘴里，啃食上面残留的、微微泛红的嫩肉。鲜美的肉味在他的记忆中已经很模糊了，然而这一点点带血的生肉却马上使他兴奋得发狂。他甚至想把骨头也吃下去，便使劲地咬。有时，他咬碎了一点骨头；有时，却咬碎了自己的牙齿。于是，他就用石头来砸，把骨头砸碎，然后吞进肚里。忙乱之中，他还砸到了自己的手指，但使他惊奇不已的是，石头砸在手指上，他竟然不觉得痛。

接着几天，下起了可怕的雨雪。他不再定时露宿，也没有定时收拾行李，而是白天黑夜都在赶路。摔倒在哪里，就在哪里喘息，稍有一点力气，他就凭着行将垂危的生命之火，挣扎着一步一步往前走。实际上，他已经丧失了意志，逼着他往前走的，是他的求生之欲——是他的生命——它不愿意死。他不再痛苦，他的神经已经完全麻木，脑子里时而出现怪异的幻象，时而出现美妙的梦境。

然而，他还是没有忘记随身带着的那几根驼鹿骨头，时而会拿出来啃一啃，吸一吸。他不再关心东南西北，只是沿着一条流过一片开阔地的小河机械地走着。而且，他既没有看见河水，也没有看见山谷。他看到的，只是一片混乱的幻觉。他的灵魂和他的肉体虽然还在一起往前走着、爬着，但它们之间已经没有多少联系，仿佛已经分开了。

有一天，当他醒来时，他意识到自己正仰卧在一块岩石上。太阳光很亮，很暖和。他听到远处有驼鹿的尖叫声。他隐约记起，自己是在雨雪交加、刮着大风的一天晕倒在这儿的，至于那一天是两天前还是两星期前，他已浑然不知。

他一动不动地躺着，让温暖的阳光照在他身上，使他冰冷僵硬的身体稍有一丝暖意。哦，是个大晴天，他心里想。

或许，他还能知道自己身在何处。他痛苦地、费力地侧过身，看到岩石下方有一条河，很宽，河水流得很慢。他觉得很奇怪，为什么他从未见过这条河。他慢慢抬起头，目光顺着河流望去，看到河水蜿蜒地流向较远处的几座小山。那几座小山是光秃秃的，他往日从未见过这样荒凉、这样低矮的小山。于是，他漫无目的地把目光投向更远处，顺着这条陌生的河流一直望到天际。他似乎望见它注入了一片闪闪发光的大海。他一点也不激动。这太奇怪了，他想，这又是幻觉；要不，就是海市蜃楼——不过，多半是幻觉，是他神经错乱的缘故。后来，他又看到那闪亮的海面上好像还有一艘船，就更加相信是幻觉了。他把眼睛闭了一会儿再睁开。奇怪，幻觉竟然还是没有散去！但一点不奇怪的是，他知道，在荒野里是绝不会有什么大海和船的，就像他的空枪里没有子弹一样。

这时，他听到背后有鼻吸声——像是喘不出气的声音，还有咳嗽声。但他虚弱之极，全身僵硬，只能很慢很慢地翻过身来。他看看周围，好像没有什么东西，但他耐心等着。

又听到鼻吸声和咳嗽声。他隐约看到，就在离他不到二十英尺远的两块岩石间，露出了一只灰狼的头。两只尖耳朵不像别的狼那样是竖直的，而是耷拉着的；两只眼睛暗淡无光，还布满血丝；脑袋有气无力地低垂着，好像很痛苦。在阳光下，这只狼还不停地眨着眼睛。它显然有病，就在他看到它的那一刻，它又发出一阵咻咻的鼻吸声和咯咯的咳嗽声。

这大概是真的，他一边想，一边又翻过身去，想再看看那被他认为是幻觉的大海和船是不是已经消失。可是，远处仍是一片闪光的大海，那艘船依然清晰可见。难道这是真的？他闭上眼睛，想了好一会，终于想明白了：当初，他一直是向北偏东走，结果离开了狄斯分水岭，走到铜矿谷来了。这条宽阔的、流得很慢的河，就是铜矿河。那片闪光的大海，就是北冰洋。那艘船是一艘捕鲸船，本应驶往麦肯齐河口的，但它行驶得太偏东了，现在只能停泊在加冕湾里。他记起了很久以前在赫德森湾公司见过的那张地图。于是，一切都清楚了，原来是这么回事！

他坐了起来，想到了自己的处境。裹在脚上的毯子早已磨破，双脚已烂得没有一块好肉。他再也没有毯子可用来裹脚了。枪和猎刀都不见了。帽子，还有帽圈里那一小包火柴，也不知在什么地方丢了。好在，贴胸放在烟草袋里的那包火柴总算没丢，而且还是干的。他看了一下怀表。时针指着十一点，怀表还在走。显然，他一直没有忘记上发条。

他沉静得几近麻木。他浑身衰弱无力，但并不觉得怎么痛苦。他也不觉得饿，甚至都没有想吃东西的感觉。

现在，他无论做什么都只是出于一种本能。他撕下裤腿管的下半截，用来裹脚。那只白铁罐子总算还在。他想喝点热水，然后就朝着那艘船的方向走。他知道，还有一段可怕的路程要走。

　　他的动作很慢，又像半身不遂似的哆嗦着。他想去找些干苔藓来生火，这时才发现，他已经站不起来了。他试了好几次，最后只好死了心，用手和膝盖在地上爬来爬去。有一次，他甚至爬到了那只生病的狼附近。那只野兽显然不想走开，正伸出一条几乎无力卷曲的舌头舔着长长的牙齿。他注意到它的舌头不像通常那样是健康的红色，而是暗黄色的，上面好像有一层厚厚的、干乎乎的粘膜。

　　此人喝下一些热水后，不但觉得可以站起来了，甚至还觉得可以像一个快要死的人那样跟跟跄跄地走几步。他每走一两分钟，就要停下来休息好一会儿。他两腿发软，摇摇晃晃地走着，就像跟在他后面那只狼一样，步履艰难。这天晚上，当夜幕笼罩闪光的大海时，他知道，他和大海之间的距离只缩短了不到四英里。

　　这一夜，他总是听到那只狼的咳嗽声，时而还听到一群驼鹿的叫声。他知道，强壮、活跃而健康的生命就在他身旁，同时也知道，那只生病的狼正紧随着他这个快死的人，希望他快快死去。清晨，他一睁开眼睛，就看到这只野兽正用一种饥渴的目光瞪着他。它夹着尾巴蹲在那儿，看上去好像一只可怜的狗。寒冷的晨风吹得它直打哆嗦，而每当此人吃力地、像咕噜似的对它吆喝一声时，它也只是无精打采地咧咧嘴。

　　太阳升起来了，亮堂堂的。这天上午，他一直在跌跌冲冲地朝着闪光的大海上的那艘船走去。天气好极了。这是北极地带短暂的深秋。可能只有一个星期。说不定，后天就会结束。

　　下午，此人发现地上有一些痕迹，是另一个人留下的，不是脚印，是爬过的痕迹。他想，也许是彼尔留下的，但他只是这么想想而已。他其实并在乎是不是彼尔留下的。他甚至连一点好奇心都没有了。 他早已没有了兴致和热情。 他对痛苦也已经无动于衷。他的胃，他的神经，都睡着了。 只有一种内在的求生本能，在逼迫他前行。 他虚弱得几乎死了，但他的生命却不愿沉寂。 正因为生命不愿沉寂，他才继续吃着沼地里的浆果和鲦鱼，继续喝水，继续提防着那只生病的狼。

他就沿着那人留下的痕迹往前走，没走多远就到了尽头——潮湿的苔藓地上有一堆刚被啃食过的骨头，旁边有许多狼的脚印。 他还发现了一个鹿皮袋，和他的一模一样，只是已经被尖利的牙齿咬破了。 那鹿皮袋沉甸甸的，他想把它提起来，一时还没有力气，但最后，他还是用力把它提了起来。 彼尔，他到死都带着它! 天哪! 他觉得彼尔真是可笑，不由得笑出了声。

现在，他将活下去，还能把它带到那艘船上去。 哈哈! 他笑得那么可怕，就像乌鸦叫，而那只生病的狼，就在他身后，也发出一阵凄惨的嗥叫声。 突然，他不笑了。 要是这真是彼尔的尸骨，他怎么可以这样嘲笑他呢? 这些被啃得精光发白的尸骨，难道真是彼尔的?

他转身走开了。 不错，彼尔抛弃了他，但他不会拿走彼尔的那袋金子，也不会吸食彼尔的骨头。 反过来，要是他的骨头在这儿，彼尔说不定就会这么做——他一边摇摇晃晃地走着，一边默默地想着。

他走到了一个水坑旁边。 当他俯身想看看水坑里有没有鲦鱼时，他好像眼睛被什么东西戳了一下，猛地仰起了头。 他看到了映在水面上的一张脸。 那张脸之可怕，竟然使他顿时恢复了知觉，感到无比震惊。 水坑里有三条鲦鱼，但水坑太大，不可能舀干;他用白铁罐子去捞，但捞了几次，都没捞到。 最后，他不再捞了。 他担心自己太虚弱，腿一软会掉进水坑里淹死。 也正因为有这样的担心,他也没有爬上河里的浮木,顺流而下。

这一天,他和那艘船之间的距离缩短了三英里。第二天,只缩短了两英里——因为他不能走了,只能像彼尔那样,在地上爬。到了第五天天黑时,他发现那艘船离开他仍有七英里,而他每天连一英里也爬不到了。幸亏天气一直很好,他才得以继续爬行,爬爬停停,时而晕厥;而那只狼呢,也一直尾随着他,不停地在他身后喘气、咳嗽。他的膝盖已经和他的双脚一样血肉模糊。尽管他从衬衫上撕下两条布包住了两个膝盖,但在他身后的苔藓地和岩石上依然留下了点点血迹。有一次,他偶然回头一看,只见那只生病的狼正在舔他的血迹。他仿佛看到了自己可怕的结局——除非……除非杀了那只狼。于是,一幕罕见的求生悲剧开始上演了:一个垂死的人,一路爬着;一只垂死的狼,一路跛行。就这样,两条垂死的生命在这荒野里拖着垂死的躯体,以求用对方的死亡来延续自己的生命。

他觉得,要是他的死能使一只健康的狼活着,那倒也值得;但跟在他身后的,却是一只病入膏肓、只剩一口气的狼。一想到自己要被这样一只狼吃掉,他就觉得羞耻和厌恶。他就是这样,至死还要讲究一番。其后,他脑子里便混沌一片,各种各样的幻觉纷至沓来,神智清醒的次数越来越少,时间越来越短。

有一次,他昏昏沉沉地睡着了,突然被耳边粗粗的喘息声惊醒。只见那只狼从他身边一跛一跛地跳开——它因为虚弱,还滑了一跤,样子很可笑。但他并不觉得有趣。他甚至也不觉得害怕。他已经到了这一步,根本谈不上这些了。不过,这倒使他的头脑清醒了一会儿。他躺在那里,默默地想着。

那艘船现在离他不过四英里,他只要揉揉眼睛,就能清楚地看到它;他同时还能看到,有一只小船的白帆在闪光的海面上慢慢地移动。然而,他无论如何也爬不完这四英里路。这一点,他心里很清楚,而且,对此还很镇静。他知道,就是半英里,他也爬不动了。但他不想死;他要活下去。他吃尽苦头,受尽折磨,到头来还是死掉,那太不公平了。也许,他注定要死,但就是到了奄奄一息,他仍然不想死。也许,这么想简直是发疯,但不管怎样,就是到了死神手里,他仍要挣扎,仍想活。

他闭上眼睛,竭力使自己镇静下来。虚脱像潮水般从他身体的各个部位涌来,但他奋力抵御着,绝不让虚脱的潮水把他淹没。然而,这种致命的虚脱,真像海里的潮水,不可阻挡地、一波一波地涨上来,一点一点地淹没他的意识。有时,眼看就要被淹没了,只因为他拼命摆动双手,才勉强把头从漆黑的水面上伸出来;有时,还真的被淹没了,但他似乎有一种神奇的心灵之力,即便在水下,仍不屈不挠地挣扎着。

此时,他的躯体好像已经死了。他一动不动地仰面躺着,隐约听到那只狼正一口一口地喘着粗气,一挪一挪地朝他爬来。它越爬越近,慢慢向他逼来;它好像用了很长很长时间,但他始终一动不动。它的嘴已凑到他耳边,然后伸出那条粗糙得像锉刀一样的舌头,在他的脸上舔了舔。这时,不知从哪儿来的力气,他竟然伸出那两只手——手指弯曲得像鹰爪——想掐住它的咽喉。然而,却掐了个空。要准确而快速掐住对手的咽喉,需要有足够力气,而他,没有这种力气。

那只狼耐心地等着,真是可怕;此人也耐心地等着,一样可怕。

现在,他一动不动地躺着,正用尽全部心力和昏迷抗争,等着那只想吃他而他也想吃它的狼。虚脱的潮水再次涌来,淹没了他。这时,他会做长长的梦。但不管是在做梦,还是醒着,他一直都等着——等着那种喘气声,等着那条锉刀似的舌头来舔他的脸。

他没有听到喘气声,只是从梦中慢慢醒来,感觉到有条舌头在舔他的一只手。 他一动不动地等着。 狼的牙齿轻轻咬住了他的手。 它咬紧了,正用尽最后一点力气想把牙齿咬进去,让那里面的东西流出来——它等着那东西,已经很久了。 然而,此人也等了很久了。 他扭动那只被咬住的手,一把抓住狼的下巴。 狼无力地挣扎着,此人的手也无力地抓着,而这时,他的另一只手慢慢地摸了过来,掐住了狼的咽喉。 这样足足过了五分钟,此人才把自己的身体压到狼身上。 他的手没有足够的力气把狼掐死,但他的脸正紧贴着狼的咽喉,嘴里有许多狼毛。 半小时后,此人只觉得一股温热的液体慢慢流进他的咽喉。 那液体气味难闻,流进胃里就如铅液,沉甸甸的,但他凭着本能,吮吸着。 这之后,此人翻了个身,直挺挺地仰面躺着,昏昏沉沉地睡着了。

捕鲸船"白德福号"上的几名科考队员从甲板上远远看到,有个奇怪的生物在沙滩上蠕动。 他们看不清那是什么生物,于是便放下小艇,去看个究竟,因为他们原本就是来做生物考察的。 结果,他们看到了一个活着的人。 但此人的样子,简直使他们不敢把他称作人。 他已经瞎了,知觉极其迟钝,就像一条巨大的虫子在地上蠕动。 他的动作几乎是无效的,但他仍然不停地扭动着、爬着,而其速度,每小时大约只有二十英尺。

三个星期后,此人躺在捕鲸船"白德福号"的一个铺位上,骨瘦如柴,泪流满面。 他说出了他的名字,以及他经历的一切。 他还含糊不清地说到了他母亲,说到了南加利福尼亚,说那里是他的家乡,那里阳光灿烂,有桔子树,还有鲜花。

又过了几天,他就和船上的人坐在一张桌子旁吃饭了。 他馋极了，看到桌上的食物，特别是看到别人吃东西，他就迫不及待地想吃。 别人每咽下一口，他就神情紧张地瞪别人一眼。 他的神志已经很清醒，但每到吃饭的时候，他总会莫名其妙地发脾气，恨船上所有的人。 他心存恐惧，总是害怕船上会断粮。 他到厨师那里去打听，到清洁工那里去打听，甚至到船长那里去打听，船上到底贮藏了多少食物。 尽管他们无数次对他保证，船上不会断粮，但他还是不相信，还是偷偷地溜到贮藏室门口，窥头探脑地要看个明白。

很明显，此人一下子胖了许多。 他每天都会胖一点。 那些科考队员都摇摇头，还说了一通道理。 他们限制此人的饮食，但没用，他的腰围依然在增大，体重依然在增加。

水手们都咧着嘴笑。 他们知道这是怎么回事。 后来，那些科考队员派人去监视他，终于也知道了。 监视他的人看到，每次吃过早饭，他就会像叫化子似的伸手向这个或者那个水手乞讨。 于是，这个水手笑了笑，给了他一块硬面包，他拿到面包后，贪婪地看上好一阵，然后像守财奴似的藏在衬衫里；那个水手见此，觉得很好玩，又笑着给了他一块硬面包。

对此，科考队员们处理得很谨慎。 他们没有去阻止他，而是经常偷偷地去查他的床铺。 那里摆满了硬面包，不但每个角落里都有一大堆，连褥子里也塞得满满的。 然而，他并没有神经错乱。 他只是恐慌，生怕再遇到饥荒——就是这么回事。 科考队员们说，这没什么，他不久就会恢复的。 事实上也正是这样，没等"白德福号"到达旧金山湾后隆隆地抛下铁锚，他就恢复了正常。

刘文荣 译

老 人 与 海

[美]欧内斯特·海明威

欧内斯特·海明威(Ernest Hemingway 1899—1961),美国小说家,主要作品有长篇小说《太阳照样升起》《永别了,武器》《丧钟为谁而鸣》、中篇小说《老人与海》和短篇小说集《没有女人的男人》《胜者无所得》等,曾获1954年诺贝尔文学奖。本篇是海明威生前发表的最后一部作品,也是他成就最高的作品。小说的故事极其简单——一个"背运的"老头,独自一人到海上去捕鱼;他捕获了一条比他的小船还要大的鲨鱼,便拖着这条鱼返回渔港,但途中遇到另一群鲨鱼,把他捕获的鱼吃得只剩一副骨架。这是一个古巴渔民的真实故事,曾被报道过。不过,海明威把这个简单的故事描述得有声有色,使其成了一场惊心动魄的海上历险,并赋予了这个故事以耐人寻味的象征意义。严格地说,小说中的人物只有一个,就是老人桑提亚哥。但就是这个人物,堪称海明威笔下最具特色的"硬汉性格"的典型。小说的主题是:失败是不可避免的,因为人总要变老,但人要勇敢地面对失败的命运。小说里有一句名言:"人不是生来要给打败的,你尽可以把他消灭掉,但就是打不败他。"这种悲壮的格调在海明威以往的作品中是没有的。这部作品不仅在人物上以寓言和象征达到了高度的艺术概括,在表现形式上也有其明显的特点:首先是故事的节奏性极强,单线条发展的情节写得抑扬顿挫,有起有伏,其中有像阳光一样明丽、恬静而雅致的景色描写,也有瀑布般倾泻的豪华而庄严的抒情段落;其次是突出地运用了意识流式的反复不已的人物内心独白,增强了整个作品凄凉悲壮的情调;再次是语言丰富多变,有经过锤炼富有启发性的词语,有具有高度表现力的、给人以美感的形象化描绘,有鲜明、精湛的笔触——凡此种种,都凝聚着海明威特有的语言魅力。

他是个独自在湾流①里一只小船上打鱼的老头儿,他到那儿接连去了八十四天,一条鱼也没有抓到。头四十天,有个孩子跟他在一起。可是,过了四十天没有抓到一条鱼,孩子的爸妈就对他说,老头儿现在一定"背运"了(那是形容倒霉的一个最坏的字眼)。他们吩咐孩子搭上另一只小船到海里去,在那只船上,头一个星期就抓到了三条好鱼。孩子看见老头儿每天划着空荡荡的小船回来,心里非常难过,他总要走下岸,帮他去拿卷起的钓丝,或者鱼钩、鱼叉,还有绕在桅杆上的帆。那面帆上补着几只面粉袋,收起来的时候,看上去真像一面标志着永远失败的旗帜。

老头儿后颈上凝聚了深刻的皱纹,显得又瘦又憔悴。两边脸上长着褐色的疙瘩,那是太阳在热带海面上的反光晒成的肉瘤。疙瘩顺着脸的两边蔓延下去。因为老在用绳拉大鱼的缘故,两只手上都留下了皱痕很深的伤疤,但是没有一块疤是新的。那些疤痕年深月久,变得干巴巴,像没有鱼的沙漠一样。

---

① "湾流"是从墨西哥湾向北流的一条大海流的名字。

他身上的每一部分都显得老迈,除了那一双眼睛。那双眼啊,跟海水一样蓝,是愉快的,毫不沮丧的。

"桑提亚哥,"他俩从系船的地方爬上岸的时候,孩子对他说,"我又能跟你一起下海啦。我家里已经攒了一些钱。"

原来是老头儿把孩子教会了捕鱼的,所以孩子很爱他。

"不,"老头儿说,"你们那只船运气好。还是跟他们一起吧。"

"但是你可记得,你是怎样接连八十七天一条鱼也没抓到,以后我们又是怎样接连三个星期每天都抓到大鱼的吧?"

"我记得。"老头儿说,"我知道你不是因为不相信才离开我的。"

"爸爸叫我离开你。我是个孩子,不能不听他的话。"

"我知道。"老头儿说,"这是合情合理的。"

"他没多大的信心。"

"是的,"老头儿说,"可是我们有。你说是不是?"

"是的,"孩子说,"我请您在海滨酒店喝一瓶啤酒,然后我们把打鱼的东西带回家去,好吗?"

"为什么不好?"老头儿说,"打鱼的都是一家人啊。"

他俩坐在海滨酒店,很多打鱼的人拿老头儿开玩笑,老头儿一点也不生气。别的人,那些年老的渔人,都用眼睛望着他,心里替他难过。但是他们并没有把感情流露出来,只是轻轻地讲起海流,讲起他们把钓丝送进海水的深处,讲起久久不变的好天气,讲起他们看到的一切。在那一天交了好运的渔人们都已回来,剖开他们的马林鱼,把它们平放在两块木板上,每一块木板的一头由两个人扛着,一摇一晃地走到制鱼场里,在那儿等着冷藏卡车把它们运到哈瓦那的市场上去。捕到鲨鱼的人们把鲨鱼扛到海湾另一边的鲨鱼腌制厂去,吊在带钩的滑车上,把它们的肝取出,鳍割去,皮剥掉,肉切成一片一片准备腌制。

刮东风的时候,从海港那边的鲨鱼腌制厂里飘来了一股气味;但是今天只送来一些儿淡淡的气息,因为风往北方刮去,这会儿已经平息,阳光照着海滨酒店,天气是十分可爱的。

"桑提亚哥。"孩子说。

"呃。"老头儿回答。他把酒杯拿在手里,正在想着许多年以前的事情。

"我去替你拿些明天用的沙丁鱼来,好不好?"

"不。你去玩垒球吧。我还可以划船呢,何况还有罗吉利奥会替我撒网。"

"我还是想去。就是不能跟你一道打鱼,我也想替你做些别的事儿。"

"你已经替我买了一瓶啤酒,"老头儿说,"现在你是个大人啦。"

"你头一趟带我上船,那时我多大岁数?"

"五岁。当年我把一条生龙活虎似的鱼拖上了船的时候,那家伙险些儿把那只船撞得粉碎,你也险些儿给送了命。还记得吗?"

"我记得鱼尾巴叭哒叭哒地直扑打,船上坐板也裂开了缝,还有你用棍棒打鱼的声音。我记得你把我扔在船头上放着湿钓丝卷儿的地方,我觉得全船都在颤动,我又听到你用棍子打鱼的声音,像砍一棵树似的,接着一股新鲜的血腥味扑遍了我的全身。"

"你真的记得那回事儿吗?还是我告诉你的呢?"

"打我们头一趟一同到海里去的时候起,什么事儿我都记得一清二楚的。"

老头儿用他那双日晒风吹的、坚定的、慈爱的眼睛望着他。

"你要是我自个儿的孩子,我就会带你去冒一冒险了,"他说,"可是,你是你爸爸的,是你妈妈的,你搭的又是一只交了好运的船。"

"我去拿沙丁鱼好吗? 我还晓得从什么地方去拿四条鱼食来呢。"

"今天我自个儿还有剩下的。 我把它们放在盒子里用盐腌上了。"

"那么让我弄四条新鲜的来吧。"

"一条。"老头儿说。 他的希望和信心从来没有消失过,现在又像微风初起的时候那样清新了。

"两条。"孩子说。

"那么就两条吧,"老头儿答应了,"可不是偷来的吧?"

"偷我也愿意。"孩子说,"我可是买来的呢。"

"谢谢你。"老头儿说。 他真够天真,在自己谦卑的时候一点也不以为奇。 但是他知道他已经变得谦卑,他知道这不是耻辱,而且给真正的高傲也没有带来损失。

"照这样的海流,明天会是一个好日子。"他说。

"你到哪儿去?"孩子问。

"去得远远的,风向一转就顺着风回来。 天亮以前我就要出发了。"

"我想叫他也去得远远的,"孩子说,"那么,你要是抓到一条真正的大鱼,我们就可以来帮助你了。"

"他不高兴把船开得很远。"

"是的,"孩子说,"可是我会看见他看不见的东西,像觅食的鸟儿,我看到了就会叫他去追海豚。"

"他的眼睛那样不中用吗?"

"他的眼睛差不多瞎啦。"

"这倒也奇怪,"老头儿说,"他是从来不去捉海龟的。捉海龟才伤眼睛哩。"

"你在摩斯基多海湾捉了好些年的海龟,你的眼睛还是好好的。"

"我是一个古怪的老头儿啊。"

"可是,你现在的力气足够抓住一条真正的大鱼吗?"

"我想是可以的。何况还有许多诀窍呢。"

"我们把东西拿回家吧,"孩子说,"这样我才能够拿了网去抓些沙丁鱼来。"

他们把东西从船上捡起。老头儿扛着桅杆,孩子抱着木头盒子,盒子里盛着盘在一起的、编得很硬的褐色的钓丝,还有鱼钩和带把子的鱼叉。盛鱼食的盒子连同一根棍子放在船梢下面,那根棍子是等到把大鱼拖近船旁边的时候用来把它们打晕的。没有人会偷老头儿的东西,不过还是把船帆和沉重的钓丝带回家去妥当些,因为那些东西沾了露水就不好,同时,老头儿虽然深信当地不会有人偷他的东西,但他觉得把鱼叉和鱼钩丢在船上总是不必要的诱惑。

他俩打路上一道走到老头儿的茅棚前面,从敞开的门口走进去。老头儿把桅杆连同卷起的帆靠在墙上,孩子把盒子和别的船具放在桅杆旁边。桅杆差不多有茅棚的一间屋子那么长。茅棚是用大椰子树的坚硬的苞壳、叫作"海鸟粪"的东西做成的。屋子里有一张床,一张饭桌,一把椅子,泥地上还有一块用木炭烧饭的地方。在用带有硬纤维质的"海鸟粪"的叶子按平了交叠着砌成的褐色的墙上,有一幅彩色的圣心节图,还有一幅柯布雷圣母图。这都是他老婆的遗物。过去墙上曾经悬挂一幅他老婆的彩色照相,他看见了就觉得凄凉，因此就把它拿下了，放在屋角架子上他的一件干净衬衫下面。

"你得吃点什么哪？"孩子问。

"一盆鱼拌黄米饭。你也吃点好吗？"

"不。我回家吃去。你要我替你生火吗？"

"不。过一会我自个儿会生的。不然吃冷饭也可以。"

"我去拿网好吗？"

"当然可以。"

事实上并没有渔网，孩子记得，他们已经把渔网卖了。可是他们每天都要编一套这样的谎话。也没有一盆鱼拌黄米饭，孩子也是知道的。

"八十五是个吉利数目，"老头儿说，"你想看见我抓到一条净重有一千多磅的鱼吗？"

"我拿网捞沙丁鱼去。你坐在门口晒太阳好不好？"

"好的。我有昨天的报纸，准备看一看垒球的消息。"

孩子不晓得，老头儿所说的昨天的报纸会不会又是一句谎话。可是老头儿毕竟把那张报纸从床底下取出来。

"帕利哥在酒店里给我的。"他解释说。

"我捞到了沙丁鱼就回来。我打算把你的鱼跟我的鱼一起放在冰上储藏着，到明天早上我俩把它们平分掉。我回来的时候，你也可以把垒球赛的消息告诉我啦。"

"美国佬队不会输。"

"但是我害怕克利夫兰印第安人队。"

"相信美国佬队吧，孩子。想一想那个老狄马吉奥吧。"

"我害怕底特律老虎队，也害怕克利夫兰印第安人队。"

"小心点，别连辛辛那提红人队和芝加哥白袜队都害怕起来了。"

"你把报纸看一看,我回来的时候告诉我。"

"你觉得我们买一张末尾是 85 的彩票好吗? 明天就是第八十五天了。"

"可以的,"孩子说,"不过以前你那末尾是 87 的彩票怎样了呢?"

"倒霉的事儿不会碰到第二遭的。 你觉得你能够弄来一张末尾 85 的彩票吗?"

"我可以订一张。"

"一张就得两块半钱。 我们从哪儿去借这笔钱呢?"

"那倒不难。 我想可以借到两块半钱的。"

"我想大概我也借得到。 不过我尽量不去借钱。 头一遭借钱,下一遭就要讨饭。"

"别着凉啦,老大爷。"孩子说,"记住,这是九月的天气啊。"

"这个月正是大鱼游来的时候,"老头儿说,"什么人都可以在五月里打鱼的。"

"我要捞沙丁鱼去啦。"孩子说。

孩子回来的时候,老头儿正在椅子上睡着,太阳已经西沉了。孩子从床上拿了一条旧军毯,搭在椅背上面,盖在老头儿的肩膀上。 那两个肩膀真奇怪,老尽管老了,依然结结实实的,颈脖子也是这样,老头儿睡着了头向前耷拉下去的时候,是不大看得出皱纹的。 他的衬衫不知道补过多少次,就像他的那一面帆,补钉也给太阳晒得褪成各种深浅不同的颜色。 老头儿的头也同样苍老了,眼睛一闭,脸就跟死人的一样。 报纸平放在他的膝头上,给一只胳膊压住,没让晚风把它吹去。 他是光着脚的。

孩子又走开了,回来的时候,老头儿还在那儿睡着。

"醒来,老大爷。"孩子喊了一声,把一只手放在老头儿一个膝头上。

老头儿睁开了眼睛。这一会儿,他仿佛正在从老远的路上走回来似的。接着他笑了。

"你把什么拿来啦?"他问。

"晚饭,"孩子说,"我们吃晚饭吧。"

"我肚子不大饿。"

"来,吃吧。你要打鱼,就不能不吃饭。"

"我往常就是不吃饭先去打鱼的。"老头儿说着就站起身来,把报纸拿在手里叠好。然后他又动手去叠那条军毯。

"把毯子围在身上吧,"孩子说,"只要世界上还有我,决不能让你不吃饭就去打鱼啊。"

"那么,祝你长命百岁,保重你自己吧,"老头儿说,"我们吃什么?"

"扁豆拌饭,煎香蕉,还有一点儿炖菜。"

孩子是把这些饭菜放在两层的铁盒子里从海滨酒店那边拿来的,他的衣袋里放着两套刀叉和汤匙,每一套都用一块纸餐巾包着。

"这是谁给你的?"

"马丁。船老板。"

"我应该谢谢他。"

"我已经谢过他,"孩子说,"你不必再谢他了。"

"我以后要给他一块大鱼肚子上的肉。"老头儿说,"他帮我们不止一次了吧?"

"大概是。"

"那么我要送他比鱼肚子上的肉更好的东西。他对我们真关心。"

"他送了我们两瓶啤酒。"

"我顶喜欢罐头装的。"

"我晓得。不过这是用瓶子装的,哈杜威牌的啤酒,我还要把瓶子拿回去哩。"

"你真好啊。"老头儿说,"我们现在就吃吗?"

"我已经问过你啦,"孩子亲切地说,"你没准备好的时候,我是不愿打开饭盒子的。"

"准备好啦,"老头儿说,"我只花了一点时间,把手脸洗了一下。"

你是到哪儿去洗的呢?孩子想。村里的水龙头在大路那边,有两条街那么远呢。孩子想,我应该把水提来给他,还应该带一块肥皂跟一条像样的毛巾来。为什么我这样粗心呢?我还应该替他再弄来一件衬衫和短外套过冬,此外给他一双鞋,一条毯子。

"你的炖菜味道真不坏。"老头儿说。

"把垒球赛的消息告诉我吧。"孩子问。

"在亚美利加竞赛组方面,就跟我说的那样,美国佬队赢了。"老头儿眉开眼笑地说。

"他们今天可输啦。"孩子告诉他。

"那没关系。老狄马吉奥又是生龙活虎的了。"

"他们那一队还有别的人呢。"

"当然。可是他的地位很重要。在另一个竞赛组里,布鲁克林队对费拉得尔菲亚队,我认为布鲁克林队一定会打赢。但是接着我又想到狄克·西斯勒和他在老垒球场打出的猛猛的那几球。"

"那几球谁也比不上。像他打得那么远的球,我还是第一次看见呢。"

"你可记得他常到海滨酒店这边来吗？我曾经想带他去打鱼，可是我不好意思对他说。我要你问他，你也不好意思。"

"我晓得。我俩都错得厉害。要是问他的话，也许他会跟我们一道去了。那样一来，我们一辈子也忘记不了的。"

"我很想带老狄马吉奥去打鱼，"老头儿说，"听人说，从前他爸爸就是个打鱼的。也许他跟我们一样穷，会懂得我们的好意。"

"老西斯勒的爸爸一点也不穷，他爸爸像我这么大的年纪，就已经在一个很大的垒球竞赛组里打球了。"

"我像你这么大的年纪，正在开到非洲去的一只装横帆的船上当水手，我还看见过傍晚到海滩上来的狮子呢。"

"我晓得。你对我讲过。"

"我们是讲一讲非洲呢？还是讲一讲垒球？"

"还是讲一讲垒球的好，我以为。"孩子说，"把老麦克格劳的事情对我讲一讲。"

"从前他也常常到海滨酒店来。他一喝酒就非常粗暴，说话又生硬又刺耳，性子真够执拗的。他的脑子里想的又是马又是垒球。至少，不管什么时候，他的口袋里总是揣着马的花名册子，他经常在电话里说到马的名字。"

"他是个大经理，"孩子说，"我爸爸当他是个顶大的经理。"

"因为他来这儿的次数最多，"老头儿说，"要是杜洛彻也每年不断地来这儿，你爸爸也会当他是个顶大的经理的。"

"真的，谁是顶大的经理呢？是鲁克？还是迈克·冈查列斯？"

"我想他们分不出上下。"

"不过，要说打鱼，顶好的还得数你。"

"不。比我好的人多着呢。"

"怎么，"孩子说，"会打鱼的很多，打鱼的能手也不少。可是顶好的只有你一个。"

"多谢你。你的话叫我听了真高兴。我希望跑来的鱼不要大得叫我们对付不了就得啦。"

"不会有这样的鱼，只要你身上的劲儿还能像你讲的那样大。"

"也许我的身子没有我想的那样壮，"老头儿说，"可是我懂得好多诀窍，我也有决心。"

"你应该上床去睡啦，这样明天你才有气力。我也要把东西拿回海滨酒店去了。"

"那么祝你晚安，明早我来叫醒你。"

"你真是我的闹钟啊。"孩子说。

"我的闹钟是年岁，"老头儿说，"为什么上了年岁的人醒得这么早呢？为了要过一个长些的日子吗？"

"我不晓得，"孩子说，"我只晓得孩子们爱睡懒觉，睡不醒。"

"我会记得的，"老头儿说，"到时候我去喊醒你得啦。"

"我不乐意让他来喊醒我，这样仿佛他倒比我强些似的。"

"我知道。"

"好好儿睡吧，老大爷。"

孩子去了。

他俩吃饭的时候，桌上连个灯也没有，孩子走开以后，老头儿脱掉裤子，摸黑上了床。他把裤子卷成枕头，把那张报纸塞在里边，然后用军毯裹住身子，睡在铺在破床的弹簧上面的旧报纸上。

他很快就睡着了，梦见了他儿童时代所看到的非洲，迤长的金黄色的海滩和白得刺眼的海滩,高耸的海岬和褐色的大山。 现在,他每晚住在海边,在梦中听到了海潮的怒号,看见了本地的小船从海潮中穿梭来去。 睡着的时候,他闻到了甲板上柏油和填絮的味道,闻到了地面上的风在早晨送来的非洲的气息。

通常,一闻到地面上吹来的风,他就醒来,穿上衣服,前去把孩子叫醒。 但是今晚上地面上的风吹来得很早,他在梦里知道时间太早了,因此继续做梦下去,梦见了从海上崛起的白茫茫的岛顶,梦见了加那利群岛的各个港口和抛锚的地方。

他不再梦见风涛,不再梦见女人,不再梦见惊人的遭遇,不再梦见大鱼、搏斗、角力,也不再梦见他的老婆。 他现在只是梦见一些地方和海滩上的狮子。 它们跟小猫一样在幽暗的黄昏中嬉戏,他爱它们像爱那个孩子。 他从来没有梦见过那个孩子。 他就那样醒了过来,望一望敞开的门外面的月亮,把当枕头用的裤子打开,穿上,然后走到茅棚外面去小便,就顺着大路走去把孩子叫醒。 早晨的寒气使他冷得发抖。 但是他知道打过抖身上就会暖和些,而且马上他就要把船划到海里去了。

孩子住的那所房子的门没有关,他推开了门,光着脚悄悄地走了进去。 孩子睡在前面一间屋子的小帆布床上,老头儿借着从外面射进来的暗淡的月光可以清楚地看到他。 他轻轻地拿起孩子的一只脚,把它握在手里,孩子给弄醒以后,转过脸来对他望着。 老头儿点了一点头,孩子便从床旁边的椅子上拿过他的裤子,坐在床上把裤子穿上。

老头儿走出了门,孩子跟在后面,还是打瞌睡,老头用胳膊搂住他的肩膀,说了声"真抱歉"。

"怎么,"孩子说,"男子汉就应该这样。"

他俩一路上往老头儿的茅棚走去,在这条路上,黑暗里有一些光脚的人在扛着他们的桅杆走着。

走进老头儿的茅棚以后,孩子把一卷一卷的钓丝放进篮子里,拿起鱼叉和鱼钩,老头儿把桅杆连同收起的那张帆扛在肩膀上。

"你想喝咖啡吗?"孩子问。

"我们先把要用的东西放在船里,然后再喝点咖啡吧。"

他俩在一个卖东西给渔人吃的早市上用炼乳罐头喝了咖啡。

"您睡得好吗,老大爷?"孩子问。 他现在清醒过来了,虽然好不容易才驱走睡魔。

"睡得好,曼诺林。"老头儿说,"我觉得今天很有把握。"

"我也这样想。"孩子说,"现在我得去拿您的沙丁鱼了,还有我的,还有您的新鲜的鱼食。 我们那条船上的东西他自个儿去拿。 他死也不肯要谁去扛一件东西。"

"我们跟他两样,"老头儿说,"你五岁的时候我就让你扛东西了。"

"我晓得。"孩子说,"我一会儿就回来。 您再喝一杯咖啡吧。 我们跟这儿有账的。"

他走开了,光着脚在珊瑚石上走着,往放鱼食的冷藏室那儿走去。

老头儿慢慢地在喝他的咖啡。 这是他今天一整天的饮食,他知道他应该把它喝下去。 很久以来,吃饭一直是叫他厌烦的事情,他从来没有携带过吃食。 他在船头上放了一瓶水,这就是他一整天需要的东西了。

一会儿,孩子拿了包在报纸里面的沙丁鱼和两个鱼食回来,于是他俩脚下踩着沙石,沿着一条小路走到小船那边,把船解开,轻轻地滑到水里去。

"祝你好运,老大爷。"

"祝你好运。"老头儿说。他把桨上的绳结儿套在桨架上,然后弯下身去,把桨叶往水里一撑,在黑暗里开始划出了港口。别处海滩上也有其他一些船只驶出海去。这时月亮已经落了山,老头儿虽然看不见那些船,却听得到桨叶落水和划动的声音。

偶尔一只船上有人在说话。但是除了荡桨的声音以外,大多数船只都是静悄悄的。他们一出港口就分散了开来,每一个人直向他希望找到鱼的那一块海面上驶去。老头儿知道他越走越远了,他已经把陆地的气息抛在后面,驶进了黎明时分的海洋的清新气息里。在海里划过一段地方的时候,他看见从湾流的野草里发出的磷光,渔人们把那一段地方叫作大井,因为那儿有一个突然下陷的七百英寻①的深渊,由于海流碰在海底的峭壁上造成的漩涡,各种鱼都聚集在那儿。在这深不可测的水穴里,聚集了小虾、小鱼,有时候还有成群的乌贼鱼,这些小鱼族在夜里游到靠近水面的地方,大鱼游到那儿就把它们吃掉。

老头儿在黑暗里可以感觉到早晨的来到,他一面摇桨,一面听见飞鱼出水时的颤声,听见它们在黑暗里凌空而去的时候从绷紧的翅膀上发出的咝咝的声音。他非常喜欢飞鱼,因为它们是他在海洋上的主要的朋友。他替鸟雀们伤心,特别是那弱不禁风的黑色的小海燕,它们永远在飞翔,永远在张望,然而多半是永远找不到任何东西。他想:"鸟儿的日子过得比我们还要苦,除非是鹰鹫和那些强大的鸟儿。为什么海洋有时候这样残忍,而像海燕一类的鸟儿却又给弄得那么柔弱,那么纤细呢?海洋是仁慈的,十分美丽的。但是她有时竟会这样的残忍,又是来得这样的突然,那些在海面上飞翔的鸟儿,不得不一面点水搜寻,一面发出微细而凄惨的叫喊,

---

① 英寻,水深单位。

这种鸟儿哪,生来就柔弱得没有抗拒海水的力量。"

他一向把海叫作 la mar①,那是人们爱海的时候用西班牙话叫她的一个字眼儿。 爱海的人们有时候也说些对海不满的话,但是他们的口气里总是把海当作一个女性。 一些年轻的渔人,用浮标当作支持钓丝的浮子,并且在鲨鱼肝卖了很多钱以后买了小汽艇的,都把海洋叫作男性的 el mar。 他们把海当作一个竞争者,或者当作一个地方,甚至当作一个敌人。 但是老头儿总是把海当作一个女性,当作施宠或者不施宠的一个女人,要是她做出了鲁莽的或者顽皮的事儿呢,那是因为她情不自禁。 月亮迷上了她,像迷上了一个女人一样,他想。

这时,他不慌不忙地划着船,也不需要使出多大的力气,因为他保持着一定的速度,同时除了海流偶然打个旋儿以外,海面是一平如镜的。 他让海流替他做三分之一的工作,天快亮的时候,他才知道他已经来到远远地超过他希望在此刻能驶到的地方了。

我在深渊上面花了一个星期的工夫,可是没有一点儿收获,他想。 今天我一定要找出鲤鱼和大青花鱼的鱼群在什么地方,也许会有一条大鱼跟它们在一起呢。

天还没有大亮的时候,他已经送出他的鱼食,让船随着海流漂去。 一个鱼食送下四十英寻的深处。 第二个鱼食送下七十五英寻的深处。 第三个和第四个鱼食分别送到大海下面一百英寻和一百二十五英寻的海里去了。 每一个鱼食都是头朝下悬着的小鱼,鱼肚里包着一个鱼钩的把子,系得紧紧、缝得牢牢的,鱼钩的一切突出部分,钩儿,尖儿,都用新鲜的沙丁鱼遮住了。 每一条沙丁鱼都是穿过眼睛挂在钩子上的,在钓钩突出的部分构成了半个花环的模

---

① 西班牙文,la mar 是把海当作阴性的称呼,el mar 是把海当作阳性的称呼。

样。不论钓钩的哪一部分,凡是能给大鱼碰到的,都是香喷喷的,挺有滋味的。

孩子给了他两条新鲜的小金枪鱼,或者叫作青花鱼,它们像坠子一样挂在两根放得最深的钓丝上,他在别的钓丝上挂的是以前用过的一条大鲭鱼和一条黄色的小梭鱼;那两条鱼依旧保存得很好,而且还有新鲜的沙丁鱼替它们添上了香味,使它们有吸引力。每根钓丝都像一根大铅笔那么粗,给拴在一根暗绿色的竿子上,只要大鱼朝鱼食上一拉或者一碰,就会使那根竿子浸在水里,每根钓丝有两个四十英寻长的卷儿,它们可以接在别的多余的卷儿上,必要的时候,一条鱼可以拉出三百多英寻长的钓丝。

现在老头儿注视着三根竿子都浸在船边的水里,他慢慢地划着,把钓丝送到适当的深处,一上一下的让它成一条直线。天大亮了,过不多久太阳就要出来了。

淡淡的太阳从海上升起,老头儿看见别的船只低低地伏在水面上,船头都对着海岸,在海流中散开,向着海岸驶去。一会儿太阳越来越明亮了,耀眼的光芒射在水面上,随后越上升越红,平滑的海面把太阳的光芒反射到他的脸上,剧烈地刺痛了他的眼睛,因此他就把眼光移到一旁,只管划下去。他朝水里面看,望着一直伸到暗黑的深水里的钓丝。他把钓丝垂得比什么人都直一些,这样,在黑魆魆的暗流的每一层上,都会有一个鱼食恰好在他所希望的地方等待着游到那儿的鱼来吃。别的人呢,就让钓丝随着海流漂去,有时候钓丝实际上在十六英寻的深处,可是有些渔人还以为它们在一百英寻的深处呢。

他想:我把钓丝放在十拿九稳的地方。不过我就是没再走好运。可是谁知道呢?也许今天就要走运。今天又是一天啊。走运当然好。但是我宁肯把什么都安排得分毫不差。那么运气来到的时候，你也就有个准备了。

又过了两个钟头，太阳升得更高了些，他望着东方的时候不再觉得像先前那样刺眼了。现在他所望得见的只有三只小船，看去都显得低矮，远远地靠在海岸的旁边。

他想：初出的太阳把他的眼睛刺痛了一辈子。不过我的眼睛还是很好的。傍晚的时候，我可以直瞪着太阳，眼前不会发暗。太阳光的力量在傍晚更要强烈些，可是在早上它却叫人痛苦。

这时他看见一只老鹰鼓着长长的黑翅膀在他前面的天上打着转儿飞翔。马上它疾速地斜着翅膀降落下去，然后又盘旋起来。

"它准是抓到什么东西啦，"老头儿提高嗓子说，"它不光是寻找啊。"

他缓慢地，一直朝着老鹰盘旋的地方划去。他一点儿也不慌，把他的钓丝一上一下地扯得挺直。但是他靠近水流一点儿，这样他依然很准确地在打鱼，虽然他的动作比起他不打算利用那只老鹰的时候要快些。

老鹰在天空里越飞越高，还在打着转儿，可是翅膀一动也不动。然后它忽然俯冲下去，老头儿看见一条飞鱼从水里跃出，从水面上拼命地飞过去。

"海豚，"老头儿大声说，"一只大海豚。"

他把桨放在桨架上，从船头下面拿出一根细小的钓丝。钓丝上有一根粗铁丝和一个中等大小的钓钩，他把一条沙丁鱼挂在钓钩上。他把钓钩从船边上放下去，系在船尾的一个螺丝圈上。他又在另一根钓丝上安上了鱼食，让它盘绕在船头的阴暗地方。然后他又划起船来，望着那只长翅膀的黑色的猛禽在水面上低低地飞来飞去。

他正在凝神注视的时候，那只老鹰又忽然往下一降，歪着翅膀俯冲下去,然后追在飞鱼后面,疯狂地但是徒劳无益地抖着它的翅膀。 老头儿可以看得出一些大海豚在追赶着脱逃的鱼时把海水掀得微微鼓了起来。 海豚在飞逃的鱼底下划破水面,准备一旦鱼落下它就首先飞快地钻进水里。 他想:这儿有一大群海豚啊。 它们散布得很广,飞鱼恐怕很少脱逃的机会了。 老鹰也不会占到便宜。 飞鱼的身子大到不是老鹰可以抓到的,何况它们又飞得太快。

他望着飞鱼一再从水里冒出来,望着那只老鹰的徒劳无益的行动。 他想:那一群鱼儿已经跑开。 它们跑得太快,太远了。 但是,也许我会找到一些失群迷踪的鱼儿,也许我的大鱼就在它们周围呢。 我的大鱼一定在什么地方。

陆地上面的云彩现在像是巍峨的山峦似的升到上空去,海岸只剩下长长的一条绿色的线,背后是一丛淡青色的小山。 现在水是深蓝色的了,深得几乎变成了紫色。 他低下头朝水里望去时,看见深蓝色的水里纷纷筛出的红色的游走的小生物,和太阳幻成的奇异的光辉。 他凝神地望着他的钓丝,看见那些钓丝笔直地没入水里看不见的地方,他很高兴看到那么多游走的小生物,因为这说明了那儿有许多鱼。 太阳现在已经升到天空去,它在水里所幻成的奇异的光辉,说明了今天天气晴朗,陆地上面的云彩的形状也说明了这一点。 但是现在那只老鹰几乎连影儿也看不见了。 水面上,除了几片黄色的、给太阳晒得变白了的马尾藻,除了那紧靠着船边漂浮的一个紫色的、成形的、虹彩灿烂的水母的胶质的气囊以外,什么东西都没有。 那只气囊先把身子歪到一边去,然后又恢复原状。 它像个气泡似的兴高采烈地漂浮着,它的长长的深紫色的触丝在水里拖了一公尺长。

"海水给败坏啦①,"老头儿说,"你这个婊子。"

---

① 原文"Agua mala",在科学名词上叫做"赤潮",意思就是海水某一处败坏,变成了红色。

他从他轻轻地荡桨的地方朝水里望去，看见一些小鱼，颜色变得跟那些拖长的触丝一样，并且在触丝的中间、在漂浮的气囊所构成的阴影下面游走着。气囊上的毒伤害不了它们。但是人类就不同了。老头儿钓鱼时，如果气泡上有几根触丝挂在一根钓丝上，粘糊糊、紫微微地缠在那儿的话，那么他的胳膊和手就会有那种如同从有毒的常春藤和橡树上感染到的伤痕和肿痛。不同的是：败坏的海水中的毒传染得很快，而且痛得跟鞭梢抽打的一样。

带彩虹的气泡很美丽。然而它们是海里极其虚幻的东西，老头儿喜欢看见巨大的海龟去吃它们。海龟看见它们以后，就从正面爬到它们跟前，然后闭上眼睛，身子完全缩在龟甲里，再把它们连着触丝一并吃掉。老头儿喜欢看海龟去吃它们，他喜欢在一场风暴过后在海滩上踩在它们身上，喜欢听到他用他的起了老茧的硬脚底踩在上面时它们砰地爆裂的声音。

他喜欢那些青龟和玳瑁，喜欢它们的优雅的动作，行走的速度和宝贵的价值。他对那硕大无朋的笨拙的红海龟抱一种友好的轻视态度，那些海龟的甲板是黄色的，它们恋爱的方式是奇怪的，而且闭上了眼睛兴致勃勃地去吃水母。

他对海龟不抱神秘的看法，虽然他坐在小船上去捉海龟已经有许多年了。他替所有的海龟感到伤心，甚至那些和小船一般长、称起来有一吨重的大棱龟。很多人对待海龟是残忍无情的，因为把一个海龟切开、杀死以后，它的一颗心还要跳动好几个钟头。但是老头儿却在想：我也有这样一颗心，我的脚和我的手也跟它们的一样啊！为了使自己身上有力气，他也吃白色的龟蛋。他吃了整整的一个五月，这样到了九、十月就会身强力壮，可以去打真正的大鱼了。

他每天也从一只大鼓形桶里舀一杯鲨鱼肝油来喝，那只鼓形桶是放在许多渔人寄存渔具的一个小棚子里的。那只桶放在那儿，凡是想喝的都可以去喝一杯。大多数打鱼的都讨厌那油的味道。但是喝这种油并不比在那么早的时候从床上起来更叫人受不了，而且喝下去还可以预防伤风感冒，对眼睛也有好处。

这时老头儿抬起头来，看见那只老鹰又在打着转儿了。

"它找到鱼啦。"他提高嗓子说。可是没有一条飞鱼冲到水面上来，也没有鱼食散布开去。老头儿正在望着的侧面，一条小金枪鱼忽然跃到半空去，一转身头朝下掉进水里。金枪鱼在太阳下映出银白色的光，掉进水里以后，别的金枪鱼一个接着一个冒上来，纷纷地跳到四下里去，搅得水花四溅，一跳几丈远地去追鱼食，绕着它打转儿，在后面赶着它。

老头儿想：要不是它们跑得太快，我会抓住它们的。他望着鱼群把海水翻腾得白浪滔天，老鹰现在也扑下来，钻到小鱼群里去，那些小鱼在一阵恐慌中被迫浮到水面上来了。

"老鹰真是得力的帮手。"老头儿说。正在这时候，船梢的缆绳在他脚下突然绷紧，因为他在那儿打了一个活疙瘩的缘故，于是他放下了桨。当他把绳抓紧，开始把它拽回来的时候，他感觉到绳给小金枪鱼拉得沉甸甸地直抖。他越把绳往里拽，绳抖得越厉害，接着他看见水里蓝色的鱼背和金光灿烂的两侧，然后他把它从船舷上拉过来，扔到船里去。鱼躺在船梢太阳下面，它很结实，形状像颗子弹，直瞪着两只迟钝的大眼睛，它的灵巧的、迅速抖动的尾巴劈劈啪啪地摔在船板上，越抖越快，摔得连一点气力也没有了。老头儿好意地打着它的头，踢着它，它的身子依然在船梢的阴暗处抖动。

"大青花鱼，"他嚷起来，"它可以当作很好的鱼食。称起来怕有十磅重呢。"

他已经记不起他是在什么时候第一次独自高声说话的了。 往年他曾经独自歌唱,有时候在夜里歌唱,那是轮到他独自在渔船上,或者在捉海龟的船上掌舵的时候。 当他孤单单的时候,当孩子不跟他在一块儿的时候,大概他才大声说起话来。 但是他已经记不起了。 他跟孩子一道打鱼的日子,通常只是有必要才交谈几句。他们的交谈是在更深夜静,在风涛险恶得不能开船的天气里。 一般人认为,没有必要不在海上交谈是一种好品德,老头儿也抱这样的看法,因此他就尊重这种品德,可是现在他把他心里想说的话高声地说出好多次了,因为没有一个人会受到他的打扰。

"要是有人听见我在这儿高声说话,一定会以为我发了疯,"他提高了嗓子说,"但是既然我没有发疯,我就毫不在乎。 有钱的人还可以坐在船上听收音机,可以听到收音机里关于垒球赛的消息呢。"

他想: 现在不是想到垒球赛的时候啊。 现在只应该想到一件事。 应该想到的是我生来干什么的。 他想: 那一个鱼群的周围很可能有一条大鱼。 我拣到的也只是正在喂大鱼的那些大青鱼中间一条失了群的鱼,不过那些鱼游得远,游得快罢了。 今天,凡是露出水面上来的,都游得很快,都游到东北去了。 难道会有什么花样吗? 或者,这是不是我猜不透的一种天气的征兆呢?

现在他看不见绿色的海岸了,他所看到的只是青青的山和那仿佛白雪皑皑的山峰,以及山峰上面的白云,那白云看去像是高耸的雪山似的。 海水是黑魆魆的,阳光在水里映出五彩斑斓的光柱。游走的生物所幻成的万点霞光,已经被高空的太阳所淹没,在老头儿把他的钓丝笔直地插入一英里深的水里时,他所看到的也只是从深邃的蔚蓝的海水里映出的辉煌夺目的光柱。

金枪鱼(打鱼的把所有这一族的鱼都叫做金枪鱼,只在把它们出卖或者用它们交换鱼食的时候,才叫它们各自的正式名字)又沉到海底去了。 现在太阳灼热起来,老头儿后颈脖子上感觉到太阳的热力,划船的时候汗珠一滴一滴从脊背上流下来。

他想,我大可以让船自在地漂流,我睡觉去,用一个绳扣系在我的脚趾上,让它随时把我弄醒。 不过今天是八十五天了,我应该在这一天好好儿钓鱼才成。

正当他目不转睛地望着钓丝的时候,他看见伸在水面上的一根绿色的竿子急遽地坠到水里去。

"好啊,"他说,"好啊。"说着,连船也没晃一下,就把桨放在桨架上。 他伸手去拿钓丝,把它放在右手大拇指和食指的中间轻轻地握着。 他觉得钓丝不紧,也不重,攥在手里很轻松的。 接着钓丝又动了一下。 这一次是试探性的一拉,拉得既不硬又不猛,他确切地知道这是怎么一回事儿了。 下面一百英寻的深处,一条马林鱼正在吃着盖在钩尖和钩把子上的沙丁鱼,手制的钩子就是从那儿的小金枪鱼的头上伸出来的。

老头儿灵巧地握着钓丝,同时用左手把它从竿子上轻轻地解下来。 现在他可以让它从他的手指上滑动,不使鱼感到丝毫的拉力。

他想:躲在这么远的地方,它这个月一定会长得肥肥的了。 吃吧,鱼啊。 吃吧。 请你吃吧。 那些小鱼儿长得多嫩,可你偏要躲在下面六百英尺的地方,躲在那黑魆魆的冷水里。 从黑暗里再转一个身,回来把它们吃掉吧。

他感觉到轻轻的、小心的一扯,接着又是猛烈的一拉,这时一定有一个沙丁鱼的头不容易从钩子上扯去。 然而结果却没有半点儿踪影。

"来啊,"老头儿敞开了嗓门说,"再来一次吧。 闻一闻它们看。 那些小鱼儿不是很美吗? 趁着新鲜的时候马上把它们吃下去,回头还有金枪鱼呢。 又结实,又凉,又美。 别害臊了吧,鱼。把它们吃下去吧。"

他把钓丝拿在大拇指和食指中间等待着,在盯着那根钓丝的同时也盯着别的钓丝,因为鱼可能一会儿游上来,一会儿游下去。 不久又发生了那同样的小心的一扯。

"它会吃下去的。"老头儿放大了声音说,"求上帝帮助它吃下去吧。"

可是它并没有吃下去。 它溜走了,老头儿什么也感觉不到。

"它不会溜走的,"他说,"绝对不会溜走的。 它不过转一转身儿罢了。 也许它以前上过钩,现在还有些儿记得吧。"

一会儿他觉得钓丝轻轻地动了一下,他高兴起来。

"这只是它在转身,"他说,"它会上钩的。"

感觉到下面轻轻的扯动,他很开心,接着他又觉得有一件硬邦邦的东西,重得叫人不能相信似的。 这分明是鱼身上的分量,因此他就松手让钓丝滑下去,下去,下去,把两卷备用的钓丝也松开了一卷。 钓丝从老头儿的手指中间轻轻地滑下去的时候,他依旧感觉到沉重的分量,虽然他的拇指和食指上的压力几乎已经觉察不到了。

"多大的鱼啊,"他说,"现在它把它斜衔在嘴里,正在带着它一道儿游动呢。"

它会转过身来把它吞下去的,他想。 他嘴里没有把这句话说出来,因为他知道,一件好事儿一经说破,恐怕就不会成功了。 他知道那条鱼多大,他猜想那条大鱼嘴里正在横衔着金枪鱼在黑暗里游开去。 这时他觉得那条鱼突然停下不动了,可是依旧沉甸甸的。接着下面越来越重了,他又松下一段钓丝。 这一会他使足了拇指和食指上的劲儿,于是钓丝上的重量增加了,一直传到水底下去。

"它上钩啦,"他说,"现在我让它好好儿吃吧。"

他让钓丝从他的手指头中间滑下去,一面伸出左手,把两个备用钓丝卷儿松开的一头系在另一根钓丝两个备用钓丝卷儿的活结上。 现在他一切都准备好了。 他现在有了三个四十英寻长的钓丝卷儿,还有他正在使用的那个卷儿。

"再吃一点儿,"他说,"好好儿吃吧。"

他想:把它吃了吧,让钓钩的尖儿戳进你的心里,把你弄死。大大方方地上来吧,让我把鱼叉刺到你的身上去。 得,你准备好了吧? 你已经饱餐了很久吗?

"得!"他大叫一声,同时用双手拼命收着钓丝,收进了一公尺长,然后收了又收,使出胳膊上的全副力气和支持身子的重量,两只胳膊轮换地甩动着绳子。

一点影儿也没有。 大鱼慢慢地游开去了,老头儿不能把它提上来一英寸。 他的钓丝很结实,是用来钓大鱼的,他把它放在脊背上拽,由于绷得太紧,钓丝上面的水珠都溅出来。 然后钓丝在水里开始慢慢地发出一阵咝咝的声音,但他依旧把钓丝握紧在手里,坐在座板上鼓起了劲儿拼命地支撑着,仰着身子去抵抗鱼拉钓丝的拉力。 小船慢慢地向西北方漂去了。

大鱼不慌不忙地游着,鱼、船和人都在平静无波的水上慢慢地漂流。 别的鱼食还在水里,可是一点儿办法也没有。

"要是孩子在这儿多好啊,"老头儿大声嚷着说,"我给鱼拉着跑,倒变成一根绕绳子的短桩啦。 我可以把钓丝系紧,不过这样一来它就把钓丝扯断了。 我一定要拼命牵住它,它要钓丝的时候就把钓丝放长些。 谢天谢地,它还在游着,没钻到海底去。"

如果它要钻下去,我该怎么办呢? 我不知道。 如果它竟然钻进海底去,死了,我该怎么办呢? 我也不知道。 可是我一定要想点儿办法出来。我能做的事情还多着呢。

他抓紧了背在脊梁上的钓丝,目不转睛地望着钓丝浸在水里的斜线,望着小船一直向西北方漂去。

老头儿想:这就会送它的命啦。它可不能永远这样啊。但是,四个钟头以后,那条大鱼照旧拖着这只小船不慌不忙地向着浩渺无边的海面上游去,老头儿呢,照旧毫不松劲地拉住背在脊梁上的钓丝。

"我是中午把它钓住的,"他说,"可是我一直没有看见过它。"

他在钓住那条大鱼以前,就把草帽拉下来,紧紧地扣在头上,脑门都给草帽勒痛了。他也渴得要命,因此他便跪倒下去,小心地不扯动钓丝,爬到船头上他够得着的地方,伸出一只手去把那只水瓶拿过来。他揭开水瓶盖子,喝了一点儿水,然后靠在船头上。他靠在取下来的桅杆和帆上坐着,竭力不去想什么,只在忍耐下去。

他再回过头去看时,陆地已经从眼前消失了。那没关系,他想。我总可以凭着哈瓦那的灯火回来的。再过两个钟头,太阳就要落下去了,也许它在太阳落下去以前,就会上来。要不然,也许它在月亮出现的时候上来。再不然,也许它在太阳出来的时候上来。我的手脚不会抽筋,我有的是力气。倒是它的嘴给钩住了。可是它能这样的拉钓丝,该是多大的一条鱼啊。它的嘴一定给铁丝堵得严严的。我很想看到它。我希望能够知道我钓住的究竟是一条什么鱼,哪怕只看一眼。

就老头儿望着天上的星星作出的判断,那条大鱼通夜没有改变路线和方向。太阳落下去,天气变冷了,老头儿汗干了以后,他的脊梁上、胳膊上和老腿上都是冷冰冰的。白天,他把盖在鱼食盒子上的麻袋取下,摊在太阳下面晒干。 太阳落下去以后,他用它裹住他的颈脖子,好让它披挂在他的脊背上,然后他再小心地把它从压在他的肩膀上的那根钓丝下面塞过去。 麻袋垫在钓丝下面后,他就弯下腰去倚在船头上,这样他就差不多很舒服啦。 他这一种姿势实际上只能说是勉强好过一点儿,可是他却认为简直可以算得上是舒服了。

他想:我拿它没办法,它也拿我没办法。 只要它还是照这样下去,大家一点办法也没有。

一度他站起身,打船边向外面小便。 他望着天上的星,核对航行的方向。 钓丝从他的肩膀上一直落下去,在水里像一道磷火似的闪出光来。 现在他们漂流得更慢了,哈瓦那的灯火不那么辉煌了,他知道海流一定正在载着他们往东方漂去。 他想:要是看不见哈瓦那的灯火,我们一定是更往东方去了。 因为,如果鱼游的路线不改变的话,我一定还有好几个钟头可以看到那儿的灯火。 他想:我不晓得垒球大联赛今天的结果怎样。 要有收音机听一听多快活。于是他又想:心里总是惦记着这个玩意儿。 想一想自己正在干着的事儿吧。 切不要做蠢事啦。

一会儿他又敞开喉咙嚷起来:"要是孩子在这儿多好啊。 好让他帮助我,让他瞧一瞧这种景况。"

他想:一个人上了年岁可不能孤零零的。 但这又是免不了的事儿。 为了保养身体,我一定要记住趁着金枪鱼没有腐烂的时候就把它吃掉。 记住,不管你吃得下多少,你也必须在明早把它吃掉。记住呀,他自言自语地说。

夜里,一对小海豚游到小船的附近,他听到它们在翻腾,喷水。 他可以辨别出公的发出的嘈杂的喷水的声音和母的叹气似的喷水的声音。

"它们都很和气，"他说，"它们在一道儿玩耍，寻开心，你爱我，我爱你的。像飞鱼一样，它们都是我们的兄弟啊。"

然后他可怜起给他钓住的那条大鱼来。他想：它真了不起，真稀奇，而且谁知道它有几岁呢？我从来没见过这么猛的鱼，也没看过动作这么奇怪的鱼。也许它太狡猾，不肯跳来跳去的。它只消一跳，或者往前猛的一冲，它就可以要了我的命。但是也许它以前不知给钓住过好多次，它知道这是顶好的一个跟我搏斗的方法。可是它不知道跟它搏斗的只是孤零零的一个人，而且还是一个老头儿呢。话又说回来，这条鱼多么大，肉要是好的话，它在市场卖的钱可多啦。它吃起鱼食来像一条公鱼一样，拖起钓丝来也像一条公的，它斗起来不慌不忙。我不知道它有没有什么主意，还是跟我一样没有一点办法呢？

他想起了从前看到一对马林鱼把其中的一条钓起来的事儿。公鱼总是让母鱼先吃东西，而那条上了钩的鱼——母鱼呢，给钓住以后，就疯狂地、惊慌失措地、没命地挣扎起来，不久就弄得精疲力竭了。那条公鱼一直跟住她，从钓丝旁边穿过去，在水面上跟她一同打着转儿。它紧靠在钓丝的旁边，老头儿生怕它用它的尾巴把钓丝一下子劈断，那条尾巴跟大镰刀一般快，大小和形状也差不多跟镰刀一样。老头儿用鱼叉把她叉上来，用棍子揍她，抓住那长剑似的嘴跟她的砂纸似的边儿，又迎面朝她的头顶上打下去，直打得她身上的颜色差不多变成了跟镜子的背面一样，然后他才和孩子两个人把她抬上船。这时候，那条公鱼还是一直呆在船旁。以后，当老头儿在收拾钓丝、整理鱼叉的时候，那条公鱼一纵身跳到船旁边的高空里，看一看母鱼在哪儿后，又落下来钻进水深的地方去，淡紫色的鱼翅——它的胸鳍——张大开来，身上的所有淡紫色的宽大的条纹也都露了出来。老头儿想：它真美，它一直是呆在那儿的。

老头儿想：这是我生平看到的顶伤心的事了。孩子也非常难过，所以我们请求她的宽恕后，马上动手宰了她。

"要是孩子在这儿多好啊。"他又大声说。他紧靠在船头圆圆的厚木板上，感觉到从他曳在肩头的钓丝上透过来的那条大鱼的重量，那根钓丝朝着大鱼所选择的方向缓慢地移动了开去。

老头儿想：由于我干下了对不起它的事儿，它也必须要作出一个选择了。

它的选择就是待在一切圈套、引诱和诡计都奈何它不得的黑魆魆的深水里。我的选择呢，就是到那什么人也没有去过的地方把它找出来。到那世界上什么人也没有去过的地方去。现在我跟它碰在一起了，从中午就碰在一起了。我和它谁也没有个帮手。

他想：也许我不该干打鱼这一行。然而我生来就是干这一行的呀。我一定要记住：不等到天亮就把金枪鱼吃掉。

天亮以前没多久，有什么东西拉掉了他背后的一个鱼食。他听到竿子折断的声音，钓丝开始从船边上冲出去。他在黑暗里去掉他那把小刀的刀鞘，身子往后一仰，拼命忍住大鱼压在他左肩膀上的重量，把钓丝抵在船边上割断。然后他又去割断另一根离他最近的钓丝，摸着黑去系那备用的钓丝卷儿松开的两头。他用一只手灵活地打着结子，一只脚踩住钓丝卷儿，把结子拉得紧紧的。现在他有六盘备用的钓丝卷儿了。给他切断的每个鱼食上有两盘钓丝卷儿，给大鱼衔住的那个鱼食上有两盘钓丝卷儿，现在它们都连在一起了。

他想：天亮以后，我再回过头来对付那四十英寻深处的鱼食，也把它割断，把备用的钓丝卷儿连起来。我的二百英寻长的加塔鲁尼亚①的好绳、钓钩和粗铁丝统统都要丢掉了。这些东西都还可以

---

① 西班牙的一个海港。

再去找。 但是,如果我钓上了别的鱼,让它搅得我丢了这条大鱼的话,那么再到哪里去找这条大鱼呢? 我不知道刚才上钩的是什么鱼。 可能是一条马林鱼,或者是一条箭鱼,或者是一条鲨鱼。 我根本没有弄清楚它。 我把它扔得太快了。

他又拉开了嗓门喊道:"要是孩子在这儿多好啊。"

但是孩子并不在这儿,他想。 这儿只有你孤零零的一个,你现在最好还是去收拾那最后一根钓丝吧,管它摸黑不摸黑,剪断了它,把两盘钓丝卷儿连结起来。

他就这样做了。 在黑暗里干起活儿来真麻烦,这时那条鱼一下子掀起了一道大浪,把他冲得脸朝下跌倒在船里,眼皮下也划破了一个口子。 血打他的腮帮子上流下来一点儿,没流到下巴上就凝结住,干了。 于是他硬撑着走回船头那边去,靠在木板上。 他把麻袋按平,轻轻地把钓丝换到肩头的另一个地方,然后用肩膀把它撑住,小心地试探着鱼的动静,再用手摸一摸船在水里行驶的速度。

他想,我不懂干吗它把船颠簸得这样东倒西歪的。 钓丝在它那宽大的脊梁上一定滑来滑去。 当然它的脊梁不会像我感到这样痛。但是,不管它身子有多大,总不能够把我这只船永远这样拖下去。现在凡是会惹麻烦的什么东西都丢掉了,我有了一大盘备用钓丝。一个人所能得到的也不过如此吧。

"鱼啊,"他温和地、高声地说,"我到死也要跟你在一块儿。"

老头儿想,我猜它也会跟我在一道呢。 于是他在等待着天明。现在正是快要破晓的时分,天气冷飕飕的,他就抵着木头取暖。 它能撑多久我就能撑多久,他想。 天刚蒙蒙亮的时候,钓丝就往外伸,钻进水里去。 船不住地在走,太阳一出来,光线就落在老头儿的右肩膀上。

"它往北游去啦，"老头儿说，"海流要把我们远远地带到东方去了。我希望那条鱼随着海流的方向游去。那就说明它疲倦了。"

太阳升得更高的时候，老头儿才知道鱼没有疲倦。只有一个好现象，那就是：钓丝的斜度说明了它已经游到较浅的地方来。那并不一定意味着它就要跳，但它很可能会跳起来。

"让它跳起来吧，"老头儿说，"我有足够的钓丝可以对付它。"

他想：要是我把钓丝稍微拉紧一点儿，也许就会惹得它跳起来。现在既然天已经大亮，让它跳一跳吧，那么它的沿着脊骨的液囊里就会充满空气，它也不会钻到海底死去了。

他竭力把钓丝拉紧，但是钓丝自从鱼上了钩到现在，已经绷紧到快要折断了。他把身子仰到后面去拉钓丝的时候，就觉得硬邦邦地动也不能动。他知道他不能拉得更紧了。他想：我再也不能够那么猛的一拉了。猛拉一次，就会把鱼钩在嘴里所挂的口子加宽一些。那样，果真它跳起来，就会把钩子甩掉。管它呢，横竖太阳已经不那么刺眼，只要我不直瞪着它就得啦。

钓丝上挂着黄黄的海藻，老头儿知道那只是增加了一件拖着鱼的东西，所以他很高兴。正是这种黄色的马尾藻在黑夜里放出那么多的磷光。

"鱼啊，"他说，"我爱你，而且十分尊敬你。可是，我要趁着这一天还没有过去的时候把你弄死啊。"

他想：但愿能够这样吧。

一只小鸟儿从北方朝着小船这边飞来。这是一只鸣禽，在水面上飞得很低。老头儿看得出它是非常疲倦了。

鸟儿飞到船梢上，在那儿歇一口气。然后它又飞起，在老头儿的头上打着转儿，最后落在钓丝上面，在那儿它显得要舒服些。

"你多大了呀？"老头儿问鸟儿，"这是你初次的远游吗？"

他说话的时候鸟儿直瞪着他。它太疲倦啦，钓丝稳当不稳当，它连看也不看一下，它的两只细小的脚抓紧了钓丝，在上面晃来晃去。

"稳当的，"老头儿对它说，"太稳当啦。昨晚上没有风，你不应该那么疲倦的。真奇怪，鸟儿们为什么要这样呢？"

他想，是因为老鹰飞到海面上来找它们。但是他没对小鸟儿说出来，因为横竖它不会懂得他的话，而且很快它就会知道老鹰的情况了。

"好好休息一会儿吧，小鸟儿，"他说，"然后你再试一试你的机会，人、鸟儿、鱼，不都是这样的吗？"

他越讲越兴奋，因为他的脊梁在夜里已经变得直挺挺的，他真的觉得痛了。

"鸟儿，乐意的话，请住到我家里去吧。"他说，"我很抱歉，不能趁着现在刮起小风的时候把帆挂起，把你收容到我家里去。可是我总算有个朋友在一起了。"

正在这当儿，那条大鱼突然把船扯得晃荡了一下，老头儿给拖得倒向船头那边去，要不是他撑住一股劲儿，放出了一段钓丝，他准给拖到海里去了。

钓丝猛地一拉的时候，鸟儿已经飞走，老头儿甚至连看也没看见。他用右手轻轻地去摸钓丝，发现那只手正在流血。

"它一定给什么东西弄伤啦。"他高声地说，一面把钓丝拉回，看一看能不能叫鱼转个弯儿。但是当他拉到快要折断的地步时，他就拉住了不动，然后把身子往后仰着去抵挡钓丝的张力。

"鱼，你现在也觉得痛了吧，"他说，"可是，老实说，我也觉得痛啦。"

他朝四下里张望那只鸟儿,因为他很盼望它来跟他做伴,可是鸟儿已经飞走。

老头儿想:你没在这儿呆多久啊。 可是,在你没有飞到岸上去的时候,你飞去的地方总是风狂浪涌的。 怎么我让鱼那么猛的一拉就把我的手划破了呢? 一定是我太笨了。 也许是因为我只顾望着那只小鸟儿,想着它的缘故。 现在我得当心我的活儿,过后还得把金枪鱼吃下去,我才不会没力气。

"要是孩子在这儿多好啊,而且我还希望有点盐呢。"他又嚷起来。

他把钓丝的重量换到他的左肩上,小心翼翼地跪了下去,伸出手放到海水里去洗,在水里浸了一分多钟的工夫,望着一缕缕的血流了开去,望着海水随着小船的前进在他手上不住地拍打。

"它游起来慢得多啦。"他说。

老头儿很想把那只手在海水里放得时间久些,但他害怕鱼又把船弄得猛的晃荡起来,于是他站起身,抖起精神,把手举起来放到太阳下面去晒一晒。 割破他的手的也不过是一根飞快地滑出去的钓丝,可是割破的正是手上活动的部分。 他知道事情没有办完以前他还需要他这双手,所以他不愿还没有开始的时候就让手给割破。

"得,"他把手晒干的时候说,"我非要吃小金枪鱼不可了。我可以用鱼钩去把它钩过来,坐在这儿舒舒服服地吃掉它。"

他跪下去,用鱼钩在船梢下面掏到了金枪鱼,留心着不让它碰到钓丝卷儿,把它钩到自己身边来。 他仍旧用左肩撑住钓丝,左手和左胳膊都使足了劲儿,然后把金枪鱼从鱼钩上取下,再把鱼钩送回原处。 他用一只膝头压在鱼身上,从鱼的头颈到鱼尾巴,把深红色的鱼肉一长条一长条地割下来。 条子都是锲形的,他把它们从靠近脊骨的地方一直割到肚子的边沿。当他割成六片的时候,就把它们摊在船头的木板上,在裤子上擦一擦刀子,提着鱼尾巴,把骨头扔到水里去了。

"我看我吃不下整整的一条鱼。"说着他拔出刀切开了一条鱼肉。他感觉到钓丝给拉得动也不能动弹,左手又忽然抽起筋来。那只手紧紧地贴在粗绳上,他对它轻蔑地望着。

"这算是什么样的手啊,"他说,"想抽筋你就抽筋,变成一个鸟爪子吧。可是这对你不会有好处的。"

"快点,"他想,同时朝漆黑的水里望着斜斜的钓丝,"马上把它吃掉,手上的力气就会大起来。也难怪这只手,你跟大鱼已经搞了好些钟头了,而且你还会永远跟它这样搞下去的。马上把金枪鱼吃掉吧。"

他拿起了一块鱼肉,把它放进嘴里,慢慢儿嚼起来。味道挺不坏的。

他想,好好儿嚼,把汁水都咽下去。要是跟白柚子,或者柠檬,或者和盐一道吃,那倒也不坏。

"手啊,你觉得怎样呢?"他问那只僵硬得几乎跟死尸一样的抽筋的手,"我要替你多吃一点儿。"

他把被他切成两片的那块肉的另外一片也吃了下去。他细细地嚼着,然后把皮吐出。

"怎么样,手?是不是现在还不能知道呢?"

他又拿过整整的一块鱼肉,嚼着。

"这是一条肉很壮、血很旺的鱼,"他想,"我幸而抓到的是它,不是海豚。海豚太好吃啦。这条鱼简直不好吃,可是吃下去就有力量。"

他想:话又说回来,专讲究实惠真没意思。我还盼望能够有点儿盐呢。 我不知道太阳会不会把剩下的鱼肉都给晒坏了，晒干了，所以倒不如把它统统吃下去，虽然我现在不饿。 那条鱼现在挺从容，挺自在的。 我一定要把剩下来的肉统统吃掉，然后我就有力气对付它了。

"手，忍耐些吧，"他说，"我是为了你才吃东西的。"

他想：我希望能够把那条鱼也给喂一喂。 它是我的兄弟啊。可是我一定得把它弄死，而且我一定得有力气去弄死它。 他慢慢地、心安理得地把所有锲形条子的鱼肉都吃了下去。

他伸直了腰，在裤子上擦了一擦手。

"喂，"他叫了一声，"手，你别管钓丝啦，当你还在抽筋的时候，我会单独用右胳膊去对付它的。"他用左脚踩住原先拿在左手里的沉甸甸的钓丝，把身子仰到后面去撑住压在他脊梁上的拉力。

"上帝帮助我，让我手上的抽筋好了吧，"他说，"因为我不知道大鱼还要干什么。"

他想：可是它似乎从容不迫，并且还在照着它的计划做去。他想：它的计划是什么？ 我的计划又是什么呢？ 因为它的身子太大，我必须赶紧作出我的计划来对付它的计划。 它要跳，我就可以弄死它。 可是看光景它会永远这样呆下去了，我也只好跟它一道儿永远这样呆下去。

他把那只抽筋的手放在裤子上擦了一擦，想使手指活动活动。可是它还不能伸开。 也许太阳出来的时候它会伸开吧，他想。 也许要等我把生金枪鱼消化了以后。 如果非它不可，我一定不顾一切地把它伸开。 但是我现在不愿意硬伸它。 让它自己伸开，心甘情愿地好转过来吧。 总归一句话，夜里需要把每根钓丝解开来系在一起的时候，我把它使用过度了。

他朝海面上望去,他知道现在他是多么孤单。但是他可以望见深黑的水里的灿烂的光柱,望见伸到前面去的钓丝以及那种平静的奇异的波动。云彩正在堆积起来,等待贸易风来到。他向前望去,看见一群野鸭从水面向上飞去,蚀刻似的映衬在天空中,它们一会儿消失了,一会儿又在天空出现,他知道,一个人在海上绝不会孤单的。

他想,有些人害怕坐在小船上漂到望不见陆地的海上去,而他们又知道自己恰好是在天气往往会突然变坏的月份里。可是此刻正是刮飓风的月份,而在没有飓风的时候,刮飓风的月份的天气又是一年里最好的天气了。

要是飓风即将来到,而你又在海上的话,你总会在前几天就看到天上有刮飓风的征兆。他想:他们在岸上看不到,因为他们不知道看什么。陆地对于云彩的形状也一定是有影响的。但是现在不会有飓风刮来了。

他望一望天空,看见一堆堆雪白的积云,像是和谐地叠在一起的冰淇淋,上面,映在九月的高空的,是羽毛似的薄薄的卷云。

"微微的风,"他说,"鱼啊,这个天气对我比对你更有利些。"

他的左手仍旧在抽筋,他慢慢地在张开它。

他想:我恨抽筋。这是对自己身体的背叛。吃下腐败的菜得了痢疾或者因此呕吐起来,是在别人面前丢脸。但是抽筋呢(他想到 Calambre① 这个字),是自己丢自己的脸,特别是在孤单单的一个人的时候。

他想:要是孩子在这儿,他会替我揉一揉,从小胳膊揉松下

---

① 西班牙文,"抽筋"的意思。

去。 不过，它总会松过来的。

接着，他用右手一摸，觉得钓丝的拉劲儿跟以前不同，一转眼他看到水里钓丝斜度的改变。 然后，当他弯着身子扳住钓丝，把左手放在大腿上不停地拍打的时候，他看见钓丝斜斜地慢慢冒上来。

"它上来啦，"他说，"快些吧，手，请快些吧。"

钓丝慢慢地、不断地往上升，然后船前边海面上鼓出了一块，鱼露出来了。 它没完地往上冒，水从它的身边往四下里直涌。 在太阳里，它浑身明亮耀眼，头、背，都是深紫色的，身段两边的条纹给太阳照得现出了一片淡紫色。 它的吻长得像一根垒球棒，尖得像一把细长的剑，它的全身都从水里露出来，然后又像潜水鸟似的滑溜溜地钻进水里去。 老头儿看见它那镰刀片似的大尾巴没入水里，钓丝也飞快地滑下去。

"它比小船还长两英尺。"老头儿说。 钓丝飞快地、但是稳稳当当地滑下去，那条鱼没有受到惊慌。 老头儿现在竭力用双手去拉住钓丝，使得钓丝不至于被鱼扯断。 他知道，如果他不能使出一定的劲儿叫鱼游得慢一些，鱼就会把钓丝统统拖去，把它扯断。

他想：这是一条大鱼，我一定要叫它服服帖帖的。 我一定不能让它知道它的力气多大，也不能让它知道它要跑掉会有什么办法。 我要是它，我一定要用尽力量，直到把它扯断为止。 但是，感谢上帝，它们可不像我们杀它们的人这样聪明，虽然它们比我们更崇高，更有力些。

老头儿看见过好多条大鱼。 他看见过许多重有一千多磅的鱼，往日也曾抓到过两条那么大的，不过不是他一个人抓到的。 现在他是孤单单的一个人了，而且已经漂到看不见陆地的海上，和比他所看见过、所听说过的鱼都要大的一条最大的鱼连在一起，而他的左手依旧握紧得像缩在一起的鹰爪。

他想：抽筋会好的。左手一定会好的，会帮助我的右手。有三件东西是亲兄弟：鱼和我的两只手。抽筋一定会好的。手不应该抽筋。鱼游得又慢下来，用它寻常的速度在游了。

老头儿想：我不知道它为什么要跳。大概它是跳一跳让我看看它有多大吧。横竖我现在是知道了，他想。我希望我也能够让它看看我是什么样的人。不过，要是那样的话，它就会看到这只抽筋的手了。让它把我当作比现在的我更有男子汉气概些吧，事实上我一定会那样的。他想：我希望我是那条鱼，用它所有的一切来对抗我仅有的意志和智慧。

他舒舒服服地靠在木板上，疼痛的时候就忍受。那条鱼不慌不忙地往前游去，船在黑魆魆的水里慢慢地移动着。从东方吹来的一阵风激起了一道小浪，到正午的时候，老头儿的左手不抽筋了。

"鱼，这是你的一个坏消息啊。"他说，把钓丝从搁在他肩膀上的麻袋上换一换位置。

他很舒服，但又很痛苦，虽然他压根儿不承认他的痛苦。

"我不信教。"他说，"但是，如果我能抓到鱼，我要说十遍'我的在天之父'，十遍'福哉玛利亚'，我许愿，如果我抓到它，我要去朝拜柯布雷地方的圣母。这就是我许下的心愿。"

他开始机械地作起祷告来。有时候他太疲倦，记不住祷告文了，于是他就飞快地说下去，以便能够顺嘴说出来。他想：说"福哉玛利亚"比说"我的在天之父"容易些。

"万分恩典的圣母，上帝与你同在。你在妇女中间是有福的，你的儿子耶稣也是有福的。圣洁的圣母玛利亚，现在以及在我们死亡的时刻替我们有罪的人祈祷吧。阿门。"然后他又加上一句："蒙恩的圣母，祈祷这条鱼死去吧。虽然它是了不起的。"

作完了祷告，他觉得心里舒畅得多，可是他还是跟以前一样痛,也许还要痛得厉害一点儿,他靠着船头的木板,开始机械地搬弄起他左手的指头来。

虽然风在缓慢地飘起,现在太阳已经灼热了。

"我最好把那根小钓丝重新放上鱼食,从船梢上垂到水里去。"他说,"要是鱼决定再呆一个晚上,我就需要再吃一点东西,可是瓶里的水已经减少了。我想,在这儿除了一只海豚以外我是得不着别的东西的。但是如果我趁着很新鲜的时候去吃它,味道一定不错。我希望今晚上会有一条飞鱼跳到船上来。可是我没有灯光去吸引它们。飞鱼生吃味道真不坏。我也不用把它切碎。现在我一定要节省精力了。基督,我没有想到它是这么大啊。"

"话又说回来,我一定要弄死它,"他说,"尽管它是那样的大,那样的了不起。"

他想:虽然这是不仁不义的事儿,我也要让它知道什么是一个人能够办得到的,什么是一个人忍受得住的。

"我告诉过那孩子,我是一个古怪的老头儿,"他说,"现在我一定要证实这句话。"

他证明了一千次都落了空。现在他又要去证明了。每一次都是一个新的开端,他也决不去回想过去他这样做的时候。

他想:我希望它睡去,这样我也能够睡去并且梦见狮子了。为什么狮子是我留在脑子里的一件主要的东西呢?他自言自语地说:别想吧,老家伙。靠在木板上休息去,什么事儿都别去想它。它正在出力干活哩。你呀,你气力花得越少越好。

已经到了下午,船依旧慢慢地、不断地在移动。但是东风给行船添上了阻力,老头儿听凭小小的波浪把他和船轻轻地漂去,压在他脊背上的绳子使他感到比以前舒服些,滑溜些了。

下午,有一次钓丝又冒上来。然而鱼只是在稍微高一些的水里继续往前游去。 太阳晒在老头儿的左胳膊上、肩膀上，晒在他的脊背上。 他知道鱼已经转到东北方去了。

因为那条鱼他看过一次，他可以摹想出它此刻在水里游泳的情形，它那紫色的胸鳍像是翅膀似地大张着，一条直竖的大尾巴在黑暗里穿过。 老头儿想：我不知道它在那样深的水里看东西怎么样。 它的眼睛很大。 一匹马的眼睛比它的小得多，在黑暗里也看得见东西。 以前我摸黑看东西也挺不错，可不是在漆黑的地方。那时候我看起东西来几乎像一只猫。

太阳加上他的手指头不断的活动，现在他左手上的抽筋完全停止了，他开始在左手上多用了一些力气，松动松动他脊背上的肌肉，把绳子从勒痛的地方挪开了一点儿。

"鱼啊，要是你没累乏，"他高声地说，"那你可真奇怪透顶啦。"

他现在觉得非常疲乏，他知道夜晚马上就要来到，因此他竭力去想别的事儿。 他想到垒球大联赛，也就是他所说的 Gran Ligas①，他知道纽约的美国佬队正在跟底特律老虎队比赛呢。

他想：比赛已经比过两天了，可我还不知道结果哩。 但是我一定要有信心，我一定要对得起老狄马吉奥，他这人什么事儿都做得漂漂亮亮的，即使像他脚后跟上的鸡眼那样的疼痛，他也毫不在乎。 他自问自答：什么叫作"鸡眼"？ Un espuela de hueso②。 我们没有。 那像一只斗鸡用后爪踢在人的脚后跟上一样的疼痛吗？我想我忍受不了那个，公鸡一只眼甚至两只眼瞎了还照常斗架，这个我也忍受不了。 人比起野鸟野兽来并不强得多。 我还是宁愿做

---

① 西班牙文，"大联赛"的意思。
② 西班牙文，"鸡眼"的意思。

那只呆在黑魆魆的水里的动物。

"除非鲨鱼游来,"他敞开了嗓门说,"要是鲨鱼游来的话,上帝可怜它也可怜我吧。"

他想:你认为老狄马吉奥跟一条鱼呆在一起的时间会和我一样久吗? 我相信他会的,而且会比我呆的时间更久些,因为他年轻力壮。再加上他爸爸是个打鱼的。不过"鸡眼"会不会使他痛得太厉害了呢?

"我不知道,"他高声说,"我从来没有鸡眼。"

太阳落下去的时候,为了替自己增加信心,他回想起在卡萨布兰卡一家酒馆里的时候,他跟从西恩菲哥斯来的一个力气最大的黑人码头脚夫比赛过抵手。他俩把胳膊肘放在桌上划了粉笔线的地方,前臂伸直,两手握紧,这样过了一天一夜。每一方都打算把对方的手逼到桌面上去。好多人在打赌。人们在煤油灯光下从屋子走进走出。他望着那个黑人的胳膊、手和他的脸。过了八个钟头以后,每隔四个钟头就换一次评判员,让他们能够睡觉。他和黑人的手指甲里面都流出血来,两个人,你望着我的眼睛、手和前臂,我也望着你的。打赌的人们从屋子走进走出,坐在靠墙的高椅子上,目不转睛地望着。墙是木头做的,漆成亮晶晶的蓝颜色。灯光把他俩的影子投在墙上,黑人的影子庞大无比,当风把灯吹得摆来摆去的时候,他的影子也在墙上往来移动。

两个人,你来我去地打了一整夜的平手,打赌的人们给黑人甜酒喝,替他点香烟。黑人吃过甜酒,就使出全副力气来,有一次竟把老头儿(当时他不是一个老头儿,而是优胜者桑提亚哥)的手压下去将近三英寸。但是老头儿又把手扳回到原来的位置。那时他深信他要把黑人,那个好手和第一流的比赛者打败了。到了天亮,打赌的人们都要求算成和局而评判员摇头的时候,他使出了浑身力气，逼着黑人的手往下落，落，一直落到把那只手靠在桌面上。 这次比赛从星期天早上开始，到星期一早上才结束。 好多打赌的人都要求过算成和局，因为他们要到码头上去扛糖包，或者到哈瓦那煤矿公司去干活，不然什么人都想看个分晓。 但是他总算已经弄出分晓来了，而且还没到人们去干活的时候。

以后很久，人人都叫他优胜者，春天又举行了第二次比赛。 但是这次没有赌很多的钱，他赢得也很容易，因为他在第一次比赛中已经使西恩菲哥斯地方的黑人失去了信心。 以后他又比赛过几次，再往后就没有了。 他断定，只要他愿意，什么人都会给他打得一败涂地，同时他也断定此后用右手钓鱼会不方便的。 他曾经用左手试验过几次练习比赛。 但是他的左手一向出卖他，不愿受他的支配，因此他也信不过它。

他想：现在太阳会把它晒好了。 除非夜里太冷，它不会再让我抽筋的。 我真不知道夜里会发生什么事情。

一架飞机从他头上掠过，这是飞到迈阿密①去的。 他望见飞机的影子把成群的飞鱼都吓得飞了起来。

"既然有这么多的飞鱼，那么一定会有海豚了。"他说，他把身子仰靠在钓丝上，看能不能把钓丝拉过来一点儿。 但是他办不到，钓丝照样不听话，只是给扯得直抖，抖得快要断的时候，连钓丝上的水珠儿也颤动起来。 这时小船缓慢地向前漂去，他望着飞机直到看不见的时候为止。

他想：坐在飞机上一定是很稀奇的。 我不知道从那么高的地方往下面看，海会像个什么样子。 坐在飞机上的人若不是飞得太高，一定能够把鱼看得一清二楚。 我倒想在两百英寻那么高的地方

---

① 美国佛罗里达州的一个海港。

慢慢地飞，从上面看一看鱼。在捉海龟的船上，我曾经坐在桅顶的横档上，即使在那里我也看得很清楚。从那里望下去，海豚的颜色显得更绿些，你可以看见它们身上的条纹、紫斑，它们游泳的时候你可以看见整整的一大群。为什么在黑漆漆的水流里游得很快的鱼都有紫色的脊背，而且往往都有紫色的条纹或者斑点呢？海豚当然现出绿颜色，因为它是真正黄金色的。但是当它要吃东西，当它真正饥饿的时候，它身子两边就跟马林鱼一样现出了紫色的条纹。是愤怒，还是它游得太快，它才把那些紫色的条纹都露了出来呢？

  天快黑的时候，船从好大的一丛马尾藻旁边经过，马尾藻在轻柔的海波中忽上忽下地摇曳着，仿佛海洋正在一条黄色的绒毯下面爱抚着什么东西。正在这时，他那根小钓丝给海豚扯住了。他先看见它往半空里跳去，给夕阳照得浑身真像是金子，它在空中扭来扭去，疯狂地扑打着。它跳了又跳，倒像是在玩惊险的绝技似的。于是他歪歪倒倒地走回船梢，把身子蹲下去，右手带胳膊摄住那根大钓丝，左手把海豚一把一把往上拉，每拉一把就用他光着的左脚踩住拉上来的钓丝。当海豚被拉到船梢，拼命地左右乱钻乱跳的时候，老头儿的身子探出船梢，把这条带紫斑的光辉灿烂的金鱼从船梢后面提上来。它那钩在鱼钩上的嘴一张一合，急促地抽缩着，它那又长又扁的身子、尾巴和头接连不断地扑打着船底，直到老头儿用棍朝它那发光的金黄色的头上打去，这才打得它浑身颤抖，最后一动也不动了。

  老头儿把海豚从鱼钩上取下，在钓丝上安了另外一条沙丁鱼，把钓丝甩到水里去。然后他又一歪一倒地慢慢走回到船头那边去。他洗一洗左手，在裤子上擦干，于是把那根沉甸甸的钓丝从右手换到左手，又把右手放在海里洗一洗，同时望着慢慢沉到海里去的太阳和那根倾斜着的粗钓丝。

"它一点儿也没改变。"他说。 不过,当他望着海水冲击他的手的时候,他注意到水力显然慢些了。

"我要把两个桨放在船梢交叉着绑在一起,这样在夜里就会叫鱼走得慢些。"他说,"它在夜里好过些,我也一样。"

他想:最好迟一会儿再把海豚的肠肚取出来,这样好把血留在肉里。 迟一会儿我可以同时把海豚的肠肚取出来又把两个桨绑在一起,让它们拖着船走得慢些。 现在我最好让鱼安安静静,不在太阳落下去的时候过分打扰它。 对任何鱼来说,太阳落下去的当儿是一个难对付的时光。

他把手举起来晾干,然后抓住钓丝,尽可能使自己舒畅一下,他靠着木板让自己被拖向前去,这样,船承担的重量跟他承担的一般多,或者比他的还要多些。

他想:我现在知道怎样去做了,至少这一方面的活儿是知道了。 还有,要知道它自从上了钩以来还没吃过东西呢。 它身子大,需要吃得多。 我已经把金枪鱼一古脑儿吃下肚去,明天我就要吃海豚啦(老头儿把海豚叫作"黄金")。 我把它洗干净以后也许要吃一点儿。 它比鲤鱼要难吃些。 可是,这要算难,那就没有一件事情是容易的了。

"鱼啊,你觉得怎样?"他敲开嗓门说,"我觉得好过,我的左手已经好些,我已经有了一天一夜的粮食。 鱼,船你就拖着吧。"

他并不真的觉得好过,因为绳勒在他背上的疼痛几乎已经超过了疼痛,变成他所不敢信任的迟钝的感觉了。 他想:比这更糟的事儿也还有过呢。 现在,我的一只手只是割破了一点儿,另一只手已经不再抽筋。 我的两条腿都是好好的。 更何况在食粮问题上我已经胜过了它。

天黑了,在九月里,太阳一落,天就很快地黑下去。他靠在船头的破木板上,把身子尽量摊在上面。最初的一群星星已经出来。他不知道猎人星座左下方那星星的名字,但是他看见了它,就知道它们马上都要出来,他又要有这许多遥远的朋友了。

"那条鱼也是我的朋友啊,"他高声说,"我从来没有看见过也没有听说过这样的一条鱼。但是我一定要弄死它。幸而我们不打算把星星也给弄死。"

他想:想想看,如果一个人每天要去弄死月亮,情形会怎么样呢?那样的话,月亮就跑开了。再想想看,如果一个人每天要去弄死太阳,情形又会怎么样呢?我们生来是走运的,他想。

于是他替那条没东西吃的大鱼伤心起来,可是他要杀它的决心也决没有因为替它伤心而松懈下去。他想:它的肉要给多少人吃啊。但是他们配吃它吗?不配,当然不配。照它的举止风度,照它那种很有体面的样儿,谁也不配吃它。

他想:这些事我都不懂。可是,我们不必打算去弄死太阳,月亮,或者星星,总是好的。在海上过日子,杀我们亲兄弟,够了,够了。

他想:现在我得想一想拖船的事儿啦。这件事儿有危险,也有好处。要是它拼命拉扯,要是拖船的桨放得很合适,要是船不再轻飘飘的,那么,我就会丢掉那么多的钓丝也丢掉了鱼。船身轻,延长了我和它的痛苦,可是这又会使我安全,因为它还有从来没有使出过的速力。不管遇到什么,我一定得把海豚的肠肚取出,不让它腐烂,然后吃下一些,给自己添把劲儿。

现在我再歇一个钟头,等我觉得它稳定了,然后再回到船梢去干活,决定下一次主意。这会儿我可以看到它怎样在活动,有没有什么改变。把桨放在那儿倒是一个好窍门,可是已经到了拿性命当儿戏的时候啦！它依旧是个好好的鱼，我看见鱼钩挂在它的嘴角上，它的嘴闭得紧紧的。鱼钩的惩罚算不了什么，饥饿惩罚它，再加上它又碰到了叫它莫名其妙的事儿，这可就严重啦。老家伙，歇一歇吧，让它拉它的，轮到你的事儿的时候再说。

他相信他已经歇了两个钟头。月亮到现在还迟迟地不出来，他没法判断现在是什么时候。他也没有真正休息，说休息只是相对的。他肩膀上依旧在忍受着鱼的拉力，不过他把左手放在船头的舷边上，越来越倚靠船的本身给鱼的阻力了。

他想：要是我能把钓丝系紧，那多简单啊。但是，稍一侧身，它就会把钓丝挣断的。我一定要用我的身子垫住钓丝的拉力，随时准备用双手把钓丝松下去。

"可是你还得睡呢，老家伙，"他又嚷起来，"已经过了半个白天和一个整夜，今天是第二天了，你还没有睡。你应该想主意，在它安安静静的时候睡一会儿。你要是不睡，脑子就会变糊涂了。"

他想：我脑子很清醒。太清醒啦。清醒得跟我的兄弟那些星星一样。可是我还得睡。星星都要睡，月亮、太阳也要睡，甚至海洋有时候也要睡，在那些没有激流的、平静无波的日子里。

别忘了睡觉呀，他想。想办法睡去，给钓丝想出一个又简单又稳当的主意。现在到那边去把海豚弄好。一定要睡觉的话，把桨装上了当作拖住船的东西，可就太危险啦。

他自言自语地说：我也可以一直这样下去不睡。可是这就太危险啦。

他又爬着回到船梢去，提心吊胆地不去拽动那条鱼。他想：它也许正在半睡半醒的。但是我不让它休息。非要它拽到死不可。

回到船梢以后,他回过身来用左手撑住钓丝在肩膀上的压力,右手把刀子从刀鞘里拔出来。 现在星星亮了,他清楚地看见了那条海豚,他把刀口从它的头上攮进去,把它从船梢下面挑出来。 他把一只脚踩在海豚身上,从肛门一刀剖到下唇的尖端。 然后他放下刀子,用右手掏出肠肚,掏得干干净净,再把鱼鳃完全去掉。 他觉得鱼胃在手里沉甸甸、滑腻腻的,他把它剖开了。 鱼胃里有两条飞鱼,又新鲜又硬邦,他把它们并排放着,把肠肚和鱼鳃从船梢扔到水里。 那些东西沉下去以后,在水里留下了一缕缕的磷光。 现在,海豚在星光下面显得冰冷,现出了癞病似的灰白颜色。 老头儿用右脚踩住鱼头,把鱼身上一边的皮剥去,然后翻转过来,又剥去另一边的皮,再把鱼身两边的肉从头到尾给割下来。

他把鱼骨头轻轻地扔到船外面的水里去,看看它是不是在水里打着旋儿,可是看到的只是它慢慢沉到水里时泛出的光亮,他转过身,把两条飞鱼放进两块海豚肉里面,又把小刀插进刀鞘,这才慢慢地使着劲儿爬回到船头那边去。 他的脊背给钓丝的重量压得弯弯的,他把鱼拿在右手里。

回到船头那边去以后,他把两块海豚肉摊在木板上,旁边放着飞鱼。 然后他把肩膀上的钓丝换了一个新位置,又用左手靠在舷边上拿着它。 他从舷边上弯下身去,把飞鱼放在水里洗了一洗,留心望着水向手上冲击的速度。 他的手在剥鱼皮的时候沾上了磷光。 他又凝视着水在手上的冲洗。 水力已经弱些了。 当他把手放在船身的外板上搓一搓的时候,水面上浮起了万点磷光,慢慢地漂到船后面去。

"它累乏啦,要不然就是它在休息。"老头儿说,"现在我来把这只海豚吃掉,歇一会儿,睡一会儿。"

在星光下,在越来越冷的夜里,他把一块海豚肉的一半和一条飞鱼都吃下肚去,飞鱼的肠肚已经取出,头也割掉了。

"要是把海豚煮熟了吃,这鱼的味道该多美,"他说,"生鱼的味道又是多难吃。 没有盐没有白柚子,我再不愿出海了。"

他想: 如果我肯用脑筋,我就会整天把海水泼在船头上,让它干去,这样就会有盐了。 可是这样到天黑我也钓不到海豚。 准备还是不够。 不过我总算津津有味地把它嚼下去,一点也不作呕。

乌云往东边天上扩散开去,他所认识的星星一个接着一个地消失了。 现在他仿佛走进了云的深谷,风已经停下来。

"三四天以后就会有坏天气,"他说,"可不是今晚,也不是明天。 马上把事情安排妥当,老家伙,趁着鱼正安安静静的时候睡一睡吧。"

他把钓丝紧紧地摸在右手里,用大腿抵住右手,全身的重量都靠在船头的木板上。 然后他把肩上的钓丝稍微放低一些,再用左手去撑住它。

他想: 只要把它撑紧,我的右手就能够攥住它。 要是我睡着的时候钓丝松出去的话,我的左手就会喊醒我。 右手是很吃力的。但是它吃苦吃惯啦。 哪怕睡上二十分钟,或者半个钟头,这也是好的。 他弓着腰,用他整个身子去撑住钓丝,把全身重量都压在右手上,他睡着了。

他没有梦见狮子,他只梦见伸展到八英里十英里外的一大群海豚,这正是它们交配的日子,它们一跳跳到半空去,然后又掉回到它们跳上去时搅成的那个水涡里。

接着,他又梦见他躺在村子里的他的床上,北风刮得正紧,他觉得冷透了骨髓,他的右胳膊正在睡着,因为他的头把它当作枕头枕在上面。

此后他开始梦见迤长的黄色海滩,看到在黄昏中走到海滩上来的第一头狮子,接着别的狮子也出现了。 他把下巴靠在船头的木板上,他的船在吹向海面的晚风里停泊在那儿。 他等着瞧一瞧有没有更多的狮子,这会儿他非常快乐。

月亮上来很久,他还是睡不醒。 那条大鱼平稳地往前拖着,把船拖进云涡里去了。

右拳朝他脸上猛的一推,他醒转来,那根钓丝飞快地从右手里滑出去,勒痛了他的手。 他的左手已经麻木,于是他用右手拼命去扳,可是钓丝还是跑了出去。 最后他用左手抓住了钓丝,仰着身子去撑住它,现在钓丝又勒着他的脊背和左手,左手承担了全部的重量,给钓丝勒得很痛。 他回头望一望钓丝卷儿,它们都顺顺当当地把钓丝伸在水里。 正在这当儿,那条鱼猛地一跳,把海水溅起了巨大的浪花,然后又猛的落下去。 它一次又一次地在跳,虽然钓丝不断松下去,但是船走得非常快。 老头儿把钓丝绷紧到快要折断的程度,一而再再而三地把它绷紧到快要折断的程度。 他给拖得紧靠到船头那边去,脸贴在海豚的肉片上,身子一动也不能动。

我们等待的事儿发生啦,他想。 让我们承担下来吧。

要叫它从钓丝上吃苦头,他想。 要叫它吃苦头。

他看不见鱼在跳,只听到海水的震荡和鱼落下去时水花飞溅的声音。 滑走的钓丝把他的手勒得痛极了。 但他早就知道这样的事儿一定要发生,他只是想法让钓丝勒到手上起茧的部分,不让它滑到手掌心里或者勒在手指头上。

他想:要是孩子在这儿,他会用水把钓丝卷儿润一润的。 真的。 要是孩子在这儿多好。 要是他在这儿多好啊。

钓丝往水里滑下去,滑下去,滑下去,但是已经慢些了,他使鱼在每一英寸钓丝上都付出了代价。 现在他能够从木板上抬起头来,并且离开了他的脸所压着的那一块鱼肉。 然后他跪着,然后他慢慢地站起来。他还是在松钓丝,可是越来越慢了。于是他挣扎着回到他可以用脚去碰他所看不见的钓丝卷儿的地方。钓丝还多得很,鱼不得不遭受水里新钓丝的阻力。

他想:得!现在它已经跳了十几次,把它的沿着脊背的液囊灌满了空气,它不会钻到很深的水里,死在我无法把它拖上来的地方了。马上它就要开始打转儿,那时我一定要好好对付它。我不知道什么事惊得它这样突然跳起来。是它饿得发慌,还是有什么东西在夜里惊扰了它呢?也许它突然害怕起来。然而它是这样的沉着,这样的强壮,看来它又是这样的毫不惧怕,这样的充满信心。这真奇怪。

"老家伙,你最好别害怕,最好也有信心。"他说,"你又把它牵住了,可是你还不能把钓丝收回来。不过马上它就要打转儿了。"

老头儿现在用左手和两边肩膀撑住它,弯下腰去,用右手舀了一把水,把粘在他脸上的海豚肉洗掉。他生怕海豚肉会使他作呕,弄得他吐起来亏损了气力。把脸洗干净以后,他又把右手放到船外面水里去洗,然后放在海水里浸着,一面凝望着日出以前初现的曙光。他想:它差不多朝东去了。那就是说它已经疲倦,随着水流漂去。马上它就得打转儿。那时我们真正的活儿才算开始呢。

他料想他的右手放在水里很久了,于是他把手取出来,朝它望了一望。

"不坏,"他说,"痛苦在一个男子汉不算一回事。"

他小心翼翼地拿着钓丝,不让它经过刚给钓丝勒过的任何一条痕迹上。他又把压在身上的重量换了一个地方,以便能够把左手伸进船另一边的海水里。

"你干活干得还不错,"他对他的左手说,"可是有一会我简直找不到你。"

他想：为什么我没生出两只好手呢？也许只怪我没把那只手好好儿训练一下。可是，天知道它有的是学习的机会呀。话又说回来，它夜里干活干得还不错，不过只抽了一次筋。它要是再抽筋的话，就让钓丝把它割掉吧。

当他正在想着的时候，他知道他的头脑这会儿不怎么清醒，他觉得他应该再吃一点海豚肉。他自言自语地说：可是我不能吃。与其吃了作呕亏损了气力，倒还不如头昏眼花的好些。我知道我吃了胃里也搁不住，因为我的脸曾经粘在上面。我要留下它应急，直到它腐烂的时候。不过要想靠吃东西来增加气力，现在已经太迟了。他对自己说：你真蠢。把另一条飞鱼吃下去得啦。

飞鱼又干净又现成地放在那儿，他用左手捡起来吃下去，细细地嚼着骨头，从头到尾巴一股脑儿吃下肚去。

他想：它几乎比什么鱼都有营养些。至少有我需要的力气。他想：现在凡是我能够做的我都做到了。让它打起转儿来，我俩斗一斗吧。

鱼开始打着转儿的时候，太阳正在出来，这是他下海以来第三次出太阳。

他从钓丝的斜度上看不出鱼在打转儿。时候还太早。他只感觉到钓丝的压力微微松下去，于是他开始轻轻地用右手去拉。钓丝又像往常那样绷得紧紧的，可是，快要折断的时候，钓丝开始缩上来。他把肩膀和头从钓丝下面抽出，轻轻地，一把接一把地去拉钓丝。他一把接一把地使用着他的双手，拿出全身带腿的力气去拉。他的两条老腿和肩膀随着拉钓丝时的摆动前后左右地晃荡着。

"这是一个大大的围儿，"他说，"可是它到底在打着转儿啦。"

过不多久，钓丝再也拉不上来了，但他还一直在撑着它，在太

343

阳光里看见钓丝上的水珠儿给挣得四溅。 接着钓丝飞快地脱了手,老头儿只好跪下,好不甘心地让它又滑到黑魆魆的水里去。

"它正在绕着一个大大的圈儿哩。"他说。 他想:我一定要拼命撑住。 钓丝一拉紧,它打的转儿就会一次比一次小。 也许过一个钟头我就会看到它。 现在我一定要叫它服帖,过后我一定要把它弄死。

可是鱼还是照常慢慢地打着转儿,两个钟头以后,老头儿浑身给汗湿透,累得连骨头也酸了。 不过现在圈儿已经小得多,他从钓丝的斜度上可以看出鱼一面在游泳一面不住地往上冒。

有一个钟头光景,老头儿都看见眼前有黑点儿晃动,汗水渍痛了眼睛,渍痛了他眼皮上和脑门上的伤口。 他不怕那些黑点儿。 他在拉钓丝的时候用力过度,看见黑点儿原是很平常的。 可是他已经有两次觉得头昏眼花,那倒是他担心的事。

"我不能让身体垮下去,像这样死在一条鱼的手里,"他说,"我已经叫它漂漂亮亮地冒上来了,求上帝帮助我忍受下去吧,我要说一百遍'我们在天之父'和一百遍'福哉玛利亚'。 可是我现在不能说。"

他想:就当作我已经说过,我迟一会儿再说吧。

这时他觉得他用双手攥住的那根钓丝砰的一声猛地扯动了一下。 这一扯来势很猛,使人感觉得硬邦邦沉甸甸的。

他想:它正在用它的长吻撞粗铁丝哩。 那是免不了的。 它势必要那样做。 可是这就会使它跳起来,我倒希望它照常打着转儿吧。 跳两跳对于它吸空气是必要的。 但是每跳一次就会把钩在嘴上的口子加宽一些,最后它就可以把钩子甩掉。

"别跳啦,鱼,"他说,"别跳啦。"

鱼又撞了粗铁丝好几次,每撞一次老头儿就摇一下头,松出短短的一段钓丝。

他想：我一定要让它的疼痛不扩大到别的地方去。我的疼痛没关系。我忍得住。可是它的疼痛会逼得它发起疯来的。

过了一会儿，鱼不再去顶粗铁丝，又开始慢慢地打起转儿来。老头儿现在不住地收进钓丝，但是他又感到了昏眩。他用左手舀了些海水，把它洒到头上。然后他又洒了些上去，擦一擦他的后颈脖子。

"我没抽筋，"他说，"它马上就会冒上来，我可以撑得住。可是啊，你不撑也得撑。连提也别提了吧。"

他靠着船头跪下，有一会儿，又把钓丝拉上他的脊背。他下了决心：我要趁它还在打转的时候歇一歇，等它冒上来才站起来对付它。

歇在船头上，就让鱼自己打一个转儿，不去把钓丝收回来，这倒是很开心的事。但是，一旦钓丝绷紧到鱼转身朝着船这边来的时候，老头儿就站起身，开始左一把右一把地把他能收进的钓丝统统拉上来。

他想：我比什么时候都累。现在贸易风又起来了。不过趁着贸易风把它拉上来倒也不错。我巴望得很急呢。

"下一趟它打转儿的时候，我还得歇一会儿，"他说，"我现在感觉好得多。再转两三趟以后，我就要把它抓住啦。"

他的草帽盖在脑勺儿的后边，觉得鱼在转身他就随着钓丝的一扯倒向船头里边去。

他想：你现在就扯吧，鱼。你一转身我就要抓你。

海水涨得很高。但现在刮着的风是好天气的微风，他把船开回去的时候就需要这样的风。

"我只消往西南划去就得啦，"他说，"一个人决不会迷失在海里的，更何况这是一个长长的岛屿。"

　　鱼在第三趟转身冒上来的时候，他才看见了它。

　　他首先看见的是一个黑乎乎的影子，那个影子过了好久才从船底下过去，长得叫他不能相信。

　　"不会的，"他说，"它不会那么大。"

　　但是它果真那么大，绕了这一转儿以后，它出现在只有三十公尺开外的水面上，老头儿看见它的尾巴从水里露出来。那条尾巴比一把大镰刀的刀片还要高些，在深蓝色的水上现出了极淡的淡紫色。尾巴往后倾斜着，鱼在水面下游泳的时候，老头儿看得见它那庞大的身段和围在身上的紫色的条纹。它的脊鳍向下耷拉着，巨大的胸鳍扩张开来。

　　这一次鱼打转儿的时候，老头儿看得见它的眼睛和在它身旁游泳的两条灰色的小鱼。有时候它们恋恋不舍地跟着它。有时候它们突然跑开。有时候它们在它的阴影下面自在地游来游去。两条鱼每一条都有三英尺多长，游得很快的时候，它们像黄鳝一样翻腾着整个身子。

　　老头儿现在流出汗来，使他出汗的并不是太阳。鱼每次从从容容地、平静地转弯的时候，他就收进一把钓丝，他深信鱼再转两个圈儿，他就可以乘机会把鱼叉撬在它身上了。

　　他想：可是我应该使它来得近些，近些，更近些。切不要戳它的头。应该扎它的心。

　　"要沉着，要有力，老家伙。"他说。

　　又绕了一个转儿，鱼的脊背露出来，不过离船未免太远了些。再一转，依旧太远，但是它已经高高地凸出在水面上，老头儿相信，只要再收进一些钓丝，他就可以把它拽到船旁边来了。

　　他早已安排好了他的鱼叉，鱼叉把子上的一卷软绳子放在一个圆篮子里,绳子一头系在船头的短桩上。

现在鱼一转就转到前面来,它举止从容不迫,非常优美,只有那条大尾巴在摆动。 老头儿用力去拽,想把它拽近前些。 只有一会儿光景,鱼朝他这边稍微转过来一点。 然后它又伸直了身子,开始打起转儿来。

"是我把它带动的,"老头儿说,"我把它带动啦。"

他又觉得昏眩起来,可是他依旧使出全身力气去拽住那条大鱼。 他想:我把它带动啦。 也许这一次我就可以把它拽到跟前来。 拽吧,手啊,他想。 站稳啦,腿。 替我撑下去,头啊。 替我撑下去。 决不要昏过去。 这一次我会把它拽过来的。

他尽心尽力,在鱼来到船旁边以前把一切都安排妥当,然后使出全身的劲儿去拉,这时候,那鱼稍稍侧过身来,又摆正了身子游开去。

"鱼啊,"老头儿说,"鱼,迟早你是免不了一死的。 难道你也非得把我弄死不成吗?"

他想:照那样什么也不会成功。 他的嘴已经干得说不出话,可是他不能再去拿水了。 他想:这一遭我一定要把它拽到跟前来,我受不住听它再来好多转儿了。 他又自言自语地说:"不过,你呀,你是永远不会垮的。"

又一转的时候,他几乎把它拽到身边了。 但是鱼又摆正了身子慢慢地游开去。

老头儿想:鱼啊,你要把我给弄死啦。 话又说回来,你是有这个权利的。 兄弟,我从来没见过一件东西比你更大,更好看,更沉着,更崇高了。 来,把我给弄死吧。 管它谁弄死谁。

他想:现在你脑子糊涂啦。 你应该让你的脑子清醒。 让你的脑子清醒,才知道怎样去忍受,像一个男子汉。 或者,像一条鱼似的。

"清醒过来吧,脑子。"他说话的声音几乎连自己也听不出来,"清醒过来吧。"

鱼又转了两个圈儿,还是那个老样子。

老头儿想:我摸不透。他已经到了每次都感觉自己要垮下来的时候了。他想:我摸不透,但我还要试验一下。

他又试验了一下,把鱼拉转过来的时候,他觉得自己真的垮了。那条鱼又摆正了身子,然后慢慢地游开了,它的大尾巴还在空中摆来摆去。

这时老头儿虽然双手已经软弱无力,而他所能看见的只是一眨眼就过去的闪光,但他又下了决心:我还要试它一试。

他又试了一遍,还是跟以前一样。"那么,"他想,这时他还没动手就觉得垮了,"我再来试一遍吧。"

他忍住一切疼痛,抖擞抖擞当年的威风,把剩下的力气统统拼出来,用来对付鱼在死亡以前的挣扎。那条鱼朝他身边游来了,轻轻地来到他的身边,嘴几乎碰到了船身的外板。它开始从船旁边过去——它,那么长,那么高,那么宽,银光闪闪的,还围着紫色的条纹,在海水里没有尽头地伸展了开去。

老头儿放下了钓丝,把它踩在脚底下,然后把鱼叉高高地举起,举到不能再高的高度,同时使出全身力气,比他刚才所集聚的更多的力气,把鱼叉扎进正好在那大胸鳍后面的鱼腰里,那个胸鳍高高地挺在空中,高得齐着一个人的胸膛。他觉得铁叉已经扎进鱼身了,于是他靠在叉把上面,把鱼叉扎得更深一点,再用全身的重量把它推进去。

接着,鱼又生气勃勃地作了一次死前的挣扎。它从水里往上一跳,跳出水面,把它的长、宽、威力和美,都显示了出来。它仿佛悬在空中,悬在船里老头儿的头上。然后它轰隆一声落到水里,把浪花溅满了老头儿一身,溅满了整个一条船。

老头儿觉得头昏眼花,看不清楚东西了。但他松开了鱼叉上的绳子,让它从他的皮破肉烂的手里慢慢地滑下去。当他看得清楚的时候,他看见那条鱼仰身朝天,银花花的肚皮翻到上面来。鱼叉的把子露在外面,和鱼的前背构成了一个角度,这时海水被它流出的血染成了殷红的颜色,先是在一英里多深的蓝色的海水里黑黝黝地像一座浅滩,然后又像云彩似地扩散了开去。那条鱼是银白色的,一动也不动地随着海浪漂来漂去。

老头儿用他闪烁的眼光定睛地望了一眼。他把鱼叉的绳子在船头的短桩上绕了两圈,然后用双手捧着头。

"要叫我的脑子清醒,"他靠着船头的木板说,"我是一个累乏了的老头儿。但我已经杀死了这个鱼兄弟,现在我得干辛苦的活儿了。"

他想:现在我得准备套索和绳子,把它绑在船旁边。虽然只有我们两个,即使为了装它而弄得船进了水再戽出去,这只小船还是盛不了它。我应该安排一切,然后把它拖到跟前来,绑好,竖上桅杆,挂起帆把船开回去。

他动手去拖鱼,想把它拖到船跟前,好用一根绳子从它鳃里穿进去,再从嘴里拉出来,把它的头绑在船头上。他想:我想看看它,碰碰它,摸摸它。他想,它是我的财产啊。然而我想摸摸它并不是为了这个。他想,当我第二次拿着鱼叉的把子往里推的时候,我已经碰到它的心了。现在把它拉到跟前来吧,绑紧它,用一个套索拴住它的尾巴,另一个套索拴住它的腰,把它捆在船边。

"动手干活吧,老家伙。"他说。他喝了一点儿水。"仗虽然打完,还有好多辛苦的活儿得干呢。"

他抬头望一望天，然后又去看一看他的鱼。他把太阳留意地观察了一番。他想：还不过是晌午，贸易风也正刮起。现在这些钓丝都没用处了。回家以后，我要跟孩子把它们接起来。

"来吧，鱼。"他说。可是鱼偏不到他跟前来。它反而躺在海里翻滚，老头儿只好把小船划到它面前去。

等他划到鱼的旁边，教鱼头靠着船头的时候，他真想不到鱼有这么大。他把鱼叉上的绳子从船头的短桩上解开，打鱼鳃里穿进去，再打鱼嘴里拉出来，在它的长吻上绕了一道，又打另一边的鱼鳃里穿进去，再在长吻上绕了一道，把双股的绳子打了个结子，拴在船头的短桩上。然后，他把绳子割断，又走到船梢去，用绳子套住鱼的尾巴。鱼已经从原来的紫色和银白色变成了纯粹的银白色，身上的条纹跟尾巴一样现出了淡紫色。条纹比伸开五指的人的一只手还要宽些。鱼的眼睛孤零零地凸出来，像是潜望镜里的镜头，又像做礼拜行列中的圣徒。

"要杀死它只有这个办法。"老头儿说。喝了水以后，他现在觉得好些了，他知道他不会垮下去，他的头脑也是清醒的。他想：看它那副模样，足有一千五百多磅。也许还要重些。假如可以净得那重量的三分之二，卖它三角钱一磅，该赚多少钱啊？

"我需要一支铅笔来算一算。"他说，"我的头脑不怎么清醒。不过我想老狄马吉奥今天会拿我的事儿当他的体面。我没鸡眼。可是我的手跟脊梁可真够受啦。"他想：我不懂什么叫鸡眼。也许我们有鸡眼还不知道吧。

他把绑鱼的绳子系在船头、船梢和中间的坐板上。那条鱼可真大，活像小船旁边绑着一只比它大得多的船。他割下一段绳，又把鱼的下巴须跟长吻绑在一起，使它的嘴不会张开，好让船尽可能走得平平稳稳的。然后，他竖起桅杆，用绳索拴住那根给他当作鱼钩的棍子和下桁,他挂上了带补钉的帆。 船开始移动了,他半躺在船梢向西南方驶去。

他不需要指南针告诉他西南方在哪儿。 他只需要感觉到贸易风和帆的牵引。 他想: 我倒不如放一根带匙钩的小钓丝到海里去,弄点东西上来吃吃喝喝,好润润嘴。 但他找不到匙钩,他的沙丁鱼也都腐烂了。 所以他在船经过的时候用鱼叉钩上一块黄黄的马尾藻,把上面一些小虾抖到船的外板上去。 小虾有十来个,它们跳来撞去,像沙蚤一样。 老头儿用拇指和食指把它们的头掐掉,然后送进嘴里,连壳带尾巴嚼下去。 这些小虾虽然小得可怜,但他知道它们都很滋养,味道也挺不坏的。

老头儿的瓶子里还有两口水,他把小虾吃下去以后喝了半口。 虽然船旁边的那条鱼给了不少的累赘,这只船走得还算很好,他把舵柄夹在胳肢窝里掌着舵。 他看得见那条鱼。 他只消看一看他的手,把脊背放在船梢上碰一碰,就会晓得这是千真万确的事儿,不是一场梦。 有一个时候,在事情快临了时,他的心情坏极了,他也以为或许这是一场梦。 后来他看见鱼从水里跳出,没有落下来以前一动也不动地悬在半空里,他觉得这里面一定有很大的奥妙,所以他不相信。 虽然他现在看得跟往常一样的清楚,那时他是看不清楚的。

现在他知道鱼果真在他身旁,他的双手和脊背的疼痛都证明他不是在做梦。 他想: 手很快就会痊愈的。 我已经让手上的血流干净了,盐水会把它们治好的。 真正的海湾里面的黑黝黝的海水,实际上就是最好的药品。 我现在应该做的就是要让脑子清醒。 我的手已经干完了它们的活儿,我的船走得很好。 看它闭住嘴,尾巴一上一下地伸得挺直,我俩真像亲兄弟一样在大海里漂着。 这时他的脑子又有点儿糊涂了,他想: 是它在带我走呢,还是我在带它走?

如果我把它放在后面,牵着它,那倒是没有问题的。要是鱼给放在船上,它的什么体面都丢掉了,那也没有问题。可是老头儿跟它是并排地拴在一道,漂在海上的,所以老头儿想:让它带我走吧,只要它高兴。我不过手段比它高明些,何况它对我又没有恶意。

他们在海里走得很顺当,老头儿把手泡在咸咸的海水里,想让脑子清醒。头上有高高的积云,还有很多的卷云,所以老头儿知道还要刮一整夜的小风。老头儿不断地望着鱼,想弄明白是不是真有这回事。这时候是第一条鲨鱼朝它扑来的前一个钟头。

鲨鱼的出现不是偶然的。当一大股暗黑色的血沉在一英里深的海里然后又散开的时候,它就从下面水深的地方窜上来。它游得那么快,什么也不放在它眼里,一冲出蓝色的水面就涌现在太阳光下。然后它又钻进水里去,嗅出了踪迹,开始顺着船和鱼所走的航线游来。

有时候它也迷失了嗅迹。但它很快就嗅出来,或者嗅出一点儿影子,于是它就紧紧的顺着这条航线游。这是一条巨大的鲭鲨,生来就游得跟海里速度最快的鱼一般快。它周身的一切都美,只除了上下颚。它的脊背蓝蓝的像是旗鱼的脊背,肚子是银白色的,皮是光滑的,漂亮的。它生得跟旗鱼一样,不同的是它那巨大的两颚,游得快的时候它的两颚是紧闭起来的。它在水面下游,高耸的脊鳍像刀子似的一动也不动地插在水里。在它紧闭的双唇里,它的八排牙齿全部向内倾斜着。跟寻常大多数鲨鱼不同,它的牙齿不是角锥形的,像爪子一样缩在一起的时候,形状就如同人的手指头。那些牙齿几乎跟老头儿的手指头一般长,两边都有剃刀似的锋利的口子。这种鱼天生要吃海里所有的鱼,尽管那些鱼游得那么快,身子那么强,战斗的武器那么好,以至于没有别的任何的敌手。现在,当它嗅出了新的嗅迹的时候,它就加快游起来,它的蓝色的脊鳍划开了水面。

老头儿看见它来到,知道这是一条毫无畏惧而且为所欲为的鲨鱼。他把鱼叉准备好,用绳子系住,眼也不眨地望着鲨鱼向前游来。绳子短了,少去了它割掉用来绑鱼的那一段。

老头儿现在的头脑是清醒的,正常的,他有坚强的决心,但是希望不大。他想:能够撑下去就太好啦。看见鲨鱼越来越近的时候,他向那条死了的大鱼望上一眼。他想:这也许是一场梦。我不能够阻止它来害我,但是也许我可以抓住它。"Dentuso[①]",他想。去你妈的吧。

鲨鱼飞快地逼近船后边。它去咬那条死鱼的时候,老头儿看见它的嘴大张着,看见它在猛力朝鱼尾巴上的肉咬的当儿它那双使人惊奇的眼睛和咬得格崩格崩响的牙齿。鲨鱼的头伸在水面上,它的脊背也正在露出来,老头儿用鱼叉攮到鱼头上的时候,他听得出那条大鱼身上皮开肉绽的声音。他攮进的地方,是两只眼睛之间的那条线和从鼻子一直往上伸的那条线交叉的一点。事实上并没有这两条线。有的只是那又粗大又尖长的蓝色的头,两只大眼,和那咬得格崩崩的、伸得长长的、吞噬一切的两颚。但那儿正是脑子的所在,老头儿就朝那一个地方扎进去了。他鼓起全身的气力,用他染了血的手把一杆锋利无比的鱼叉扎了进去。他向它扎去的时候也没有抱着什么希望,但他抱有坚决的意志和狠毒无比的心肠。

鲨鱼在海里翻滚过来。老头儿看见它的眼珠已经没有生气了,但是它又翻滚了一下,滚得自己给绳子缠了两道。老头儿知道它是死定了,鲨鱼却不肯承认。接着,它肚皮朝上,尾巴猛烈地扑打着水面,两颚格崩格崩响,像一只快艇一样在水面上破浪而去。海水

[①] 一种最凶猛的鲨鱼的名字。

给它的尾巴扑打得白浪滔天,绳一拉紧,它的身子四分之三都脱出了水面,那绳不住地抖动,然后突然折断了。老头儿望着鲨鱼在水面上静静地躺了一会儿,后来它就慢慢地沉了下去。

"它咬去了大约四十磅。"老头儿高声说。他想:它把我的鱼叉连绳子都带去啦,现在我的鱼又淌了血,恐怕还有别的鲨鱼会窜来呢。

他不忍朝死鱼多看一眼,因为它已经给咬得残缺不全了。鱼给咬住的时候,他直觉得跟他自个儿身受的一样。

他想:但是我已经把那条咬我的鱼的鲨鱼给扎死啦。我从来没看过这么大的"Dentuso"。谁晓得,大鱼我可也看过不少呢。

他想:能够撑下去就太好啦。这要是一场梦多好,但愿我没有钓到这条鱼,独自躺在床上的报纸上面。

"可是一个人并不是生来要给打败的,"他说,"你尽可以把他消灭掉,可就是打不败他。"他想:不过这条鱼给我弄死了,我倒是过意不去。现在倒霉的时刻就要来到,我连鱼叉也给丢啦。"Dentuso"这个东西,既残忍,又能干,既强壮,又聪明。可我比它更聪明。也许不吧,他想。也许我只是比它多了个武器吧。

"别想啦,老家伙,"他又放开嗓子说,"还是把船朝这条航线开去,有了事儿就担当下来。"

他想,可是我一定要想。因为我剩下的只有想想了。除了那个,我还要想垒球。我不晓得老狄马吉奥乐意不乐意我把鱼叉扎在它脑子上的那个办法呢?这不是一桩了不起的事儿。什么人都能办得到。但是,你是不是认为我的手给我招来的麻烦就跟鸡眼一样呢?我可没法知道。我的脚后跟从来没有出过毛病,只有一次,我在游泳的时候一脚踩在一条海鳐鱼上面,脚后跟给它刺了一下,当时我的小腿就麻木了,痛得简直忍不住。

"想点开心的事吧,老家伙,"他说,"一分钟一分钟过去,离家越来越近了。丢掉了四十磅鱼肉,船走起来更轻快些。"

他很清楚,把船开到海流中间的时候会出现什么花样。但是现在一点办法也没有。

"得,有主意啦,"他大声说,"我可以把我的刀子绑在一只桨把上。"

他把舵柄夹在胳肢窝里,用脚踩住帆脚绳,把刀子绑在桨把上了。

"啊,"他说,"我照旧是个老头儿。不过我不是赤手空拳罢了。"

这时风大了些,他的船顺利地往前驶去。他只看了看鱼的前面一部分,他又有点希望了。

他想:不抱着希望真蠢。此外我还觉得这样做是一桩罪过。他想:别想罪过了吧。不想罪过,事情已经够多啦,何况我也不懂得这种事。

我不懂得这种事,我也不怎么相信。把一条鱼弄死也许是一桩罪过。我猜想一定是罪过,虽然我把鱼弄死是为了养活我自己也为了养活许多人。不过,那样一来什么都是罪过了。别想罪过了吧。现在想它也太迟啦,有些人是专门来考虑犯罪的事儿的。让那些人去想吧。你生来是个打鱼的,正如鱼生来是条鱼。桑·彼得罗是个打鱼的,跟老狄马吉奥的爸爸一样。

他总喜欢去想一切跟他有关联的事情,同时因为没有书报看,也没有收音机,他就想得很多,尤其是不住地在想到罪过。他想:你把鱼弄死不仅仅是为了养活自己,卖去换东西吃。你弄死它是为了光荣,因为你是个打鱼的。它活着的时候你爱它,它死了你还是爱它。你既然爱它,把它弄死了就不是罪过。不然别的还有什么呢？

"你想得太多啦，老头儿。"他高声说。

他想：你倒很乐意把那条鲨鱼给弄死的。可是它跟你一样靠着吃活鱼过日子。它不是一个吃腐烂东西的动物，也不像有些鲨鱼似的，只是一个活的胃口。它是美丽的、崇高的，什么也不害怕。

"我弄死它为了自卫，"老头儿又高声说，"我把它顺顺当当地给弄死啦。"

他想：况且，说到究竟，这一个总要去杀死那一个。鱼一方面养活我，一方面要弄死我。孩子是要养活我的。我不能过分欺骗自己了。

他靠在船边上，从那条死鱼身上给鲨鱼咬过的地方撕下了一块肉。他嚼了一嚼，觉得肉很好，味道也香，像牲口的肉，又紧凑又有水分，可就是颜色不红。肉里面筋不多，他知道可以在市场上卖大价钱。可是他没法叫肉的气味不散到水里去，他知道倒霉透顶的事儿快要发生了。

风在不住地吹，稍微转到东北方去，他知道，这就是说风不会减退了。老头儿朝前面望了一望，但是他看不见帆，看不见船，也看不见船上冒出来的烟。只有飞鱼从船头那边飞出来，向两边仓皇地飞走，还有就是一簇簇黄色的马尾藻。他连一只鸟儿也看不见。

他已经在海里走了两个钟头，在船梢歇着，有时候嚼嚼从马林鱼身上撕下来的肉，尽量使自己好好休息一下，攒些儿力气，这时他又看见了两条鲨鱼中间的第一条。

"呀。"他嚷了一声。这个声音是没法可以表达出来的，或许这就像是一个人在觉得一根钉子穿过他的手钉进木头时不由自主地发出的喊声吧。

"星鲨！"他高声说。他看见第二条鱼的鳍随着第一条鱼的鳍冒上来，根据那褐色的三角形的鳍和那摆来摆去的尾巴，他认出这是两条犁头鲨。它们嗅出了嗅迹以后就兴奋起来，因为饿得发呆了，它们在兴奋中一会儿迷失了嗅迹，一会儿又找到了嗅迹。但是它们却始终不停地向前逼近。

老头儿系上帆脚绳，把舵柄夹紧。然后他拿起了上面绑着刀子的桨。他轻轻地把桨举起来，尽量轻轻地，因为他的手痛得不听使唤了。然后，他又把手张开，再轻轻地把桨攥住，让手轻松一些。这一次他攥得很紧，让手忍住了疼痛不缩回来，一面注意着鲨鱼的来到。他看得见它们的阔大的、扁平的铲尖儿似的头，以及那带白尖儿的宽宽的胸鳍。这是两条气味难闻的讨厌的鲨鱼，是吃腐烂东西的，又是凶残嗜杀的。饥饿的时候，它们会去咬桨或者船舵。这些鲨鱼会趁海龟在水面上睡觉时就把它们的腿和前肢咬掉。它们饥饿的时候会咬在水里游泳的人，即使人身上没有鱼血的气味或者鱼的粘液。

"呀，"老头儿说，"星鲨，来吧，星鲨。"

它们来了。但是它们没有像鲭鲨那样的游来。一条鲨鱼转了一个身，就钻到船底下看不见的地方，它把那条死鱼一拉一扯，老头儿感觉到船在晃动。另一条鲨鱼用它裂缝似的黄眼睛望着老头儿，然后飞快地游到船跟前，张着半圆形的大嘴朝死鱼身上被咬过的部分咬去。在它那褐色的头顶和后颈上，在脑子和脊髓相连的地方，清清楚楚地现出了一条纹路，老头儿就用绑在桨上的刀子朝那交切点攥进去，又抽出来，再攥进它的猫似的黄眼睛里。鲨鱼放开了它咬的死鱼，从鱼身上滑下去，死去的时候还吞着它咬下的鱼肉。

由于另一条鲨鱼正在蹂躏死鱼的缘故，船身还在晃荡，老头儿松开了帆脚绳，让船向一边摆动，使鲨鱼从船底下出来。一看见鲨鱼，他就从船边弯着身子把刀子朝它身上扎去。他要扎的只是肉，可是鲨鱼的皮很结实，好不容易才把刀子戳进去。这一下不仅震痛了他的手，也震痛了他的肩膀。鲨鱼又很快地露出头来，当它的鼻子伸出水面来靠在死鱼身上的时候，老头儿对准它的扁平的脑顶中央扎去，然后把刀子拔出，又朝同一个地方扎了一下。它依旧闭紧了嘴咬住鱼，于是老头儿再从它的左眼上戳进去，但它还是缠住死鱼不放。

"怎么啦？"老头儿说着又把刀子扎进它的脊骨和脑子中间去。这一次戳进去很容易，他觉得鲨鱼的软骨断了。老头儿又把桨翻了一个身，把刀放在鲨鱼的两颗中间，想把它的嘴撬开。他把刀子绞了又绞，当鲨鱼嘴一松滑下去的时候，他说："去，去，星鲨。滑到一英里深的水里去。去见你的朋友吧，也许那是你的妈妈呢。"

老头儿擦了一擦他的刀片，把桨放下。然后他系上帆脚绳，张开了帆，把船顺着原来的航线驶去。

"它们准是把它吃掉四分之一了，而且吃的净是好肉，"他大声说，"我真盼望这是一场梦，但愿我根本没有把它钓上来。鱼啊，这件事可真叫我不好受。从头错到底啦。"他不再说下去，也不愿朝鱼看一眼。它的血已经淌尽了，还在受着波浪的冲击，他望了望它那镜子底似的银白色，它身上的条纹依然看得出来。

"鱼啊，我不应该把船划到这么远的地方去，"他说，"既不是为了你，也不是为了我。我很不好受，鱼啊。"

"好吧，"他又自言自语地说，"望一望绑刀的绳子，看看断了没有。然后把你的手弄好，因为还有麻烦的事儿没有来到呢。"

"有一块石头磨磨刀子该多好，"老头儿检查了一下绑在桨把上的绳子以后说，"我应该带一块石头来。"他想：好多东西都是应该带来的,但是你没有带来,老家伙。 现在不是想你没有的东西的时候。 想一想用你现有的东西可以做的事儿吧。

"你给我想出了很巧妙的主意,"他敞开了喉咙说,"可是我懒得听下去啦。"

他把舵柄夹在胳肢窝里,双手泡在水里,随着船往前漂去。

"天晓得,最后那一条鲨鱼撕去了我好多鱼肉。"他说,"可是船现在轻松些了。"他不愿去想给撕得残缺不全的鱼肚子。 他知道,鲨鱼每次冲上去猛扯一下,就给扯去了好多的死鱼肉,现在死鱼已经成为一切鲨鱼追踪的途径,宽阔得像海面上一条大路一样了。

他想:这是把一个人养活一整个冬天的鱼啊。 别那样想吧。 歇一歇,把你的手弄好,守住剩下来的鱼肉。 水里有了那么多的气味,我手上的血腥味也算不得什么,何况手上的血淌得也不多了。 给割破的地方算不了什么。 淌血会叫我的左手不抽筋。

他想:我现在还有什么事儿可想呢? 没有。 什么也别去想它,只等着以后的鲨鱼来到吧。 我希望这真是一场梦,他想。 但是谁晓得呢? 也许结果会很好的。

下一个来到的鱼是一条犁头鲨。 它来到的时候就活像一只奔向猪槽的猪,如果一只猪的嘴有它的那么大,大得连你的头也可以伸到它嘴里去的话。 老头儿先让它去咬那条死鱼,然后才把绑在桨上的刀扎进它的脑子里去。 但是鲨鱼一打滚就往后猛的一挣,那把刀子咔嚓一声折断了。

老头儿只管去掌他的舵,连看也不看那条大鲨鱼,它慢慢地沉到水里去,最初还是原来那么大,然后渐渐小下去,末了只有一丁点儿了。 这种情景老头儿一向是要看得入迷的,可是现在他望也不望一眼。

"我还有鱼钩呢,"他说,"但是那没用处。 我有两把桨,一个舵把,还有一根短棍。"

他想。 就一回它们可把我打败了。 我已经上了年纪,不能拿棍子把鲨鱼给打死。 但是,只要我有桨,有短棍,有舵把,我一定要想法去揍死它们。

他又把手泡在水里。 这时天色渐渐地向晚。 除了海和天,什么也看不出来。 天上的风刮得比先前大了些,马上他就希望能够看到陆地。

"你累乏啦,老头儿,"他说,"里里外外都累乏啦。"

直到太阳快落下去的时候,鲨鱼才又向他扑来。

老头儿看见两个褐色的鳍顺着死鱼在水里所不得不造成的那条宽阔的路线游着。 它们甚至不去紧跟着鱼的气味,就肩并肩地直朝着小船扑来。

他扭紧了舵,把帆脚绳系好,从船梢下面去拿那根短棍。 这是把一个断了的桨锯成二英尺半左右长的一个桨把子。 因为那个桨把子有个把手,他用一只手攥起来才觉得方便,他就稳稳地把它摸在右手里,用手掌弯弯地握着,一面望着鲨鱼的来到。 两条都是"星鲨"。

他想: 我要先让第一条鲨鱼把死鱼咬紧了,然后再朝它的鼻尖儿揍,或者照直朝它的头顶上劈去。

两条鲨鱼一道儿来到跟前,他看见离得最近的一条张开大嘴插进死鱼的银白色的肚皮时,他把短棍高高地举起,使劲捶下,朝鲨鱼的宽大的头顶狠狠地劈去。 短棍落下的当儿,他觉得好像碰到了一块坚韧的橡皮,同时他也感觉到打在铁硬的骨头上。 鲨鱼从死鱼身上滑下去的时候,他又朝它的鼻尖上狠狠地揍了一棍。

另一条鲨鱼原是忽隐忽现的,这时又张开了大嘴扑上来。 当它咬住了死鱼、闭紧了嘴的时候,老头儿看得见从它嘴角上漏出的一块块白花花的鱼肉。他用棍子对准了它打去,只是打中了它的头,鲨鱼朝他望了一望,然后把它咬住的那块肉撕去。当它衔着鱼肉逃走的时候,老头儿又揍了它一棍,但是打中的只是橡皮似的又粗又结实的地方。

"来吧,星鲨,"老头儿说,"再来吧。"

鲨鱼又冲上来,一闭住嘴就给老头儿揍了一棍。他把那根棍子举到不能再高的地方,结结实实地揍了它一下。这一回他觉得他已经打中了脑盖骨,于是又朝同一个部位打去,鲨鱼慢慢吞吞地把一块鱼肉撕掉,然后从死鱼身上滑下去了。

老头儿留意望着那条鲨鱼会不会再回来,可是看不见一条鲨鱼。一会儿他看见一条在水面上打着转儿游来游去。他却没有看到另一条的鳍。

他想:我没指望再把它们弄死了。当年年轻力壮的时候,我会把它们弄死的。可是我已经叫它们受到重伤,两条鲨鱼没有一条会觉得好过。要是我能用一根垒球棒,两只手抱住去打它们,保险会把第一条鲨鱼打死。甚至现在也还是可以的。

他不愿再朝那条死鱼看一眼。他知道它的半个身子都给咬烂了。在他跟鲨鱼格斗的时候,太阳已经落下去。

"马上就要天黑,"他说,"一会儿我要看见哈瓦那的灯火了。如果我往东走得更远,我会看见从新海滩上射出来的灯光。"

他想:现在离港口不会太远了。我希望没有人替我担心。只有那孩子,当然,他一定会替我担心的。可是我相信他有信心。好多打鱼的老头儿也会替我担心的。还有好多别的人。我真是住在一个好地方呀。

他不能再跟那条大鱼讲话,因为它给毁坏得太惨啦。这时他的脑子里突然想起了一件事。

"你这半条鱼啊,"他说,"你原来是条整鱼。我过意不去的是我走得太远,这把你和我都给毁啦。可是我们已经弄死了许多鲨鱼,你和我,还打伤好多条。老鱼,你究竟弄死过多少鱼啊?你嘴上不是白白地生了那个长吻的。"

他总喜欢想到这条死去的鱼,想到要是它能够随意地游来游去,它会怎么样去对付一条鲨鱼。他想:我应该把它的长吻儿砍掉,用它去跟鲨鱼斗。可是船上没有斧头,后来又丢掉了刀子。

话又说回来,当时要是我能够把它的长吻儿砍掉,绑在桨把上的话,那该是多好的武器呀。那样一来,我俩就会一同跟它们斗啦。要是它们在夜里窜来,你该怎么办呢?你有什么办法呢?

"跟它们斗,"他说,"我要跟它们斗到死。"

现在已经天黑,可是天边还没有红光,也看不见灯火,有的只是风,只是扯得紧紧的帆,他觉得大概自己已经死了。他合上两只手,摸一摸手掌心。两只手没有死,只要把两只手一张一合,他还觉得活活地痛哩。他把脊背靠在船梢上,才知道自己没有死。这是他的肩膀告诉他的。

他想:我许过愿,要是我抓到了这条鱼,我一定把所有的那些祷告都说一遍。但是我现在累得说不出了。倒不如把麻袋拿过来盖在我的肩膀上。

他躺在船梢,一面掌舵,一面留意着天边红光的出现。他想。我还有半条鱼。也许我有运气把前面半条鱼带回去。我应该有点儿运气的。可是没有呀,他说。你走得太远,把运气给败坏啦。

"别胡说八道啦,"他又嚷起来,"醒着,掌好舵。也许你的运气还不小呢。"

"我倒想买点儿运气,要是有地方买的话。"他说。

我拿什么去买运气呢？他自己问自己。我买运气，能够用一把丢掉的鱼叉、一把折断的刀子、一双受了伤的手去买吗？

"可以的，"他说，"你曾经想用海上的八十四天去买它。它们也几乎把它卖给了你。"

他想：别再胡思乱想吧。运气是各式各样的，谁认得出呢？可是不管什么样的运气我都要点儿，要什么报酬我给什么。他想：我希望我能见到灯光。我想要的事儿太多，但灯光正是我现在想要的。他想靠得舒服些，好好地去掌舵，因为觉得疼痛，他知道他并没有死。

大约在夜里十点钟的时候，他看见了城里的灯火映在天上的红光。最初只是辨认得出，如同月亮初升以前天上的光亮。然后，当渐渐猛烈的海风掀得波涛汹涌的时候，才能从海上把灯光看得清楚。他已经驶进红光里面，他想，现在他马上就要撞到海流的边上了。

他想：现在一切都过去了。不过，也许它们还要向我扑来吧。可是，在黑夜里，没有一件武器，一个人怎么去对付它们呢？

他现在身体又痛又发僵，他的伤口和身上一切用力过度的部分都由于夜里的寒冷而痛得厉害。他想：我希望我不必再去跟它们斗啦。我多么希望我不必再跟它们斗呀。

可是到了半夜的时候，他又跟它们斗起来，这一回他知道斗也不会赢了。它们是成群结队来的，他只看到它们的鳍在水里划出的纹路，看到它们扑到死鱼身上去时所放出的磷光。他用棍棒朝它们的头上打去，听到上下颚裂开和它们钻到船下面去咬鱼时把船晃动的声音。凡是他能够感觉到的，听见的，他就不顾一切地用棍棒劈去。他觉得有什么东西抓住了他的那根棍，随着棍就丢掉了。

他把舵把从舵上拽掉，用它去打，去砍，两只手抱住它，一次又一次地劈下去，但是它们已经窜到船头跟前去咬那条死鱼，一忽儿一个接着一个地扑上来，一忽儿一拥而上，当它们再一次折转身扑来的时候，它们把水面下发亮的鱼肉一块一块地撕去了。

最后，一条鲨鱼朝死鱼的头上扑来，他知道一切都完了。于是他用舵把对准鲨鱼的头打去，鲨鱼的两颚正卡在又粗又重的死鱼头上，不能把它咬碎。他又迎面劈去，一次，两次，又一次。他听到舵把折断的声音，再用那裂开了的桨把往鲨鱼身上戳去。他觉得桨把已经戳进去，他也知道把子很尖，因此他再把它往里面戳。鲨鱼放开鱼头就翻滚着沉下去。那是来到的一大群里最后的一条鲨鱼。它们再也没有什么东西可吃了。

老头儿现在简直喘不过气来，同时他觉得嘴里有一股奇怪的味道。这种味道带铜味，又甜。他担心了一会儿。不过那种味道并不多。

他往海里碎了一口唾沫，说：“吃吧，星鲨。做你们的梦去，梦见你们弄死了一个人吧。"

他知道他终于给打败了，而且一点补救的办法也没有，于是他走回船梢，发现舵把的断成有缺口的一头还可以安在舵的榫头上，让他凑合着掌舵。他又把麻袋围在肩膀上，然后按照原来的路线把船驶回去。现在他在轻松地驶着船了，他的脑子里不再去想什么，也没有感觉到什么。什么事都已过去，现在只要把船尽可能好好地、灵巧地开往他自己的港口去。夜里，鲨鱼又来咬死鱼的残骸，像一个人从饭桌子上捡面包屑似的。老头儿睬也不睬它们，除了掌舵，什么事儿都不睬。他只注意到他的船走得多么轻快，多么顺当，没有其重无比的东西在旁边拖累它了。

船还是好好的，他想。完完整整，没有半点儿损伤，只除了那个舵把。那是容易配上的。

他感觉到他已经驶进海流里面,看得出海滨居住区的灯光。 他知道他现在走到什么地方,到家不算一回事儿了。

风总算是我们的朋友,他想。 然后他又加上一句:不过也只是有时候。 还有大海,那儿有我们的朋友,也有我们的敌人。 床呢,他又想。 床是我的朋友。 正是床啊,他想。 床真要变成一件了不起的东西。 一旦给打败,事情也就容易办了,他想。 我绝不知道原来有这么容易。 可是,是什么把你打败的呢? 他又想。

"什么也不是,"他提高嗓子说,"是我走得太远啦。"

当他驶进小港的时候,海滨酒店的灯火已经熄灭,他知道人们都已上床睡去。 海风越刮越大,现在更是猖狂了。 然而港口是静悄悄的。 于是他把船向岩石下面的一小块沙滩跟前划去。 没有人来帮助他,他只好一个人尽力把船划到岸边。 然后他从船里走出,把船系在岩石旁边。

他放下桅杆,卷起了帆,把它捆上,然后把桅杆扛在肩上,顺着堤坡往岸上走去。 这时他才知道他已经疲乏到什么程度。 他在半坡上歇了一会儿,回头望了一望,借着水面映出的街灯的反光,看见那条死鱼的大尾巴挺立在船梢后面。 他看见鱼脊骨的赤条条的白线,黑压压一团的头,伸得很长的吻和身上一切光溜溜的部分。

他再往上爬去,一到堤顶上他就跌倒,把桅杆横在肩上躺了一会儿。 他试一试想站起来,可是非常困难,于是他就扛着桅杆坐在那儿,一面望着路上。 一只猫从远处跑过去,不知在那儿干什么。 老头儿直望着它,过一会他才转过来专望着大路。

最后,他放下了桅杆站起来,再把桅杆提起,放在肩上,然后走他的路。 在他走到他的茅棚以前,他不得不坐在地上歇了五次。

走进茅棚以后,他把桅杆靠在墙上。 他摸黑找到了一个水瓶,

365

喝了一口水就躺到床上去。他把毯子盖到肩上，又裹住脊背和两腿，就脸朝下躺在报纸上，手心朝上，两只胳膊伸得挺直的。

第二天早上，他睡得正沉的时候，孩子来到了门口，朝里面张望着。这一天风刮得紧，漂网的渔船不能开出去，孩子睡了一个懒觉，跟每天早上一样，醒来后就到老头儿的茅棚这边来。孩子看见老头儿正在呼呼地打着鼾，又看见老头儿的那双手，他放声大哭起来，于是赶忙一声不响地走开，打算给老头儿拿来一点儿咖啡，一路上一边走，一边还在哭。

好多打鱼的都站在那只船的周围，望着绑在船旁边的那个东西。一个人卷起裤脚管站在水里，用一根长绳子在量死鱼的骨胳。

孩子没有走下坡去。他早已到那儿去过，这时一个打鱼的正在替他看守着那只船哩。

"他怎样啦？"一个打鱼的大声地问。

"睡着呢。"孩子也大声地回答。人们看见他在哭，他也毫不在乎。"谁都别去惊醒他。"

"这条鱼，从鼻子到尾巴足有十八英尺长呢。"用绳量鱼的那个打鱼的嚷着说。

"我相信。"孩子说。

他走到海滨酒店去，要了一罐咖啡。

"要滚烫的，多放些牛奶跟糖在里面。"

"还要别的吗？"

"不要啦。等一会儿我再看看他能吃什么。"

"多大的鱼啊，"酒店老板说，"从来没有过这么大的鱼。你昨天抓到的那两条鱼也是很好的。"

"让我的鱼都死掉吧。"孩子说着又哭起来。

"你想喝点儿什么吗？"老板问他。

"不，"孩子说，"对他们说，别来打扰桑提亚哥老大爷。我就回来啦。"

"告诉他，我很挂念他。"

"多谢你。"孩子说。

孩子拿了一罐热咖啡到老头儿的茅棚去，坐在一旁等他醒来。有一回他好像快要醒了。可是他又死沉沉地睡去，孩子不得不到大路那边去借一点木柴来，把咖啡再热一热。

最后，老头儿醒来了。

"别坐起来，"孩子说，"把咖啡喝掉吧。"他把咖啡倒了些在玻璃杯里。

老头儿把咖啡接过去一口喝掉。

"它们把我给打败啦，曼诺林。"他说，"它们真的打败了我。"

"它没有打败你。那条鱼并没有打败你。"

"是的。真的没有。可是后来鲨鱼打败了我。"

"彼得利科在守着船和船上的东西。那个鱼头怎么办？"

"让彼得利科把它切碎了做鱼食吧。"

"那个长吻呢？"

"你要你就拿去。"

"我要，"孩子说，"现在我们得安排安排别的事儿啦。"

"他们找过我没有？"

"当然找过。找你的有水上警察，还有飞机。"

"海洋很大，船小，不容易看出来。"老头儿说。他觉得多么高兴，现在他有人可以叙一叙，不再自言自语，也不再对海说话了。"我很想念你，"他说，"你抓到了几条鱼？"

"头一天一条。第二天又是一条，第三天两条。"

"很好。"

"现在我俩又要一道打鱼啦。"

"不。我没有运气。我再也不会走运了。"

"去他妈的什么运气,"孩子说,"我会把运气带来的。"

"你家里人该怎么说呢?"

"谁管它。昨天我已经抓到了两条。现在我们一定得一道去打鱼,因为我还有好多东西要跟你学呢。"

"我们一定要弄来一杆能够把鱼扎死的好矛,经常放在船上。你可以从旧福特汽车上弄来一块钢板叶子,做矛头。我们可以拿到关纳巴科阿去磨它一磨。应该把它磨得快快的,同时,要不炼一炼,它就会断。我的刀子已经断了。"

"我再去弄一把刀子,同时把钢板叶子磨快。风要刮多少天?"

"大概三天。也许还要久些。"

"那么我要把什么事情都安排好,"孩子说,"你也要把你的手养好,老大爷。"

"我知道怎样调理这双手。夜里我曾经吐出过不知道什么的一种怪东西,我觉得好像我的胸口上什么地方破了。"

"那么也把那地方好好儿调理一下吧。"孩子说,"躺下去,老大爷,我去替你拿一件干净衬衫来,还弄点什么吃的。"

"我不在家时候的报纸,不管哪一天的,拿一份来。"老头儿说。

"你得赶快好起来,因为我能跟你学会好多本领,样样你都可以教我。你吃了多少苦啊?"

"一言难尽。"老头儿说。

"我去把报纸跟吃的东西拿来。"孩子说,"你好好儿休息吧，老大爷。我到药房里替你弄点搽手的药来。"

"别忘记了告诉彼得利科，那个鱼头是他的。"

"我晓得。不会忘记的。"

孩子走出了门，当他走在破烂的珊瑚石路上的时候，他又放声大哭起来。

那天下午，海滨酒店里来了一群旅行家，其中一个女人在望着海水的时候，从一堆空啤酒罐和死了的小梭鱼中间看见了一根又粗又长的雪白的脊骨，最后面有一条庞大无比的尾巴，当东风把港口码头外面的海水不住地掀得波涛汹涌的时候，那条尾巴随着潮水一上一下地晃来晃去。

"那是什么？"她指着那条大鱼的长脊骨问一个侍役，现在那东西已成了垃圾，只等着给潮水冲走了。

"Tiburon①，"侍役说，"Eshark②。"他想对她讲一讲事情的经过。

"我还不知道鲨鱼有这么漂亮的，样子这么好看的尾巴呢。"

"我也不知道。"她的男朋友说。

在路那边的茅棚里，老头儿又睡着了。他依旧脸朝下睡着，孩子坐在一旁守护他。老头儿正在梦见狮子。

海　观　译

---

① 西班牙文，鲨鱼的意思。
② 古巴人用英语说"鲨鱼"一词时不准确的读音。

后 记

本书有些篇目选用现存译文，有些译者一时无法找到，故未商谈著作权事宜，甚为抱歉。望译者见此书后与我们联系，以便及时奉上样书与薄酬。